2017包头统计年鉴

BAOTOU STATISTICAL YEARBOOK

包头市统计局 编
Compiled by Bureau of Statistics of Baotou

（总第16期 NO.16）

（京）新登字 041 号

图书在版编目（CIP）数据

包头统计年鉴. 2017/包头市统计局编.
—北京：中国统计出版社，2017.11
ISBN978-7-5037-8351-7
Ⅰ. ①包…
Ⅱ. ①包…
Ⅲ. ①统计资料－包头－2017－年鉴
Ⅳ. ①C832.263-54
中国版本图书馆CIP数据核字(2017)第231202号

包头统计年鉴—2017
作　　者/ 包头市统计局
责任编辑/ 陈越月　刘美霞
装帧设计/ 陈文科
出版发行/ 中国统计出版社
地　　址/ 北京市丰台区西三环南路甲6号
邮政编码/ 100073
电　　话/ (邮购)(010)63376909　(书店)(010)68783171
网　　址/ http://csp.stats.gov.cn
印　　刷/ 包头市三泰印务有限责任公司
经　　销/ 新华书店
开　　本/ 890×1240 毫米　1/16
字　　数/ 1100 千字
印　　张/ 33.3
版　　别/ 2017 年 11 月第 1 版
版　　次/ 2017 年 11 月第 1 次印刷
定　　价/ 300.00元

《包头统计年鉴》编辑委员会

编 辑 说 明

一、《包头统计年鉴—2017》系统收录了2016年包头市及各旗县区经济、社会发展方面的统计数据以及历年和重要历史年份的主要统计数据，是一部国内外各界人士了解包头、认识包头的重要资料工具书。

二、年鉴全书分为两部分。第一部分为特载，载入了2016年包头市党政部门重要文件和2016年国民经济和社会发展统计公报。第二部分为统计资料，分为23个细目，即：1.行政区划和自然资源；2.综合；3.国民经济核算；4.人口；5.从业人员和职工工资；6.固定资产投资；7.能源；8.财政；9.价格指数；10.人民生活；11.城市概况；12.农业；13.工业；14.建筑业；15.运输和邮电；16.国内贸易；17.对外经济贸易和旅游；18.金融和保险；19.教育、科技和文化；20.体育、卫生、社会福利、环境保护；21.要素市场、信息产业、高新技术开发区；22.旗县区资料；23.附录。

三、本年鉴中部分数据合计数或相对数由于单位取舍不同而产生的计算误差，均未作机械调整。

四、符号使用说明：年鉴各表中的“空格”表示该项统计指标数据不足本表最小单位数，不详或无该项数据；“#”表示其中的主要项。

五、本年鉴的统计数据来自政府统计部门和业务部门年度统计报表，在编辑过程中，得到了有关单位和国家统计局、自治区统计局的大力支持与协助，在此表示衷心感谢。

六、限于编辑水平，对于年鉴存在的差错和缺点，敬请广大读者和统计战线的各位同仁提出宝贵意见。

目　　录

CONTENTS

第一部分　特载

PART ONE SPECIAL ARTICLES

第二部分　统计资料

PART TWO STATISTICS

一、行政区划和自然资源

Divisions of Administrative Areas and Natural Resources

二、综合
General Survey

三、国民经济核算
National Accounts

四、人口
Population

五、从业人员和职工工资
Employment and Wages

六、固定资产投资
Investment in Fixed Assets

七、能源
Energy

八、财政
Government Finance

九、价格指数
Price Indices

十、人民生活
People's Living Conditions

十一、城市概况
General Survey of Cities

十二、农业
Agriculture

十三、工业
Industry

十四、建筑业
Construction

十五、运输和邮电
Transportation, Postal and Telecommunication Services

十六、国内贸易
Domestic Trade

十七、对外经济贸易和旅游
Foreign Trade, Economic Cooperation and Tourism

十八、金融和保险
Banking and Insurance

十九、教育、科技和文化
Education, Science and Culture

二十、体育、卫生、社会福利、环境保护
Sports, Public Health, Social Welfare, Environmental Protection

二十一、要素市场、信息产业、高新技术开发区
Essential Market , Information Industry and Exploitation Areas of Advanced Technology

二十二、旗县区资料
Statistics of Banners, Counties and Districts

二十三、附录
Appendix

第一部分 特 载

PART ONE SPECIAL ARTICLES

稳中求进 提档升级 争创一流
全力推动经济社会发展实现新跨越

——在市委十二届二次全会上的讲话

张院忠

（2017年1月24日）

同志们：

这次会议的主要任务是，深入学习贯彻习近平总书记系列重要讲话和考察内蒙古重要讲话精神、中央经济工作会议精神、自治区第十次党代会和自治区党委十届二次全会精神，总结去年全市经济发展情况，分析当前经济形势，部署今年经济工作。杜学军同志将对全市经济工作进行具体总结和安排。下面，我讲四个方面的意见。

一、统一思想行动，坚决贯彻党中央、自治区党委关于经济工作的决策部署

去年12月14日至16日召开的中央经济工作会议，深刻总结了2016年和党的十八大以来的经济工作，全面分析了当前国内国际经济形势，科学研判了发展面临的机遇和优势，明确提出了今年经济工作的目标任务、重大政策和原则要求，对于我们进一步把握大势、坚定信心，全力做好今年经济社会发展工作具有重要指导意义。今年1月4日至5日召开的自治区党委十届二次全会，深入贯彻中央经济工作会议精神和自治区第十次党代会精神，对今年全区经济工作作出安排部署，具有很强的指导性、针对性和可操作性。我们一定要认真学习、深入领会，切实增强贯彻落实的思想自觉和行动自觉。

一要深刻理解、准确把握中央确立的适应经济发展新常态的政策框架。党的十八大以来，以习近平同志为核心的党中央，高举中国特色社会主义伟大旗帜，积极推进“五位一体”总体布局，逐步形成“四个全面”战略布局，初步确立了适应经济发展新常态的政策框架。一是作出经济发展进入新常态的重大判断。准确把握了经济发展的一般规律，深刻揭示了我国经济速度换挡、结构优化、动力转换的基本特征，充分体现了我们党审时度势、与时俱进的巨大理论勇气。二是提出以新发展理念为指导的重要要求。创新、协调、绿色、开放、共享的发展理念，是党中央深刻总结国内外发展经验、针对我国发展中的突出矛盾和问题提出来的重要要求，指明了新形势下我国的发展思路、发展方向和发展着力点。三是推出供给侧结构性改革的重大举措。这一重大举措，科学把握了供给与需求对立统一的辩证关系，集中反映了我们党对经济社会发展规律认识的不断深化，是解决制约我国发展深层次矛盾和结构性问题的治本良方。四是贯彻稳中求进工作总基调。这一重要原则，充分体现了党中央应对风险挑战、驾驭复杂局面的战略定力，彰显了政治自信。我们要切实把思想和行动统一到党中央关于经济发展进入新常态的重大判断上来，统一到以新发展理念为指导的重要要求上来，统一到以供给侧结构性改革为主线的重大举措上来，统一到贯彻稳中求进工作总基调的重要原则上来，强化问题导向、树立底线思维、保持战略定力，推动全市经济持续健康发展。

二要深刻理解、准确把握自治区第十次党代会提出的部署要求。自治区第十次党代会，全面贯彻党的十八大和十八届三中、四中、五中、六中全会精神，全面贯彻习近平总书记系列重要讲话和考察内蒙古重要讲话精神以及治国理政新理念新思想新战略，提出了全区今后五年工作的指导思想、原则要求、奋斗目标、主要任务和重点举措。概括起来，就是“一个总目标”，即决胜全面建成小康社会，开启建设现代化内蒙古新征程，把祖国北部边疆这道风景线打造得更加亮丽；“两个屏障”，即筑牢祖国北疆安全稳定屏障、我国北方重要生态安全屏障；“三条底线”，即坚决守住发展、生态、民生三条底线；“四个高于”，即确保地区生产总值、固定资产投资、一般公共预算收入和城乡居民收入增幅均高于全国平均水平；“五化协同”，即大力推动新型工业化、信息化、城镇化、农牧业现代化和绿色化深度融合、深层互动、协同发展；“六大基地”，即建设国家重要能源基地、新型化工基地、有色金属生产加工基地、绿色农畜产品生产加工基地、战略性新兴产业基地和国内外知名旅游目的地；“七网七业七新”，即加快构建铁路网、公路网、航空网、水利网、市政网、能源网、信息通信网七大网络体系，培育打造新能源、新材料、节能环保、高端装备、大数据云计算、生物科技、蒙中医药七大战略性新兴产业，推动全区综合经济实力实现新跨越、深化改革开放实现新突破、经济发展方式实现新转变、民主法治建设实现新进步、文明和谐水平实现新提升、人民生活水平实现新提高、生态环境质量实现新改善。这是当前和今后一个时期全区经济社会发展的总遵循，我们一定要全面落实好这些部署要求，逐一分析研究，找准工作抓手，明确实践路径，不折不扣推动自治区党委各项决策部署在我市落地生根、开花结果。

三要深刻理解、准确把握中央和自治区党委关于今年经济工作的重点任务。中央经济工作会议，明确提出了今年经济工作的目标任务、重大政策和原则要求，阐明了宏观经济政策取向，部署了着力抓好“三去一降一补”、深化重要领域和关键性改革、进一步释放国内需求潜力、依靠创新促进新旧发展动能加快接续转换、促进农业提质增效和农民持续增收、推进更深层次更高水平的双向开放、持续加强节能环保和生态建设、进一步织密扎牢民生保障网等八项重点工作，对促进经济平稳健康发展和社会和谐稳定具有很强的指导性、针对性和操作性。自治区党委十届二次全会，确定了今年全区经济工作总体思路和预期目标，安排部署了着力保持经济平稳健康发展、着力深化供给侧结构性改革、着力振兴实体经济、着力深化改革开放、着力加强民生建设五个方面重点工作任务，为全区经济社会发展指明了方向、提供了遵循。我们要紧紧围绕中央和自治区党委决策部署，统一思想、统一步调，立足实际、注重实效，聚焦聚力抓好落实，全力以赴做好工作，努力以更快的速度、更好的质量为全区经济发展贡献包头力量。

二、瞄准争创一流，全面准确把握2017年经济发展的总体思路和目标要求

2016年，面对严峻复杂的经济形势和艰巨繁重的改革发展任务，市委、市政府团结带领全市各族干部群众，认真贯彻中央、自治区党委各项决策部署，统筹做好稳增长、促改革、调结构、惠民生、防风险各项工作，经济运行稳中有进、

稳中提质，转型升级势头良好、成效明显，改革开放蹄疾步稳、成果丰硕，人民生活持续改善、福祉增多，社会大局保持稳定、和谐有序，实现了“十三五”良好开局。这是在中央、自治区党委坚强领导下，市各大班子和衷共济、各级各部门各方面共同努力、全市各族人民团结奋进的结果。在此，我代表市委，向所有为包头建设与发展作出贡献的同志们、朋友们，表示衷心的感谢，致以崇高的敬意!

2017年，是实施“十三五”规划的重要一年，是供给侧结构性改革的深化之年，也是贯彻落实自治区第十次党代会精神的开局之年，我们还将迎来自治区成立70周年和党的十九大胜利召开两件大事，做好经济工作意义重大。全市经济工作总的要求是：全面贯彻落实党的十八大和十八届三中、四中、五中、六中全会精神、习近平总书记系列重要讲话和考察内蒙古重要讲话精神以及治国理政新理念新思想新战略，按照中央经济工作会议、自治区第十次党代会、自治区党委十届二次全会和市第十二次党代会的部署要求，统筹推进“五位一体”总体布局，协调推进“四个全面”战略布局，坚持稳中求进工作总基调，牢固树立和贯彻落实五大发展理念，以提高发展质量效益为中心，以推进供给侧结构性改革为主线，以提档升级、争创一流为目标，深化创新驱动，守住发展、生态、民生底线，全力做好稳增长、促改革、调结构、惠民生、防风险各项工作，促进经济社会平稳健康发展，打造全区经济社会发展火车头、改革开放领头羊、统筹城乡发展先行区、生态环境保护示范区，挺钢铁脊梁、振包头雄风，以优异成绩迎接自治区成立70周年和党的十九大胜利召开。

市委考虑，2017年全市主要经济预期目标是：地区生产总值增长8%左右，固定资产投资增长15%左右，社会消费品零售总额增长10%左右，一般公共预算收入增长6%左右，城乡居民人均可支配收入分别增长8%、8.5%左右。

做好今年及今后一个时期经济工作，必须牢牢把握稳中求进总基调，紧紧围绕提档升级、争创一流总目标。稳中求进，就是要筑牢“稳”的基础，稳住增长速度、稳住发展预期、稳住就业、保持社会和谐稳定；做好“进”的文章，转型升级要进、科技创新要进、改革开放要进、生态文明要进、脱贫攻坚要进、人民生活水平要进，实现发展质量和效益同步提升。提档升级，就是要立足现有基础和优势，坚持创新驱动、改革推动、开放带动、项目拉动，加快转变发展方式，推动老企业焕发活力、工业园区建设、工业产业结构优化、城市建设管理、民生社会事业等各项工作再上新台阶。争创一流，就是各个方面、各个领域、各个行业都要向高标准看齐、向高水平迈进，力争常规工作有创新、重点工作争先进、亮点工作树典型，努力推动包头综合经济实力、城市竞争力、人民幸福指数进入全国地级城市前列。

推动全市经济社会发展实现新跨越，要善于抓住主要矛盾和矛盾主要方面，立足当前、着眼长远，集中力量解决好重点、难点问题，以关键环节突破带动整体工作推进。努力在以下四个方面实现新突破：

——发展后劲进一步增强。大力践行五大发展理念，守住三条底线，促进“五化”协同，推动综合经济实力实现新提升。投资关键作用充分发挥，一大批打基础、利长远、增后劲的重大项目加快实施，民间投资比重提高，转型升级、七网建设、生态环保、民生事业等领域投资比重增加。新型工业化快速推进，现代农牧业加快发展，服务业发展提质提效，发展的平衡性、协调性和可持续性不断提高。

——工业结构进一步优化。推动产业结构由增量扩能为主转向调整存量、做优增量并举，发展动力从主要依靠资源和投资拉动的要素投入转向创新驱动。传统产业焕发新活力，钢铁、铝业、稀土、能源、化工等优势特色产业加快升级换代，产业链进一步延伸，高附加值、深加工产品比重提高。战略性新兴产业快速发展，新材料、高端装备等产业做大做强，打造国家稀土新材料产业基地。加大科技投入，全面提高创新能力，科技创新对经济的贡献显著提高。

——城市品位进一步提升。坚持绿色发展，强化生态建设和环境保护，蓝天白云的好天气明显增多，碧波荡漾的水生态初步形成，美丽宜居的好环境更加显现。走内涵发展道路，新老城区建设协同推进，北沙梁棚改等全面启动，现代化基础设施、优质化公共服务加快覆盖，城市建设管理水平迈上新台阶；美丽乡村建设取得新进展，城乡人居环境进一步优化；城市文明程度和市民文明素质不断提升，实现全国文明城市“五连冠”，扩大城市影响力、辐射力、美誉度。

——人民生活进一步改善。加大脱贫攻坚力度，做好兜底保障工作，着力保障改善民生，增进各族人民福祉。城乡居民收入明显增长、位居全区前列，社会保障水平全区领先。就业更加充分，创新创业活力有效释放。覆盖城乡、趋于均等的公共服务水平大幅提升，办全区一流、人民满意的教育，优质文化产品供给增加，健康包头建设全面启动，医疗卫生服务质量不断提高，人民安居乐业，社会和谐稳定。

实现上述目标要求，我们具备良好的基础和条件。一是发展机遇叠加。党中央大力推进区域协调发展，深入实施“一带一路”建设、京津冀协同发展和西部大开发、东北振兴、沿边开放等重大战略，有利于发挥各地比较优势，优化生产力布局；自治区党委提出“守住发展底线”的要求，作出推进重大项目建设、推进呼包鄂协同发展、全方位扩大对外开放等新部署新要求，支持新材料等优势产业发展，支持深化科技创新、重大基础设施建设等工作，支持包钢等大企业提质增效、转型发展，为我市构筑发展新优势创造了重大机遇。二是工业基础雄厚。我市工业体系完备、协作配套能力较强，拥有全区最大的钢铁、现代装备制造基地和重要的铝业生产加工基地以及包钢、一机等一批工业“百年老店”，拥有最具竞争力的稀土、石墨资源，工业增加值达到1610亿元，为我们落实“中国制造2025”、振兴实体经济、促进工业转型打下了坚实基础。三是结构持续优化。全市三次产业比重为2.5:47.1:50.4，三次产业结构趋于优化；战略性新兴产业占比增加，农畜产品加工转化率达到63%，现代服务业比重达到40%，产业内部结构不断优化，为推动产业发展迈上中高端稳定了市场预期、奠定了坚实基础。四是创新优势突出。全市现有各类研发机构216家、占自治区的50%，国家级高新技术企业115家，国家和自治区级重点实验室28个，院士工作站20家，获得各类科研成果奖励210项，一批重大科技成果达到了世界领跑水平，科技对经济发展的贡献越来越大，成为全面提档升级的强劲动力。五是人才支撑有力。全市283万人口中各类人才达77万。其中，专业技术人员24万，占自治区40%；工程技术人员8万，占自治区60%。特别是多年来，包头广大干部群众形成了拼搏进取、敢为人先、咬牙苦干、艰苦奋斗的创业精神，一心一意谋发展、聚精会神搞建设，为我们干事创业提供了力量源泉和强大支持。六是发展态势良好。2016年，全市地区生产总值增长7.6%，固定资产投资增长14.4%，社会消费品零售总额增长9.7%，一般公共预算收入增长7.5%，城乡居民人均收入分别增长7.5%，多数指标增速高于全国全区平均水平，各项指标总量位居全区前列，经济发展保持了良好势头。

当前，尽管我市发展过程中还存在产业结构单一、发展动力不足、基础设施薄弱、民生欠账较多、收支矛盾突出等问题，但只要我们坚定信心、抢抓机遇、开拓进取，就一定能够完成全年预期目标，实现新的更大发展，朝着“提档升级、争创一流”总目标迈出坚实的步伐。

三、突出重点，全力以赴做好今年全市经济工作

做好今年经济工作，必须突出重点、抓住关键，精准发力、精准施策。重点抓好六项工作。

（一）着力增投资上项目，保持经济平稳较快增长。投资和项目是保持经济平稳较快增长的强大支撑、做好经济工作的有力抓手，要进一步加大推进力度，充分释放内需潜力。

一要全力以赴抓好重点项目建设。组织实施好今年确定的总投资7700亿元的957个重点项目，确保年内完成投资2600亿元以上。要加快推进步伐。严格落实三级项目建设责任制，切实解决制约项目建设的资金、土地和审批手续等难题瓶颈，强化水、电、路等保障要素，为各类项目顺利实施创造有利条件，确保579个新建项目尽早开工建设、378个续建项目尽早复工。要加强跟踪管理。对今年确定的重大项目实行市领导包联，原则上一个项目一套班子，市领导、部门、旗县区、企业各一人组成工作推进班子，强力推进，保前期、保开工、保调度、保推进、保竣工、保投产。要加紧策划储备。立足“十三五”乃至更长时期发展，准确把握国家、自治区重点产业布局和产业转移导向，抓紧策划储备一批有核心竞争力的大项目、好项目。特别要抓住国家实施“中国制造2025”、发展通用机场、启动内陆核电站建设和重视新材料产业基地建设等战略机遇，策划储备一批智能制造、通用航空装备、核电燃料组件、稀土、铝镁合金后续开发应用等高端产业项目，争取列入自治区重大项目库，确保项目有序接替、滚动发展。要加大招商力度。充分发挥我市区位、资源、产业、电价、人才等优势，加大政策落实和招商引资力度，每一个旗县区、开发区都要配强招商工作班子，明确招商任务，重点招引产业链条长、技术含量高、发展后劲强、配套协作能力强的好项目。

二要全力以赴抓好基础设施建设。按照适度超前、合理布局、完善网络、提升质量的要求，加快制定完善“七网”专项规划，全面加强“七网”基础设施建设，为全市经济社会发展提供强有力的支撑和保障。铁路网要开工建设包头至银川高速铁路，完成包满铁路三期建设和环城铁路电气化改造，积极推动包西高速铁路（包榆段）前期工作。公路网要落实自治区党委“县县通高速”要求，新建改建东河至固阳、固阳至白云、省道104线白云至百灵庙等高速公路，开工建设2个黄河大桥通道项目，确保立体综合交通枢纽主体完工。同时要尽快打通断头路、旅游公路及农牧区公路，完善公路网。航空网要加快石拐、达茂、固阳通用机场建设，推动包头机场升级国际机场，组建包头航空公司，优化拓展国内外航线，提升航空运力和服务水平。水利网要集中实施城市水生态提升综合利用工程，基本完成昆河、四道沙河、二道沙河、东河“四纵”贯通工程，加强农田水利、城乡居民饮水安全等民生水利工程建设。市政网要新建改造65条道路及配套管网，推进地铁建设，实施110国道和沼南大道综合管廊、供热北环线等管网建设工程。能源网要推动市内输配电网改造和农村配电网改造，推动包头北至华中通道尽快获得国家批复。推进天然气管道陕京四线包头支线工程，建设覆盖城区和旗县区重点城镇的天然气管网。信息通信网要加快信息基础设施建设和升级改造，全面实施光纤和4G信息通信网提升工程，推动大数据产业园区、云计算三期等项目建设，为建成西部地区信息化强市奠定基础。

三要全力以赴破解项目建设资金难题。资金短缺、融资困难是项目建设中的最大瓶颈制约，要多措并举筹集资金，为项目建设提供有力保障。要强化金融支持，引导金融机构支持重点项目建设，通过银企对接、产品推介等多种渠道，创新信贷投放方式，加大信贷投放力度；充分发挥农牧业产业发展基金、工业转型升级基金、稀土产业发展基金的使用效益，助力项目建设和产业发展。要拓宽融资渠道，发展多层次资本市场，推进资产证券化工作，推动有条件的企业争取上市，扩大直接融资规模；创新政府性投资基金投入和运营方式，完善政府和社会资本合作模式，推出一批有吸引力的PPP项目，创新收益和分配机制；加大对非公经济的扶持力度，调动民间投资积极性，力争民间投资比重达到65%以上，更好地推动非公经济发展。

（二）着力推进供给侧结构性改革，振兴实体经济。坚持以供给侧结构性改革为主线，以提档升级为主攻方向，着力转变发展方式，大力发展实体经济，转换发展动能，持续做大总量、调优结构、延伸链条、集聚集约发展，打造新引擎、构建新支撑。

一要焕发老企业生机活力。要完善扶持政策，按照“一企一策”“一类一策”的原则，有针对性地出台政策措施，落实好领导干部包联企业制度，加大对包钢、一机、二机、二0二等重点企业的帮扶支持力度，解决好化解债务风险、降低企业成本、开拓销售市场、剥离企业办社会职能以及下属企业生产经营等问题，让国有企业摆脱困境、轻装上阵。要深化国企国资改革，按照“管好、盘活、做强”的目标，加强市本级经营性国有资产管理，确保国有资本保值增值；支持民营企业参与国有企业改革，大力发展混合所有制经济，提升国有经济活力和竞争力。要实施质量品牌战略，引导企业树立质量第一的强烈意识，抓好质量、品牌、标准建设，发扬“工匠精神”，培育更多“百年老店”，增强产品竞争力。

二要加快工业产业结构提档升级。坚持调整存量和做优增量并举，加快新型工业化进程，促进工业提档升级、做优做强。要加速改造提升传统产业，利用好老企业嫁接新技术新业态的优势，实施一批钢铁、有色金属产业精深加工项目，延伸产业链条，提升产品附加值；推进“互联网+制造”，打造一批数字车间、智能工厂，增强传统装备制造业活力；通过金融租赁模式帮助企业扩大销售、拓展市场；创建蒙西老工业城市和资源型城市产业转型升级示范区。要培育壮大战略性新兴产业，制定出台《加快战略性新兴产业发展的意见》，设立战略性新兴产业发展基金，大力发展高端装备制造、新能源汽车、新一代信息技术、新材料、节能环保、生物科技等战略性新兴产业，培育发展新引擎、新动能，创建国家可持续发展议程创新示范区。要充分发挥我市军工企业聚集、产业基础雄厚的有利条件，推进国家军民融合创新促进中心、军民融合科技评估中心和军民融合大数据中心建设，打造军民融合产业园，创建国家军民融合创新示范区。要加快发展以稀土钢为核心的高性能合金钢，以稀土铝为核心的铝基系列合金，以聚乙烯、聚丙烯为核心的煤化工终端新材料，以及核电燃料组件等产业，大力发展石墨原材料和石墨新材料，加强产学研合作，设立发展基金，拓展石墨烯新材料在冶金、核电、装备、环保行业的应用，打造国家石墨烯新材料制备及应用基地。以中科院包头稀土研发中心为支撑，以白云鄂博稀土资源研究与综合利用国家重点实验室、稀土冶金及功能材料国家工程研究中心等研发机构和企业技术中心为依托，建设国家稀土新材料产业基地。要依托包铝、希铝，大力发展铝后加工项目，铝就地加工转化率达到80%。要大力发展新能源汽车和发电输电用电设备制造以及环保装备制造，引进培育工业机器人、伺服电机、3D打印等新兴产业，促进装备制造业向中高端迈进。

三要加大工业园区发展建设力度。加快提档升级步伐，做大做强工业园区，真正把工业园区打造成为我市经济发展的主战场和聚宝盆。要加快产业集聚，打造各具特色产业园区。进一步引导各个园区根据产业定位做大主导产业、特色产业规模，构筑主业突出、特色鲜明、错位发展、协作配套的发展格局。要加快园区重大项目建设，依托龙头骨干企业，引进上下游企业和配套企业，不断延伸产业链条，提高产品附加值，增强园区产业集聚能力、竞争能力和抗风险能力。要进一步加大园区基础设施建设，重点要解决好水、电、路等制约园区发展的短板问题，年内实现基础设施“八通一平”。要持续优化园区服务环境，推行首问负责制，采取“一站式”服务模式，为入园企业和项目提供保姆式服务，开辟工业园区行政审批绿色通道，使园区成为我市产业发展的保温箱和助力器。进一步集聚人才、技术、平台等各种创新要素，把工业园区打造成科技创新高地。

四要做大做强服务业。坚持生产性服务业与生活性服务业并重、现代服务业与传统服务业并举，更加注重在服务业领域培育支柱产业，推动服务业提档升级，提升竞争力。要大力发展现代物流业，充分发挥我市在中西部地区重要的公铁航空枢纽节点作用，加快建设钢铁建材、传化公路港、城市共同配送三大物流基地，做大钢铁、有色、建材物流，发展绿色物流、冷链物流、城乡配送等新业态，打造区域性物流中心。要大力发展电子商务，着力打造钢银电子交易平台、跨境电商平台、大宗畜产品交易平台、稀土交易所、内蒙古文化产权交易所五大电商平台，创建国家电子商务示范城市。要大力发展大数据应用产业，建成全区首家、国内一流的大数据中心，推动实施智慧教育、智慧旅游、智慧医疗和智慧管网等领域智慧应用项目，全面建设智慧包头。要大力发展金融服务业，进一步优化政策环境，加大支持力度，推动包商银行等本土金融机构加快发展，鼓励金融保险机构来我市设立分支机构，谋划组建金融租赁公司等国有投融资公司，促进金融与产业深度融合发展，建设区域性产融结合中心，打造金融集聚地。要大力发展商务会展业，办好中国第十八届绿色食品博览会暨第四届中国（国际）牛羊肉大会、首届中国民族旅游博览会、第二届爱飞客飞行大会等大型展会活动，进一步提升城市知名度和吸引力。要大力发展健康产业，科学谋划健康产业集聚区，设立健康产业基金，发展健康养老、运动康复、医疗器械、蒙中医药等产业，建设健康产业基地，培育健康产业品牌。要大力发展旅游产业，抓规划引领，围绕全域旅游大力发展工业旅游、军事旅游、红色旅游等；抓产品升级，积极谋划独具特色的文化旅游品牌项目，加快精品景区、精品路线建设；抓宣传营销，提升包头旅游地位、品牌、知名度，把草原钢城的名片擦亮叫响；抓环境优化，不断提升旅游服务质量，打造国内外知名旅游目的地。要做好黄河这篇大文章，搞好规划建设，加快建设小白河文化旅游产业园区，高水平打造沿黄休闲文化旅游带。

五要加快发展“高精强”现代农牧业。深入推进农牧业供给侧结构性改革，以新发展理念破解发展难题，推进农牧业现代化，建设绿色农畜产品精深加工基地。要优化农牧业产业结构和布局。围绕“薯、菜、肉、乳”四大主导产业，加快建设北部草原畜牧业发展带、中部旱作节水农业发展带、南部现代农牧业发展带“三大产业带”，打造好5大现代农牧业园区、3大食品加工园区，提高绿色优质农牧业集聚发展水平。要提高农牧业质量和效益。大力发展绿色加工、特色品牌、新型流通、旅游观光、健康养生等业态，促进一二三产业融合发展，引进培育一批年销售收入亿元以上的龙头企业，提高绿色农畜产品加工转化率，促进农牧业提质增效、农牧民增收致富。要增强农牧业可持续发展能力。探索多种形式的农牧业适度规模经营，加快土地、草牧场在专业大户、家庭农牧场、农牧民合作社和农牧业企业间流转，发挥规模效应。

六要深入落实“三去一降一补”任务。以满足需求为最终目的，以提高供给质量为主攻方向，以深化改革为根本途径，推动五大任务取得实质性进展。要结合发展优势特色产业去产能，严格控制过剩行业新增产能，坚决防止已经化解的产能死灰复燃，创造条件推动企业兼并重组，做好职工安置工作。要结合推进农牧业转移人口市民化去库存，以推进城镇化建设为契机，完善进城农牧民购房信贷支持政策，提高棚户区改造货币化安置比例，支持群众改善性住房需求，引导房地产业健康发展。要结合优化金融生态环境防风险，以降低企业负债为重点，支持企业市场化债转股，盘活存量资产，加大股权融资力度，优化企业债务结构，防范企业债券违约风险。加强各级政府债务管理，规范举债行为。要结合稳定企业运行降成本，进一步降低企业融资、人工、物流、用地、用能、制度性交易成本和税费负担。引导企业通过强化管理和创新，降低成本、提高效益。要结合扩大有效投资补短板，聚焦基础设施、脱贫攻坚、产业转型、生态环境等短板领域集中发力，既补硬短板又补软短板、既补发展短板又补制度短板，不断提高发展均衡性。

（三）着力强化科技创新驱动，打造经济发展强力引擎。充分发挥我市科技资源丰富、创新实力雄厚的优势，大力实施科技创新引领工程，建设中西部地区乃至全国一流的创业创新高地。重点要做好“四篇文章”。

一要做好引才育才用才文章。深入实施“草原英才”“鹿城英才”工程和“大学生集聚计划”，建立健全培养引进高层次创新创业人才的政策措施，引进培养一批善于凝聚力量、统筹协调的科技领军人才，善于开拓创新的企业家和高技能人才。要设立人才发展基金，对拥有重大科技成果和重大发明专利的人才，给予政策、资金、项目支持，促进科技成果转化，激发科技人员研发、创业的积极性。鼓励培育本土人才，特别是要重视培育在各行业、各岗位具有高精专的“工匠”型人才，发扬“工匠精神”，培育“包头工匠”“自治区工匠”“大国工匠”。从今年开始，要评比一批“包头工匠”。

二要做好产学研合作及科技成果转化应用文章。要加快创新平台建设。支持稀土高新区建成国内一流创新型园区，鼓励各类工业园区打造创新型特色园区。在包钢、二机和二0二厂等重点企业培育壮大一批国家重点实验室或国家工程中心，在钢铁、装备制造、核燃料元件等领域取得一批突破性成果。要加大创新主体培育。全面落实鼓励企业创新的各项政策，引导企业加大研发投入和平台建设力度，全面提升原始创新和集成创新能力，打造一批拥有市场主导权、代表包头形象的领军企业，培育一批具有比较优势的科技创新型中小企业。要加速科技成果转化。发挥包头稀土研发中心等新型研发机构作用，与企业深度融合，协同创新；与清华大学、北京航空航天大学、中国农业大学等合作建设一批新型研发机构，推动技术成果转化；以稀土高新区和北大包头科技园、中科院包头科技产业园等为中心，打造科技成果转化核心区。要深化校企交流合作。在支持企业加强与国内外知名院校合作的同时，建立本地高校、职业院校同企业协作服务平台，引导本地院校根据科技发展态势和企业实际需求，加强学科建设，植厚学科基础，开展订单式专项科学研究和职业技术培训，增加科技服务有效供给，形成科教融合、校企联合新模式，实现互利共赢。要健全人才激励机制。创新科技收益的分配机制，对于做出突出贡献的领军人才给予重奖，通过支持科技人才技术入股等多种形式，吸引一批科技成果落地，激发科技创新人才持久的创新动力。

三要做好质量、标准建设文章。开展质量提升行动，全面推动标准体系建设，建设一批产品质量检验、计量检测、工程质量检测、环境监测、标准化研究等技术机构，配套建立国家级质检中心和重点实验室，创建标准国际化创新型示范城市、国家稀土产业计量中心、全国质监惠民服务体验中心、全国质量强市示范城市，抢占城市综合竞争力的制高点。

四要做好创新创业环境打造文章。要完善创新创业服务体系，健全大众创业、万众创新平台，打造一批创客空间、创新创业中心和新兴产业“双创”示范基地。要加强创新金融支持，从今年起，市级财政应用技术研究与开发资金保持每年20%以上的增长速度，重点支持成果转化。要加快建立科技成果转化大数据平台，形成线上与线下、网上与网下互动的技术市场体系，畅通科技成果转化通道。要深化科技体制改革，加快完善相关政策措施，打造全国最优的创新创业环境。要以提升全民科学素质为目标，以青少年为重点，加强科学普及工作。

（四）着力走内涵发展道路，全面提升城乡协调发展水平。坚持人民城市为人民，大力推进以人为核心的城镇化建设，着力提高城市发展持续性、宜居性，让人民群众共享城市发展成果。

一要不断提升城市品质。要科学谋划城市发展的“大棋局”，加强新一轮城市规划修编工作，用规划引领品质城市建设工作，科学规划城市空间布局，做好多规合一工作，实现紧凑节约、高效绿色发展。要优化城市形态。新都市区要加快基础设施、公共设施和商业设施建设，打造连接东西、贯通南北的新城市中心；北梁腾空区要加快市政基础设施配套，打造全国棚户区改造规划建设、社会管理和可持续发展的典范，建成和谐、生态、宜业、宜居的城市新区。要增强城市功能。发挥全国试点城市的示范作用，加快地下综合管廊和城市道路建设，加大供水、供气等涉及百姓安全的市政管网改造力度，更加方便群众出行、生活需要。要打造城市景观。全力推进城市水生态提升综合利用工程，按照“四纵四横”的水网框架，把向山北地区供水、城市水质提升、城市防洪工程建设和水系景观打造等结合起来，力争在8月前初步形成河湖连通、碧波荡漾的城市水系，创建国家节水型城市；加快实施赛汗塔拉城中草原水系、西门区改造升级工程，打造全国特色品牌；抓好博物馆、文化艺术中心、城市展览馆建设，打造新的城市亮点；统筹推进奥林匹克公园“三馆”及广场、水景瀑布等项目建设和城市公园广场升级工程，创建国家生态园林城市。

二要全面改善城市环境。要加大棚户区和老旧小区改造力度。今年全市要完成4.2万户棚户区的改造任务。按照“四年规划、力争三年完成”的目标，启动北沙梁棚户区改造，建立市级统筹资金政策、属地征拆安置的工作机制，确保今年完成1.2万户、225万平米的搬迁改造任务。同时，加快城市其他棚户区改造步伐。要全力推进环境综合整治。全市统一集中行动，开展拆违建、拆临建、拆小锅炉、拆小煤炉和电厂超清洁改造大整治行动。综合施策，彻底解决主城区燃煤散烧问题，确保年底见到明显效果。加强城市环境提档升级，集中开展老旧小区环境综合整治工作，强化物业管理，做好主次干道硬化、美化、绿化、亮化工作，创建一批景观街，努力把城市打造得更加舒适、更加靓丽。要进一步抓好“美丽乡村”建设。按照布局合理、特色鲜明、产业集聚、功能完善、辐射带动能力强的目标要求，推进各旗县中心镇及其他集镇建设。加强农村牧区危旧房改造和水、电、路、气、厕等基础设施建设，强化教育、卫生、文化、医疗等公共服务建设，促进与城区在产业发展、基础设施、公共服务等方面的协调发展，注重乡风文明建设，让农牧民生活环境更加宜居舒心。

三要着力塑造城市形象。要凝聚城市精神。深入挖掘包头红色历史，系统整理上世纪50年代，周恩来、朱德、邓小平、乌兰夫、陈毅、聂荣臻等老一辈革命家考察包头的影视资料和广为传唱的《草原晨曲》等经典歌曲，广泛宣传中央、自治区媒体关于包头先进事迹的新闻报道和文艺作品，唤起当年艰苦奋斗、咬牙苦干、一往无前建设包头的城市精神，凝聚全市各族人民撸起袖子加油干的精神力量。要丰富城市内涵。深入挖掘整理包头红色文化、草原文化、农耕文化、西口文化、黄河文化、工业文化等各类文化资源，把发扬光大多姿多彩的地方文化同抓好中国特色社会主义文化宣传教育结合起来，不断丰富完善全市各族人民共有的精神家园，增强城市内涵和文化底蕴。要擦亮城市品牌。广泛宣传和展示已经荣获的联合国人居奖、国家卫生城市、国家森林城市、全国文明城市四连冠、全国双拥模范城市八连冠等众多城市荣誉，大力宣传我市的老字号老品牌，进一步激发全市人民热爱荣誉、珍惜荣誉、维护荣誉的主人翁意识，让包头的城市品牌永不褪色。要讲好城市故事。发挥好我市文化名家较多、文化产品创作生产实力较强的优势，推出一批文化精品。要创新理念和方法手段，充分利用各类媒体资源，全方位、立体式加强对我市的宣传报道，把“包头故事”讲好，让更多人了解包头、走进包头、宣传包头，提升城市的美誉度和影响力。

（五）着力深化改革开放，进一步增强发展动力活力。改革是决定命运的关键一招，开放是繁荣发展的必由之路。要认真抓好中央、自治区党委部署的各项改革任务落实，全方位扩大对外开放合作，更好发挥改革牵引、开放带动作用。

一要全面深化重要领域和关键环节改革。要突出抓好习近平总书记嘱托自治区先行先试的3项重点改革任务，在加强生态文明制度建设、完善企农利益联结机制、深化与俄蒙合作方面持续用力，抓紧完善配套政策，确保三项改革不断取得新成效。要深化“放管服”改革，在全区率先建立“实体大厅+网上大厅+自助终端”的全天候政务服务体系和公共资源交易“掌上交易大厅”，推进“双随机、一公开，协同监管、联合惩戒”工作走在全区前列。要统筹推进财税体制、科技体制、社会事业、社会治理、群众团体和党的建设等各领域改革，让人民群众在改革中得到更多实惠。

二要不断提升开放层次和水平。深度融入“一带一路”“中蒙俄经济走廊”等战略，依托满都拉口岸，加快建立开放型的基础设施体系、产业体系和市场体系，构筑开放发展新优势。陆路港要全面完成进口肉类指定口岸建设，启动实施互市贸易区项目，推进满都拉口岸国际物流园区建设；打通呼包鄂向北开放的公路走廊。铁路港要加大蒙西公铁物流园建设，全面建成B型保税物流中心配套设施，年内投入使用；引进第三方物流企业、公路港物流企业入驻园区，全面打造多式联运的公铁物流基地；巩固已经开行的中亚国际集装箱货运班列。

三要深入推进呼包鄂协同发展。要加强向上对接，对接自治区已出台的发展规划和具体方案，立足包头产业发展和区域发展定位，加快制定出台我市推动呼包鄂协同发展具体实施意见，推进三地优势互补、共建共享、合作共赢。要促进横向衔接，推动建立呼包鄂会商合作机制，积极参与构建快速、便捷、高效、安全、低成本、大容量的综合交通网络体系，打造分工协作和上下游联动的产业发展链条，建设资本、技术、人才、劳动力等要素自由流动和优化配置的统一区域市场，推进科技、教育、文化、卫生等社会资源相互开放。要主动作为，发挥包头市在呼包鄂协同发展中的带动引领作用。

（六）着力保障改善民生，全面提升人民生活质量。始终把人民放在心中最高位置，用心用情、尽心尽力做好保障和改善民生工作，努力让包头的百姓生活更加幸福、更有尊严。

一要坚决打赢脱贫攻坚战。贯彻落实中央、自治区党委关于脱贫攻坚工作部署，把脱贫攻坚当成“一号工程”“第一任务”，加大投入、创新方式、精准发力，切实把产业扶贫、教育扶贫、医疗扶贫、生态扶贫、政策兜底扶贫等措施做实做细，确保年底6000名国家级贫困人口全部脱贫，固阳区贫县摘帽，在全区率先完成脱贫攻坚任务。

二要千方百计促进就业增收。要实施更加积极的就业政策，分类精准做好大学生、农牧民转移劳动力、退役军人、就业困难人员等重点人群就业工作，特别是保证零就业家庭动态清零，确保全年新增就业4.2万人以上。要深入推进大众创业、万众创新，积极为各类就业创业人员搭建平台；大幅提高创业担保贷款规模，降低担保门槛，为更多年轻人创业就业创造条件。要用好用足国家、自治区关于促进城乡居民增收的政策举措，让广大人民群众有更多获得感。

三要持续提升社会保障水平。要继续扩大职工养老、医疗、失业保险综合覆盖面和受益面，加快机关事业单位养老保险制度改革，积极推进医保付费方式改革，稳步提高各项社会保险待遇水平。加快民政福利园区、残疾人康复中心建设进度。要抓紧实施低保、五保、孤儿、“三无”、优抚对象、残疾人等特殊困难人群救助保障标准提标工作，确保相关待遇水平位居全区前列。要进一步扩大高龄补贴覆盖面和标准。

四要实施教育质量提升工程。启动实施教育提升三年行动计划，打造一批优质学校，培养一批优秀校长、优秀教师，办全区一流、人民满意的教育。要统筹抓好全市各类幼儿园、中小学校的建设和改造，既要方便孩子上学、满足百姓教育需求，又要考虑教育资源合理配置，促进教育公平。要抓好校长这个关键，选好校长、用好校长，不拘一格用人才，落实校长办学自主权，打造一批响当当的名校。要抓好教师这个基础，抓紧研究出台科学合理的教师评聘职称政策，提高教师地位和待遇，充分调动广大教师的积极性、主动性和自律性，专心致志教书育人。要抓好激励机制建设，建立健全科学的教育教学质量考评体系，对成绩优秀的学校、校长、班主任和任课教师给予重奖，在全社会营造关心教育、重视教育、支持教育的浓厚氛围。

五要扎实推进健康包头建设。要以创建国家健康城市试点为抓手，全方位增进人民群众健康福祉。进一步做好向上链接优质医疗卫生资源，向下链接千家万户改善医疗卫生条件工作，推动全市医疗卫生服务再上大台阶。加快推进以公立医院综合改革为重点的医药卫生体制改革，努力实现“三个提升”，即提升全市农牧民健康保障水平，提升全市医疗服务质量水平，提升贫困人口健康水平。要贯彻落实全民健身国家战略，不断提高人民群众身体素质。

六要持续改善生态环境。坚持绿色发展、绿色惠民，认真抓好中央环保督察组督查反馈问题的整改落实，实施好京津风沙源治理、三北防护林建设、大青山绿化、草原湿地保护、矿山综合治理等重点生态工程，大力发展绿色低碳循环经济，加快构建生态文明制度体系，不断增强公民环保意识和生态意识，为筑牢我国北方重要生态安全屏障做出贡献。下大气力解决好大气、水、土壤污染等群众反映强烈的环境问题，努力让包头的天更蓝、山更绿、水更清、空气更清新、人民更开心。

七要深化平安包头建设。要深入推进社会治安综合治理创新，提高社会治理社会化、法制化、智能化、专业化水平，集中开展社会矛盾积案百日攻坚、政法队伍整顿建设专项行动，加强社会面巡逻防控、治安重点要素管控、网络安全管理，加快建立四级综治中心，构建立体化、信息化社会治安防控体系，提高预测预警预防风险能力，确保社会和谐稳定。要不断提高依法治市水平，深入推进科学立法、严格执法、公正司法、全民守法，在全社会形成自觉守法、遇事找法、解决问题靠法的氛围。要深入开展社会矛盾纠纷排查化解工作，落实重大决策社会稳定风险评估制度，健全完善社会利益表达、利益协调、利益保护机制，有效预防和化解社会矛盾。要坚决守住安全生产红线，认真贯彻关于推进安全生产领域改革发展的意见，全面落实安全生产责任制，加大道路、消防、人群密集场所、矿山非煤矿山等重点领域安全生产隐患排查治理，坚决防止重特大事故发生，切实维护人民群众生命财产安全。要确保食品药品安全，加快食药监管系统和移动执法系统建设，加强食品药品安全日常监管和专项整治，创建国家食品安全城市。要大力加强维稳处突力量和手段建设，加强应急演练，提升处突能力，坚决防止发生暴力恐怖和个人极端事（案）件。要加大对各类违法犯罪的打击力度，强力整治“黄赌毒”等社会治安突出问题。

四、加强党的领导，为经济社会发展提供坚强保障

做好经济工作，关键在党、关键在人。全市各级党委和领导干部要自觉把全面从严治党要求体现到党对经济工作的领导之中，切实用党建工作新成效推动经济发展上水平。

一要把党对经济工作的领导落到实处。经济工作是全党的中心工作，是各级党委义不容辞的重要职责。要牢固树立“四个意识”。认真贯彻落实党的十八届六中全会精神，进一步增强“四个意识”，始终在思想上衷心拥护核心、在政治上坚决维护核心、在组织上自觉服从核心、在行动上始终紧跟核心，更加坚定自觉地在思想上政治上行动上同以习近平同志为核心的党中央保持高度一致，把思想和行动统一到中央和自治区党委对形势的判断上来，统一到中央和自治区党委的安排部署上来，齐心协力、真抓实干，牢牢掌握做好经济工作的主动权。要强化执行落实能力。把落实中央、自治区党委经济决策部署作为政治责任，党中央制定的方针政策、确定的改革方案，自治区党委作出的安排部署、推出的改革举措，都要认真分析研究，对中央、自治区党委有原则要求的，要具体化为实施方案，把方案转化为行动，把行动转化为成就；对中央、自治区党委有具体要求的，要以“钉钉子”精神抓紧办理、逐项落实，绝不能变形走样。

二要提高领导经济工作的能力和水平。要加强学习。坚持用习近平总书记系列重要讲话和考察内蒙古重要讲话精神以及治国理政新理念新思想新战略武装头脑、指导实践、推动工作。坚持缺什么补什么，加紧学习、自觉补充经济、科技、法律、管理等各方面履职尽责所需要的知识，提升专业素养，提高领导经济工作的能力和水平。要加强调查研究。调查研究是传家宝，是重要的工作方法。我们发展中面临许多新问题、新挑战，面临的形势严峻复杂，必须加强调查研究，这也是“反四风、转作风”的实际体现，不能“空中作业”，不能拍脑袋决策，要经常深入群众、深入基层，接地气、察民情，在求真、求实、求深上下功夫，努力使工作符合实际、见到实效。要做到科学决策。始终围绕中心、服务大局，把中央、自治区党委决策部署贯彻好、落实好。不断深化对经济社会发展规律的认识，加强对经济社会发展形势的分析研判，努力提高科学化决策能力，保证各项决策符合中央、自治区党委精神，符合包头发展实际。

三要为经济社会发展创造更加优良的环境。要创造良好的政策环境。把中央和自治区稳定经济增长的一系列政策措施落实到位，把市委、市政府制定的各项政策措施兑现到位，坚持发展导向、问题导向、民生导向，进一步研究出台更加明确、更为具体、更有力度的政策举措，为经济社会发展提供有力的政策支持。要创造良好的发展环境。以建设全国一流的政务服务环境为目标，用优质服务提升行政效能，努力做到全国同类城市收费项目最少、审批流程最短、办事效率最高、服务环境最优。要创造良好的法治环境。更加注重运用法治思维和法治方式深化改革、推动发展、化解矛盾、维护稳定，不断提高依法办事能力。整顿和规范市场经济秩序，加强社会信用体系建设，严厉打击制假售假、偷税漏税和各种商业欺诈行为，坚决杜绝“吃、拿、卡、要”行为，创造公平公正的法治环境和健康有序的市场竞争环境。深入开展正风肃纪，加大治庸问责问效力度，对危害发展环境的人和事，发现一起处理一起，绝不姑息迁就。

四要营造抓发展促发展的浓厚氛围。各级干部是推动发展的骨干力量，各族群众是推动发展的决定力量。要树立正确选人用人导向。坚决贯彻习近平总书记提出的“信念坚定、为民服务、勤政务实、敢于担当、清正廉洁”好干部标准，与“三严三实”“忠诚干净担当”“四讲四有”等要求相统一，注重在实践中发现和培养干部，注重加强对干部的日常管理和监督，树立注重实绩、群众公认、重视基层的选人用人导向，把干事创业、勇于改革、敢于担当、作风扎实的干部提拔使用起来，形成能者上、庸者下、劣者汰的从政环境。要健全激励机制和容错纠错机制。抓住想干事、敢干事这两个关键，进一步完善政绩考核评价体系，规范干部政绩考核机制，健全正向激励机制，鼓励各级干部躬身做官、挺身做人、精心谋事、潜心干事、用心成事。坚持“三个区分开来”，保护改革者、鼓励探索者、宽容失误者、纠正偏差者、警醒违纪者，为敢担当的干部担当，为敢负责的干部负责，促进广大干部创造性开展工作。要凝心聚力推动改革发展。当前，我市正处在改革发展的紧要关头，提档升级、争创一流必须充分发挥党的思想政治工作优势，牢牢掌握意识形态工作的领导权、主动权，加强宣传教育和组织动员，创新工作体制机制和方式方法，积极营造良好舆论环境，最大限度凝聚人心、最大程度鼓舞干劲，汇聚全市上下谋发展、干群同心搞建设的磅礴之力，形成想发展、谋发展、抓发展，你追我赶、千帆竞发、万马奔腾的生动局面。

同志们，做好今年经济工作，任务艰巨、责任重大。我们一定要更加紧密地团结在以习近平同志为核心的党中央周围，进一步增强紧迫感责任感使命感，坚定信心、凝聚力量，咬牙苦干、一往无前，奋力开创全市经济社会发展新局面，为把祖国北部边疆这道风景线打造得更加亮丽做出新贡献，以优异成绩迎接自治区成立70周年和党的十九大胜利召开!

政府工作报告

——2017年2月16日在包头市第十四届人民代表大会第五次会议上

包头市人民政府市长 杜学军

各位代表：

现在，我代表市人民政府向大会报告工作，请予审议，并请市政协委员和列席会议的同志提出意见。

一、2016年工作回顾

过去一年，在市委的坚强领导下，全市上下深入学习贯彻习近平总书记系列重要讲话和考察内蒙古重要讲话精神，坚决落实中央、自治区和市委决策部署，在抢抓机遇中干事创业，在攻坚克难中砥砺前行，奋力开创“十三五”发展新局面。全市地区生产总值3867.6亿元，增长7.6%；固定资产投资2955.8亿元，增长14.4%；社会消费品零售总额1400.2亿元，增长9.7%；一般公共预算收入271.2亿元，增长7.5%；城乡居民收入分别达到40955元和14692元，均增长7.5%；城镇登记失业率控制在3.89%。

（一）经济发展稳中提效

全力稳定经济增长。充分发挥工业支撑作用，制定实施稳工业、助企业的一系列政策措施，为企业争取上级各类扶持资金24.7亿元，协调落实银行贷款830亿元。全年规模以上工业企业增加值增长8.9%，位居全区前列；企业效益明显好转，利润总额增长261.4%。充分发挥投资关键作用，实施亿元以上重点项目831个，完成投资2586.7亿元，400个项目陆续建成，实施项目和竣工数量位居全区首位。承办自治区首届蒙商大会，积极参与内蒙古大数据产业推介会等招商引资活动，引进国内区外到位资金762.7亿元，增长15.7%。充分发挥消费基础作用，大力改善消费供给和市场流通，全市开办电商业务企业达到1600多家，进入国家电子商务示范城市创建行列。举办第26届全国书博会等61场大型展会，参展人数达到330万人次，成交额近600亿元。充分发挥金融保障作用，支持企业直接融资473.6亿元。拓展政府融资平台功能，策划设立总规模805.9亿元的产业基金22个，总规模368.5亿元的12个基金获批。全社会融资总额达到3986.6亿元，超过金融机构存款余额732.8亿元，有力支持了企业发展和项目建设。

扎实推进“三去一降一补”。拆除包钢2号高炉和宝鑫特钢高炉，化解钢铁过剩产能193万吨。有效推动去库存，全年商品房销售套数、面积分别增长39.3%和24%。改善地区金融环境，金融机构不良贷款率2.28%，低于全区1.53个百分点，保持在合理区间。打好减免收费、电价补贴等政策“组合拳”，营改增改革为企业减税15亿元以上，促进规模以上工业企业主营业务收入成本下降1%。加大基础设施、科技创新、生态环境、社会民生事业等方面投入，短板领域得到有效加强。

（二）转型升级步伐加快

大力改造提升传统产业，新增汽车用钢、高强耐磨贝氏体钢轨等161种高附加值产品，新增40万吨铝深加工产能，完成400台传统机床数字化改造。**大力培育战略性新兴产业**，高端装备制造业增加值增长11.2%，稀土功能材料产量增长19.8%，风光清洁能源装机容量分别达到376万千瓦和60万千瓦，增长7.5倍和1.6倍，全市战略性新兴产业增加值占GDP比重达到7%。**大力发展现代服务业**，服务业投资占比和经济总量占比均超过50%，三次产业结构优化为2.5:47.1:50.4。公路港、铁路港、航空港建设扎实推进。旅游总收入突破400亿元，增长24.1%。福强物业、新达科技、惠民水务、塞北机械等10户企业在新三板挂牌，在区域性股权交易中心挂牌企业达到705户。民生银行、内蒙古文化产权交易所落户包头，包银消费金融公司获准开业，新时代信托扩增资本60亿元，组建村镇银行和农商行工作取得积极进展。**大力发展现代农牧业**，引进中牧、中粮、中农批等一批国内知名企业，现代农牧业园区和食品加工园区入驻企业分别达到112家和52家，新增自治区级龙头企业13家、著名知名商标28个，农畜产品加工转化率达到63%。包头进入国家农产品质量安全追溯试点城市行列，获评“中国羊肉美食之都”。**大力实施科技创新五大工程**。33项重点科技项目、32项产学研项目和44项产业化项目全面推进，38项成果转化落地，发布18项稀土产品标准，农牧业科技贡献率达到57%。新增20家国家级高新技术企业，20家市级创新型试点企业、10家科技小巨人企业。与科研院校合作领域不断拓展，自治区首家石墨烯材料研究院落户包头，创建国家军民融合创新示范区迈出坚实步伐。全年R&D经费支出达到65亿元，增长21%，我市成为国家促进科技与金融结合试点城市。制定科技人才扶持政策，实施大学生集聚计划，8家众创空间晋升国家级。智慧城市建设扎实推进，获批“宽带中国”试点城市。

（三）改革开放深入推进

抓好重点领域改革攻坚。制定公布政府权责清单、投资领域负面清单和公共服务事项清单。行政审批要件精简20%以上，建成覆盖全市的“网上政务大厅”和“掌上政务大厅”。商事登记实施“六证合一、一照一码”和个体工商户“两证整合”，市场监管“双随机、一公开”机制不断强化，全年新登记注册企业增长13.1%。深化国资国企改革，启动实施公益类企业成本规制试点。实施混合所有制项目20个，带动投资148亿元。铝业园区配售电改革试点获得国家批准。不动产统一登记发证全面启动。完善龙头企业与农牧民利益联结机制，产业化经营参与率达到70%。土地草场确权工作扎实推进，基本农田红线、基本草原划定和小型水利工程管理体制改革全面完成。各领域改革均取得阶段性成果。

主动参与区域协同发展。制定呼包鄂地区协同发展规划和实施方案，推动包银高铁、包西高铁列入国家“十三五”规划和中长期铁路网规划，包头成为国家规划的50个铁路重要枢纽城市之一。城市立体综合交通枢纽等重大工程全面开工建设，南绕城一级公路和包头环城铁路建成通车，包白快速列车实现对开，基础设施加速内连外通。举办第四次呼包银榆市长联席会议，提升了包头区域经济影响力。

强力推动对外开放。满都拉口岸成为国家进口肉类指定口岸，获批建设中蒙互市贸易区，包满铁路三期主体工程完工，口岸过货量达到80万吨，超过前三年总和。制定外贸扶持政策，开通包头至中亚国际集装箱班列，新增外贸企业124家、境外投资企业11家，在全国全区外贸持续下滑的背景下，我市进出口贸易总额完成17.2亿美元，增长10.9%。全面完成包头机场国际航站楼改造，国际航空口岸实现临时开放，飞往蒙古国、泰国、香港的国际和地区航线正式通航。在蒙古国成功举办包头特色商品博览会，与香港的经贸合作不断深化。中德党际第四次可持续发展对话走进包头，与澳大利亚、新西兰建立城际友好关系，对外开放空间加速拓展。

（四）城乡建设展现新貌

坚持规划先行、建管并重，实施城建项目224个，完成投资618亿元。北梁腾空区18个重点项目全面启动，新都市区开发建设扎实推进。全市新建改造45条道路和4座桥梁，三年打通80条断头路任务全面完成，累计建成地下综合管廊18.1公里。轨道交通规划获批，地铁控制中心开工建设。全市增设公共停车位32189个，添置新能源公交车460台，公交站点500米覆盖率达到80%。新建扩建14个公园广场，建成区绿化覆盖率达到44%，提高1.4个百分点。对200栋建筑进行了夜景亮化。城市执法体制改革全面开展，创建景观示范街、治理背街小巷和机动三轮车违法营运取得显著成效。全面完成“十个全覆盖”三年建设任务，改造危房5.2万户，硬化街巷5185公里，解决了29.3万人的安全饮水问题，全市96%的行政村通油路，1725个村庄旧貌换新颜，48.4万群众受益。

（五）生态环保继续加强

实施国家林业重点工程53.5万亩，重点区域绿化4.6万亩，新增果品经济林2万亩。组织开展打击破坏生态资源违法行为专项行动，大青山矿山治理工程全面启动。围封禁牧取得阶段性成果。四道沙河、二道沙河河道治理及东河河湖连通工程扎实推进，包头黄河国家湿地公园通过验收。实施环保项目112个，完成投资21.9亿元。加强环保监管执法，累计查处企业环境违法行为612起，对中央环保督察组交办问题进行了集中整改。全市空气质量优良天数达到269天，比2015年增加20天。单位GDP能耗下降4.92%，完成主要污染物减排任务。

（六）人民生活持续改善

财政民生支出占比达到82.2%。加大脱贫攻坚力度，贫困人口减少2万人。建成创业园孵化基地57个，稀土谷创业园成为国家级示范基地。发放创业担保贷款4.5亿元，占自治区的三分之一。城镇新增就业4.23万人，高校毕业生就业2.27万人，农牧民转移就业23.28万人。采取“一制一档”模式率先实现城乡医保并轨。为33户企业发放援企稳岗社保补贴3.26亿元，惠及职工近11万人。加强妇女儿童和残疾人工作，在自治区率先向困难失能老人发放护理补贴，向失独残独困难家庭发放一次性扶助金，残疾人康复中心和民政福利园区开工建设。全年改造棚户区28705套，整治老旧小区194个、538万平方米。深入推进平安包头建设，依法打击各类违法犯罪活动，强力整治社会治安突出问题，提升了群众安全感。加大安全生产监管力度，生产安全事故和死亡人数分别下降61.1%和11.5%。

（七）社会事业不断进步

新改扩建中小学、幼儿园45所，九原区和土右旗通过国家县域义务教育均衡发展评估验收。成功创建国家公共文化服务体系示范区，文艺精品不断推出，电视剧《安居》在央视一套黄金时间播出，“交响音乐季”等品牌文化活动让越来越多的市民走进高雅艺术殿堂。33家公立医院取消药品加成，包钢医院等7个医联体试点全面启动，家庭医生签约服务达到80.4万人。深入推进足球改革试点工作，成功举办多项国家、自治区级赛事。乡镇全民健身中心和社区、嘎查村健身路径等体育设施不断完善，群众体育文化活动蓬勃开展。全国质量强市示范市创建持续深化，食品药品安全监管不断加强。我市第四次获评全国法治宣传教育先进城市，蝉联国家卫生城市荣誉称号，入选国家健康城市建设试点。民族宗教工作开创新局面，创建全国双拥模范城实现“八连冠”。统计、人防、防灾救灾、红十字、外事侨务、文史档案等事业发展取得新成绩，税务、海关、检验检疫、气象等部门工作迈上新台阶，金融、保险、证券等机构为全市经济社会发展作出新贡献。

过去一年，我们努力加强政府自身建设，认真开展“两学一做”学习教育，严格遵守党规党纪，坚持不懈改进作风。主动自觉接受人大法律监督、工作监督和政协民主监督，广泛接受人民群众和社会监督。高度重视人大代表建议和政协提案办理工作，共办理人大代表建议141件、政协提案306件，办结率100%，对人大、政协调研报告和审议意见进行专门研究落实。依法全面履行政府职能，规范各项工作制度，大力推进政务公开和信息化建设，加强行政监察和审计监督，狠抓督查落实，政府执行力和公信力进一步提升。各级政府和政府工作部门抢抓机遇，一件一件事情盯，一步一个脚印走，一天赶着一天干，率先发展的积极性和主动性日益增强，不甘落后、真抓实干、创新创业的激情不断凝聚，为做好今后改革发展稳定各项工作奠定了坚实基础。

各位代表!过去一年取得的成绩，是市委坚强领导、统筹推进的结果，是市人大和市政协认真监督、大力支持的结果，是社会各界和有关方面热情参与、鼎力相助的结果，是全市广大干部群众苦干实干、顽强拼搏的结果。我代表市人民政府，向所有为包头建设与发展作出贡献的同志们、朋友们，表示衷心的感谢，致以崇高的敬意!

在总结成绩的同时，我们也清醒地认识到，包头发展还面临着不少困难和挑战。从外部环境上看，经济下行压力依然较大，市场预期不稳定，民间投资增长动力明显不足;经济发展新常态下的城市间竞争日趋激烈，我市传统优势正在减弱，科技创新成果转化能力有待提高，现代服务业和战略性新兴产业发展不足，经济发展的新动能还没有全面形成。从内部支撑上看，一些企业生产经营中存在的困难问题还没有得到有效解决，民营经济发展的环境仍待优化;对外开放整体水平不高、外资利用规模不大;财政收支矛盾加剧，旗县区发展不平衡;城乡建设管理有待加强，生态环境保护还需持续加大力度;居民收入增长放缓，农牧民收入与预期目标还有一定差距;脱贫攻坚、棚户区改造等任务十分艰巨，人民群众关心的空气质量、食品安全等热点问题还没有得到根本解决。从政府工作上看，对标先进城市，我们推动工作谋发展还有不小差距，研究政策、捕捉机遇的能力仍显不足，一些干部敢于比拼、争名进位的意识还需不断强化。对此，我们一定直面问题、解决问题，尽心竭力推动改革发展，决不辜负全市人民的重托。

二、2017年工作安排

今年政府工作的总体要求是：**全面贯彻落实党的十八大和十八届三中、四中、五中、六中全会精神、习近平总书记系列重要讲话和考察内蒙古重要讲话精神以及治国理政新理念新思想新战略，按照中央经济工作会议、自治区党委十届二次全会和市委十二届二次全会的部署要求，坚持稳中求进工作总基调，以提高发展质量效益为中心，以推进供给侧结构性改革为主线，以提档升级、争创一流为目标，守住发展、生态、民生底线，强化创新驱动、投资拉动、项目带动，努力在增强发展后劲、优化工业结构、提升城市品位、改善人民生活四个方面实现新突破，在作风转变上下工夫、在工作落实上求实效，打造全区经济社会发展火车头、改革开放领头羊、统筹城乡发展先行区、生态环境保护示范区，挺钢铁脊梁、振包头雄风，以优异成绩迎接自治区成立70周年和党的十九大胜利召开。**

今年主要预期目标是：地区生产总值增长8%左右，固定资产投资增长15%左右，社会消费品零售总额增长10%左右，一般公共预算收入增长6%左右，城乡居民人均可支配收入分别增长8%、8.5%左右。城镇登记失业率控制在3.9%以内。全面完成自治区下达的节能减排约束性指标。

实现上述目标，要重点做好以下几个方面工作。

（一）增投资上项目，全力推动综合经济实力实现新跨越。今天的项目就是明天的生产力。我们要全面开展“项目建设攻坚年”活动，组织实施总投资7737亿元的957个重点项目，年内完成投资2600亿元以上，竣工400个以上，为经济社会发展注入强大动力，助推率先发展。

围绕重大项目抓好“七网”建设。根据产业发展与项目布局，加快制定完善“七网”专项规划，实施总投资4363亿元的211个项目。**铁路网**总投资252亿元，开工建设包头至银川高速铁路、土右新型工业园区铁路和包头铝业古城湾铁路专用线，建成包满铁路三期和固阳明安至金山工业园区铁路，完成环城铁路电气化改造和土右嘉华铁路扩能改造，积极开展包西高速铁路(包榆段)前期工作，谋划推动呼包高铁项目。全面建成公铁空立体综合交通枢纽主体工程，争取以综合交通枢纽为包头高铁起点站，构建包西、包银“十字形”高铁通道。**公路网**总投资446亿元，全面建设白云鄂博至固阳、固阳至东河、白云鄂博至百灵庙3条高速公路，在全区率先实现县县通高速目标。开工建设托县至东河、满都拉口岸至白云、包头北绕城等一级公路，建成固阳至武川、希拉穆仁至百灵庙和边防公路。实施包茂高速公路包头至东胜段改扩建工程，启动跨黄河大桥通道项目。全面建成586公里旅游公路网，实现主要景区景点全覆盖。建设通村油路294公里，实现所有行政村通油路。**航空网**总投资16亿元，建成石拐、达茂通用机场，组建包头航空公司，推动包头机场升级为国际机场。优化国内航线，增加与省会城市的通航数量，开通俄罗斯、澳门等更多国际和地区航线，提升航空运力和服务水平。**水利网**总投资276亿元，全力推进城市水生态提升综合利用项目，基本完成昆河、四道沙河、二道沙河、东河“四纵”贯通工程。加快推动山北输水工程，努力解决区域性缺水问题。新增城区管道直饮水覆盖人口6万人，实施农村牧区饮水安全巩固提升工程，提高城乡居民饮用水质量。**市政网**总投资593亿元，开工建设地铁1号线、2号线一期工程，新建改建沼园南路等65条道路，建成新都市区、北梁新区和110国道、沼南大道等33公里地下综合管廊。启动环城北干线、昆北集中供热干线等工程，建设供热管网74公里。新建扩建污水处理厂，加快污水汇集管网与中水利用管网建设，千方百计提高污水处理率与中水利用率，解决城市既缺水又浪费水资源的矛盾，减少地下水开采量。大力推进陕京四线入包等天然气管道项目建设，新增天然气供给能力10亿立方米。**能源网**总投资2746亿元，新建昆区莫尼、新都市区世纪220千伏变电站和东河前明、昆区新城、石拐喜桂图、北梁北滨等一批110千伏变电站，提高城乡供电保障能力。加快实施包铝热电联产机组扩建和固阳金山工业园区电力及配套输电工程。推动包头北至华中特高压电力外送通道尽快获得国家批复。**信息通信网**总投资34亿元，加快建设大数据、云计算三期等项目。推进新建城区光纤网络和高速宽带网络全覆盖，加强公路沿线、旅游景区、农村牧区光纤通讯网络和无线网建设，新建基站1200座、光缆2840公里，骨干网出口带宽达到850G，80%的行政村实现光纤到村，不让农牧民在信息化进程中掉队，为建成西部地区信息化强市奠定坚实基础。

围绕重大项目全力招商引资。树立全市“一盘棋”思想，在招商引资上算大账、谋长远，制定出台更有竞争力和吸引力的招商引资优惠政策。鼓励各地区发挥自身优势，量身订制错位招商的配套政策。健全招商引资责任制，加强队伍建设，落实奖惩措施，营造地区、部门主要领导亲力亲为，专业队伍全方位、全过程、全身心跟踪服务的浓厚氛围。注重项目谋划，加强政策研究和工作对接，研判市场走势，跟进项目资金信息，重点围绕优势资源深度转化、特色产业延伸链条、应用科技创新合作、新型消费热点培育等领域开展精准招商。创新招商方式，充分运用以商招商、展会招商、网络招商等多种方式，加强与国内外大院大所、行业龙头企业洽谈对接，提高招商精准度和成功率。全年引进项目500个以上，引进国内区外到位资金增长15%以上。

围绕重大项目强化融资保障。抢抓政策市场机遇，大力推行PPP项目合作模式，激发民间投资活力，力争民间投资比重达到65%以上。积极发展政府参股的融资性担保公司，提高项目融资担保能力。精准投放工业、稀土、农牧业产业化、科技金融创新等产业基金，与银行、保险、基金等机构深度合作，扩大城市发展、棚户区改造等产业基金规模，以市场化运作模式助力项目建设。加快发展多层次资本市场，积极推动企业市场化债转股，推进资产证券化，支持企业上市融资和债券融资。拓宽融资渠道，加快组建地方金融资产管理公司、保险公司，设立区域性产权和金融资产交易平台。做大包银消费金融公司，全力支持一机集团成立内蒙古金融租赁公司。大力支持金融业创新发展，做大做强包商银行等地方金融机构。防范和化解企业债务、政府债务和金融风险，全力营造宽松安全的项目融资和金融发展环境。

*（二）厚植发展优势，全力推动创新动能实现新集聚。*深入实施创新驱动战略，围绕建设中西部地区乃至全国一流的创业创新高地，全面加快创新发展。

培育发展七大战略性新兴产业。编制《包头市战略性新型产业发展规划》及“七业”子规划和相应的三年行动方案，制定出台《加快战略性新兴产业发展的意见》，设立发展基金，加快建设战略性新兴产业基地，创建国家可持续发展议程创新示范区。**加快建设以稀土为龙头的国家新材料产业基地。**充分发挥我市稀土的比较优势与竞争优势，实施“稀土+”发展战略，理顺资源开发、运营、管理机制，支持北方稀土集团做大做强。加强稀土高新区建设，努力打造国内具有核心竞争力的一流创新型园区。发挥40亿元稀土产业基金和国家稀土转型支持资金引导作用，重点推动四大功能材料、稀土合金、铌钪钍综合利用等一批稀土和稀有金属转型升级项目，发展永磁电机、镍氢电池等终端产品，力争稀土功能材料产能达到10万吨，产量占到全国的1/5左右。积极创建国家稀土创新中心，发挥中科院包头稀土研发中心、包头稀土研究院等科研优势，新建一批稀土研发分支机构、技术转移中心和研发平台，力争实现磁材表面处理等3项重大技术突破，扩大镧、铈等元素的应用范围，完成无人机伺服电机等10项科技成果转化。强化稀土要素市场建设，依托包头稀土产品交易所，完善中国稀土价格指数，拓展稀土交易范围，重点推动本地稀土企业上线交易，着力打造中国稀土产品的交易中心、信息中心、投融资中心和定价中心。制定稀土产品标准，建设国家稀土产业计量中心，掌握稀土行业话语权。发挥包头自身优势，扩大稀土钢、稀土铝、稀土镁合金产业规模，延伸产业链，提高附加值。大力发展石墨烯新材料产业，重点实施核纯石墨、商用钠离子电池、高密度石墨烯及超级电容器等项目，拓展石墨烯新材料在冶金、核电、装备、环保行业的应用，打造国家石墨烯新材料制备及应用基地。**高端装备制造产业**重点支持一机、北重、二冶、包铝等龙头企业在通用航空、智能制造等方面开发新产品，延伸产业链。推动工业化与信息化深度融合，加快建设工业大数据平台，打造一批数字车间、智能工厂。探索建立“网络协同制造联盟”，力争联网数控设备达到600台套，构建“互联网+工业制造”的创新发展模式，建设中西部地区网络制造基地。**新能源产业**重点推动采煤沉陷区光伏基地一期项目并网发电，年内启动二期工程。争取千万千瓦级风电基地通过国家批复并开工建设，全面推动一批光热和储能项目落地，力争产值实现50亿元。牢牢把握国家大力发展第三代核电、启动内陆核电站建设的政策机遇，加快建立核电燃料元件研发中心，进一步做大做强核电燃料元件产业。引进科研机构开发氢燃料和地热资源。支持杉杉集团与比亚迪集团扩大新能源汽车及组件生产规模。**大数据云计算产业**重点实施“互联网+”发展战略，成立专门机构，制定产业优惠政策，吸引更多的网络集团公司入驻包头。加快智慧教育、智慧医疗、智慧旅游、智慧管网等智慧包头专项领域的建设，推动数据资源共享，着力打造产值超百亿元的大数据产业集群。**节能环保产业**重点发展废旧金属资源再生利用、工业废弃物生产绿色建材、高效锅炉等产业项目，加大稀土在脱硫脱硝、DDS技术、节能照明等领域的推广应用。加快组建包头市生态节能环保产业公司，引进培育重点节能环保企业，创新节能环保服务模式，推动产业多元发展。**生物科技产业**重点支持东宝生物、华阳润生等企业，扩大明胶、胶原蛋白、磷酸氢钙等产品生产规模，推动赖氨酸、天然气和有机肥等生物科技项目发挥效能。大力引进基因生物等研发机构，夯实产业发展基础。**蒙中医药产业**重点发挥自身优势，加快发展甘草、黄芪、枸杞子等中草药产业。开展中蒙药材良种繁育和现代种养植、生产技术推广，启动建设蒙中医药产业园区，打造规范化种养植、规模化加工一体化基地。支持研发特色中蒙药材和相关新药、保健食品、茶饮、器械和洗化用品，满足健康消费需求。建设中蒙药材生产、流通及使用追溯体系，提高中蒙药产品质量和安全水平。

强化科技创新动力支撑。加大科技创新投入力度，健全完善多元投入机制，财政投入重点向科技创新倾斜，充分发挥30亿元科技创新基金作用，引进5家以上科技风险投资基金和天使投资基金，带动子基金规模达到10亿元，年内力争R&D经费支出增长25%。**加大引才育才用才力度，**完善相关人才政策，有针对性引进急需的高端研发人才、专业技术人才、创新创业人才，加强本地人才的培养和使用，激发人才活力，服务创新发展。设立人才发展基金，强化科技成果转化扶持和奖励。完善创新创业服务体系，加快建设一批创客空间、创新创业中心和新兴产业双创示范基地，营造激发创新动能的良好环境。**加大创新平台建设力度，**支持包钢、北重、中核北方建设国家重点实验室和国家工程技术研究中心，实施CAP1400先导组件研制、石墨烯可控制备等20项以上重大科技项目。与清华大学、北京航空航天大学、吉林大学、天津大学、中国农业大学等院校合作建设一批新型研发机构，在大数据、煤化工、机器人、新材料、农牧业科技等领域谋求突破。与澳大利亚莫纳什大学共建中澳(内蒙古)技术转移研究院，年内引进20项以上国际先进技术成果。建立本地高校、职业院校同企业协作服务平台，开展订单式专项科学研究和职业技术培训，构建科教融合、校企联合新模式。**加大军民融合创新力度，**用活用好科技评估和国防知识产权转化两个中心，以军民技术转化吸引产业集聚，打造军民融合产业园，加强军转民、民参军项目建设，全面创建国家军民融合创新示范区。**加大质量标准化建设力度，**开展质量提升行动，加快创建标准国际化创新型城市和全国质量强市示范城市。实施品牌强市战略，发展品牌经济，促进产品、服务和消费品牌有机结合，发挥商标对品牌的推动作用，落实“中国制造2025”，培育更多“百年企业”“百年老店”和“包头工匠”，打造包头品牌。

全力抓好工业园区建设。优化园区功能定位，引导工业园区根据产业定位做大做强主导产业和特色产业，构筑主业突出、特色鲜明、错位发展、协作配套的发展格局。提高园区承载能力，实施总投资27亿元的38个配套管网、污水处理等基础设施项目，年内所有园区建成区实现基础设施“八通一平”。大力推动产业向园区集中、企业入园发展，园区产业集中度达到82%。鼓励各旗县区至少与2家科研院校开展创新合作，力争在产业技术节点攻关上取得突破，建设创新型特色园区，把园区打造成为经济发展的主战场和聚宝盆。

（三）振兴实体经济，全力推动经济发展方式实现新转变。以市场为导向，打好传统产业提档升级攻坚战，实现转型发展。

加快改造提升传统产业。开展技术创新，加快产品和技术升级换代，实施总投资2520亿元的316个改造升级项目。**钢铁产业**重点调整产品结构、延伸产业链条，做精做优高附加值钢材产品，大力实施10万吨冷轧取向硅钢片、80万吨稀土现代铁素体不锈钢等项目，推动40万吨镀锌带钢及镀锌管等项目达产达效，力争钢铁产业实现产值930亿元。**装备制造产业**重点发挥龙头企业的集聚作用，带动相关配套企业形成完整的产业链条，实施光伏太阳能铸锭和金刚线切片机、现代煤化工装备、轨道交通装备制造等项目，提升传统装备制造业发展水平。**有色金属产业**重点推进160万吨铝合金材料、40万吨电解铜、3000吨高品质铝合金焊丝、30万吨铝镁合金、500万只铝轮毂等深加工项目，力争有色产业实现产值600亿元。**煤化工产业**重点实施60万吨乙二醇、煤焦油深加工等项目，年内力争神华70万吨煤制烯烃升级示范项目开工建设。

深入落实“三去一降一补”重点任务。大力支持企业发展，进一步降低企业融资、人工、物流、用地、用能、制度性交易成本和税费负担。在争取金融支持、引进险资、开拓市场、援企稳岗等方面全力以赴支持包钢等老工业企业转型发展。加快推动国有企业“三供一业”接收和剥离办社会职能，焕发老企业生机活力。实施中小企业成长工程，重点培育150户专精特新中小企业。推动钢铁、有色、装备制造、电力等企业开展协作配套，促进企业合作共赢。发挥政府采购引导功能，协调推动专用车辆、工程机械等优势产品进入区域公用项目采购市场，政府重点工程优先采用本地装备。全力保障生产要素供给，帮助企业拓宽产品销售渠道，提高工业产品销售率。支持居民合理住房需求，有效消化商品非住房库存，促进房地产企业健康发展。认真落实扶持民营经济发展的各项政策措施，坚持非禁即入、平等待遇，保障信息公开与对称，促进民营企业更好地参与公平竞争。建立与民营企业定期会商机制，在资本运作、技术攻关、人才引进等方面为民营企业排忧解难，依法保护民营企业家产权，让民营企业家更有尊严，在改革发展中有更多获得感。

做大做强服务业。推动生产性服务业向专业化和价值链高端延伸，生活性服务业向精细化高品质转变，促进产业结构调整和消费结构升级。**物流方面，**设立专项产业发展基金，实施好20个重点项目，完成投资55亿元。“公路港”年内建成投入运营，“铁路港”加快建设国际物流配送中心，建成B型保税物流中心，力争开通中东、中欧国际班列。“航空港”启动实施国际快件分拨中心项目，积极引进国内外知名第三方物流企业，加快建设国际空港物流园区。做大钢铁、有色、建材物流，发展绿色物流、冷链物流、城乡配送等新业态。积极发展总部经济，吸引资源、人才、信息、资金的集聚。**电子商务方面，**重点培育发展钢银电子交易平台、跨境电商平台、蒙西煤炭电子交易平台、大宗畜产品交易平台、稀土交易所、内蒙古文化产权交易所等电商平台，推动达茂、固阳创建国家级电子商务进农村示范县，全面建设国家电子商务示范城市。**健康产业方面，**设立健康产业基金，加快发展健康养老、保健用品、营养食品，重视和做好社区休闲健身、健康管理、健康咨询等工作，大力发展运动康复、保健器具、医疗器械等健康产业，打造健康产业基地。**会展业方面，**年内力争举办中国少数民族美食文化博览会、旅游用品博览会等大型展会60场以上，拉动消费600亿元以上，争取获批内蒙古会展产业示范园区。**生活服务业方面，**积极支持传统商贸流通企业和住宿餐饮企业利用先进信息技术实现线上线下深度合作，促进营销模式和服务方式创新。优化城市流通网络，着力打造一刻钟便民生活服务圈，实现便利店、便民菜店、代收代缴等基本便民服务全覆盖。推进法律咨询、会计税务等服务业走进生活服务领域，加快培育家政服务、中介服务等与群众生活密切相关的产业。**突出抓好文化旅游融合发展，**搭建文化旅游投融资平台，组建文化旅游集团公司，整合文化旅游资源。加快五当召5A级景区创建，集中力量打造九峰山、马鞍山、莲花山、希拉穆仁、南海、古长城遗迹等精品景区。启动建设军事旅游文化产业园、大青山红色旅游教育基地，开发包钢工业旅游等项目。加快打造沿黄休闲文化旅游带，建设具有蒙元文化特点的民族风情园。推动达茂、土右、石拐率先创建国家全域旅游示范区，敕勒川景区争创国家级旅游度假区，形成差异化、特色化文化旅游融合发展格局。办好中国民族旅游博览会、爱飞客飞行大会、中国游牧文化旅游节等文化旅游活动，打造特色品牌。开发冰雪、温泉、跨境旅游项目，发展冬季旅游、全时旅游、全民旅游，提升包头旅游地位，努力打造具有吸引力的知名旅游目的地，旅游人数和旅游收入增长15%以上。

加快发展“高精强特”现代农牧业。深入推进农牧业供给侧结构性改革，调整优化种养结构，稳步扩大菜薯乳肉四大主导产业规模，减少玉米播种面积，大力发展杂粮、汉麻、驴、梅花鹿等特色种养业。加快建设绿色农畜产品精深加工基地，与中牧、中农批等知名企业开展项目合作，现代农牧业园区培育引进企业50家以上，食品加工园区入驻企业超过60家，农畜产品加工转化率达到65%以上。大力培育龙头企业，新增国家级、自治区级龙头企业12家，市级以上示范合作社50家，力争82%的龙头企业与合作社及农牧户形成有效利益联结。加快建设农村牧区产权和使用权抵押融资平台，破解农牧民融资瓶颈，大力发展绿色加工、新型流通、旅游观光、健康养生等业态。狠抓农畜产品标准化生产，创建驰名、著名和知名商标45个，新增“三品一标”认证产品60个，扩大品牌市场占有率。健全质量安全监管体系，新建追溯点100个、投入品监管追溯试点100个，严把从农田牧场到餐桌的每一道防线。加快建设国家级番茄育种实验室和肉羊种羊繁育中心，积极创建国家农业高新技术产业示范区和国家农业可持续发展试验示范区。办好第18届中国绿色食品博览会、第4届中国·包头国际牛羊肉产业大会，实施绿色优质农畜产品进社区工程，拓宽销售渠道。

（四）增强发展活力，全力推动改革开放实现新突破。不改革开放就没有出路，我们要以更大的决心和更有力的举措，破除体制机制制约，以改革创新促进开放发展。

深化重点领域和关键环节改革。加大“放管服”改革力度，创建国家级社会管理和公共服务综合标准化试点，着力打造审批最快、收费最低、效率最高、服务最优的全国一流政务服务平台。加快工商注册“多证合一”，开展“减证便民”专项行动，让居民和企业少跑路、好办事、不添堵。完善事中事后监管，实现“双随机、一公开”监管全覆盖。加强信息共享、信用约束、联合惩戒、举报监督的配套衔接，强化社会信用体系建设。推进经营性国有资产集中统一监管，大力发展混合所有制经济，推动市属国有企业创新发展。全面推进铝业园区配售电改革试点。加快供销体制改革。规范发展各类社会组织，鼓励和支持承接政府购买服务项目，切实提高社会组织参与社会治理能力和服务水平。加强财源建设，严格财政预算管理，扩大绩效考评试点。深化行政执法体制改革，全面完成城市执法体制改革任务。健全完善编制、人事管理制度，深入落实职称制度改革。

加快发展外向型经济。坚定不移抓好对外开放，努力把包头打造成为“一带一路”的重要节点城市。全面加强满都拉口岸建设，建成进口肉类指定口岸，加快建设口岸互市贸易区和国际物流园区。积极推动赛音山达、塔奔陶乐盖至满都拉的2条公路和满都拉口岸至蒙古国珠恩巴音铁路项目。创新与俄蒙合作机制，组建内蒙古对外投资贸易集团公司，推动设立驻蒙、驻俄代表处。引导企业与蒙古国开展经贸交流，力争口岸过货量突破100万吨、出入境突破10万人次。推动无水港口岸实现手续办理“一站式”服务，支持小尾羊、鹿王等品牌企业建设海外基地、构建跨境营销网络，帮助有条件的企业开拓国际市场，进出口贸易总额增长20%。加强与欧美澳等发达国家和地区的全方位交流合作，加快培养和建设适应对外开放的外向型经济人才队伍，不断拓展开放广度和深度。

主动融入区域协同发展。制定呼包鄂协同发展年度实施计划，研究出台配套政策措施，推动建立会商合作机制，力争在交通、科技、旅游、网络通信等领域的合作取得实质性进展。与鄂尔多斯跨黄河共建自治区创新发展引领区，共同创建蒙西老工业城市和资源型城市产业转型升级示范区。认真落实呼包银榆经济区合作协议，积极对接京津冀协同发展，支持有条件的旗县区建设产业转移园区，在协同发展中争取主动，抢占先机。

（五）统筹城乡建设，全力推动文明和谐水平实现新提升。坚持走内涵发展道路，全面开展“城市建设管理提升年”活动，加快国家新型城镇化试点建设，促进协调发展。

加强城市规划设计。完善规委会决策机制，增强城乡规划的科学性和权威性。启动修编新一轮城市总体规划，协调推进“多规合一”，实现全市“一张图”管控，促进生态修复和城市修补。注重城市设计和单体建筑设计，落实城市建筑适用、经济、绿色、美观的方针，提升城市风貌特色。保护和修缮有历史价值建筑群落，传承历史记忆。加强城乡规划衔接和管控，旗县区实施重大工程、重大项目必须严格规划审批。规划建设全市劳务市场、农贸市场等专业市场。在城镇新区、公共建筑等领域大力推广钢结构和装配式建筑等新型建造方式。重视城市风道、河道、绿道的规划建设。

完善城市服务功能。实施总投资1976亿元的282个城建重点项目，年内完成投资800亿元以上。加快推进新都市区建设，重点抓好包医国际医院、城市展示与博物馆、文化艺术中心、地下空间开发等项目，促进产城融合和人口集聚，打造连接东西、贯通南北的新城市中心。加大北梁腾空区开发力度，加快实施包一中迁建等重点项目，配套引进总部经济、文化旅游等项目，打造全国棚户区改造规划建设、社会管理和可持续发展的典范。加快创建国家生态园林城市，新建改造兵工路带状公园、台地公园、召庙公园等30个公园，建成奥林匹克公园乒羽馆、网球馆、游泳馆及广场、水景瀑布等项目。加大小区绿化、单位绿化、街巷绿化力度，增加绿地214公顷。

切实提高城市管理水平。建立城市管理标准体系，打造市政设施维护基础数据共享平台和主城区数字化城管指挥系统。统一集中开展拆违建、拆临建、拆小锅炉、拆小煤炉和电厂超清洁改造大整治行动。新创建72条景观街，治理69条普通街巷，大幅提升市容环境质量。大力发展公共交通，增加新能源公交车，优化公交线路，方便群众出行。加强停车场、充电桩建设，继续治理机动三轮车违法运营，疏导解决机动车乱停乱放问题。投资4亿元实施环卫设施升级改造工程，提升环卫清扫机械化程度。依法治理居民小区私搭乱建、破墙开店、乱堆乱放、乱涂乱画等问题，加强物业监管，提高物业规范化服务水平。开展闲置土地清理工作，尽快解决房地产开发历史遗留问题，维护好城市开发建设秩序。

支持推动旗县区城镇建设。对旗县区城镇建设加强统筹协调，明确责任措施，强化项目和资金支持，加快培育特色小镇，完善基础设施和公共服务设施，促进农牧民就近城镇化。推动土右创建国家园林县城，固阳和达茂创建自治区园林县城。组织各旗县区全面推进棚户区和老旧小区改造，年内完成4.2万户棚户区和500万平方米老旧小区改造任务，做到改造标准不降低、工程实施要彻底。突出抓好北沙梁棚户区改造和环境综合治理，努力解决群众安居问题。支持山北地区协同发展，大力推动基础设施共建。加快推进美丽乡村建设，打造50个示范村和10个都市观光休闲农牧业示范基地，启动农村垃圾收集和污水处理工程，健全“十个全覆盖”管护长效机制，让农村成为安居乐业的美丽家园。

大力提升城市文明程度。实施优秀传统文化传承发展工程，深入挖掘和广泛宣传包头历史文化，擦亮城市品牌，讲好包头故事，树立包头自信。广泛开展家庭文明建设，让精神文明建设和先进文化更加贴近群众日常生活。加强文化基础设施建设，深入开展文化阵地服务、流动服务和数字文化服务，办好鹿城消夏文化节、民族音乐会、交响音乐季等活动，提高人民群众文化幸福指数。深化文化体制改革，加大文艺人才培养和引进力度。加强艺术精品创作生产规划和政策保障，围绕自治区成立70周年大庆和展示包头美好前景，打造一批文化艺术精品。挖掘民间文化艺术资源，关心和支持民间艺人创作，全面保护非物质文化遗产。制定扶持文化产业发展政策，设立专项基金，培育龙头企业，发展VR、AR、动漫等新业态和文化创意产业，推动文化产业增加值占GDP比重达到3.1%。持续推进文明城市建设，扎实做好全国文明城市迎检工作，实现“五连冠”目标。

（六）强化生态环保，全力推动生态环境质量实现新改善。发展决不能以牺牲环境为代价，我们要筑牢祖国北方重要的生态安全屏障，努力让包头的天更蓝、山更绿、水更清，实现绿色发展。

扎实推进生态建设工程。深入推进大青山生态修复工程，清理腾退保护区内工矿企业。实施国家重点林业工程40万亩以上，自治区重点区域绿化2万亩。大力发展林业产业，年内完成3万亩经济林建设任务。实施新一轮草原生态奖补政策，巩固围封禁牧成果。加强黄河国家湿地公园基础设施建设和生态保护修复。以支持生态建设、推动园林绿化、发展生态旅游等为重点，抓好100亿元生态产业基金设立运营，为建设美丽包头提供有力资金保障。

加强环保突出问题治理。全面打响大气污染治理攻坚战，投资22.7亿元实施37项大气污染综合治理工程，提升清洁生产水平，加强工程治理和管理，加快实现全市所有涉气企业达标排放。划定主城区高污染燃料禁燃区，全面推广清洁能源替代，综合施策、下大力气解决主城区燃煤散烧问题。强化秸秆焚烧、垃圾焚烧、露天烧烤和施工扬尘、道路扬尘、堆场扬尘等环境问题综合治理，加快淘汰黄标车和老旧车辆，进一步改善空气质量。全面加强水污染综合治理，严格执行“清源、活水、减负、节流、严管”五项措施，投资23.6亿元实施主城区西南区域污水治理等51项工程，加快创建国家节水型城市。全面开展土壤污染防治行动，投资2.5亿元实施42项土壤综合整治工程，建设全市土壤环境监测网络。加强环境监察执法规范化和标准化建设，严厉打击环境违法行为。认真对照中央环保督察组反馈意见，以铁的决心、铁的措施抓好整改，切实提高全市环境保护水平。

大力发展循环经济。以创建国家循环经济示范城市为抓手，打造“智慧能源”管控平台，加快建设包头铝业园区国家“城市矿产”示范基地、白云矿区矿产资源综合利用示范基地。全面推进国家节能减排财政政策综合示范市项目建设，切实提高资源利用水平。加快生活垃圾分类回收和再生资源回收“两网融合”，加强餐厨废弃物无害化处理和资源化综合利用。推进秸秆饲料化循环利用，变废为宝。

加快构建生态文明制度体系。严守生态保护红线，加强主体功能区建设，努力打造国家生态文明先行示范区。加快建立项目环评审批与规划环评、项目环境管理、区域环境质量联动挂钩机制，更好地发挥环评制度作用。严把土地预审和供应关，全面实施节地评价制度。加大国土资源执法监管力度，严控探矿权，严格探转采，严管采矿权。深入推进领导干部自然资源资产离任审计试点。建立覆盖全市所有固定污染源企业的排放许可制度，实现污染物排放有偿使用和交易。加快地区性碳排放交易市场建设步伐。

（七）增进民生福祉，全力推动人民生活水平实现新提高。坚持以人民为中心的发展思想，把民生小目标作为施政大方向，让人民群众拥有更多获得感，更好地体现共享发展。

坚决打赢脱贫攻坚战。扶贫脱贫是头号民生工程，必须按时保质保量完成。我们要坚持“六个精准”和“五个一批”基本方略，认真落实各项政策，加大资金投入、项目扶持和对口帮扶力度。坚持志智双扶，把着力点放在提高贫困群体自主发展能力上，充分调动贫困群众创造美好生活的积极性。严格实行脱贫工作责任制和贫困退出机制，切实解决边远地区、贫困地区“因病返贫”、“因病致贫”人群的医疗问题。年内实现所有国贫人口稳定脱贫，区贫县固阳县摘帽。

聚焦聚力增加居民收入。认真落实国家、自治区促进城乡居民增收的政策措施。抓好创业就业增收，全面开展“创业包头”行动，加大创业担保贷款扶持力度，新增5家国家和自治区级众创空间，力争创业培训8000人以上。建立覆盖城乡全体劳动者的技能培训制度，投入3000万元为3.5万人提供技能培训。认真做好复转军人、大学生、农牧民和就业困难人员的就业再就业工作，发展“互联网+家庭服务业”，开发更多就业岗位。全年新增城镇就业4.2万人，大学生就业2.4万人，农牧民转移就业23万人以上。抓好工资性增收，健全企业工资收入分配的正常增长和支付保障机制。完善机关事业单位津贴补贴和绩效工资制度，健全差别化激励机制。推动农村牧区三次产业融合发展，发展家庭手工业和庭院经济，支持龙头企业就近吸纳人口就业。积极稳妥推进土地草牧场确权颁证登记，加快流转交易市场建设，鼓励农村牧区土地入市流转交易。搭建民间投资信息平台和闲置资产交易平台，为增加居民财产性收入创造条件。

织密扎牢社会保障网。全面开展全民参保登记工作，加大社会保险扩面清欠力度，多措并举增加社会保险费收入，及时调整养老、医疗、失业、工伤等各项社会保险待遇水平。实施医保单病种付费方式改革，控制医药费用不合理增长。完善社会救助体系，提高低保、三无、五保、孤儿、一二级重度残疾人保障标准，进一步加强对困难群众的基本生活保障。加快建设残疾人康复中心和民政福利园区一期工程。大力发展养老事业和养老产业，加强居家养老服务平台、日间照料中心、互助幸福院、养老院等养老设施建设。重视做好老龄事业发展和老干部工作，扩大高龄补贴覆盖面，建成老年人教育发展中心，让老年人生活得更加安心、暖心、舒心。

办好人民满意的教育。坚持教育优先发展战略，全面实施教育提升三年行动计划。加大教育投入，新改扩建中小学、幼儿园20所，建设包头市特殊教育中心。推动昆区通过国家义务教育均衡县验收，组织开展城乡学校结对共建，提高优质教育资源共享水平。深入实施“领航校长”“卓越教师”培养计划和乡村教师支持计划，全面加强师资培训。建立健全教育教学质量考评体系，对成绩优秀的学校、校长、班主任、任课教师给予重奖，激发广大教师从教热情。围绕产业、项目，大力发展定向委托职业教育，实施技能型人才贯通培养工程，完善职教园区功能。优先发展民族教育。积极鼓励社会力量办学，实现教育投资多元化。开展校园安全及周边环境清理整顿工作，加强学生品德教育与体能训练。深化国际教育交流，支持本地学校与国内外知名院校合作办学。重视支持高等教育发展，推动构建校企合作、产学研用融合的办学模式。开展全民读书活动，整合各类教育资源，加快发展全民教育、社区教育，建设学习型城市。

加快创建国家健康城市试点。全面推进城市公立医院综合改革，建立健全合理的用人机制和分配机制，关爱医务人员身心健康，增强医务人员职业荣誉感。完善分级诊疗制度，健全药品供应保障机制，减轻群众医疗负担。实施市中心医院北梁分院、六医院门诊综合楼等新建改建项目，均衡配置医疗资源。全面加强专科医院建设，积极发展民办医疗。推动优质医疗卫生资源和医学人才双下沉，强化苏木乡镇卫生院医疗设施配备，推动基层卫生服务机构标准化。加强妇女、儿童、老年人、残疾人等重点人群健康服务，做好公共卫生和重大疾病防控工作。推动蒙中医药事业健康发展。构建计生家庭关爱体系，提升家庭发展能力。完善体育公共服务体系，启动建设冬季奥林匹克体育中心和内蒙古中德足球精英中心。办好足球中乙联赛、市民运动会、环五当召自行车邀请赛等活动，实施全民健身路径和农牧民体育健身工程，引导推动全民健身。

（八）维护和谐稳定，全力推动民主法治建设实现新进步。进一步强化法治思维，加快建设法治包头，不断巩固安定团结的大好局面，大力推进和谐发展。

全面加强法治政府建设。坚决执行市人大及其常委会的决议和决定，坚持重大事项报告制度，密切与政协委员、民主党派、工商联、无党派人士和人民团体的民主协商，自觉接受各方面监督，认真办理人大代表建议和政协提案。健全重大行政决策程序，加强调查研究，完善法律顾问制度，推进科学民主决策。坚持“以公开为常态，不公开为例外”，大力推进政务信息公开，加强政策解读，回应社会关切，让人民群众更好地了解和监督政府工作。

建设更高水平的平安包头。加强社区建设和网格化管理，增强社区服务功能。解决好社区工作人员“进口”与“出口”的问题，提高社区工作者待遇。调动群众参与社区管理积极性，实现政府治理和社会调解、居民自治良性互动。畅通信访渠道，及时妥善处理信访突出问题，解决好群众合理合法的利益诉求。严格落实安全生产责任制和管理制度，坚决遏制重特大事故发生。全面加强应急管理，提高防灾减灾和应急救援能力。积极创建国家食品安全城市，对校园及周边、农贸市场、食品生产小作坊进行专项整治，切实提高食药安全保障能力。推进以信息化为支撑的社会治安防控体系建设，严格执行“三见警”措施，深化提升“四级巡控”机制，大力整治社会治安突出问题。强化禁毒攻坚，深入开展禁毒宣传教育，严厉打击涉毒涉黑违法犯罪。支持驻包军警部队改革发展，加强国防动员和后备力量建设，深化双拥共建，筑牢祖国北疆安全稳定屏障。

努力开创民族团结进步事业新局面。全面贯彻党的民族政策，深化民族团结进步教育和创建活动。深入落实党的宗教工作基本方针，发挥好宗教团体、宗教界人士和信教群众在促进经济社会发展中的积极作用。认真组织好自治区成立70周年庆祝活动，充分展示党的民族区域自治制度的巨大优越性，充分展示内蒙古和包头市的美好前景，进一步增强全市各族干部群众的自豪感和使命感，凝聚起推动改革发展的强大正能量。

各位代表！完成好今年各项目标任务需要付出更加艰辛的努力。我们要在政府系统组织开展“作风转变年”活动，围绕提高执行力和落实力全面加强自身建设。认真落实党风廉政建设主体责任，抓好行政监察和审计监督，坚决整治懒政庸政不作为问题，打造忠诚、干净、担当的公务员队伍。强化政府管理，建立并严格执行各级工作责任制，紧盯不落实的事，问责不落实的人，推动各项目标任务不折不扣落到实处。注重政策研究和工作创新，给改革创新者撑腰鼓劲，不务虚功，但求实效，充分调动各方面的智慧和力量，全力创造一流工作业绩，赢得群众的信赖和支持。

各位代表！美好明天属于包头各族人民，幸福生活要用勤劳智慧来创造。让我们更加紧密地团结在以习近平同志为核心的党中央周围，更加坚定地维护以习近平同志为核心的党中央权威，更加自觉地在思想上政治上行动上同以习近平同志为核心的党中央保持高度一致，更加扎实地把党中央的各项决策部署落到实处，在自治区党委、政府和市委的坚强领导下，汇聚每个人的梦想和追求，激发每个人的激情和创造力，撸起袖子加油干，挺起脊梁振雄风，用人民群众满意的成果向自治区成立70周年献礼，向党的十九大献礼！

关于包头市2016年国民经济和社会发展计划执行情况与2017年国民经济和社会发展计划草案的报告

——2017年2月16日在包头市第十四届人民代表大会第五次会议上

包头市发展和改革委员会

各位代表：

受市政府委托，现将全市2016年国民经济和社会发展计划执行情况与2017年国民经济和社会发展计划草案提请大会审议，并请各位政协委员和列席会议的同志提出意见。

一、2016年国民经济和社会发展计划执行情况

过去一年，在市委的正确领导下，全市上下牢固树立和贯彻新发展理念，全面落实中央、自治区和市委的决策部署，统筹推进稳增长、促改革、调结构、惠民生、防风险各项工作，经济社会持续平稳健康发展，主要指标保持在合理区间，实现了“十三五”良好开局。全市地区生产总值完成3867.6亿元，增长7.6%；固定资产投资完成2955.8亿元，增长14.4%；社会消费品零售总额完成1400.2亿元，增长9.7%；一般公共预算收入完成271.2亿元，增长7.5%；城乡居民收入分别达到40955元和14692元，均增长7.5%。城镇登记失业率为3.89%，完成节能减排目标任务。

（一）三次产业协调发展，经济运行稳中向好

一是工业经济稳步增长。规模以上工业完成增加值1246.8亿元，增长8.9%。五大支柱产业实现增加值704.8亿元，增长8.6%，对工业增长的贡献率达到54.9%。战略性新兴产业完成增加值248.4亿元、增长11.5%，占规模以上工业的19.9%，提高2.3个百分点。

二是服务业加快发展。完成增加值1950.4亿元、增长7.4%，三次产业比重2.5:47.1:50.4。物流业注册企业880余户，总收入755亿元。金融业各项存款余额3236亿元、增长19.4%，贷款余额2403亿元、增长9.6%。旅游业接待游客1209万人次、增长16.7%，收入突破400亿元、增长24.1%；五当召通过国家5A级旅游景区资源与景观质量评审。

三是农牧业生产喜获丰收。粮食总产量113.3万吨、增加7万吨，蔬菜产量115万吨、增加5万吨；牲畜总存栏567万头（只）。5个现代农牧业示范园区和3个食品加工园区加快建设，农畜产品加工转化率达到63%。内蒙古大宗畜产品交易所落户我市，绿色农畜产品展销中心运营。列入国家农产品质量安全追溯试点城市，荣获

"中国羊肉美食之都"称号。

（二）项目建设成效显著，投资保持稳定增长

一是重点项目建设扎实推进。831个投资亿元以上项目全部开复工，完成投资2586.7亿元，为计划的108.4%，竣工422个。108个自治区监控项目超额完成年度计划，开复工率、完成投资额、实施进度、新建项目开工率四项指标保持全区第一。20个市级自治区大庆献礼项目全部开复工，另有包医国际医院、石拐通用机场等7个项目列入自治区级22项献礼范围。围绕"补短板"、"调结构"策划了253个重大前期项目，总投资1.16万亿元，其中16个开工建设。

二是重大工程前期取得突破。能源，包头北至华中电力外送通道列入国家能源发展"十三五"总体规划，实现了我市能源基础设施建设历史性突破；千万千瓦级风电基地列入国家可再生能源"十三五"发展规划，国家将分年度下达指标落实；200万千瓦采煤沉陷区先进技术光伏产业示范基地已下达一期100万千瓦建设指标，基础设施全面开工。铝业园区配售电改革试点获得国家首批批复。交通，列为全国50个铁路重要枢纽城市范围，包银高铁列入国家"十三五"规划，包西（包榆段）高铁列入国家中长期铁路网规划；包环线升级改造工程列入国家市域（郊）铁路示范项目，已开通运行；城市轨道交通建设规划获国务院批准，地铁控制中心开工建设。南绕城一级公路全线通车，立体综合交通枢纽工程开工建设，包茂高速包头至东胜段改建项目列为国家新开工西部大开发重点工程。包头空港开通国际航线；石拐、达茂通用机场开工，固阳通用机场正在加快前期工作。产业，包铝50万吨高端合金铝及配套335万千瓦自备机组、60万吨轻合金材料项目开工建设。中核北方核燃料元件公司千吨级核电燃料元件制造基地和小型核电站等项目列入国家核工业发展中长期规划。引进宁波智能制造产业研究院在包设立智能制造和智慧能源研究院、千人计划产业园。引进中德园区移动电源、石墨研究院锌离子电池和清华同方军民融合等项目。中国北方石墨（烯）产学研用创新联盟包头工作站与自治区政府合作在包注册成立10亿元石墨烯产业基金。

三是招商引资和资金争取成效明显。首届蒙商大会签订协议项目36项，总投资441.2亿元。与清华大学深圳研究生院、河北英利集团、德国北威州能源署等多家国内外知名机构签约项目22个，总投资约420亿元。内蒙古大数据产业推介会签约项目19个，总投资283亿元。引进国内（区外）资金到位762.7亿元，增长15.7%。

（三）改革开放不断深化，创新驱动成效显现

一是"三去一降一补"取得实效。去产能，包钢2号高炉、宝鑫特钢高炉顺利拆除，完成压减193万吨炼铁产能的目标任务。去库存，可售商品房面积722.8万平方米、减少10.3%；其中可售商品住房、非住房库存面积分别减少15.6%、3.2%，均超额完成下降3%的目标任务。去杠杆，规模以上工业企业资产负债率呈下降趋势；争取地方政府新增债券和置换债券302亿元，并通过低利率置换债券，降低债务杠杆。降成本，119户企业加入电力多边交易，累计享受让利金额14亿元；86户企业纳入自治区电价补贴范围，补贴金额1.4亿元；10户企业享受西部大开发税收优惠1376万元。降低失业、工伤、生育保险费率，减轻企业负担1.8亿元。推开"营改增"试点，减轻企业税负15亿元以上。补短板，基础设施投资完成853.4亿元、增长35.4%，增速高于全市投资21个百分点；精准扶贫投资14.1亿元，为上年的5.1倍。

二是开放合作取得新进展。举办"2016中国包头·蒙古国特色产品博览会"、"2016乌兰巴托·中国包头商品展暨投资贸易洽谈会"。国家

批复满都拉口岸为进口肉类指定口岸，自治区批准建设中蒙互市贸易区，口岸过货量突破80万吨、增长234.9%，创历史新高。包头机场航空口岸临时开放正式获批，包头至中亚国际集装箱班列开行，包头至乌兰巴托、包头至仁川国际航线开通。召开第四届呼包银榆市长联席会议，签署7项协议。编制完成推动呼包鄂协同发展规划及实施方案，策划重点项目467个、总投资近1.3万亿元。

三是新兴产业发展壮大。电商，新增注册登记电商企业近1000户、累计达到1600余户，重点监测电商企业交易额完成1400亿元、为年度计划的4.7倍；稀土交易所当年累计交易额1363亿元，首次突破千亿元大关；内蒙古钢银电子交易平台开通运行，实现自治区钢贸电商业务“零突破”。会展，举办牛羊肉大会、图书博览会等61场展会，参展人数330万人次，签约及意向性合同金额近600亿元。金融，企业直接融资473.6亿元，占全区的51.5%；上市挂牌企业数量和市值全区排名第一。军民融合，创建国家军民融合创新示范区方案上报国务院和中央军委，北奔装甲生产线和军事文化旅游产业园项目获国家专项建设基金2.9亿元。

四是创新创业蓬勃发展。列入第二批国家促进科技与金融结合试点城市。设立30亿元的军民融合科技金融创新基金，实施重点科技项目33项，总投资5.5亿元的32个产学研合作项目稳步实施。自治区军民融合大数据平台落户包头，与清华大学共建电子商务大数据研究院。全国石墨烯材料研究与技术开发中心落户包头，国家科技评估中心包头分中心、中国技术交易所包头分中心、内蒙古科技大市场正式挂牌。在自治区率先建成农作物分子育种实验室。建设和新认定创业园孵化基地57家。

（四）城乡统筹发展步伐加快，基础设施日臻完善

一是“十个全覆盖”超额完成任务。完成1367个村庄的“十个全覆盖”任务、为计划目标的133%，完成投资108.8亿元、为计划目标的128.2%。6个“十个全覆盖”村庄荣获全国文明村镇称号，7个荣获自治区级文明村镇称号。都市休闲农业接待游客257万人（次），营业收入3.2亿元，带动周边7000余户农牧民实现增收致富。

二是城市基础设施不断完善。实施了富强路、哈屯高勒路匝道桥等45条道路、4座桥梁建设改造工程，城市排水防涝系统老旧管网改造、北梁腾空区地下综合管廊建设等14项地下管网工程，奥林匹克公园二期、赛汗塔拉改扩建等38项公园绿化景观工程。污水处理厂污泥综合利用工程进入调试阶段，餐厨垃圾处理厂工程接近尾声。

三是棚户区和老旧小区改造任务全面完成。完成2.87万户棚户区改造开工任务和1.96万套保障性住房基本建成任务。完成194个、总规模538万平方米老旧小区的综合整治任务。为44个老旧小区更新了供水管网。

（五）生态建设稳步推进，环境质量不断提高

一是生态重点工程扎实推进。完成各类林业重点工程58.1万亩，其中国家工程53.5万亩、六大重点区域绿化4.6万亩，义务植树450万株。包头黄河国家湿地公园试点建设通过国家验收，标志着我市湿地保护进入全国先进行列。与北控水务集团合作，启动了总投资188亿元的城市水生态提升综合利用工程。

二是环境综合治理全面开展。实施大气和水污染综合治理工程112项。率先在全区启动民用洁净型煤替代，对棚户区、城中村、城边村进行燃煤散烧治理，一大批关注度高、久拖难治的环境问题得到解决。黄河三段面、主城区9个集中式饮用水源地水质全部达标。空气达标天数达到

269天，增加20天。

三是节能减排成效明显。依托国家节能减排财政政策综合示范城市，加大资金投入力度，支持企业节能改造、电厂脱硫脱硝、技术产品推广等一批示范项目。实施工业绿色转型发展行动计划，工业固废物资源综合利用率达到75%，单位工业增加值能耗下降7.23%。

（六）民生福祉持续改善，公共服务不断增强

一是民生保障不断加强。民生支出达到341.4亿元、增长3.4%，占一般公共预算支出的82.2%。城镇新增就业4.23万人，其中大学生就业2.27万人，就业形势保持稳定。企业离退休人员养老金人均增加172元，机关事业单位退休人员养老金人均增加236元。在全国率先采取“一制一档”模式，70万农牧民与城市居民平等享有基本医疗保障权益。7000名国贫人口和1.3万名市贫人口稳定脱贫。

二是社会事业协调发展。新建、续建32所公办幼儿园，土右旗、九原区通过国家县域义务教育发展评估认定，包九中外国语学校投入使用。包医国际医院、市儿童医院、二附院内科综合楼、民政福利园区、残疾人康复中心等项目开工建设，启动城市公立医院综合改革试点，33家医院统一取消药品加成。创建国家第二批公共文化体系示范区通过验收，为115个嘎查村文化室配置文化活动设备。北梁棚改主题电视剧《安居》在央视一套播出、主题电影《搬迁》在首届意大利中国电影节上入围主竞赛单元。新建改建10个11人制标准足球场，新建20个5人制笼式社区足球场。

三是价费监管扎实有效。建立居民生活用气阶梯价格制度，加强医疗药品、旅游市场等领域的价格监管，居民消费价格总水平累计上涨0.7%，物价没有出现大的波动。全国四级联网的“12358”价格举报管理信息系统稳定运行，共受理各类举报1606件，接待群众来电、来访价格咨询1508次，群众满意度不断提高。

同时，全面启动实施“十三五”规划，创新规划落实机制，对经济社会发展中确定的32项重点任务进行分解，对35项主要指标开展年度监测评估。

此外，信访、安全生产、食药监管、民族宗教、外事侨务、人事、审计、档案、气象等方面工作均取得新的进展。

各位代表，在总结成绩的同时，我们也要清醒的认识到，当前经济社会发展中还存在一些突出问题，主要表现为：产业结构调整任务艰巨，转型升级压力较大，经济增长内生动力不足，新增长点支撑不够有力，城乡基础设施、生态环保、社会事业等领域还需继续补齐短板，等等。对于这些问题，要在今后的工作中认真研究，切实加以解决。

二、2017年经济社会发展预期目标和主要任务

今年是实施“十三五”规划的重要一年，是推进供给侧结构性改革的深化之年。我们要全面贯彻落实党的十八大和十八届三中、四中、五中、六中全会精神、习近平总书记系列重要讲话和考察内蒙古重要讲话精神以及治国理政新理念新思想新战略，牢固树立“四个意识”特别是核心意识、看齐意识，在思想上忠心拥护核心，在政治上坚决维护核心，在组织上自觉服从核心，在行动上始终紧跟核心，按照中央经济工作会议、自治区党委十届二次全会和市委十二届二次全会的部署要求，牢牢把握稳中求进工作总基调，紧紧围绕提档升级、争创一流总目标，坚决守住“发展、生态、民生”三条底线，以提高发展质量效益为中心，以推进供给侧结构性改革为主线，促进“五化”协同，推进“七网”建设，培育壮大“七业”，努力在增强发展后劲、优化工业结构、提升城市品位、改善人民生活四个方面实现新突破，打造全区经济社会发展火车头、改革开放领头羊、统筹城乡发展先行区、生态环境保护示范区，挺钢铁脊梁、振包头雄风，以优异成绩迎接自治区成立70周年和党的十九大胜利召开。

全市经济社会发展的预期目标是：地区生产总值增长8%左右，固定资产投资增长15%左右，社会消费品零售总额增长10%左右，一般公共预算收入增长6%左右，城镇常住居民人均可支配收入增长8%左右，农村牧区常住居民人均可支配收入增长8.5%左右。城镇登记失业率控制在3.9%以内。完成自治区下达的节能减排目标任务。为此，我们要围绕实现四个方面新突破的要求，统筹推进、抓住关键，全力落实以下七项任务：

（一）全力增投资上项目，切实增强发展后劲

一是加强重点项目调度。贯彻执行市委常委会每季一研究、市政府常务会每月一推进要求，健全完善重大项目市级领导包联机制，强化三级责任（发改委牵头抓总、项目属地主体推进、行业主管部门服务指导），落实六步推进措施（周调度、月通报、季分析、半年小结、巡回观摩、年终考核），充分发挥重大项目云监控平台作用，保前期、保开工、保推进、保竣工、保投产。确保957个投资亿元以上重点项目中的378个续建项目4月底前复工、579个新建项目6月底前开工，年内完成投资2600亿元以上，竣工达产400个以上；116个自治区监控重大项目主要指标排名位居全区前列，20个自治区成立70周年献礼项目如期竣工献礼。

二是注重项目策划储备。积极推进290个重大前期策划项目，力争有30个以上取得实质性进展。依托储备的军民融合2606个、总投资2.3万亿元，振兴东北1500个、1.2万亿元，大数据产业36个、140亿元项目，以及基础设施、产业转型升级、生态环境治理、社会民生建设四大领域3971个、总投资2.9万亿元项目等，把握国家、自治区重点产业布局和产业转移导向，梳理筛选，充实完善三年滚动投资计划项目库，形成实施一批、竣工一批、策划一批、储备一批的项目机制，确保项目有序接替、滚动发展。

三是提高招商引资成效。树立全市招商引资“一盘棋”思想，依托产业基础和资源优势，着力在全产业链和新兴产业项目引进上下功夫。制定出台新的招商引资优惠政策，紧盯京津冀、长三角、珠三角等区域和国内外科研院所，瞄准世界500强、全国500强企业，重点围绕稀土新材料、新能源汽车及配套零部件、高端装备及智能制造、超高压输变电设备、军民融合产品等领域，招引产业链条长、技术含量高、发展后劲强、配套协作能力强的大项目、好项目。同时，抓好已签约项目的落地实施。年内确保引进项目500个以上，争取推进落实10个左右投资50亿元以上、40个左右投资30亿元以上的重点项目，引进国内（区外）资金到位820亿元左右、增长15%以上。

四是多措并举筹集项目资金。抢抓新一轮振兴东北老工业基地、国家发改委重点推动的交通“一二三百”工程等机遇，争取获得更多中央资金和专项资金支持，政策性资金到位增长10%以上。积极对接政府购买服务、特许经营、PPP模式等吸引和鼓励社会资本投资合作方式，推介保险、试点示范专项和其它基金在内的投融资渠道和模式，拉动民间投资较快增长，投资比重达到65%以上。继续推进“新三板”、“新四板”挂牌，进一步扩大中小企业融资渠道。

五是加大力度推进“七网”建设。铁路网，实施重点项目15个、总投资252亿元，争取包满铁路三期年内竣工通车，建成明安至金山工业园区铁路，开工建设包头至银川高速铁路、土右新型工业园区铁路和包头铝业古城湾铁路专用线，

完成环城铁路电气化改造和土右嘉华铁路扩能改造，加快推进包西高速铁路（包榆段）前期工作，推进包头至呼市高铁项目。公路网，实施重点项目59个、总投资446亿元，加快建设连通固阳、达茂、白云高速公路，开工建设托县至东河、满都拉口岸至白云、包头北绕城一级公路，确保固阳至武川、希拉穆仁至百灵庙和边防公路建成通车，确保立体综合交通枢纽主体完工，实施包茂高速包头至东胜高速公路改扩建工程，启动跨黄河大桥通道建设工程。建成586公里旅游公路网，建设通村油路294公里。航空网，实施重点项目12个、总投资16亿元，建成石拐、达茂通用机场，开展固阳、九原通用机场项目前期工作。推动包头机场升级为国际机场，开通澳门、俄罗斯等更多国际和地区航线。水利网，实施重点项目34个、总投资276亿元，加快实施城市水生态提升综合利用工程，基本完成昆河、四道沙河、二道沙河、东河“四纵”贯通工程，规划实施水资源配置和城乡供水保障、农田水利及饮水安全工程。市政网，实施重点项目41个、总投资593亿元，实施65条道路及配套管网新建改造工程，确保地铁1号线和2号线一期工程上半年开工、争取3、4号线建设规划年内获批，建成新都市区、北梁新区和110国道、沼南大道等33公里地下综合管廊，启动环城北干线、昆北集中供热干线等工程，实施万水泉污水处理厂扩建及污水管网建设。大力推进天然气管道陕京四线包头支线工程，新增天然气供给能力10亿立方米。能源网，实施重点项目21个、总投资2746亿元，推动包头北至华中电力外送通道早日获批，争取上海庙至山东特高压电力外送通道纳入更多包头新能源。新建昆区莫尼、新都市区世纪220千伏变电站和东河前明、昆区新城、石拐喜桂图、北梁北滨等一批110千伏变电站。信息通信网，实施重点项目29个、总投资34亿元，全面实施城镇光纤宽带、农村牧区宽带、移动4G网络和云计算数据中心工程，推动大数据产业园区、云计算三期等项目建设。

（二）全力推进转型升级，提升发展质量效益

一是推动工业转型升级。利用新技术新业态加速改造提升传统产业，实施316个改造升级项目、总投资2520亿元。重点推进80万吨稀土现代铁素体不锈钢、65万吨管材、40万吨镀锌带钢及镀锌管线、包钢DDS脱硫脱硝、包铝110万吨轻金属合金、中铝60万吨连铸连轧汽车铝板、神华煤制烯烃升级示范、神雾电石法乙炔等一批重点项目；推进“互联网+制造”，打造一批数字车间、智能工厂，重点推进光伏太阳能铸锭和金刚线切片机、永磁直驱风力发电机及现代煤化工装备和轨道交通装备制造等一批重点项目，增强传统装备制造业活力；通过金融租赁模式帮助企业扩大销售、拓展市场；创建蒙西老工业城市和资源型城市产业转型升级示范区。力争规模以上工业增加值增长9%左右。

二是推动园区提档升级。引导各个园区做大主导产业、特色产业规模。加大工业园区基础设施建设力度，重点解决好水、电、路等制约园区发展的短板问题，实现基础设施“八通一平”。优化园区服务环境，推行首问负责制，开辟工业园区行政审批绿色通道。促进人才、技术、平台等各种创新要素向园区集聚，更好发挥园区承接项目的载体作用。力争园区产业集中度达到82%。

三是做大做强现代服务业。抓好钢铁建材物流、公路铁路综合物流和煤炭物流园区建设。加强对中小微企业、农村牧区特别是贫困地区的金融服务，实施青山区、石拐区、土右旗县域金融工程试点工作，促进县域经济与金融良性互动。围绕建设中西部旅游目的地，支持发展全域旅游和四季旅游，推动跨境旅游，加速旅游、文化融合发展，完善提升五当召、美岱召2个品牌旅游

景区和南海湿地、希拉穆仁草原等10个精品旅游景区。力争三产增加值增长8%左右。

四是发展"高精强"农牧业。以推进农业供给侧结构性改革为抓手，着力增加绿色优质农畜产品供给。重点抓好20万亩高标准蔬菜、100万亩马铃薯、100万亩杂粮基地，存栏520万只、出栏750万只肉羊生产加工销售体系建设。完善土右、九原、固阳、达茂、东河5个现代农牧业示范园区，培育引进企业50家以上，核心区、示范区、辐射区协调发展的产业模式初步形成。提升土右、九原、青山3个食品加工园区建设水平，入园企业60家以上，再打造昆区、石拐、达茂、高新区4个食品加工园区。农畜产品加工转化率达到65%以上。创建土右旗国家农业可持续发展试验示范区。力争一产增加值增长3%左右。

五是大力振兴实体经济。落实领导干部包联企业制度，有针对性地出台政策措施，支持包钢步入良性发展轨道，帮助一机、二机、二0二等重点企业提升效益、增强活力。出台扶持"百年老店"政策，培育"包头工匠""自治区工匠""大国工匠"，打造更多"百年老店"。完善促进中小微企业发展的政策措施，在市场准入、要素配置等方面创造更加便利条件，使中小微企业更好的参与市场公平竞争。支持本地民营企业投资创业、做大做强，帮助外来民营企业在我市投资兴业、发展壮大。推进行政审批程序化、标准化、科学化，打造优良发展软环境。推行"六证合一、一照一码"登记模式和"双随机、一公开"监管模式，降低交易成本。

（三）全力实施创新驱动，加快新旧动能转换

一是增强科技创新能力。巩固和扩大与中科院、北大、浙大等科研院所的产学研成果，开拓和深化与清华深圳研究院、北航、宁波智能制造产业研究院等机构的合作。支持一机集团、北方股份等企业建设智能工厂、智能车间。支持稀土高新区建设国家创新型园区，北大科技园建设国家级科技孵化器。建成国家番茄育种实验室、肉羊育种中心，打造全国农业高新技术产业示范区。深化军民协同创新，建设国家区域性军民融合科技协同创新中心。

二是围绕"七业"壮大新兴产业。出台《加快战略性新兴产业发展的意见》，围绕新能源、新材料、节能环保、高端装备、大数据云计算、生物科技、蒙中医药"七业"，通过改造、调整、提升，重塑产业新优势、培育发展新动能。新能源产业，围绕实现总产值800亿元，在推进落实电力外送通道、风电和光伏产业基地等重大工程基础上，抓好中科蓝天风光热储智能互补、新疆特变电工、中电投蒙西和内蒙古华晨新能源等项目建设，推动能源经济转型和可持续发展。新材料产业，围绕实现总产值600亿元，加快发展稀土钢等高性能合金钢、稀土铝等铝基系列合金、聚乙烯和聚丙烯等煤化工终端新材料，推动石墨烯粉体、高密度石墨烯基超级电容器、商用钠离子电池、纳米二氧化锰材料、锌离子电池项目落地投产；加快金宝利格核级石墨、柔性石墨、负极材料项目和中喜石墨烯产业综合体等项目建设；依托中科院包头稀土研发中心和稀土资源国家重点实验室等研发机构，建设国家稀土新材料产业基地；依托装备制造园区，建设国家级新材料产业基地。节能环保产业，围绕实现总产值150亿元，加快发展节能锅炉制造、LED半导体照明光电子节能产品生产，抓好铝业园区国家城市矿产、白云矿区资源综合利用示范基地等建设；继续推进包钢煤焦油深加工、余热余压利用、电机能效提升、尾矿资源综合利用等一批循环经济项目实施。高端装备产业，围绕提高产业比重，大力发展新能源汽车、发电输电用电设备制造以及环保装备制造，引进培育工业机器人、伺服电机、3D打印等新兴产业，稳步推进光伏巡检及定位机器人、电解铝换极机器人、伺服电机项目建设；加快与清华同方以及智慧能源基金合作，推进智能工厂、智慧能源和车载激光等项目。大数据云计算产业，围绕实现总产值150亿元，加快智慧包头、无线城市、大数据创新产业园、云计算中心等项目建设。围绕创建国家军民融合创新示范区，推动军民一体化融合国防动员数据中心、军民知识产权转化数据平台建设。生物科技产业，围绕实现总产值100亿元，加快东宝生物生态科技园、煤基生物天然气及生物有机肥等重点项目建设。蒙中医药产业，围绕打造优质品牌，实施包头中药厂现代化产能升级改造、绿金在线中蒙药材等项目。力争战略性新兴产业增加值占地区生产总值的比重达到8%以上。

三是培育发展新业态。依托建设国家电子商务示范城市，规划建设一批电子商务基地、园区、楼宇，打造区域电商集聚区。打造钢银电子交易平台、跨境电商平台、大宗畜产品交易平台、稀土交易所、内蒙古文化产权交易所五大电商平台，支持面向城乡居民社区提供家政服务、远程缴费、健康医疗等商业和综合服务的电商APP。发展会展经济，创建内蒙古会展产业示范园区，力争举办大型专业性、综合性展会60场以上，拉动消费600亿元以上。大力发展健康产业，设立健康产业基金，筹建大健康产业园，培育发展健康产业新型业态。积极拓展市场化养老、家政服务范围，建设一批跨区域、跨品牌知名连锁企业。积极创建国家军民融合创新示范区。

四是加快信息化创新发展。推动“智慧包头”建设，加快智慧教育、智慧旅游、智慧医疗、智慧管网等重点领域智慧应用，提高城市智慧管理水平。实施惠民无线上网工程，促进广电、电信网络双向改造，推进“三网融合”进程。完善信息安全保障体系，密切跟踪新技术走势，不断提升防范能力，对重点领域网络与信息系统开展安全检查，确保安全运行。积极推进制造业智能化关键技术产业化。

（四）全力推进改革开放，释放经济发展活力

一是推进供给侧结构性改革。完善政策措施，推动五大任务落实。去产能方面，强化对产能过剩、技术落后、环保不达标、安全有隐患企业的治理，引导长期亏损企业兼并重组、转型发展。降成本方面，落实国家、自治区降成本政策措施，减轻企业税费负担；启动包头铝业产业园区配售电改革试点工作，实现低电价、降成本带动产业集聚。因地制宜推动去库存、去杠杆、补短板工作有序开展。

二是深化国有企业改革。推进国有企业分类差异化发展，完成市属国有企业公司制改革，剥离企业办社会职能，形成各自独有的比较优势，提高竞争力。建立中央、自治区驻包企业和地方国有企业发展混合所有制经济融合机制，畅通各种资本进退渠道。提高国有资本配置效率，培育形成“千亿企业”、“百亿企业”和“十亿企业”梯次型构架体系。

三是推动呼包鄂协同发展。推动实施《呼包鄂协同发展规划》和《实施方案》，加快基础设施互联互通，构建呼包鄂1小时铁路圈、2小时公路圈和机场全面协作格局。推进产业协同发展，联手共建生态文明先行示范区，推进生态环境联防联治，推动就业、教育、医疗卫生、社保等公共服务资源共建共享。

四是拓展向北向西开放空间。深度融入国家“一带一路”和“中蒙俄经济走廊”战略，加快满都拉口岸至海口铁路、满都拉至杭吉至赛音山达跨境铁路、满都拉至赛音山达跨境公路等重大基础设施建设。推进蒙西公铁国际物流港、传化交投公路港、空港物流产业园、B型保税物流中心、中蒙经济合作区等重点项目建设。加强满都拉口岸基础设施建设，提升口岸综合服务功能。

（五）全力统筹城乡发展，努力提升城市

品位

一是增强城镇综合承载功能。突出规划引领，做好新一轮城市规划修编。加大城市主次干道、供暖供气、给排水等基础设施建设改造力度。全力推进城市水生态提升综合利用工程，力争8月前初步形成河湖连通、碧波荡漾的城市水系。加强农村牧区水、电、路、气、厕等基础设施建设，强化教育、卫生、文化、医疗等公共服务建设。

二是推进城市棚户区改造。坚持配套基础设施与安置房同步规划、同步施工、同步交付使用，加快城市棚户区（城中村）改造和老旧小区综合整治。推动北梁腾空区开发建设，高标准配套公共服务和公益设施。启动北沙梁棚户区改造，确保年内完成1.2万户、225万平方米搬迁改造任务。加快稀土高新区国家产城融合试点建设，推进以产业社区为纽带的城镇化建设。

三是加快外五旗县区发展。加大对外五旗县区政策、资金、项目、人才等方面的支持力度，完善石拐喜桂图新区功能，加速融入主城区；推进土右旗建设新型中等城市，推动山北地区产业协同发展。依托国家新型城镇化综合试点，加快打造一批工矿企业型、商品集散型、文化旅游型、口岸外贸型中心集镇。扎实推进自治区级贫困县固阳县摘帽，确保实现全市国家扶贫标准下6000人稳定脱贫。

（六）全力加强生态环保，提高绿色发展水平

一是加强生态保护修复。实施天然林资源保护、京津风沙源治理、新一轮退耕还林还草等重点生态项目，完成国家重点林业工程40万亩以上。继续对大青山南坡范围内的村屯、道路、景区进行绿化，对矿山、沙坑等破坏地段进行复垦，逐步修复大青山“城市之肺”生态功能，完成建设任务4万亩左右。加强黄河湿地公园基础设施建设和高速公路、国道生态工程管护。在生态修复、封山育林等方面，深化与大型企业的合作，引导社会资金投入生态环境建设。

二是强化环境综合整治。落实“治气、减煤、降尘、控车、严管”五项大气污染治理措施，深入开展钢铁、铝业和工业园区综合整治，加快推进火电行业超低排放改造、主城区燃煤散烧治理、远郊旗县区燃煤锅炉整治。强化“清源、活水、减负、节流、严管”五项水污染治理措施，加快电力行业废水资源化利用，推进污水收集管网建设和污水处理厂提标改扩建，严格保护饮用水源，实现城乡水质检测全覆盖。

三是推动绿色低碳发展。落实国家财政政策节能减排综合示范市、全国生态文明先行示范区、国家循环经济示范市和工业绿色转型试点市建设的各项目标任务。建设区域智慧能源监管平台，逐步实现工业能源消耗动态监控和数字化管理。实施余热余压利用、电机能效提升等节能改造。推进实施包钢煤焦油深加工、尾矿资源综合利用等一批循环经济项目。推进深圳·包头跨区域碳排放权交易试点建设，有序融入全国统一碳排放市场。

（七）全力做好就业和增收，保障和改善民生

一是做好就业和社保工作。突出抓好新毕业大学生、下岗失业人员、转移农牧民等重点群体的就业和培训工作，推动北梁失业人员创业实训基地建设，年内新增城镇就业4.2万人。完善机关事业单位津补贴和绩效工资制度。用足用好国家、自治区关于促进城乡居民增收的政策举措，让广大群众有更多获得感。继续扩大职工养老、医疗、失业综合覆盖面和受益面，加大特殊困难人群救助保障工作力度，不断提高民生保障的标准水平。

二是发展各项社会事业。推进教育综合改革，促进义务教育均衡发展。推动特殊教育、职业教育加快发展。实施市中心医院北梁医院、第

七医院内科大楼、三医院烈性传染病楼、六医院门诊综合楼等项目。推进民政福利园区建设，建成市残疾人康复中心。以建设区域性文化旅游中心为目标，推动文化事业、文化产业健康发展，推进新都市区城市展示馆、博物馆、文化艺术馆等项目建设；加快嘎查（村、社区）综合文化服务中心建设。建成乒羽馆、游泳馆、网球中心，新建国家北方青少年足球夏令营基地二期工程、冬季奥林匹克中心（建设7万平方米室内滑雪场）等项目，实现新农村、社区体育健身设施全覆盖。

三是做好价费监管工作。突出市场环境整治，开展价格专项检查和重点领域检查，规范市场价格秩序，保证物价水平持续稳定。贯彻落实国家、自治区收费政策，开展涉企收费清理整顿；对已经下发的各类收费项目目录清单进行跟踪，全面掌握目录清单执行情况；做好取消收费许可证后续工作，规范收费市场行为。

此外，全面落实安全生产责任制，坚决防止重特大事故发生。切实加强食品药品安全监管和日常专项整治，确保公众饮食用药安全。深入开展社会治安综合治理，确保社会和谐稳定。重视发展民族宗教、外事侨务、人事、气象、审计、档案等各方面工作，实现经济社会协调发展。

各位代表，完成2017年的工作目标，任务艰巨、责任重大、使命光荣。我们一定要更加紧密地团结在以习近平同志为核心的党中央周围，更加坚定地维护以习近平同志为核心的党中央权威，更加自觉地在思想上政治上行动上同以习近平同志为核心的党中央保持高度一致，更加扎实地把党中央的各项决策部署落到实处，在自治区党委、政府和市委的正确领导下，自觉接受人大依法监督和政协民主监督，创新思路、奋力开拓、扎实工作，为推动经济社会实现新跨越奠定坚实基础，以优异成绩迎接自治区成立70周年和党的十九大胜利召开！

包头市2016年预算执行情况和2017年预算草案的报告

——2017年2月16日在包头市第十四届人民代表大会第五次会议上

包头市财政局

各位代表：

受市人民政府委托，现将我市2016年预算执行情况和2017年预算草案的报告提请大会审议，并请市政协委员和列席会议的同志提出意见。

一、2016年预算执行情况

2016年，面对严峻复杂的经济形势和减收增支困难叠加的局面，全市上下在市委的坚强领导下，在市人大的监督支持下，认真贯彻落实中央、自治区决策部署，加大积极的财政政策实施力度，统筹做好稳增长、调结构、促改革、惠民生、防风险等重点工作，经济发展稳中有进，预算执行总体良好。

（一）一般公共预算执行情况。根据汇总的国库数据，全市公共预算收入271.2亿元，完成年度预算的100%，比上年增加18.9亿元，增长7.5%；全市公共预算支出415.2亿元，完成调整预算的88%，比上年增加21.9亿元，增长5.6%。

市本级公共预算收入46.3亿元，完成预算的110.2%，比上年增加7.2亿元，增长18.4%。年初市人代会批准的市本级公共预算支出82.9亿元，预算执行中市人大常委会批准自治区增发债券支出3.4亿元、调入预算稳定调节基金1.1亿元，加自治区下达各类补助资金及上年结转87.5亿元后，支出预算调整为174.9亿元。市本级公共预算支出143.1亿元，完成支出调整预算数的81.8%，比上年增加12.8亿元，增长9.8%。

（二）政府性基金预算执行情况。全市政府性基金收入39亿元，比上年增加21.4亿元，增长121.6%；政府性基金支出35.8亿元，比上年增加11.9亿元，增长50%。

市本级政府性基金收入29.3亿元，完成预算的50.2%，比上年增加17.9亿元，增长156.6%；政府性基金支出23.7亿元，完成预算的45.3%，比上年增加9.3亿元，增长64.6%。

（三）社会保险基金预算执行情况。全市社会保险基金收入161.1亿元，完成预算的103%，加上年结余68.1亿元，总收入合计229.2亿元。全市社会保险基金支出162.3亿元，完成预算的105.5%。收支相抵，年末滚存结余66.9亿元。

（四）国有资本经营预算执行情况。2016年市本级国有资本经营预算收入主要是国有参股、控股企业股利、股息收入。市人代会批准的2016年市本级国有资本经营预算支出为1亿元，执行中自治区下达包钢厂办大集体改革中央财政补助清算资金2亿元，调整后支出预算为3亿元，全年支出2亿元，完成调整预算的66.7%。

上述各类数据待决算后，还会有一些变化，届时依法向市人大常委会报告。

2016年，全市各级财政部门认真执行市十四届人大四次会议批准的预算和市人大常委会批准的调整预算，全力支持经济发展，突出保障和改善民生，切实加强预算管理，实现了财政工作“十三五”良好开局。

（一）着力增加有效投入，全面落实稳增长政策。面对复杂困难的经济形势，各级财政保持定力，精准发力，着力扩大有效投资，全力落实供给侧结构性改革等稳增长的政策措施，有效发挥了财政对经济运行的调节器作用。一是积极推动去产能、去库存、去杠杆、降成本。争取中央专项奖补资金2.2亿元，支持化解钢铁煤炭产能，稳妥分流安置职工。下达保障性安居工程资金7.4亿元，支持货币化安置，给予税收优惠，消化存量房产。争取地方政府置换债券310.5亿元，缓解了当下政府债务偿还压力，并通过低利率的置换债券，降低了政府债务杠杆。全面推开“营改增”改革试点，落实小微企业、高新技术企业税收优惠政策，当年减轻企业税负近20亿元。投资2亿元，做强中小企业融资担保平台，做大“助保贷”资金池，形成了15亿元以上规模的融资担保能力，有效降低中小企业融资成本。二是全力推动工业经济平稳运行。把稳工业作为稳增长的基础，认真落实市委、市政府稳工业政策措施。市本级投入5.4亿元支持包钢缓解流动资金困难和实施环保项目。投入本级财政资金9.8亿元、争取上级专项7亿元、投放工业转型升级产业基金和稀土产业基金33.7亿元，支持55个产业转型升级项目，落实稀土原材料、电价、铁精粉、石墨烯等产业扶持政策，推进钢材、铝水产业开展协作配套，支持一机、北重等重点装备制造企业加快技术创新，有效推动了我市工业企稳运行，夯实了税源基础。投入科技资金1.6亿元，积极推动北大、浙大等重点科研机构开展100多项产学研合作，形成了新一代稀土钢等一批创新成果。三是大力支持文化旅游等服务业发展。投入1.5亿元，推动我市公共文化服务体系示范项目顺利通过国家验收，保障文体场馆免费开放、党报覆盖等文化惠民项目，支持文化体制改革，打造《安居》等一批文化创作精品。投入4.4亿元，通过举办牛羊肉产业大会、书博会、“爱飞客”飞行那达慕等大型展会活动，提升包头影响力，带动旅游消费增长。落实航线补贴、包机包列、免费门票等扶持政策，支持五当召、美岱召、春坤山等重点景区旅游公路等基础建设，加大文化旅游宣传力度，推动文化与旅游的深度融合。拨付资金8800万元，兑现地方金融企业增量贷款奖补、外贸进出口奖补等政策，扶持民贸民品企业发展，支持电子商务、云计算、智慧城市等项目，现代服务业发展水平进一步提高。四是着力增加有效投资。抓好国家示范项目建设，累计投入节能减排财政综合示范项目资金7.5亿元，带动社会投入55亿元，完成了四大类39个示范项目，新启动了70多个示范项目。累计投入地下综合管廊示范项目资金6亿元，实施新都市区和北梁腾空区26.4公里的地下综合管廊，完成工程量的50.7%。全年投入中央、自治区和市本级基建资金23.8亿元，支持老工业区搬迁改造、城市道路、水利、管网、公园、广场等基础设施以及公路、机场、地铁、口岸等建设工程。财政资金及时有效的投入，不仅改善了人居环境，提高了城市品位，也有力地拉动了投资增长。

（二）狠抓收支保平稳增长，多渠道筹资促重点项目。坚持多渠道开源增收，解决资金问题。一是财政收支实现新突破。面对经济持续下行及“营改增”对财政收入的影响，财政部门主动承担起组织收入的牵头抓总责任，会同税务部门加强税费分析，强化综合治税，逐级压实责任，狠抓运行调度，确保了财政收支平稳增长。全年一般公共预算收入入库均衡、增速平稳，年末增幅高于全区4.9个百分点，总量稳居全区第二，在全区的占比较上年提高0.6个百分点。一般公共预算支出跃上400亿元新台阶，结构进一步优化，自治区重点考核的“八项支出”完成309.6亿元，同比增长5.5%。税收结构呈现新变化，三产业税收同比增长9.9%，占全部税收的61.4%，同比提高4个百分点，超过二产业税收占比22.9个百分点，显示出了产业结构调整的成效。二是争取上级资金取得新成效。各地区、各部门抢抓政策机遇、做实基础工作，有针对性地加大争取资金力度，固阳县、白云区列入国家独立工矿区支持范围。全年共争取上级财政资金160亿元，同比增长7.3%，既有力地带动了支出增长，也有效弥补了我市财力不足。积极争取债券限额，落实新增债券6.3亿元，重点用于“十个全覆盖”工程、扶贫产业发展等民生项目。三是积极创新投融资机制。改革竞争性领域财政投入方式，财政参与设立了总规模40亿元的稀土产业转型升级基金、总规模分别为30亿元的工业产业转型升级基金和科技创新产业基金，放大财政资金效应4-5倍，为加快我市转型升级注入了强大动力。同时，积极支持扶贫、生态、美丽乡村建设等领域的产业基金设立，扩大我市融资规模。大力推广PPP模式，向全国公开招标32家咨询机构提高运作能力，制定完善了各项制度，组建了专门业务机构和专家库，储备总投资额900多亿元的项目46个，其中10个列入国家和自治区示范，新都市区医院、北梁地下综合管廊等示范项目开工建设，带动投资约21.9亿元。支持正信集团与金融企业合作融资9.7亿元，解决全市性重点项目资金缺口。积极推动惠民水务成功上市和交投、住建等国有实体公司进行投融资运作。鼓励企业上市融资，兑现奖补资金1600万元，推动14户企业上市。

（三）加大财政投入力度，切实保障和改善民生。2016年，全市一般公共预算用于民生等重点支出达341.4亿元，比上年增加17.5亿元，占比达82.2%。一是全面落实各项惠民补贴和提标政策。全市28.8万企业养老人员平均待遇水平同比增长7.2%，达到人均每月2570元，财政补助达40.02亿元。5.4万城乡低保群体人均保障标准分别达到每月580元和每年5044元，低保救助的支出达3.6亿元。拨付资金8078万元，率先在自治区实施失独、伤残困难家庭扶助政策。拨付资金8.4亿元，及时足额兑现草原生态奖补、农业“三项”补贴、玉米生产者补贴、成品油价格补贴等惠民政策，稳步增加城乡居民政策性收入。二是全力做好群众关心的重点民生工作。争取中央专项1.5亿元，继续支持北梁棚改项目。累计投入36.3亿元，全力支持“十个全覆盖”工程。拨付专项资金1.9亿元，圆满完成2016年精准脱贫任务。投入资金11.6亿元实施生态环境和大气污染治理及重点林业生态工程。补助资金2.5亿元，购置460台新能源公交车并保障公交运营。投入5900万元，做好粮油肉菜储备，保障食品检测中心、农产品质量检测和肉菜追溯体系运行，保障群众舌尖上的安全。投入资金1.3亿元，落实农牧业保险补贴政策，推广玉米秸秆转化利用，支持南繁基地等一批现代农业项目，现代农业发展迈出新步伐。三是积极支持各项社会事业发展。把就业作为民生之本，拨付资金4.6亿元落实就业技能培训、公益性岗位补贴等就业再就业政策，及时发放援企稳岗补贴，惠及职工10.9万人。拨付小额贷款贴息资金4100万元扶持6900人创业，带动就业1.5万人。投入1.1亿元支持实施“大学生集聚计划”，落实“三支一扶”补助政策，促进大学生就业，打造人才洼地。把教育放在优先位置，教育支出53.4亿元，同比增长6.7%，重点促进基本公共教育服务均等化，支持各级各类学校改善办学条件，加快高校、职业教育和学前教育、民族教育发展，统一城乡义务教育公用经费标准，资助贫困学生近13万人。把打造健康包头作为民生重点，医疗卫生和计生支出23.7亿元，同比增长16.2%，在全区率先建立起城乡统一的居民基本医疗保险制度，一步到位消除城乡差别。将基本公共卫生服务经费人均财政补助标准由40元提高到45元，支持了残疾人康复中心、民政福利园区、儿童医院等一批项目，群众医疗卫生条件进一步改善。

（四）各项财政改革扎实推进。年内共出台10项制度性成果，形成了改革的基本遵循，推动各项改革任务圆满完成。全面“营改增”试点改革5月1日如期推开，两税部门顺利完成管户移交，已按新的分成比例入库，税收返还体制基本明确。财政预决算、部门预决算、“三公”经费公开进一步完整和细化，财政透明度进一步提升。农业“三项”补贴改革顺利实施，龙头企业和种粮大户得到更多政策激励。玉米生产者补贴改革顺利实施，补贴资金按时足额发放。政府购买服务改革试点扩大到了教师聘用、社区养老、住房保障、预算单位代理记账、校车租用等领域。行政机关公务用车制度改革顺利完成。公开了包头市行政事业性收费目录清单，做到了“收费项目进清单，清单之外无收费”。进一步扩大绩效评价范围，对公办幼儿园、农业保险、青少年足球基地等一批项目开展了绩效评价，部门花钱绩效意识得到提高。进一步加强政府债务管理，严格按照《预算法》和国务院政策规定，将我市政府债务分门别类纳入预算管理，对置换债券严格按规定用途使用，并将政府债务限额向社会公开。按要求依法解除了17项债务担保。成立了投融资管理中心，出台了政府性投融资管理办法，将政府性债务、产业基金、PPP项目等各类政府投融资事项纳入规范管理，并重新制定了政府债务管理办法，明确了市、旗县区及相关部门政府债务“借、用、还”责任以及预警机制、应急处理等内容，编制起了制度笼子。

（五）依法理财水平进一步提升。坚持内外兼修。一方面注重内部管理，把依法行政依法理财贯穿财政管理各领域、各环节，对各科室和各旗县区进行109项工作指标考核，推动我市依法理财在全区考核连续三年位居前列，并被评为全国“六五”普法宣传教育先进集体。加强内控机制建设，形成“1+7”基本制度、风险内控办法和若干内控规程，扎紧了内部权力运行笼子。建立微信服务平台，电子政府采购功能进一步完善，采购规模完成84亿元，同比提高71%，节约资金近20%，荣获全国政府采购制度创新奖。另一方面，充分发挥财政对外的监管职能，切实加强财政监督，选择50家单位开展会计信息质量检查，查处涉及违规资金1.9亿元。积极开展了非税收缴、支出进度等专项监督，督促重点工作有效落实。全面开展行政事业单位资产清查工作，覆盖全市1775户单位，核实资产580.4亿元，为规范行政事业单位资产管理奠定了扎实基础。加强政府性投资评审，完成审核项目87项，报审4.6亿元，核减资金率13%。加强信息共享，实现了市人大财经委、市审计局与财政局数据信息联网，主动、全面、适时接受市人大及审计监督，如期完成审查决议意见和审计问题的整改。加强国库集中支付管理，严控“三公”经费和一般性支出，全市“三公”经费零增长。完成财政信息大平台系统建设，财政业务管理和服务进一步增强。

各位代表，财政工作在“十三五”开局取得这样的成绩，得益于市委、市政府的坚强领导，得益于市人大、市政协的监督支持，得益于各地区、各部门的共同努力。在看到成绩的同时，我们也清醒地认识到财政运行中还存在一些突出的的困难和问题。主要是：财政收入增长放缓，刚性支出增长较快，财政收支矛盾更加突出；财政收入结构不优，新增财源不足，培植税源更加迫切；财政支出项目只增不减的固化格局有待调整，绩效管理亟待加强；政府债务负担仍然较重，风险防控压力较大。此外，加快推进财税改革、创新投融资体制机制、加强市场化运用等新形势、新任务对财政干部改革创新精神、主动担当意识、依法理财能力都提出了更高要求。对此，我们将在今后工作中努力改进和提高。

二、2017年预算草案

2017年财政预算安排的总体要求是：贯彻落实党的十八大和十八届三中、四中、五中、六中全会和自治区党委十届二次全会、市委十二届二次全会精神，坚持稳中求进工作总基调，牢固树立新发展理念，紧紧围绕提档升级、争创一流总目标，实施更加积极有效的财政政策，推进供给侧结构性改革，坚决守住发展、生态、民生底线；调整优化支出结构，大力支持转型升级和“五化”协同，突出保障和改善民生；深化财税体制改革，推进财政统筹使用，加强政府债务管理，防范财政风险，为把我市打造成为全区经济社会发展火车头、改革开放领头羊、统筹城乡发展先行区、生态环境保护示范区提供坚实的财政保障。

收支预算安排的基本思路是：收入预算坚持实事求是、积极稳妥，与经济社会发展水平相适应，与财政政策相衔接，与中期财政规划相协调。支出预算坚持量入为出、量力而行，在“保基本、补短板、兜底线”促进基本公共服务均等化的同时，着力调整优化财政支出结构，进一步体现积极有效的财政政策。基本支出严格按照政策规定据实测算、足额保障，项目支出突出转型升级、转换动力、补齐短板，并积极探索实施绩效目标管理。

根据上述思路和全市经济社会预期发展目标，2017年全市一般公共预算收入安排288亿元，比上年实际完成数增加16.8亿元，增长6.2%。其中：税收收入安排185亿元，非税收入安排103亿元。全市一般公共预算支出安排440亿元，比上年实际完成数增长6%，与自治区保持同步增长。

根据市人民代表大会对预算草案及报告审查的内容，重点报告市本级政府预算安排情况。

（一）市本级一般公共预算安排情况

一般公共预算总财力安排情况。根据我市现行财政体制划定的收入范围和上级确定的对我市补助数额，2017年市本级一般公共预算收入43.1亿元，加上上级补助收入38.2亿元，旗县区及高新区上解收入28.9亿元，从政府性基金预算调入一般公共预算5亿元，减去补助旗县区支出25.6亿元、上解上级支出3.5亿元后，2017年市本级一般公共预算财力安排86.1亿元。2016年中央、自治区提前下达我市需列入2017年预算的转移性收入47.2亿元（均有指定用途，不构成市本级可统筹财力），2017年市本级一般公共预算总财力安排133.3亿元。

一般公共预算支出安排情况。根据“收支平衡、统筹兼顾、突出重点”的原则，2017年市本级一般公共预算总支出安排133.3亿元，其中一般公共预算支出安排86.1亿元，转移性支出47.2亿元（自治区提前下达的转移支付补助资金中市级留用及待分配37.5亿元，返还及补助旗县区9.7亿元）。市本级实际可统筹财力安排的支出86.1亿元，比上年年初预算增加3.2亿元。

2017年市本级一般公共预算支出按经济分类和功能分类分别编制，从不同角度反映政府的支出活动。按经济分类划分，市本级一般公共预算支出中：基本支出安排47.8亿元，占比55.5%；项目支出安排38.3亿元，占比44.5%。

下面，按照支出功能分类，重点对市本级86.1亿元可用财力安排情况报告如下：

——安排一般公共服务支出6.9亿元，占比8%。主要用于落实机关事业单位工资、津补贴、养老保险和职业年金等相关政策；全面贯彻党的民族政策，支持民族体育、教育、蒙古语言文字信息化建设；加强民主政治建设，支持人大、政协、民主党派、工商联开展法律监督、政治协商和工作监督，支持工会、共青团、妇联等群团组织积极发挥桥梁纽带作用，加强街道社区嘎查村党组织建设；继续实施“草原英才”等人才培养、开发、引进政策，加强人才队伍建设等。

——安排公共安全和国防支出7.7亿元，占比8.9%。主要用于人防平战结合工程、驻包部队经费补助，推动军民融合发展；完善公共安全体系，支持平安包头建设、特殊违法犯罪嫌疑人员治疗中心运转；落实对戒毒、羁押人员等的生活保障，支持开展反恐、应急维稳等专项行动。

——安排教育支出14亿元，占比16.3%。主要用于落实教育提升计划，巩固完善城乡义务教育经费保障机制，促进义务教育均衡发展；保障转移进城农牧民子女平等接受义务教育；支持发展民族教育、民办教育、特殊教育；推进普及高中阶段教育，完善落实“两免”和相关补助政策；继续完善对高校生源地信用助学贷款财政贴息、风险补偿及家庭困难学生资助政策。

——安排科技支出1亿元，占比1.2%。主要用于支持基础研究、前沿技术研究和应用技术研发，保障稀土产业、产学研合作等重大科技项目顺利实施，健全科技创新引导奖励支持机制，促进科技型中小企业发展，支持科技人才队伍建设、科普宣传等。

——安排文化体育与传媒支出2.4亿元，占比2.7%。主要用于公益性文化设施免费开放，举办鹿城文化节、元宵文化节，丰富群众文化生活；支持文艺院团改革、优秀文化产品创作和青年文化人才培养；促进新媒体建设、党报覆盖工程和文化产业发展；支持开展全民健身活动，促进群众体育和竞技体育全面发展。

——安排社会保障和就业支出、住房保障支出25.1亿元，占比29.2%。主要用于加大财政对城乡居民、企业职工社会养老保险补助；健全就业保障制度，实施大学生集聚计划，鼓励大众创业、万众创新；健全优抚对象等人员抚恤和生活补助标准体系，合理确定城乡低保补助水平，使所有困难群众基本生活都得到保障；全面推行80周岁以上老人普惠制高龄津贴政策；适当提高部分民生保障标准；提升住宅小区物业服务管理水平。

——安排医疗卫生与计划生育支出9亿元，占比10.5%。主要用于完善城乡居民基本医疗保险筹资机制，合理提高财政补助标准，同步提高个人缴费标准；完善城乡居民大病保险制度，提高基本公共卫生服务项目年人均财政补助标准，实施对农牧民免费体检；支持血液核酸检测、新生儿听力筛查、食品药品安全监管、名医人才培养等；进一步深化公立医院改革，建立卫生城市长效管理机制；支持计划生育事业健康发展。

——安排节能环保、国土气象支出1.8亿元，占比2.1%。主要用于推进生态修复和环境保护，支持重点区域绿化及重点生态工程建设，落实大气污染防治行动计划和大气污染防治政策，着力解决大气、水、土壤污染等环境问题；加强矿产资源勘查、矿山地质环境治理；加快地震烈度速报与预警工程台网建设。

——安排资源勘探信息支出2.2亿元，占比2.6%。主要用于云计算发展运用、安全生产监管、不动产统一登记、企业互联互促信息平台建设、重点企业解困等。

——安排农林水、粮油物资储备支出3.7亿元，占比4.3%。主要用于实施精准扶贫、精准脱贫基本方略，支持易地扶贫搬迁、产业扶贫等扶贫开发重点工程；支持绿色、节水、高效农牧业发展，推进土地整治、中低产田改造和高标准农田建设；扶持农牧业品牌战略、南繁基地育种创新及草原戈壁短尾羊育种等；支持林业生态建设及后期管护、节水型城市建设、大青山应急水源地水费保底、农村牧区饮水安全工程、健康水工程建设及水质检测等。

——安排城乡社区、交通运输支出6.6亿元，占比7.7%。主要用于市政基础设施建设及维护，加大公交IC卡折扣补贴、民航机场航线补贴等交通领域投入。保障全市规划编制、住房改革等工作稳步推进；切实保障环卫一线临时工生活待遇。

——安排商业服务业、金融支出0.9亿元，占比1%。主要用于支持物流、商务会展、旅游等产业加快发展、做大做强。支持地方肉菜、羊绒储备、商贸储备及市场运行监管，企业上市、挂牌及资本市场融资奖补等。

——安排预备费2亿元，占比2.3%。主要用于预算执行中处置自然灾害等突发事件增加的支出以及其他难以预见的支出。

——安排其他支出2.8亿元，占比3.2%。主要用于自治区70周年大庆项目、健康城市建设、招商引资以及预留工资改革支出等。

（二）政府性基金预算

2017年市级政府性基金预算收入安排58.4亿元，其中国有土地使用权出让53.6亿元、国有土地收益基金3亿元、农业土地开发资金收入0.8亿元、车辆通行费收入1亿元。

按照“以收定支、收支平衡、专款专用”原则，安排政府性基金支出58.4亿元，其中土地出让支出等57.4亿元，车辆通行费安排的还本付息支出1亿元。

土地出让支出等57.4亿元中剔除出让成本和五项基金后，政府可统筹收益安排支出10亿元，其中：调入一般公共预算5亿元，构成公共预算可用财力安排了相应支出；偿还政府债务本息2.3亿元；城市维护费1.3亿元（道路绿化、照明、普拉特电厂垃圾处理等）；航线补贴及航站楼建设维护、纯电动公交车购置补贴、公交IC卡折扣补贴、县乡公路养护等1.4亿元。

需要说明的是，尽管通过统筹一般公共预算和政府基金预算可用财力尽最大限度对“三保”支出、重点项目和偿债作了预算安排。因收支矛盾突出，仍有一些涉及民生、社会事业、扶持企业等刚性支出无法列入预算。对此不足部分拟通过争取整合上级专项资金、自治区发行债券、融资及设立产业基金等渠道解决。

（三）国有资本经营预算

2017年市本级国有资本经营预算收入安排0.17亿元，主要来源是上年结转和国有参股公司股利股息收入。按照“收支平衡”原则，相应安排国有资本经营预算支出0.17亿元，用于国有企业改革成本支出、国有企业资本金注入。

（四）社会保险基金预算

2017年社会保险基金收入预算177.6亿元，其中各级财政补贴85.8亿元（上级60.3亿元，本级10.9亿元，旗县区14.6亿元），支出预算179.9亿元。动用以前年度结余资金2.3亿元，实现收支平衡。

按照《预算法》规定，社会保险基金预算按照统筹级次由同级人大审查批准。我市城镇职工养老保险基金纳入自治区级统筹，预算由自治区人大审查批准，并报市人大备案。全年安排收入预算103亿元，支出预算103亿元。

市本级统筹的社会保险基金收支预算报市人大审查批准。全年安排收入预算53.8亿元，支出预算56.2亿元。其中：城乡居民养老保险基金收入3.5亿元、支出3.6亿元，不足部分由以前年度结余资金弥补；城镇职工医疗保险基金收入23.7亿元、支出23.3亿元；城乡居民医疗保险基金收入7.8亿元、支出7亿元；工伤保险基金收入1.2亿元、支出1.2亿元；失业保险基金收入3.3亿元、支出6.9亿元，不足部分由以前年度结余资金弥补；生育保险基金收入1.2亿元、支出1.1亿元；市本级机关事业单位养老保险基金收入13.1亿元、支出13.1亿元。

各旗县区机关事业单位养老保险基金由各旗县区统筹，预算由各旗县区人大审查批准，报市人大备案。全年安排收入预算21亿元，支出预算20.7亿元，当年结余0.3亿元。

此外，将《包头市本级2017年政府预算草案》及92个部门、单位的预算草案也一并提交会议，请各位代表审查。

三、2017年财政重点工作

2017年，我们将迎来党的十九大胜利召开和自治区成立70周年，做好财政工作责任重大。面对经济新常态下财政收入转入中低速增长，而保民生、保稳定、补短板等刚性需求仍然大幅增加的形势，全市各级财政要进一步转变理念和思路，既要对标高线，保持收支规模和民生指标在自治区的领先位次；也要守住底线，突出公共性和可持续性，进一步明确财政支出边界。既要在发展大局中谋篇定位、担当尽责，也要在管理细微处科学规范、注重绩效。既要坚持依法行政依法理财，又要靠推进改革创新来激发动能，破解难题。重点要做好以下工作：

（一）全力推动经济平稳增长。牢固树立经济发展决定财政增收的理念，始终把发展作为第一要务，坚守发展底线，加强财源建设。一是努力增加有效投资。围绕推进“五化”协同，工业提档升级，提升城市品位，助力实体经济，支持现代服务业、现代农牧业、战略性新兴产业发展等重点，充分发挥财政投融资职能和财政资金的杠杆作用，综合运用公共预算、上级专项、地方政府债券、产业投资基金、政府与社会资本合作等手段，撬动社会、民间资本投入，持续扩大有效投资规模。二是着力支持重点项目。完善政策体系，积极落实供给侧结构性改革举措，支持我市钢铁、装备制造、铝、稀土等优势产业转型升级。同时，加快预算执行进度，统筹使用上级专项和本级预算资金，加快产业基金金融资本投放，集中支持自治区成立70周年大庆、七网七新七业、对外开放、创新驱动、文化旅游等重点项目和重点工作，全力帮扶包钢脱困治亏，稳企业，稳就业，稳税源。三是全面落实减税降费政策。继续落实并完善“营改增”试点政策，进一步清理规范基金和收费，切实减轻企业负担，释放市场和社会活力，不断涵养税源。

（二）突出保障和改善民生。落实以人民为中心的发展思想，继续加大民生投入力度，坚守民生底线，用情用心做好民生工作。重点要大幅增加脱贫攻坚财力投入，支持贫困旗县区开展财政专项资金整合，用好扶贫产业基金，坚决打赢脱贫攻坚战。增加教育方面的投入，支持教育提升三年行动计划，努力推动我市教育工作走在全区前列。全面贯彻落实《国务院关于激发重点群体活力带动城乡居民增收的意见》，积极拓展增收渠道，足额落实新一轮草原生态奖补等惠民补贴政策，提高民生保障标准，完善机关事业单位津贴补贴和绩效工资制度，努力提高城乡居民收入。要继续加大对就业创业、医疗卫生、社会保障、公共文化等方面的投入力度，使我市的城乡低保、企业养老、居民医保等民生保障水平及人均医疗、公共文化投入保持全区领先位次。同时，要全力支持棚户区改造、生态环境治理、食品安全等重点民生工程，努力扩大人民群众获得感、幸福感。

（三）多渠道开源增收。一是依法组织财政收入。坚持完成任务和提高质量同手抓，进一步健全完善以综合治税为主的组织收入征管机制，依法依规组织收入，做到应收尽收，严禁采取“空转”等方式虚增收入，坚决不收过头税、过头费，确保完成预算目标。二是积极争取上级支持。继续跟踪落实好已经争取到的政策和项目，确保节能减排综合示范、地下综合管廊、稀土产业转型升级三个国家级示范项目2017年资金如期到位。积极争取中央、自治区预算内投资项目，特别要跟踪落实自治区党委、政府与国家发改、财政、环保、交通、水利、工信、旅游等部门议定的事项，全力对接和落实，力争得到上级更大支持。同时，全力争取大数据、文化旅游等中央、自治区各类产业基金对我市重点项目的支持，积极申报项目，纳入基金支持范围。三是抓好投融资工作。加快已经设立的工业、稀土、科创等产业基金投放进度，积极推动扶贫、生态等产业基金设立，对明确扶持方向的产业和项目给予资金支持。继续支持交投集团、水务集团、住建集团、正信集团等国有实体公司扩大融资合作和项目运营，吸纳民间资本、金融资本参与重点项目建设。大力度、多层面、多领域推广PPP模式，加强项目储备、推介和示范实践，积极争取中国PPP融资资金，推动更多项目列入国家、自治区示范，进入实际操作和运用。

（四）严格执行预算法。主动接受市人大及财经委工作监督，突出对近几年人大审查意见和审计反映出的问题，有针对性地从制度上规范整改，依法规范理财行为。坚持先有预算后有支出，没有预算不支出的原则，严控预算调整事项。继续按规定清理收回两年以上结转资金，加强对两年以内资金的清理盘活。强化预算执行管理，按照规定时限及时批复下达预算，完善国库集中收付运行机制，动态监测预算执行情况，督促财政资金下达后及时形成实物工作量。加强财政资金统筹使用，扩大资金整合面和整合量，集中财力办大事，避免资金撒胡椒面。继续推进绩效管理，扩大绩效考评试点，加强考评结果运用，逐步建立花钱必问效的机制。切实树立节支也是增收的理念，大力压减行政开支，使有限的资金用在刀刃上。

（五）积极推进财政改革。按照真实、完整、及时、细化的要求，进一步推动预决算公开。实施跨年度预算平衡机制和中期财政规划管理。强化部门主体责任，全面推开政府购买服务试点。积极做好水资源费改税和环保费改税等税制改革工作，落实推进事权和支出责任划分改革，最大化争取有利机制。全面加强政府性债务、产业基金、PPP等各类政府性投融资管理，管控资金风险，提高使用效益。妥善处理政府存量债务，建立债务风险预警、风险应急处置、债务报告、公开和考核问责等制度，防范和化解财政风险。加强财政信息化建设。切实做好行政事业单位资产、会计从业、国库集中支付、政府采购、投资评审等管理和服务工作，进一步提高理财水平。

各位代表，我们将坚定不移地贯彻落实市委十二届二次全委会议和本次大会精神，紧紧依靠市人大、市政协的监督支持，全面看齐“提档升级、争创一流”总目标，以时不我待的紧迫感，勇于担当的责任感，继往开来的使命感，唱响草原晨曲，挺起钢铁脊梁，重振包头雄风，以优异成绩向全市人民交一份满意答卷，向党的十九大和自治区成立70周年献礼。

名词解释

1. 预算稳定调节基金：预算稳定调节基金是指各级财政通过超收安排的具有储备性质的基金，用于弥补短收年份预算执行的收支缺口，以及视预算平衡情况，在安排年初预算时调入并安排使用。基金的安排使用接受同级人大及其常委会的监督。《预算法》规定，“各级一般公共预算按照国务院的规定可以设置预算稳定调节基金，用于弥补以后年度预算资金的不足”，“各级一般公共预算年度执行中有超收收入的，只能用于冲减赤字或者补充预算稳定调节基金，各级一般公共预算的结余资金，应当补充预算稳定调节基金”。按照市人大要求，为保证预算平稳运行，市本级从2008年开始逐年提取预算稳定调节基金。

2.“营改增”改革试点：从2016年5月1日起，国家全面实施“营改增”改革试点，在其他行业已先期纳入试点范围的基础上，又将建筑业、房地产业、金融业、生活服务业纳入试点范围，由缴纳营业税改为缴纳增值税。这是自1994年分税制改革以来，财税体制的又一次深刻变革。改革后，中央与地方分享增值税由过去的75%：25%变为50%：50%。自治区对盟市继续执行增值税“三七分享”，营业税和改征增值税“一九分享”。

3. 助保贷：“助保贷”业务，是指在具有一定担保标的的前提下，由企业缴纳一定比例的助保金、政府提供一定比例的风险补偿资金共同作为增信手段，向银行申请发放中小微企业贷款的信贷业务。

4. 增量贷款奖补：针对符合条件的涉农县域金融机构，当年涉农贷款平均余额同比增长超过13%的部分，财政部门可按照不超过2%的比例给予奖励。对年末不良贷款率高于3%且同比上升的县域金融机构，不予奖励。

5. 自治区重点考核的“八项支出”：自治区从2015年起将影响国民经济考核的八项财政支出列入考核范围，包括一般公共服务支出、公共安全支出、教育支出、科学技术支出、社会保障和就业支出、医疗卫生与计划生育支出、节能环保支出、城乡社区支出。

6. 独立工矿区：是指长期以矿产资源开采加工为主导产业，以矿工及家属为居住主体，远离市、县主城区，经济社会相对独立的生产生活区。2016年，我市白云区、固阳县首次争取到国家独立工矿区恢复治理和转型发展转移支付补助4824万元。

7. 民生支出：政府收支分类科目中按功能分类口径统计的一般公共预算支出。具体包括教育、社会保障和就业、医疗卫生与计划生育、住房保障、节能环保、农林水支出、交通运输、城乡社区支出、粮油物资储备、国土海洋气象等支出、商业服务业发展、科技支出、文化体育与传媒支出。

8. 农业“三项”补贴：是指粮食直补、生产资料综合补贴及良种补贴。

9. 玉米生产者补贴：是指补贴对象为合法耕地上的玉米实际生产者（包括本地农民、家庭农场、农民合作社、合法的外来租种者）。补贴标准是以2014年确定的种植面积为基础，平均每亩补贴190元左右。

10. 大学生集聚计划：从2016年起，我市计划在5年内吸引聚集具有较高素质和能力的大学生约20万人，使全市大专及以上学历人力资源总量达到100万人左右，占全市总人口比重提升到35%。在提升人力资源素质的同时，破解就业结构性矛盾、提升公共服务水平、加快新型城镇化和小城镇建设。

11. 内控机制建设及“1+7”基本制度：为提高财政工作管理水平，通过查找、梳理、评估财政业务及管理中的各类风险，制定、完善并有效实施一系列制度、流程和方法，对财政工作存在的风险进行事前防范、事中控制、事后监督和纠正的动态过程和机制。“1+7”基本制度是财政局内部控制制度体系，即1个基本制度和7个专项风险管理办法。“1”是指《包头市财政局内部控制基本制度（试行）》；“7”主要包括《包头市财政局法律风险内部控制办法（试行）》、《包头市财政局预算编制风险内部控制办法（试行）》、《包头市财政局预算执行风险内部控制办法（试行）》、《包头财政局信息系统管理风险内部控制办法（试行）》等。

12. 补短板、兜底线：“短板”是指社会保障中仍需加强的内容。当前我国在义务教育、医疗、养老保险、住房等民生方面还存在短板。如现在我国城乡居民还有2亿人尚未参加养老保险，全国还有2000万户以上、约1亿群众住在棚户区或危旧房里，义务教育、基本医疗也有待完善。“兜底线”主要指对特困群体的社会救助。

它的目的是坚守社会网底不破，通过完善低保、大病救助等制度，兜住特困群体的基本生活，让他们有饭吃、有衣穿、有房住。

13．教育提升计划：市教育局计划从2017年开始，以补齐教育短板为主攻方向，全面实施《包头市教育提升三年行动计划》，全面推动实施教育综合改革、校园安全发展、学前教育普惠、义务教育扩优改革、市级统筹普通高中教育、办学特色创建、技能型人才贯通培养、基础能力提升、教师队伍综合素质提升、民办学校支持鼓励、扩大教育合作交流、终身教育拓展、智慧教育、教育扶贫扶弱、教育督导评估和质量检测、全面从严治党和师德师风整治16个项目。力争通过三年时间，使全市教育呈现协调、均衡、优质、和谐发展的新格局。

14．80周岁以上老年人普惠制高龄津贴政策：凡具有包头市户籍、年龄在80周岁以上（含80周岁）的老年人，均可领取高龄补贴。发放标准为80-99周岁，每人每月100元；100周岁以上每人每月600元。

15．PPP模式：是政府和社会资本合作模式的英文字母缩写，指政府和社会资本在基础设施及公共服务领域建立的一种长期合作关系。通常模式是由社会资本承担设计、建设、运营、维护基础设施的大部分工作，并通过“使用者付费”及必要的“政府付费”获得合理投资回报；政府部门负责基础设施及公共服务价格和质量监管，以保证公共利益最大化。2016年，我市已有10个项目列入国家和自治区示范。2017年，我市将多领域推广PPP模式，积极争取国家PPP融资资金，推动更多项目列入国家、自治区示范。

16．跨年度预算平衡机制：是对现行单一年度预算平衡机制的改进，指在财政预算编制、执行等环节，建立健全跨年度的、合理的平衡机制，实施依法征税，硬化支出预算约束，更好地发挥财政宏观调控作用。其主要内容：一是规范超收的使用和短收的弥补。预算执行中如出现超收，超收收入当年原则上不安排支出，用于削减财政赤字、化解政府性债务，或补充预算稳定调节基金，纳入以后年度预算统筹安排使用；如果出现短收，则按程序通过调入预算稳定调节基金、削减支出或扩大赤字加以解决。二是弱化对收入预算的考核，收入预算从约束性转向预期性，促进依法征管。三是加强对支出政策和支出预算的审查，硬化支出预算约束。

17．中期财政规划：由财政部门会同各部门研究编制跨年度（一般为三年）滚动财政规划，对未来年度重大财政收支情况进行分析预测，对规划期内一些重大改革、政策及项目研究政策目标，运行机制和评价办法，通过逐年更新滚动管理，强化财政规划对年度预算的约束性，实现财政可持续发展。我市本级2017—2019年中期财政规划编制各项工作正在积极进行。

18．事权与支出责任划分改革：财政事权和支出责任划分改革是建立科学规范政府间关系的核心内容，是完善国家治理结构的一项基础性、系统性工程，对全面深化经济体制改革具有重要的推动作用。财政事权是一级政府应承担的运用财政资金提供基本公共服务的任务和职责，支出责任是政府履行财政事权的支出义务和保障。新形势下，现行的财政事权和支出责任划分不同程度存在不清晰、不合理、不规范等问题，主要表现在：政府职能定位不清，一些本可由市场调节或社会提供的事务，财政包揽过多，同时一些本应由政府承担的基本公共服务，财政承担不够；中央与地方财政事权和支出责任划分不尽合理，一些本应由中央直接负责的事务交给地方承担，一些应由地方负责的事务，中央承担过多，地方没有担负起相应的支出责任；省以下财政事权和支出责任划分不尽规范；有的财政事权和支出责任划分缺乏法律依据，法治化、规范化程度不高。事权与支出责任划分改革的主要内容：一是适度加强中央的财政事权；二是保障地方履行财政事权；三是减少并规范中央与地方共同财政事权；四是建立财政事权划分动态调整机制。

包头市2016年国民经济和社会发展统计公报

包头市统计局

（2017年4月13日）

2016年，面对复杂多变的宏观经济环境和艰巨繁重的改革发展任务，市委、市政府带领全市各族人民全面贯彻落实党中央、国务院和自治区党委、政府的决策部署，坚持稳中求进的工作总基调，积极推进供给侧结构性改革，切实做好“三去一降一补”等重点工作，妥善应对风险挑战，全市经济运行稳中有进，社会事业取得进步，民生福祉持续改善，实现了“十三五”良好开局。

一、综合

年末全市常住总人口285.8万人，比上年末增加2.9万人，其中城镇人口237.1万人，乡村人口48.7万人。常住人口城镇化率达到83.0%，较上年末提高0.3个百分点。

初步核算，全市实现生产总值3867.6亿元，比上年增长7.6%。其中，第一产业增加值95.0亿元，增长3.6%；第二产业增加值1822.2亿元，增长8.1%；第三产业增加值1950.4亿元，增长7.5%。三次产业增加值占全市生产总值的比重分别为2.5%、47.1%和50.4%，第三产业比重较上年提高1.5个百分点。全市人均生产总值达136021元，比上年增长6.5%，按年平均汇率折算为20478美元。

全年居民消费价格总水平比上年上涨0.7%。八大类商品及服务价格呈“五升三降”的态势。其中，食品烟酒类价格上涨1.6%，仍是拉动居民消费价格总水平上涨的最主要因素；医疗保健价格上涨3%，涨幅最高。

全市城镇新增就业4.2万人，其中城镇失业人员再就业0.7万人。年末城镇登记失业率为3.89%。

全年一般公共预算收入271.2亿元，比上年增长7.5%。其中，税收收入173.1亿元，下降0.1%；非税收入98.1亿元，增长24.3%。全年一般公共预算支出415.2亿元，比上年增长5.6%，其中民生支出达341.4亿元，增长3.4%，占到一般公共预算支出的82.2%。民生支出中，教育支出53.4亿元，增长6.7%；医疗卫生与计划生育支出23.7亿元，增长16.2%；交通运输支出13.2亿元，增长44.2%；住房保障支出18.5亿元，增长32.2%。

二、农牧业

全年农作物播种面积33.1万公顷，比上年增加1.0万公顷，增长3.1%。其中，粮食作物播种面积21.2万公顷，下降5.0%。全年粮食总产量106.4万吨，比上年增长0.7%。其中，小麦产量10.1万吨，增长58.3%；玉米产量80.8万吨，下降9.1%；马铃薯产量10.1万吨，增长9.0%。全年油料产量10.7万吨，增长78.4%；蔬菜产量100.2万吨，下降0.2%。

年末全市牛存栏19.9万头，下降22.1%；羊存栏205.4万只，下降3.2%；猪存栏23.8万头，下降5.3%。年末牛出栏25.0万头，增长2.9%；羊出栏433.2万只，增长3.4%；猪出栏56.1万头，增长1.0%。全年肉类总产量16.9万吨，比上年增长4.0%。其中，猪肉产量4.7万吨，增长0.8%；牛肉产量4.2万吨，增长5.1%；羊肉产量7.2万吨，增长3.7%；禽肉产量6389吨，下降0.1%。禽蛋产量2.7万吨，下降1.5%；牛奶产量90.3万吨，下降8.2%；水产品产量9102吨，增长2.3%。

年末全市拥有各类农民专业合作社1765家；拥有市级以上农牧业产业化重点龙头企业166家，其中国家级5家、自治区级33家、市级128家。全市农畜产品行业拥有中国驰名商标11个。

三、工业和建筑业

全年全部工业增加值1586.8亿元，比上年增长8.3%，其中规模以上工业增加值增长8.9%。在规模以上工业中，轻工业增加值增长9.5%，重工业增长8.8%；钢铁、铝业、装备制造、稀土、电力五大产业增加值比上年增长8.6%，拉动规模以上工业增长4.7个百分点；高技术产业增加值增长8.0%；工业战略性新兴产业增加值增长11.5%，高于规模以上工业增速2.6个百分点；非公有制经济增加值增长14.2%，拉动全市规模以上工业增长10.8个百分点。

全年规模以上工业企业主营业务收入3248.9亿元，比上年增长12.5%；实现利润108.5亿元，增长2.6倍，其中盈利企业利润总额增长9.6%，亏损企业亏损额下降51.8%。年末工业企业产成品库存139.5亿元，比上年末下降13.8%。

全年建筑业增加值236.0亿元，比上年增长7.1%。在本市注册的具有资质等级的建筑企业共114户；完成总产值201.5亿元，比上年增长9.0%。

四、固定资产投资

全年500万元以上项目完成固定资产投资2955.8亿元，比上年增长14.4%。其中，民间投资1743.3亿元，增长2.3%，占全市投资的比重达59.0%；高技术产业完成投资53.3亿元，增长26.8%；基础设施建设投资853.4亿元，增长35.4%，占全市投资的比重为28.9%，对全市投资增长的贡献率达59.8%，拉动全市投资增长8.6个百分点。

分产业来看，第一产业投资81.9亿元，较上年增长33.4%；第二产业投资1293.4亿元，增长4.8%；第三产业投资1580.5亿元，增长22.7%。

分行业来看，采矿业投资114.4亿元，下降17.5%；制造业投资955.3亿元，增长12.8%；电力、热力、燃气及水的生产和供应业投资190.4亿元，增长2.6%；交通运输、仓储和邮政业投资163.2亿元，增长107.2%；水利、环境和公共设施管理业投资533.1亿元，增长42.8%。

全年房地产开发投资184.6亿元，比上年下降6.5%。其中，住宅投资123.5亿元，下降11.6%；办公楼开发投资3.7亿元，下降39.7%；商业营业用房投资40.3亿元，增长24.4%。

五、国内贸易和对外经济

全年社会消费品零售总额1400.2亿元，比上年增长9.7%。按经营地统计，城镇消费品零售额1364.7亿元，增长9.6%；乡村消费品零售额35.6亿元，增长12.0%。

全年限额以上批发零售及住宿餐饮企业实现消费品零售额403.1亿元，比上年增长6.0%。其中，餐饮收入26.8亿元，增长12.0%；商品零售376.4亿元，增长5.6%。在限额以上企业商品零售额中，粮油、食品类商品零售额增长6.8%，服装、鞋帽、针纺织品类增长11.3%，化妆品类增长26.1%，日用品类增长12.4%，家具类增长13.6%，金银珠宝类增长19.3%，汽车类增长14.3%，石油及制品类增长2.5%。

全年外贸进出口总额17.2亿美元，比上年增长10.9%。其中，出口总额12.3亿美元，增长38.7%；进口总额4.9亿美元，下降26.1%。全年利用外资额10.1亿美元，比上年增长22.6%。

六、交通、邮电和旅游业

全年公路货运量29803.3万吨，增长9.3%；公路客运量656.8万人，增长13.0%。民航客运吞吐量186.8万人次,按可比口径计算，比上年增长4.6%；民航货邮总量9409.5吨，按可比口径计算与上年持平。

年末全市民用汽车保有量达到57.4万辆（包括三轮汽车和低速货车），比上年末增长9.5%，其中个人汽车保有量51.3万辆，增长10.6%。民用载客汽车保有量为50.3万辆，增长10.7%，其中个人载客汽车47.6万辆，增长11.5%。

全年邮电业务总量51.6亿元，比上年增长34.6%。其中，邮政业务总量1.4亿元，增长25.1%；电信业务总量50.2亿元，增长34.9%。年末固定电话用户29.4万户，下降19.8%。移动电话用户346.2万户，增长11.7%。

全年实施重点旅游建设项目24个，完成投资32.0亿元；实现旅游总收入403.4亿元，比上年增长24.1%。国内旅游人数达1209.3万人次，增长16.7%；国内旅游收入398.4亿元，增长23.6%。

七、金融和保险业

年末全市金融机构人民币各项存款余额3236.0亿元，比上年末增长19.4%。其中，住户存款1371.3亿元，增长4.8%；非金融企业存款915.0亿元，增长7.1%。年末金融机构人民币各项贷款余额2403.1亿元，增长9.6%。其中，住户贷款776.7亿元，增长19.3%；非金融企业及机关团体贷款1624.4亿元，增长6.0%。

截至2016年底，全市共有保险公司37家，其中人身险公司16家，财产险公司21家。全年保险业务收入65.1亿元，比上年增长28.7%。其中，财产险收入19.1亿元，增长6.5%；人寿险收入46.0亿元，增长40.9%。保险赔款及给付支出14.1亿元，比上年下降2.5%。其中，财产险赔款及给付8.4亿元，下降2.0%；人寿险赔款及给付5.6亿元，下降3.1%。

八、人民生活和社会保障

全年全体居民人均可支配收入35759元，比上年增长7.8%。其中，城镇常住居民人均可支配收入40955元，增长7.5%；农村牧区常住居民人均可支配收入14692元，增长7.5%。全体居民人均生活消费支出25485元，增长5.7%。其中，城镇常住居民人均生活消费支出28632元，增长5.0%；农村牧区常住居民人均生活消费支出11014元，增长9.1%。城镇居民家庭恩格尔系数为28.3%，农村牧区居民家庭恩格尔系数为31.8%。

年末全市养老保险参保人数为137.9万人，比上年末增长2.5%。其中，城镇职工养老保险参保人数为94.4万人，增长3.8%；城乡居民养老保险参保人数达到43.5万人，下降0.1%。在城镇职工养老保险参保人数中，企业职工参保53.0万人，机关事业单位职工参保7.9万人，纳入统筹的离退休人员33.5万人。参加失业保险人数42.5万人，与上年持平。参加城镇职工基本医疗保险的人数为81.3万人，增长1.3%；参加城乡居民医疗保险的人数为119.6万人，增长0.7%。参加工伤保险的人数为47.9万人，增长0.7%。参加生育保险的人数为48.5万人，增长0.6%。

截至年底，全市累计建成直饮水站103座、分站37座、自助式饮水屋和现制现售水机近500台，全市直饮水工程覆盖受益人口达197.3万人。

九、教育和科学技术

全市有普通高等学校（包括高职院校）5所，全年招收学生2.4万人，在校学生8.2万人，毕业生2.8万人。普通中专和职业高中（含成人中专）共20所，在校学生2.7万人。普通高中37所，在校学生4.6万人。普通初中57所，在校学生6.2万人。普通小学136所，在校学生13.9万人。全市有幼儿园312所，在园幼儿5.8万人。全市有民族中小学校13所，少数民族在校学生2.1万人。小学专任教师学历合格率为100%，普通初中专任教师学历合格率为99.9%，普通高中专任教师学历合格率为97.3%。小学适龄儿童入学率为100%。

全年申请专利2617件，比上年增长11.8%;专利授权量1465件；签订各类技术合同67份，技术合同成交金额1.8亿元，其中技术交易额1.6亿元。年末全市拥有国家重点实验室2家，国家级企业技术（工程）中心6家，国家地方联合工程研究中心3家。国家高新技术企业达115家，其中年内新增25家；市级以上创新型（试点）企业达到124家，其中国家级创新型（试点）企业2家。年末全市拥有国家级孵化器3家；累计建成自治区级重点实验室26家，其中年内新晋升9家；累计建成自治区级工程技术中心36家，其中年内新增6家。累计建成10家众创空间，其中8家列入国家众创空间试点。此外，还获批国家第二批促进科技和金融结合试点城市。

十、文化、卫生和体育

年末全市共有专业艺术表演团体5个，群艺馆、文化馆11个，公共图书馆10个，博物馆3个，美术馆1个。广播综合人口覆盖率达99.5%，电视综合人口覆盖率达99.5%。

全市共有卫生机构1742个，其中医院69个，基层医疗卫生机构1604个，专业公共卫生机构50个，其他卫生机构19个。年末卫生机构实有床位17334张，拥有卫生技术人员22668人。

年内运动健儿在全国第十三届冬运会上获得女子冰壶第三名，在全国曲棍球U18锦标赛上获得冠军；参加全区20项青少年锦标赛，获得金牌82枚、银牌78枚、铜牌84枚。

十一、城市建设

全年共实施城建重点项目224项，新增道路面积69.3万平方米，新建、改造供热设施及城市供热干网19.0公里，集中供热普及率达到96.8%；加快天然气管网建设，城市燃气普及率达96.7%；生活污水处理率为90.4%。积极组织实施绿化工程，建成区绿化覆盖率达到44.06%。

截至年底，全市公路里程9005公里，公路网密度为32.4公里/百平方公里。

十二、资源和环境保护

全年总用水量10.57亿立方米，其中生活用水1.02亿立方米（包括建筑业、第三产业及所有居民生活用水），工业用水2.56亿立方米，农业用水6.66亿立方米（包括农牧林业灌溉、池塘、畜禽饮用），生态环境用水0.33亿立方米（包括城镇环境、河湖补水）。

全年国土绿化营造林面积38029公顷，其中人工造林19561公顷。林业重点工程完成造林面积24135公顷，占全部造林面积的63.5%。年末全市拥有自治区级自然保护区3个。

全年平均气温为8.0℃，年平均风速3.0米/秒，年降水总量340.2毫米，年日照时数2912.2小时。

初步核算，全年万元生产总值能耗较上年下降4.92%，超额完成自治区下达的“十三五”进度目标。

注释：

[1]本公报中数据均为初步统计数。

[2]地区生产总值、各产业及行业增加值、人均地区生产总值绝对数按现价计算，增长速度按不变价格计算。

[3]民间固定资产投资是指具有集体、私营、个人性质的内资企事业单位以及由其控股（包括绝对控股和相对控股）的企业单位建造或购置固定资产的投资。

资料来源：本公报中居民消费价格及城乡收支情况数据来自国家统计局包头调查队；城镇新增就业、登记失业率、社会保障数据来自人力资源和社会保障局；财政数据来自财政局；农民专业合作社、市级以上农牧业产业化重点龙头企业等数据来自农牧业局；外贸进出口数据来自商务局；公路运输数据来自交通局；民航数据来自内蒙古自治区民航机场集团有限责任公司包头分公司；汽车保有量数据来自公安局交通管理支队车辆管理所；邮电业务总量数据来自邮政局和电信部门；旅游数据来自旅游局；金融数据来自中国人民银行包头市中心支行；保险业数据来自保险行业协会；水资源及直饮水数据来自水务局；教育数据来自教育局；专利等科技数据来自科技局；艺术表演团体、博物馆、公共图书馆、文化馆、广播电视数据来自文化新闻出版广电局；卫生数据来自卫生和计划生育委员会；体育数据来自体育局；城市建设数据来自城乡建设委员会；造林面积数据来自林业局；气候数据来自气象局；其他数据均来自包头市统计局。

第二部分　统计资料

PART TWO STATISTICS

1

DIVISIONS OF ADMINISTRATIVE AREAS AND NATURAL RESOURCES

行政区划和自然资源

1-1　行 政 区 划（2016年）

单位：个

项　目	乡（苏木）	镇	街道办事处	居民委员会	村民委员会
全　市	**10**	**29**	**47**	**255**	**546**
稀土高新区		1	2	11	9
东河区		2	12	60	49
昆都仑区		2	13	72	24
青山区		2	8	53	21
石拐区	1	1	6	4	17
白云矿区			2	4	
九原区	1	3	4	22	50
土默特右旗	3	5		11	201
固阳县		6		10	98
达尔罕茂明安联合旗	5	7		8	77

1-2　土地面积和人口密度（2016年）

项　目	土地面积（平方公里）	年末常住人口（万人）	密度（人/平方公里）
全　市	**27768**	**285.75**	**103**
稀土高新区	116	14.97	1291
东河区	470	54.83	1167
昆都仑区	301	78.61	2612
青山区	280	51.71	1847
石拐区	761	3.79	50
白云矿区	303	2.77	91
九原区	734	22.53	307
土默特右旗	2368	29.85	126
固阳县	5025	16.99	34
达尔罕茂明安联合旗	17410	9.70	6

1-3 自然资源（2016年）

项　目	单　位	2016
地理位置		
东　经		109°51′
北　纬		40°40′
海　拔	米	1067.2
土地资源		
土地总面积	平方公里	27768
#年末实有耕地面积	千 公 顷	424.37
森林资源		
森林面积	千公顷	491.0
森林覆盖率	%	17.6
活立木蓄积量	万立方米	358.6
草原资源		
草场面积	千公顷	1991.23
水资源利用		
水资源取用水总量	亿立方米	10.57
地表水源供水量	亿立方米	6.38
地下水源供水量	亿立方米	3.71
再生水	亿立方米	0.48
矿产资源		
煤炭保有量	亿吨	61.00
铁矿保有量	亿吨	23.77
铜矿保有量	万吨	6.55
锌矿保有量	万吨	0.62
石墨保有量（晶质）	万吨	40.40
水泥用灰岩保有量（矿石）	万吨	28337.55

1-4 气象情况

项目	单位	2015	2016
年平均气温	℃	8.4	8.0
年最高气温	℃	35.0	34.8
年最低气温	℃	-20.9	-23.7
年降水总量	毫米	219.3	340.2
年最大风速	米/秒	13.3	14.0
平均风速	米/秒	3.0	3.0
年日照时数	小时	2710.7	2912.2
年平均相对湿度	%	56	54
全年沙尘天气	次	13	13

1-5 分月气象情况（2016年）

月份	月平均气温（℃）	月平均相对湿度（%）	月降水量（毫米）	月日照时数（小时）	月平均风速（米/秒）
一月	-12.7	53		234.0	2.8
二月	-7.2	53	2.6	244.2	2.9
三月	2.3	43	0.4	268.3	3.1
四月	12.8	31	0.1	320.0	3.3
五月	16.9	36	4.9	303.4	3.8
六月	20.7	54	78.0	244.3	3.1
七月	23.8	63	52.2	237.5	3.1
八月	22.9	65	126.1	219.0	3.1
九月	16.1	65	49.6	249.7	2.6
十月	8.1	65	24.2	195.4	2.7
十一月	-1.4	58		199.2	3.0
十二月	-6.0	60	2.0	197.2	2.6

主要统计指标解释

行政区划　指国家对行政区域的划分。根据宪法规定，我国的行政区域划分如下：（1）全国分为省、自治区、直辖市；（2）省、自治区分为自治州(盟)、县(旗)、自治县(旗)、市；（3）自治州分为县、自治县、市；（4）旗、县、自治县(旗)分为乡、民族乡、镇；（5）直辖市和较大的市分为区、县(旗)；（6）国家在必要时设立的特别行政区。

自然资源　指人类可以直接从自然界获得，并用于生产和生活的物质资源。自然资源一般可以分成可再生资源和非再生资源两大类。可再生资源指在较短时间内可以再生、可以循环利用的资源，包括土地资源、水资源、气候资源、生物资源和海洋资源等。非再生资源指在使用后不能再生的资源，包括矿产资源和地热能源。

土地资源　土地指陆地的表层部分，它主要由岩石、岩石的风化物和土壤构成。

土地资源按利用类型可以分为农用地、建筑用地和未利用地。农用地包括耕地、园地、林地、牧草地和水面。建筑用地包括居民点及工矿用地、交通用地和水利设施用地。未利用地指农用地和建筑用地以外的土地，包括滩涂、荒漠、戈壁、冰川和石山等。

耕地面积　指经过开垦用以种植农作物并经常进行耕耘的土地面积。包括种有作物的土地面积、休闲地、新开荒地和抛荒未满三年的土地面积。

草地面积　指牧区和农区用于放牧牲畜或割草，植被盖度在5%以上的草原、草坡、草山等面积。包括天然的和人工种植或改良的草地面积。

水资源　水在自然界中以固体、液体和气态三种聚集状态存在，分布于海洋、陆地（包括土壤）以及大气之中，通过水循环形成水资源。水资源包括经人类控制并直接可供灌溉、发电、给水、航运、养殖等用途的地表水和地下水，以及江河、湖泊、井、泉、潮汐、港湾和养殖水域等。水资源是发展国民经济不可缺少的重要自然资源。

地表水和地下水　陆地上的水因空间分布不同，可以分为地表水和地下水。地表水指分别存在于河流、湖泊、沼泽、冰川和冰盖等水体中水分的总称，又称陆地水。地下水指储存在地面以下饱和岩土孔隙、裂隙及溶洞中的水。

矿产资源　矿产指由地质作用形成，富集于地壳中或出露于地表达到工农业利用要求的有用矿物。矿产是一种重要的自然资源，是社会发展的重要物质基础。

气候　指地球与大气之间长期能量交换与质量交换所形成的一种自然环境状态，它是多种因素综合作用的结果。气候既是人类生活和生产的环境要素之一，又是供给人类生活和生产的重要资源。气温、降水、湿度等气象要素的多年平均值是用来描述一个地区气候状况的主要参数，而各种气象要素某年、某月的平均值（或总量）则可以反映出该时期天气气候状况的重要特征。

气温　指空气的温度，我国一般以摄氏度（° C）为单位表示。气象观测的温度表是[CM(7]放在离地面约[CM)]1.5米处通风良好的百叶箱里测量的。因此，通常说的气温指的是离地面1.5米处百叶箱中的温度。其统计计算方法为：

月平均气温是将全月各日的平均气温相加，除以该月的天数而得。

年平均气温是将12个月的月平均气温累加后除以12而得。

相对湿度　指空气中实际所含水蒸汽密度和同温度下饱和水蒸汽密度的百分比值。其统计方法与气温相同。

降水量　指从天空降落到地面的液态或固态（经融化后）水，未经蒸发、渗透、流失而在地面上积聚的深度。其统计计算方法为：

月降水量是将全月各日的降水量累加而得。

年降水量是将12个月的月降水量累加而得。

日照时数　指太阳实际照射地面的时间。其统计方法与降水量相同。

2

综合

GENERAL SURVER

2-1　平均每天主要社会经济活动

指　标	1995	2000	2005	2010	2015	2016
生产总值（万元）	4089	6927	23589	62820	101971	105962
第一产业	339	444	951	1821	2768	2604
第二产业	2437	3716	12328	32388	49333	49922
#工业	2185	3439	10816	28480	43290	43474
第三产业	1313	2767	10310	28611	49870	53436
工农业总产值（万元）	6467	11000	30547	84247	92092	98911
工业总产值	5922	10213	29040	81010	87156	94271
农业总产值	545	787	1507	3237	4936	4640
一般公共预算收入（万元）	248	428	1601	3813	6912	7430
一般公共预算支出（万元）	301	593	2133	5615	10774	11352
主要工农业产品产量						
粮食（吨）	1356	1515	2323	2719	2895	2914
油料（吨）	159	203	84	87	164	292
猪牛羊肉（吨）	87	127	218	411	426	440
牛奶（吨）	55	81	2867	4247	2692	2473
水产品（吨）	7.7	13.3	17.7	19.5	24.3	24.9
原煤（吨）	19807	10286	8933	61233	52620	54094
发电量（万千瓦时）	1584	1359	2760	7180	12646	11952
粗钢（吨）	9295	10950	20293	30484	40539	41468
钢材（吨）	6405	9738	19178	30668	38548	42062
每天其他经济活动						
社会消费品零售额（万元）	1501	3185	8016	20022	34975	38362
固定资产投资额（万元）	1673	1478	8939	32115	70765	80981
进出口总额（万美元）	86	86	256	535	425	472
#出口总额	48	47	143	330	243	337
金融机构存款余额（万元）	2637	6380	18601	46729	74238	88657
#住户存款余额	1956	4183	10671	20568	35835	37570
金融机构贷款余额（万元）	4089	4843	9226	28419	60069	65837
每天人口变动						
出生（人）	78	66	51	56	44	56
死亡（人）	27	26	25	22	19	24
人口自然增长（人）	51	40	26	34	25	32

注：1、从2015年起，工业总产值为规模以上工业总产值（后同）；
2、2015年金融机构存贷款余额分项内容均发生变化，2015年之前为城乡居民年末储蓄余额，2015年及以后为住户存款余额（后同）；
3、出生、死亡、人口自然增长数据来源于卫计委。

2-2　社会经济主要指标人均水平

指　标	1995	2000	2005	2010	2015	2016
全市生产总值（元）	**7692**	**11134**	**35343**	**87068**	**132253**	**136021**
第一产业	637	714	1426	2524	3591	3342
第二产业	4585	5973	18471	44890	63983	64084
#工业	4111	5527	16205	39473	56146	55806
第三产业	2470	4447	15446	39654	64679	68595
工农业总产值（元）	**12215**	**17679**	**45768**	**116765**	**119441**	**126970**
工业总产值	11186	16415	43509	112279	113039	121014
农业总产值	1029	1264	2259	4486	6402	5956
一般公共预算收入（元）	**325**	**688**	**2398**	**5285**	**8965**	**9538**
一般公共预算支出（元）	**394**	**954**	**3196**	**7783**	**13974**	**14573**
农牧业生产						
耕地面积（公顷）	0.15	0.20	0.17	0.16	0.15	0.15
粮食产量（千克）	256	244	348	377	375	374
油料产量（千克）	30.0	32.6	12.6	12.0	21.2	37.5
年末大牲畜（头）	1.09	0.05	0.20	0.15	0.10	0.08
#牛	0.03	0.03	0.19	0.14	0.09	0.07
年末羊（只）	0.88	0.72	0.53	0.69	0.75	0.72
年末生猪（口）	0.14	0.12	0.10	0.10	0.09	0.08
猪牛羊肉产量（千克）	16.46	20.49	32.70	57.02	55.25	56.42
牛奶产量（千克）	10.30	12.99	429.55	588.64	349.15	317.41
水产品产量（千克）	1.45	2.14	2.64	2.70	3.15	3.20

注：2000年及以后各年人均指标按常住人口计算，之前年份按户籍人口计算。

2-2 续 表

指　标	1995	2000	2005	2010	2015	2016
主要工业产品产量						
原煤（吨）	3.74	1.65	1.34	8.49	6.82	6.94
发电量（千瓦小时）	2991	2184	4135	9951	16402	15342
粗钢（吨）	1.76	1.76	3.04	4.23	5.26	5.32
钢材（吨）	1.21	1.57	2.87	4.25	5.00	5.40
社会消费品零售额（元）	**2835**	**5120**	**12010**	**27750**	**45361**	**49244**
固定资产投资额（元）	**3159**	**2376**	**13393**	**44511**	**91780**	**103954**
进出口总额（美元）	**163**	**139**	**383**	**742**	**552**	**605**
#出口总额	90	76	214	457	316	433
千人拥有电话部数（部）	**72**	**234**	**625**	**1097**	**1232**	**1321**
千人拥有卫生技术人员（人）	**7.3**	**6.4**	**5.7**	**6.5**	**7.4**	**8.0**
千人拥有病床数（张）	**4.8**	**4.2**	**4.0**	**4.9**	**5.7**	**6.1**
人民生活						
在岗职工平均工资（元）	4938	7517	19805	41403	59573	63987
城镇居民人均可支配收入（元）	3385	5436	13218	25862	38098	40955
城镇居民人均消费性支出（元）	2615	4257	10056	20994	27269	27270
农村牧区居民人均可支配收入（元）	1470	2548	4667	8766	13667	14692
农村牧区居民人均生活消费支出（元）	1327	1626	2952	6132	10099	10100
住户存款余额（元）	3696	6723	15987	28508	46478	48228
城镇居民住宅建筑面积（平方米）		21.3	27.0	31.7	35.6	36.6
城镇居民住宅使用面积（平方米）		17.0	20.3	23.8	26.7	27.5

2-3　国民经济和社会发

指　标	总量指标					
	1978	1990	2000	2010	2015	2016
人口						
年末总人口（万人）	160.68	185.57	229.43	265.61	282.93	285.75
城镇人口	108.02	135.03	157.65	211.13	233.85	237.09
乡村人口	52.66	50.54	71.78	54.48	49.08	48.66
就业						
年末从业人员数（万人）	69.78	102.39	110.50	141.68	157.96	159.53
#城镇在岗职工人数	42.64	62.99	40.39	31.85	37.75	36.53
国民经济核算						
生产总值（亿元）	9.52	45.05	252.85	2292.93	3721.93	3867.63
第一产业	1.02	4.93	16.22	66.46	101.05	95.04
第二产业	6.38	26.44	135.65	1182.18	1800.64	1822.15
第三产业	2.12	13.68	100.98	1044.29	1820.24	1950.44
人均生产总值（元）	594	2447	11134	87068	132253	136021
固定资产投资						
固定资产投资额（亿元）	1.93	9.43	53.95	1172.20	2582.91	2955.82
竣工住宅面积（万平方米）	10.66	57.17	158.76	424.45	258.42	228.91
财政收支						
一般公共预算收入（亿元）	1.61	7.59	15.62	139.18	252.30	271.21
一般公共预算支出（亿元）	1.03	6.22	21.65	204.96	393.27	414.36
农林牧渔业						
耕地面积（万公顷）	37.74	29.24	44.74	42.69	42.51	42.44
总产值（亿元）	1.23	6.86	28.71	118.14	180.16	169.36
主要农畜产品产量						
粮食（万吨）	17.20	35.60	55.30	99.25	105.65	106.37
油料（万吨）	0.60	4.90	7.41	3.16	5.98	10.67
猪牛羊肉产量（万吨）		1.71	4.65	15.02	15.55	16.04
牛奶（万吨）	0.50	1.59	2.95	155.02	98.26	90.25

注：2000年以后年末总人口为常住人口（均按第六次人口普查数据进行调整）。

展总量与速度指标

速度指标（%）									
指数（2016年比以下各年）						平均增长速度			
1978	1990	2000	2005	2010	2015	1979-2016	1991-2000	2001-2010	2011-2016
177.8	154.0	124.5	116.7	107.6	101.0	1.5	2.1	1.5	1.2
219.5	175.6	150.4	134.5	112.3	101.4	2.1	1.6	3.0	2.0
92.4	96.3	67.8	71.0	89.3	99.1	-0.2	3.6	-2.7	-1.9
228.6	155.8	144.4	134.8	112.6	101.0	2.2	0.8	2.5	2.0
85.7	58.0	90.4	107.7	114.7	96.8	-0.4	-4.3	-2.3	2.3
11424.6	4238.7	1199.1	415.1	179.1	107.6	13.3	13.5	20.9	10.2
1099.9	468.8	257.9	172.3	130.7	103.6	6.5	6.2	7.0	4.6
12592.9	5245.0	1432.4	475.6	190.0	108.1	13.6	13.9	22.4	11.3
15984.6	4298.5	1103.8	373.9	171.0	107.5	14.3	14.6	20.5	9.3
6511.9	2784.6	958.5	355.9	166.1	106.5	11.6	11.3	19.2	8.8
153532.9	31337.5	5478.9	905.9	252.2	114.4	21.3	19.1	36.1	16.7
2147.4	400.4	144.2	90.8	53.9	88.6	8.4	10.8	10.3	-9.8
16854.9	3572.0	1736.6	464.2	194.9	107.5	14.4	7.5	24.5	11.8
40104.2	6666.9	1913.5	532.2	202.2	105.4	17.1	13.3	25.2	12.4
112.4	145.1	94.9	100.1	99.4	99.8	0.3	4.3	-0.5	-0.1
1818.4	819.7	444.7	230.1	128.6	103.4	7.9	6.3	13.2	4.3
618.4	298.8	192.4	125.5	107.2	100.7	4.9	4.5	6.0	1.2
1778.3	217.8	144.0	348.7	337.7	178.4	7.9	4.2	-8.2	22.5
	938.9	344.8	201.4	106.8	103.2		10.5	12.4	1.1
17978.4	5688.4	3059.3	86.2	58.2	91.8	14.6	6.4	48.6	-8.6

指标	总量指标					
	1978	1990	2000	2010	2015	2016
年末牲畜总头数（万头、只）	148.80	196.60	202.19	250.28	265.67	251.50
大牲畜（万头）	20.10	12.50	11.62	40.17	28.33	22.33
#牛	8.40	4.10	5.98	37.97	25.56	19.91
#奶牛			0.91	34.75	18.08	14.60
羊（万只）	109.90	171.10	162.62	183.00	212.22	205.39
生猪（万口）	18.80	13.00	27.95	27.11	25.12	23.78
工业						
工业增加值（亿元）	5.93	24.39	125.52	1039.53	1580.09	1586.79
主要产品产量						
原煤（万吨）	303.71	476.77	375.45	2235.00	1920.63	1974.43
发电量（亿千瓦小时）	20.45	44.19	49.60	262.06	461.59	436.23
粗钢（万吨）	89.23	261.90	399.67	1112.67	1479.68	1513.59
成品钢材（万吨）	55.53	146.64	355.42	1119.40	1406.99	1535.26
水泥（万吨）	2.49	14.98	46.93	476.18	544.20	347.42
电解铝（万吨）	1.93	5.91	11.84	87.13	131.94	126.11
焦炭（万吨）	125.66	180.09	195.28	569.96	576.43	539.54
运输、邮电						
公路客运量（万人）	123	306	950	1406	581	657
公路货运量（万吨）	634	2271	6800	16928	27255	29803
公路旅客周转量（亿人公里）	0.59	2.20	7.10	16.93	13.90	12.09
公路货物周转量（亿吨公里）	0.92	7.01	25.10	454.37	517.13	559.74
邮电业务总量（万元）	307	2413	98425	734389	385415	521208
全市固定电话用户（万户）	1.52	4.20	35.43	38.86	36.63	29.40
国内贸易						
社会消费品零售总额（亿元）	3.78	17.85	116.26	730.81	1276.57	1400.22

注：从2009年开始，交通部门公路运输数据统计口径调整，从2011年开始邮电业务总量计算方法调整。

表 1

速度指标（%）									
指数（2016年比以下各年）						平均增长速度			
1978	1990	2000	2005	2010	2015	1979-2016	1991-2000	2001-2010	2011-2016
169.0	127.9	124.4	124.1	100.5	94.7	1.4	0.3	2.2	0.1
111.1	178.6	192.2	44.8	55.6	78.8	0.3	-0.7	13.2	-9.3
237.0	485.6	332.9	42.4	52.4	77.9	2.3	3.8	20.3	-10.2
		1604.4	35.6	42.0	80.8			43.9	-13.5
186.9	120.0	126.3	159.8	112.2	96.8	1.7	-0.5	1.2	1.9
126.5	182.9	85.1	97.7	87.7	94.7	0.6	8.0	-0.3	-2.2
12645.4	5392.0	1449.2	503.4	194.8	108.3	13.6	14.0	22.2	11.8
650.1	414.1	525.9	605.5	88.3	102.8	5.0	-2.4	19.5	-2.0
2133.2	987.2	879.5	433.0	166.5	94.5	8.4	1.2	18.1	8.9
1696.3	577.9	378.7	204.3	136.0	102.3	7.7	4.3	10.8	5.3
2764.7	1047.0	432.0	219.3	137.2	109.1	9.1	9.3	12.2	5.4
13952.6	2319.2	740.3	220.7	73.0	63.8	13.9	12.1	26.1	-5.1
6534.2	2133.8	1065.1	309.9	144.7	95.6	11.6	7.2	22.1	6.4
429.4	299.6	276.3	170.7	94.7	93.6	3.9	0.8	11.3	-0.9
534.1	214.7	69.2	5.5	46.7	113.1	4.5	12.0	4.0	-11.9
4700.8	1312.3	438.3	197.1	176.1	109.3	10.7	11.6	9.5	9.9
2036.8	548.6	170.2	24.8	71.4	87.0	8.3	12.4	9.1	-5.5
60742.3	7990.5	2229.9	402.7	123.2	108.2	18.4	13.6	33.6	3.5
169774.6	21600.0	529.5	183.5	71.0	135.2	21.6	44.9	22.3	-5.6
1937.3	700.0	83.0	58.9	75.6	80.2	8.1	23.8	0.9	-4.5
37002.7	7844.9	1204.4	478.6	191.6	109.7	16.8	20.6	20.2	11.4

2-3 续

指 标	总量指标					
	1978	1990	2000	2010	2015	2016
对外经济贸易						
进出口总额（万美元）		982	31527	195303	155300	172100
#出口总额		792	17189	120403	88800	123100
金融						
金融机构各项存款余额（亿元）	3.10	29.01	232.88	1705.62	2709.70	3236.00
#城乡居民储蓄存款余额	0.61	18.50	152.68	750.75	1307.99	1371.31
金融机构各项贷款余额（亿元）	6.72	33.77	176.78	1037.29	2192.52	2403.05
教育						
专任教师数（人）						
普通高校	342	1022	1331	2655	4373	4484
普通中专	583	883	727	1209	1104	1151
普通中学	7020	8270	8219	9038	9845	10110
小学	7615	9306	9754	8810	8736	8888
在校学生数（万人）						
普通高校	0.19	0.47	1.22	5.64	7.23	8.02
普通中专	0.36	0.63	1.47	2.60	2.39	2.35
普通中学	17.58	10.48	13.23	13.49	11.79	10.85
小学	23.58	15.67	16.47	14.29	13.34	13.86
卫生						
卫生医疗机构数（个）	382	498	854	2017	1723	1742
医疗机构床位数（张）	6571	8319	9462	12791	16008	17334
卫生技术人员数（人）	8830	13505	14639	17023	20941	22668
人民生活						
城镇居民人均可支配收入（元）		1305	5436	25862	38098	40955
农村牧区居民人均可支配收入（元）		640	2548	8766	13667	14692
物价指数（上年=100）						
居民消费价格总指数（%）	100.2	102.8	102.6	102.8	100.9	100.7

注：2014年起城乡居民收入数据为城乡一体化住户调查数据，之前年度为旧口径数据，农村牧区居民人均可支配收入为农牧民人均纯收入。

表 2

速度指标（%）									
指数（2016年比以下各年）						平均增长速度			
1978	1990	2000	2005	2010	2015	1979-2016	1991-2000	2001-2010	2011-2016
	17525.5	545.9	184.4	88.1	110.8		41.5	20.0	-2.1
	15542.9	716.2	235.6	102.2	138.6		36.0	21.5	0.4
104538.8	11155.5	1389.6	476.6	189.7	119.4	20.1	23.2	22.0	11.3
224620.5	7414.4	898.1	352.1	182.7	104.8	22.5	23.5	17.3	10.6
35746.4	7116.0	1359.3	713.6	231.7	109.6	16.7	18.0	19.4	15.0
1311.1	438.7	336.9	257.6	168.9	102.5	7.0	2.7	7.1	9.1
197.4	130.4	158.3	169.5	95.2	104.3	1.8	-1.9	5.2	-0.8
144.0	122.2	123.0	102.6	111.9	102.7	1.0	-0.1	1.0	1.9
116.7	95.5	91.1	100.0	100.9	101.7	0.4	0.5	-1.0	0.1
4245.8	1724.6	660.0	252.2	142.4	111.0	10.4	10.1	16.6	6.1
649.4	373.4	159.2	123.2	90.1	98.0	5.0	8.9	5.9	-1.7
61.7	103.5	82.0	61.4	80.4	92.0	-1.3	2.4	0.2	-3.6
58.8	88.4	84.1	98.6	97.0	103.9	-1.4	0.5	-1.4	-0.5
456.0	349.8	204.0	155.1	86.4	101.1	4.1	5.5	9.0	-2.4
263.8	208.4	183.2	178.1	135.5	108.3	2.6	1.3	3.1	5.2
256.7	167.8	154.8	162.9	133.2	108.2	2.5	0.8	1.5	4.9
	3510.9	842.9	346.6	177.2	107.5		15.3	16.9	10.0
	2546.1	639.1	349.0	185.8	107.5		14.8	13.2	10.9
608.0	315.5	138.1	130.6	115.3	100.7	4.9	8.6	1.8	2.4

2-4 国民经济主要比例关系

单位：%

指　标	1995	2000	2005	2010	2015	2016
从业人员中三次产业的比例						
第一产业	28.9	23.2	24.9	14.1	13.5	13.4
第二产业	45.2	31.3	29.1	29.9	26.3	26.3
第三产业	25.9	45.5	46.0	56.0	60.2	60.3
生产总值中三次产业的比例						
第一产业	8.3	6.4	4.0	2.9	2.7	2.5
第二产业	59.6	53.6	52.3	51.6	48.4	47.1
第三产业	32.1	40.0	43.7	45.5	48.9	50.4
生产总值中公有与非公有经济比例						
公　有	80.2	61.8	54.0	49.5	31.5	30.0
非公有	19.8	38.2	46.0	50.5	68.5	70.0
工业总产值中轻重工业比例						
轻工业	15.0	23.4	18.0	18.2	6.4	6.5
重工业	85.0	76.6	82.0	81.8	93.6	93.5
农业总产值中农林牧渔业的比例						
农　业	66.5	64.6	41.4	35.6	34.3	36.4
林　业	1.7	2.4	0.9	0.9	0.5	0.6
牧　业	30.4	31.8	54.0	60.1	63.3	60.9
渔　业	1.4	1.2	1.0	0.8	0.7	0.7
农林牧渔服务业			2.7	2.6	1.2	1.4
固定资产投资中三次产业比例						
第一产业	0.1	2.5	1.3	2.4	2.4	2.8
第二产业	83.0	52.9	60.1	51.0	47.7	43.7
第三产业	16.9	44.6	38.6	46.6	49.9	53.5
一般公共预算收入占生产总值比例		6.2	6.8	6.1	6.8	7.0
固定资产投资占生产总值比例	40.9	21.3	37.9	51.1	69.4	76.4
进出口总额占生产总值比例	11.9	10.2	8.7	5.8	2.7	3.0

注：1、2010年以后生产总值按第三次经济普查进行调整；
2、2012年起生产总值中非公有制经济比例由自治区统计局测算并反馈，测算口径和方法与以往年度不同；
3、从2014年起，固定资产投资为500万元以上项目投资；
4、从2015年起，工业总产值轻重比例为规模以上工业总产值轻重比例。

2-5 国民经济和社会发展主要指标占自治区比重（2016年）

指 标	自治区	包头市	包头市占自治区比重（%）
年末总人口（万人）	**2520.13**	**285.75**	**11.3**
年末在岗职工人数（万人）	**284.42**	**36.53**	**12.8**
生产总值（亿元）	**18632.57**	**3867.63**	**20.8**
第一产业	1628.65	95.04	5.8
第二产业	9078.87	1822.15	20.1
#工业	7758.24	1586.79	20.5
第三产业	7925.05	1950.44	24.6
一般公共预算收入（亿元）	**2016.43**	**271.21**	**13.5**
一般公共预算支出（亿元）	**4512.71**	**414.36**	**9.2**
主要工业产品产量			
原煤（万吨）	84558.88	1974.43	2.3
发电量（亿千瓦时）	3949.81	436.23	11.0
粗钢（万吨）	1813.24	1513.59	83.5
主要农畜产品产量和年末牲畜存栏数			
粮食（万吨）	2780.25	106.37	3.8
油料（万吨）	220.02	10.67	4.8
猪牛羊肉（万吨）	226.65	16.04	7.1
牛奶（万吨）	734.12	90.25	12.3
大牲畜存栏（万头）	854.90	22.33	2.6
羊存栏（万只）	5506.20	205.39	3.7
猪存栏（万只）	640.00	23.78	3.7
固定资产投资额（亿元）	**15469.50**	**2955.82**	**19.1**

2-5 续 表

指 标	自治区	包头市	包头市占自治区比重（%）
公路货物周转量(亿吨公里)	2423.64	559.74	23.1
公路旅客周转量（亿人公里）	152.75	12.09	7.9
金融机构各项存款余额（亿元）	21165.62	3236.00	15.3
金融机构各项贷款余额（亿元）	19361.01	2403.05	12.4
邮电业务总量（亿元）	276.89	52.12	18.8
社会消费品零售额（亿元）	6700.76	1400.22	20.9
进出口总额（亿美元）	117.01	17.21	14.7
#出口总额	44.71	12.31	27.5
教育			
普通高校在校学生数（万人）	43.67	8.02	18.4
普通中专在校学生数（万人）	11.59	2.35	20.2
普通中学在校学生数（万人）	106.14	10.85	10.2
小学在校学生数（万人）	133.81	13.86	10.4
卫生			
医疗卫生机构床位数（万张）	13.92	1.73	12.5
卫生技术人员（万人）	17.05	2.27	13.3
人民生活			
城镇居民人均可支配收入（元）	32975	40955	
农村牧区居民人均可支配收入（元）	11609	14692	
在岗职工工资总额（亿元）	1795.71	237.32	13.2
在岗职工平均工资（元）	61994	63987	
住户存款（亿元）	9960.13	1371.31	13.8

主要统计指标解释

可比价格　指计算各种总量指标所采用的扣除了价格变动因素的价格，可进行不同时期总量指标的对比。按可比价格计算总量指标有两种方法：一种是直接用产品产量乘某一年的不变价格计算；另一种是用价格指数进行缩减。

不变价格　指以同类产品某年的平均价格作为固定价格，用于计算各年的产品价值。按不变价格计算的产品价值消除了价格变动因素，不同时期对比可以反映生产的发展速度。新中国成立后，随着工农业产品价格水平的变化，国家统计局先后五次制定了全国统一的工业产品不变价格和农业产品不变价格。从1952年到1957年使用1952年工(农)业产品不变价格，从1957年到1970年使用1957年不变价格，从1971年到1980年使用1970年不变价格，从1981年到1990年使用1980年不变价格，从1991年开始使用1990年不变价格。从2001年开始，每五年开始更换一次不变价格，如从2001年到2005年使用2000年不变价格，2006年到2010年使用2005年不变价格，2011年到2015年使用2010年不变价格，依此类推。

平均增长速度　我国计算平均增长速度有两种方法：一种是习惯上经常使用的“水平法”，又称几何平均法，是以间隔期最后一年的水平同基期水平对比来计算平均每年增长(或下降)速度；另一种是“累计法”，又称代数平均法或方程法，是以间隔期内各年水平的总和同基期水平对比来计算平均每年增长(或下降)速度。在一般正常情况下，两种方法计算的平均每年增长速度比较接近，但在经济发展不平衡、出现大起大落时，两种方法计算的结果差别较大。

本《年鉴》内所列的平均增长速度，除固定资产投资用“累计法”计算外，其余均用“水平法”计算。从某年到某年平均增长速度的年份，均不包括基期年在内。如建国四十三年的平均增长速度是以1949年为基期计算的，则写为1950–1992年平均增长速度，其余类推。

3

国民经济核算

NATIONAL ACCOUNTS

3-1　生产总值

本表按当年价格计算　　　　单位：万元

年 份	生产总值	第一产业	第二产业			第三产业	人均生产总值（元）
				工 业	建筑业		
1952	7544	5387	1003			1154	190
1953	7463	4434	1719			1310	181
1954	12595	6724	3862			2009	286
1955	13765	6081	5352			2332	273
1956	24471	7719	12956			3796	387
1957	22965	5594	14290			3081	321
1958	31957	6363	23042			2552	413
1959	59498	9003	45571			4924	619
1960	72473	8419	53493			10561	572
1961	37253	6412	21346			9495	278
1962	31295	6445	16854			7996	255
1963	37564	7394	21269			8901	350
1964	47236	8352	28577			10307	438
1965	61234	7603	41314			12317	551
1966	69173	7602	46567			15004	604
1967	49564	8407	30119			11038	419
1968	52089	6945	33842			11302	427
1969	58005	8212	37113			12680	472
1970	83705	9860	59320			14525	659
1971	88231	8690	60587			18954	675
1972	80437	8643	55367			16427	588
1973	76303	9567	53996			12740	542
1974	67861	9738	48248			9875	472
1975	81031	9434	57690			13907	555
1976	74329	8667	53076			12586	504
1977	84235	9819	59628			14788	565
1978	95167	10228	63827	59328	4499	21112	594
1979	107645	11622	70099	65046	5053	25924	668
1980	110281	10944	75328	70812	4516	24009	681
1981	121695	12751	81151	74740	6411	27793	749
1982	144014	14894	97502	90085	7417	31618	877
1983	167979	16339	113317	103241	10076	38323	1013
1984	190838	19316	123489	114998	8491	48033	1140
1985	217685	21009	135694	123095	12599	60982	1277

3-1 续 表

本表按当年价格计算　　单位：万元

年 份	生产总值	第一产业	第二产业	工 业	建筑业	第三产业	人均生产总值(元)
1986	235671	18446	146663	126349	20314	70562	1356
1987	250864	18420	156417	141398	15019	76027	1425
1988	316467	36210	182968	164276	18692	97289	1773
1989	378511	33364	235704	215918	19786	109443	2088
1990	450519	49334	264355	243945	20410	136830	2447
1991	529533	47042	322266	296821	25445	160225	2848
1992	661022	61859	398968	359859	39109	200195	3535
1993	1007052	72597	650388	574983	75405	284067	5337
1994	1247996	95069	777230	684872	92358	375697	6530
1995	1492352	123602	889463	797530	91933	479287	7732
1996	1806477	148958	1081969	980052	101917	575550	9264
1997	2053697	157077	1204496	1097144	107352	692124	10371
1998	2195773	156547	1238550	1134197	104353	800676	10956
1999	2331931	161056	1280134	1184726	95408	890741	11512
2000	2528494	162234	1356492	1255244	101248	1009768	11134
2001	2812282	158179	1466698	1352416	114282	1187405	12140
2002	3382694	186785	1741676	1574196	167480	1454233	14370
2003	4527656	221025	2370168	2079956	290212	1936463	19006
2004	6105056	293400	3264579	2864748	399831	2547077	25339
2005	8610100	347300	4499800	3947700	552100	3763000	35343
2006	10348800	374000	5475300	4853500	621800	4499500	41962
2007	13272400	451500	6774700	6074600	700100	6046200	52991
2008	18599900	520800	10158600	9158400	1000200	7920500	73057
2009	20804700	553400	11090400	9891700	1198700	9160900	80371
2010	22929300	664600	11821800	10395300	1426500	10442900	87068
2011	28207500	801700	14633600	12855900	1777700	12772200	105468
2012	31687700	897500	16371300	14433500	1937800	14418900	116832
2013	34047600	986500	17300200	15272100	2032700	15760900	123859
2014	36012300	1006500	17922900	15798400	2129500	17082900	129415
2015	37219300	1010500	18006400	15800900	2211000	18202400	132253
2016	38676300	950400	18221500	15867900	2359500	19504400	136021

注：1、根据经济普查结果，对1993-2013年GDP相关数据进行调整（后同）；
2、2013年起，三次产业分类执行国家统计局2012年制定的《三次产业划分规定》。第一产业是指农、林、牧、渔业；第二产业是指采矿业（不含开采辅助活动），制造业（不含金属制品、机械和设备修理业），电力、热力、燃气及水生产供应业，建筑业；第三产业即服务业，是指除第一、第二产业以外的其他行业（后同）。

3-2 生产总值构成

本表按当年价格计算　　　　单位：%

年 份	生产总值	第一产业	第二产业			第三产业
				工 业	建筑业	
1952	100	71.4	13.3			15.3
1953	100	59.4	23.0			17.6
1954	100	53.3	30.7			16.0
1955	100	44.2	38.9			16.9
1956	100	31.5	53.0			15.5
1957	100	24.4	62.2			13.4
1958	100	19.9	72.1			8.0
1959	100	15.1	76.6			8.3
1960	100	11.6	73.8			14.6
1961	100	17.2	57.3			25.5
1962	100	20.6	53.9			25.5
1963	100	19.7	56.6			23.7
1964	100	17.7	60.5			21.8
1965	100	12.4	67.5			20.1
1966	100	11.0	67.3			21.7
1967	100	17.0	60.7			22.3
1968	100	13.3	65.0			21.7
1969	100	14.1	64.0			21.9
1970	100	11.8	70.9			17.3
1971	100	9.8	68.7			21.5
1972	100	10.8	68.8			20.4
1973	100	12.5	70.8			16.7
1974	100	14.3	71.1			14.6
1975	100	11.6	71.2			17.2
1976	100	11.7	71.4			16.9
1977	100	11.7	70.8			17.5
1978	100	10.7	67.1	62.4	4.7	22.2
1979	100	10.8	65.1	60.4	4.7	24.1
1980	100	9.9	68.3	64.2	4.1	21.8
1981	100	10.5	66.7	61.4	5.3	22.8
1982	100	10.3	67.8	62.6	5.2	21.9
1983	100	9.7	67.5	61.5	6.0	22.8
1984	100	10.1	64.7	60.3	4.4	25.2
1985	100	9.7	62.3	56.5	5.8	28.0

3-2 续 表

本表按当年价格计算　　单位：%

年 份	生产总值	第一产业	第二产业			第三产业
				工 业	建筑业	
1986	100	7.8	62.2	53.6	8.6	30.0
1987	100	7.3	62.4	56.4	6.0	30.3
1988	100	11.5	57.8	51.9	5.9	30.7
1989	100	8.8	62.2	57.0	5.2	29.0
1990	100	10.9	58.7	54.2	4.5	30.4
1991	100	8.9	60.9	56.1	4.8	30.2
1992	100	9.4	60.3	54.4	5.9	30.3
1993	100	7.2	64.6	57.1	7.5	28.2
1994	100	7.6	62.3	54.9	7.4	30.1
1995	100	8.3	59.6	53.4	6.2	32.1
1996	100	8.2	59.9	54.3	5.6	31.9
1997	100	7.6	58.7	53.5	5.2	33.7
1998	100	7.1	56.4	51.6	4.8	36.5
1999	100	6.9	54.9	50.8	4.1	38.2
2000	100	6.4	53.6	49.6	4.0	40.0
2001	100	5.6	52.2	48.1	4.1	42.2
2002	100	5.5	51.5	46.5	5.0	43.0
2003	100	4.9	52.3	45.9	6.4	42.8
2004	100	4.8	53.5	47.0	6.5	41.7
2005	100	4.0	52.3	45.9	6.4	43.7
2006	100	3.6	52.9	46.9	6.0	43.5
2007	100	3.4	51.0	45.8	5.2	45.6
2008	100	2.8	54.6	49.2	5.4	42.6
2009	100	2.7	53.3	47.5	5.8	44.0
2010	100	2.9	51.6	45.3	6.3	45.5
2011	100	2.8	51.9	45.6	6.3	45.3
2012	100	2.8	51.7	45.5	6.2	45.5
2013	100	2.9	50.8	44.8	6.0	46.3
2014	100	2.8	49.8	43.9	5.9	47.4
2015	100	2.7	48.4	42.5	5.9	48.9
2016	100	2.5	47.1	41.0	6.1	50.4

3-3 生产总值指数

本表按可比价格计算　　　　上年=100

年份	生产总值	第一产业	第二产业	工业	建筑业	第三产业	人均生产总值
1952							
1953	97.2	91.8	184.0			107.9	93.4
1954	162.2	145.2	231.3			148.2	151.3
1955	112.6	98.9	152.4			113.9	98.2
1956	178.7	128.7	245.2			165.4	142.9
1957	87.8	68.2	103.4			78.2	77.6
1958	147.4	107.8	181.2			84.3	136.4
1959	166.8	142.5	169.5			192.0	134.1
1960	130.0	99.1	126.5			196.7	98.6
1961	52.3	77.5	40.9			84.6	43.5
1962	82.8	99.5	77.0			84.3	90.4
1963	118.7	111.8	126.0			109.8	135.4
1964	121.2	113.1	124.6			119.8	120.6
1965	124.4	84.9	138.1			121.8	120.6
1966	125.5	99.6	131.6			122.6	121.6
1967	69.3	118.0	60.9			72.8	67.2
1968	102.9	84.1	108.5			102.3	99.7
1969	106.1	109.5	102.9			112.2	105.3
1970	154.8	115.7	181.3			115.3	149.9
1971	111.8	103.5	111.8			116.3	108.5
1972	90.8	99.2	90.8			86.8	86.9
1973	95.1	110.2	95.1			86.9	92.4
1974	89.5	104.6	88.5			77.3	86.8
1975	119.8	97.5	119.8			140.9	117.8
1976	90.1	92.9	91.4			90.5	90.5
1977	113.7	107.5	113.7			117.9	112.7
1978	117.8	93.3	124.6			107.5	116.7
1979	110.7	121.1	106.8	106.6	109.2	118.3	110.1
1980	93.3	85.5	95.1	96.4	79.1	91.9	92.8
1981	102.7	113.0	96.7	94.7	127.4	115.0	102.3
1982	118.2	113.7	120.6	121.0	116.1	114.9	117.0
1983	113.1	106.8	113.3	111.7	132.4	115.2	111.8
1984	107.5	115.1	103.0	105.3	79.7	115.0	106.5
1985	111.1	114.8	107.8	105.0	145.6	117.2	109.1

3-3 续 表

本表按可比价格计算　　　　上年=100

年 份	生产总值	第一产业	第二产业	工 业	建筑业	第三产业	人均生产总值
1986	106.7	81.4	109.5	104.0	163.4	111.7	104.6
1987	103.1	84.4	105.8	111.1	73.4	103.6	101.8
1988	112.9	150.2	107.4	106.7	114.3	112.7	111.3
1989	113.1	95.9	120.8	123.3	99.3	105.3	111.3
1990	113.3	126.3	107.2	107.2	108.0	121.4	111.6
1991	107.1	92.7	108.4	108.0	112.8	109.8	106.0
1992	117.0	134.2	115.2	112.2	150.1	115.2	116.4
1993	121.1	105.0	123.0	119.3	155.1	123.0	120.0
1994	115.2	103.7	118.6	119.0	115.9	112.1	113.7
1995	112.0	105.1	113.3	115.8	96.3	111.3	110.9
1996	114.5	111.0	116.5	117.9	105.3	111.2	113.3
1997	115.0	103.9	115.7	116.6	107.6	116.3	113.2
1998	112.4	101.3	111.3	113.0	95.2	117.4	111.1
1999	109.7	105.3	107.9	109.4	91.0	114.3	108.5
2000	111.2	103.8	109.6	109.9	105.1	115.6	110.3
2001	112.3	95.7	110.3	110.1	111.8	117.8	110.1
2002	120.2	115.0	120.2	118.2	144.4	120.9	118.3
2003	129.9	112.8	133.2	129.8	167.6	127.7	128.3
2004	128.1	117.5	130.0	130.1	128.9	126.9	126.7
2005	128.6	102.6	131.2	131.0	132.1	127.9	127.2
2006	118.4	104.2	119.4	120.8	109.6	118.4	116.9
2007	119.9	103.5	120.2	121.2	112.6	120.9	118.1
2008	119.7	107.5	122.4	123.5	113.2	117.3	117.8
2009	117.6	105.9	119.6	119.3	122.2	115.8	115.6
2010	116.0	107.4	119.1	119.8	112.5	112.5	114.0
2011	115.4	106.0	117.2	117.5	115.3	114.0	113.7
2012	112.5	106.1	114.0	114.8	107.9	111.1	110.9
2013	109.3	105.2	110.6	111.4	104.6	107.9	107.8
2014	108.5	103.0	109.9	110.4	105.8	107.2	107.2
2015	108.1	103.5	108.3	108.4	106.8	108.2	107.0
2016	107.6	103.6	108.1	108.3	107.1	107.5	106.5

主要统计指标解释

国内生产总值 指按市场价格计算的一个国家（或地区）所有常住单位在一定时期内生产活动的最终成果。国内生产总值有三种表现形式，即价值形态、收入形态和产品形态。从价值形态看，它是所有常住单位在一定时期内生产的全部货物和服务价值与同期投入的全部非固定资产货物和服务价值的差额，即所有常住单位的增加值之和；从收入形态看，它是所有常住单位在一定时期内创造并分配给常住单位和非常住单位的初次收入之和；从产品形态看，它是所有常住单位在一定时期内最终使用的货物和服务价值与货物和服务净出口价值之和。在实际核算中，国内生产总值有三种核算方法，即生产法、收入法和支出法。

对于一个地区来说，称为地区生产总值或地区GDP。

三次产业 三次产业的划分是世界上较为常用的产业结构分类，但各国的划分不尽一致。按照《国家统计局关于印发三次产业划分规定的通知》（国统字[2012]108号），三次产业的范围如下：

第一产业是指农、林、牧、渔业（不含农、林、牧、渔服务业）。

第二产业是指采矿业（不含开采辅助活动），制造业（不含金属制品、机械和设备修理业），电力、热力、燃气及水生产和供应业，建筑业。

第三产业即服务业，是指除第一产业、第二产业以外的其他行业。第三产业包括：批发和零售业，交通运输、仓储和邮政业，住宿和餐饮业，信息传输、软件和信息技术服务业，金融业，房地产业，租赁和商务服务业，科学研究和技术服务业，水利、环境和公共设施管理业，居民服务、修理和其他服务业，教育，卫生和社会工作，文化、体育和娱乐业，公共管理、社会保障和社会组织，国际组织，以及农、林、牧、渔业中的农、林、牧、渔服务业，采矿业中的开采辅助活动，制造业中的金属制品、机械和设备修理业。

4

人口

POPULATION

4-1 年末户籍总人口及其构成

单位：万人

年 份	年 末 总人口	年平均 人 口	按性别分		按农业、非农业分		按城乡分	
			男	女	农业人口	非农业人口	市镇人口	乡村人口
1949	35.79	35.47	20.44	15.35	24.37	11.42	16.79	19.00
1952	43.00	42.47	24.60	18.40	31.02	11.98	18.53	24.47
1957	80.16	75.49	46.43	33.73	36.63	43.53	51.62	28.55
1962	113.08	129.46	63.49	49.59	47.83	65.25	76.35	36.73
1966	123.02	121.58	68.12	54.90	53.26	69.76	84.29	38.73
1967	127.53	125.27	70.28	57.25	53.25	74.28	88.50	39.03
1968	131.09	129.31	72.10	58.99	54.91	76.18	90.83	40.26
1969	133.89	132.49	73.96	59.93	56.76	77.13	92.25	41.64
1970	136.20	134.70	75.75	60.45	58.57	77.63	93.15	43.05
1971	141.76	138.73	77.65	64.11	60.24	81.52	97.62	44.14
1972	147.86	145.00	80.03	67.83	61.97	85.89	102.52	45.34
1973	150.85	149.33	81.70	69.15	64.01	86.84	104.12	46.73
1974	154.42	152.63	83.14	71.28	66.68	87.74	106.47	47.95
1975	156.20	155.32	83.75	72.45	68.00	88.20	106.05	50.15
1976	157.86	157.03	84.65	73.21	69.60	88.26	106.93	50.93
1977	159.90	158.88	85.42	74.48	71.18	88.72	107.90	52.00
1978	160.68	160.31	85.68	75.00	71.96	88.72	108.02	52.66
1979	161.64	161.13	85.72	75.92	70.82	90.82	109.69	51.95
1980	162.10	161.86	86.07	76.03	71.02	91.08	110.07	52.03
1981	162.91	162.51	85.96	76.95	70.60	92.31	110.61	52.30
1982	165.33	164.13	87.16	78.17	72.20	93.13	112.23	53.10
1983	166.47	165.88	87.82	78.65	72.61	93.86	113.34	53.13
1984	168.40	167.44	88.73	79.67	73.81	94.59	114.39	54.01
1985	172.43	170.63	90.61	81.82	73.61	98.82	118.37	54.06
1986	175.05	173.73	92.00	83.05	75.22	99.83	124.19	50.86
1987	176.99	176.04	92.61	84.38	74.53	102.46	125.94	51.05
1988	180.03	178.49	94.18	85.85	75.00	105.03	129.22	50.81

4-1 续 表

单位：万人

年 份	年 末总人口	年平均人 口	按性别分		按农业、非农业分		按城乡分	
			男	女	农业人口	非农业人口	市镇人口	乡村人口
1989	182.61	181.36	95.58	87.03	76.06	106.55	131.45	51.16
1990	185.57	184.12	96.93	88.64	77.11	108.46	135.03	50.54
1991	186.27	185.92	97.28	88.99	76.74	109.53	135.42	50.85
1992	187.75	187.01	98.00	89.75	77.50	110.25	136.59	51.16
1993	189.75	188.75	98.94	90.81	77.42	112.33	138.92	50.83
1994	192.49	191.12	100.28	92.21	77.88	114.61	141.60	50.89
1995	194.01	193.23	100.99	93.02	78.17	115.84	143.19	50.82
1996	196.23	195.12	101.97	94.26	78.53	117.70	145.63	50.60
1997	198.92	197.57	103.20	95.72	79.39	119.53	148.07	50.85
1998	201.12	200.02	104.31	96.81	79.95	121.17	150.93	50.19
1999	203.01	202.06	105.13	97.88	79.84	123.17	152.98	50.03
2000	204.31	203.66	105.52	98.79	78.89	125.42	154.81	49.50
2001	206.16	205.24	106.33	99.83	78.85	127.31	160.85	45.31
2002	208.02	207.09	107.17	100.85	78.48	129.54	162.78	45.24
2003	209.33	208.68	107.67	101.66	78.03	131.30		
2004	210.24	209.79	107.81	102.43	77.73	132.51		
2005	209.32	209.78	107.23	102.09	76.35	132.97		
2006	212.41	210.87	108.66	103.75	78.62	133.79		
2007	214.60	213.51	109.55	105.05	80.12	134.48		
2008	217.76	216.18	111.13	106.63	82.18	135.58		
2009	219.59	218.68	111.69	107.90	83.28	136.31		
2010	219.80	219.70	111.55	108.25	83.32	136.48		
2011	221.75	220.78	112.46	109.29	84.26	137.49		
2012	223.45	222.60	113.04	110.41	85.14	138.31		
2013	225.02	224.24	113.68	111.34	85.79	139.23		
2014	223.71	224.36	112.84	110.87	85.01	138.70		
2015	223.86	223.79	112.75	111.11	67.08	156.78		
2016	223.70	223.78	112.56	111.14	74.32	149.38		

注：2015年公安部门户籍人口取消了非农业和农业人口分组，更改为城镇和乡村人口分组。

4-2　人口出生率、死亡率、自然增长率

年份	出生		死亡		自然增长		人口机械增长率（‰）
	出生人数（万人）	出生率（‰）	死亡人数（万人）	死亡率（‰）	人数（万人）	增长率（‰）	
1949	1.15	32.42	0.44	12.40	0.71	20.02	
1952	1.51	35.55	0.48	11.30	1.03	24.25	
1957	3.49	46.23	0.58	7.68	2.91	38.55	
1962	5.37	41.48	1.03	7.96	4.34	33.52	
1966	3.38	27.80	0.80	6.58	2.58	21.22	
1967	3.53	28.18	0.69	5.51	2.84	22.67	
1968	4.35	33.64	0.69	5.34	3.66	28.30	
1969	4.17	31.47	0.71	5.36	3.46	26.12	
1970	3.91	29.03	0.72	5.35	3.19	23.68	
1971	3.76	27.10	0.71	5.12	3.05	21.99	
1972	3.91	26.97	0.72	4.97	3.19	22.00	
1973	3.73	24.98	0.67	4.49	3.06	20.49	
1974	3.08	20.18	0.74	4.85	2.34	15.33	
1975	3.00	19.31	0.77	4.96	2.23	14.36	
1976	2.70	17.19	0.69	4.39	2.01	12.80	
1977	2.45	15.42	0.72	4.53	1.73	10.89	
1978	2.28	14.22	0.70	4.37	1.58	9.86	
1979	1.98	12.29	0.71	4.41	1.27	7.88	
1980	1.84	11.37	0.73	4.51	1.11	6.86	
1981	2.13	13.11	0.77	4.74	1.36	8.37	
1982	2.63	16.02	0.80	4.87	1.83	11.15	
1983	2.05	12.36	0.75	4.52	1.30	7.84	
1984	2.98	17.80	0.71	4.24	2.27	13.56	
1985	2.24	13.14	0.75	4.40	1.49	8.74	
1986	2.67	15.37	0.75	4.32	1.92	11.05	
1987	2.90	16.47	0.68	3.86	2.22	12.61	8.68
1988	2.98	16.70	0.74	4.15	2.24	12.55	7.25

注：本表数据为公安户籍统计数。

4-2 续 表

年 份	出生		死亡		自然增长		人口机械增长率（‰）
	出生人数（万人）	出生率（‰）	死亡人数（万人）	死亡率（‰）	人 数（万人）	增长率（‰）	
1989	2.99	16.49	0.72	3.97	2.27	12.52	2.42
1990	3.39	18.41	0.95	5.16	2.44	13.25	6.19
1991	2.99	16.08	0.80	4.30	2.19	11.78	-1.56
1992	3.44	18.39	0.83	4.44	2.61	13.96	
1993	3.04	16.11	0.92	4.87	2.12	11.23	0.30
1994	3.02	15.80	0.89	4.66	2.13	11.14	3.87
1995	2.84	14.70	0.97	5.02	1.87	9.68	1.35
1996	2.91	14.90	0.95	4.88	1.96	10.02	3.10
1997	2.91	14.72	0.95	4.82	1.96	9.90	3.96
1998	2.72	13.59	1.02	5.11	1.70	8.48	2.72
1999	2.75	13.63	0.83	4.09	1.93	9.54	6.54
2000	3.33	16.37	1.17	5.73	2.16	10.64	3.82
2001	2.41	11.74	0.68	3.32	1.73	8.42	2.82
2002	2.39	11.53	0.72	3.50	1.66	8.03	5.45
2003	1.51	7.25	0.67	3.23	0.84	4.02	2.34
2004	1.79	8.52	1.49	7.12	0.30	1.40	2.05
2005	1.63	7.75	1.66	7.94	-0.03	-0.19	0.64
2006	1.57	7.45	0.74	3.51	0.83	3.94	9.44
2007	2.07	9.70	0.76	3.56	1.31	6.14	3.87
2008	2.02	7.97	0.83	3.29	1.18	4.68	8.28
2009	2.19	8.00	1.31	3.00	0.88	5.00	2.29
2010	2.32	10.56	2.41	10.97	-0.09	-0.41	1.69
2011	1.99	8.98	0.69	3.10	1.30	5.88	2.94
2012	2.12	9.52	0.89	4.00	1.23	5.52	2.10
2013	2.05	9.11	1.03	4.56	1.02	4.55	2.45
2014	2.45	10.98	1.19	5.32	1.26	5.66	0.38
2015	1.72	7.69	1.00	4.47	0.72	3.22	0.45
2016	2.18	9.74	1.45	6.48	0.73	3.26	-1.07

4-3　年末户籍总人口及人口变动

项　目	2015	2016	2016年比2015年增长（%、±千分点）
年末总户数（万户）	**87.36**	**88.18**	**0.94**
年末总人口（万人）	**223.86**	**223.70**	**-0.07**
#蒙古族	8.96	9.11	1.67
其他少数民族	6.85	6.89	0.58
按性别分			
男	112.75	112.56	-0.17
女	111.11	111.14	0.03
按农业、非农业分			
农业人口	67.08	74.32	10.79
非农业人口	156.78	149.38	-4.72
人口自然变动			
出生人口（万人）	1.72	2.18	26.74
男	0.88	1.12	27.27
女	0.84	1.06	26.19
死亡人口（万人）	1.00	1.45	45.00
出生率（‰）	7.69	9.74	26.66
死亡率（‰）	4.47	6.48	44.97
自然增长率（‰）	3.22	3.26	1.24
人口迁移变动			
省内迁入（万人）	0.55	0.76	38.18
省外迁入（万人）	0.61	0.45	-26.23
迁往省内（万人）	0.37	0.88	137.84
迁往省外（万人）	0.69	0.57	-17.39
迁入率（‰）	5.18	5.41	4.44
迁出率（‰）	4.72	6.48	37.29
机械增长率（‰）	0.45	-1.07	-337.78

4-4 民族人口及构成

单位：人

项 目	2015	2016	构成（%）	
			2015	2016
汉 族	2080595	2077008	92.94	92.85
少数民族	158047	1600008	7.06	7.15
蒙古族	89562	91056	4.00	4.07
回族	37181	37166	1.66	1.66
满族	26729	27172	1.19	1.22
朝鲜族	851	850	0.04	0.04
达斡尔族	916	950	0.04	0.04
鄂温克族	131	132	0.01	0.01
鄂伦春族	31	32		
壮族	306	310	0.01	0.01
藏族	165	154	0.01	0.01
锡伯族	311	318	0.01	0.01
苗族	312	325	0.01	0.01
土家族	338	337	0.02	0.02
彝族	192	195	0.01	0.01
维吾尔族	17	17		
其他少数民族	1005	994	0.05	0.04

注：本表数据为公安户籍统计数。

4-5　年末民族人口数

年 份	在人口总数中							
	汉族（万人）	蒙古族（万人）	回族（万人）	满族（万人）	朝鲜族（人）	达斡尔族（人）	鄂温克族（人）	鄂伦春族（人）
1949	32.68	0.73	0.59	0.06				
1952	38.76	0.90	0.63	0.09				
1957	74.09	1.31	0.98	0.09	503	77		
1962	103.74	1.75	1.94	0.13	333	150	3	
1966	112.49	2.10	1.70	0.25	401	252	15	
1967	116.75	2.19	1.81	0.28	443	258	12	
1968	119.96	2.22	1.82	0.26	356	220	8	
1969	122.53	2.27	1.84	0.25	359	220	8	
1970	124.54	2.34	1.91	0.25	359	213	8	
1971	136.72	2.41	2.21	0.33	373	251	9	
1972	142.61	2.50	2.26	0.40	387	274	13	
1973	145.46	2.55	2.35	0.41	388	305	14	12
1974	148.83	2.65	2.43	0.40	462	287	9	1
1975	150.39	2.79	2.49	0.43	435	338	14	10
1976	152.10	2.78	2.46	0.43	414	257	17	6
1977	154.06	2.83	2.47	0.44	388	294	12	9
1978	154.85	2.82	2.45	0.45	356	333	6	11
1979	155.38	3.02	2.53	0.59	422	341	8	11
1980	155.58	3.10	2.55	0.75	413	361	10	10
1981	156.11	3.27	2.59	0.80	407	392	6	13
1982	157.79	3.60	2.78	1.01	448	415	11	14
1983	158.72	3.72	2.82	1.07	440	412	17	10
1984	160.69	3.77	2.76	1.05	437	401	14	20
1985	164.51	3.86	2.79	1.12	530	431	33	13
1986	166.82	4.00	2.80	1.26	434	459	41	15
1987	168.08	4.28	3.01	1.42	530	485	41	17
1988	171.11	4.33	2.96	1.46	509	486	31	14

注：本表数据为公安户籍统计数。

4-5 续 表

年 份	在人口总数中							
	汉族（万人）	蒙古族（万人）	回族（万人）	满族（万人）	朝鲜族（人）	达斡尔族（人）	鄂温克族（人）	鄂伦春族（人）
1989	173.48	4.47	2.90	1.57	518	526	30	27
1990	176.07	4.65	3.02	1.63	532	514	34	14
1991	176.46	4.82	3.07	1.71	529	532	39	14
1992	177.64	4.92	3.17	1.81	553	593	42	14
1993	179.24	5.17	3.24	1.85	566	525	54	14
1994	181.67	5.37	3.27	1.94	640	639	57	16
1995	182.94	5.48	3.31	2.01	640	651	59	16
1996	184.88	5.69	3.35	2.05	655	661	52	18
1997	187.35	5.82	3.38	2.10	663	664	60	13
1998	189.21	6.03	3.45	2.15	686	656	59	18
1999	190.81	6.26	3.44	2.19	689	685	60	24
2000	191.86	6.42	3.49	2.22	712	718	70	21
2001	193.39	6.69	3.49	2.26	725	760	80	25
2002	195.11	6.80	3.50	2.27	726	770	87	23
2003	196.25	6.93	3.52	2.29	736	780	78	25
2004	196.97	7.09	3.53	2.30	744	781	91	23
2005	195.98	7.17	3.51	2.30	743	769	83	22
2006	198.95	7.26	3.50	2.31	751	783	74	23
2007	200.91	7.43	3.53	2.34	771	785	78	25
2008	203.79	7.63	3.57	2.37	787	779	86	28
2009	205.17	7.96	3.62	2.44	787	800	92	31
2010	205.15	8.13	3.64	2.46	792	802	102	29
2011	206.86	8.31	3.67	2.50	797	825	106	30
2012	208.25	8.53	3.69	2.55	816	858	111	29
2013	209.53	8.73	3.72	2.60	827	879	119	33
2014	208.05	8.85	3.72	2.64	840	913	124	33
2015	208.06	8.96	3.72	2.67	851	916	131	31
2016	207.70	9.11	3.72	2.72	850	950	132	32

4-6　2012-2016年年末常住人口

项　目	2012	2013	2014	2015	2016
年末总户数（万户）	**103.64**	**104.97**	**106.25**	**107.41**	**108.48**
年末总人口（万人）	**273.16**	**276.62**	**279.92**	**282.93**	**285.75**
按性别分					
男	140.88	142.67	144.37	145.82	147.20
女	132.28	133.95	135.55	137.11	138.55
按城乡分					
城镇人口	222.24	226.86	230.48	233.85	237.09
农村人口	50.92	49.76	49.44	49.08	48.66
城镇化率（%）	81.36	82.01	82.34	82.65	82.97
按旗县分					
稀土高新区	13.19	13.86	14.39	14.68	14.97
东　河　区	53.10	53.83	54.13	54.51	54.83
昆　　　区	75.08	75.98	76.79	77.66	78.61
青　山　区	49.79	50.42	50.98	51.35	51.71
石　拐　区	3.25	3.36	3.81	3.86	3.79
白　云　区	2.68	2.70	2.73	2.76	2.77
九　原　区	20.82	21.28	21.61	22.08	22.53
土　右　旗	27.85	28.01	28.65	29.30	29.85
固　阳　县	17.39	17.29	17.05	17.01	16.99
达　茂　旗	10.01	9.89	9.78	9.72	9.70

注：本表为人口抽样调查推算数据。

主要统计指标解释

人口数　指一定时点、一定地区范围内的有生命的个人的总和。

年度统计的年末人口数指每年12月31日24时的人口数。

户籍人口　指公民依《中华人民共和国户口登记条例》已在其经常居住地的公安户籍管理机关登记了常住户口的人，这类人口不管其是否外出，也不管外出时间长短，只要在某地注册有常住户口，则为该地区的户籍人口。

常住人口　指实际经常居住在某地区半年以上的人口。按人口普查和抽样调查规定，还包括户口在外地，但在本地居住半年以上者，或离开户口地半年以上而调查时在本地居住的人口；调查时居住在本地，但在任何地方都没有登记常住户口，如手持户口迁移证、出生证、退伍证、劳改劳教释放证等尚未办理常住户口的人。

城镇人口和乡村人口的划分　城镇人口是指居住在城镇范围内的全部人口；乡村人口是除上述人口以外的全部人口。

历年城乡人口数据是按照当时国家《关于统计上划分城乡的规定》计算的。

三次普查之间年份的城乡人口根据1990年和2000年人口普查数据进行了调查。

出生率(又称粗出生率)　指在一定时期内(通常为一年)平均每千人所出生的人数的比率，一般用千分率表示。本资料中的出生率指年出生率，其计算公式为：

出生率=年出生人数/年平均人数×1000‰

式中：出生人数指活产婴儿，即胎儿脱离母体时(不管怀孕月数)，有过呼吸或其他生命现象。年平均人数指年初、年底人口数的平均数，也可用年中人口数代替。

死亡率(又称粗死亡率)　指在一定时期内(通常为一年)一定地区的死亡人数与同期平均人数(或期中人数)之比，一般用千分率表示。本资料中的死亡率指年死亡率，其计算公式为：

死亡率=年死亡人数/年平均人数×1000‰

人口自然增长率　指在一定时期内(通常为一年)人口自然增加数(出生人数减死亡人数)与该时期内平均人数(或期中人数)之比，一般用千分率表示。计算公式为：

人口自然增长率=(本年出生人数-本年死亡人数)/年平均人数×1000‰=人口出生率-人口死亡率

5

EMPLOYMENT AND WAGES

从业人员和职工工资

5-1 就业基本情况

项　目	2011	2012	2013	2014	2015	2016
从业人员合计（万人）	**146.75**	**150.62**	**153.43**	**155.78**	**157.96**	**159.53**
第一产业	20.21	21.20	21.06	22.04	21.25	21.46
第二产业	43.22	43.26	42.92	41.21	41.56	41.95
第三产业	83.32	86.16	89.45	92.53	95.15	96.12
从业人员构成（%）						
第一产业	13.77	14.08	13.73	14.15	13.46	13.45
第二产业	29.45	28.72	27.97	26.45	26.31	26.30
第三产业	56.78	57.20	58.30	59.40	60.23	60.25
按城乡分组						
城镇从业人员（万人）	118.97	123.01	126.78	128.06	129.83	130.57
#国有单位	14.52	15.12	13.05	12.13	12.35	12.44
城镇集体单位	0.39	0.33	0.10	0.10	0.10	0.10
股份合作单位	0.26	0.38	0.25	0.17	0.15	0.04
联营单位	0.02	0.01	0.01	0.01	0.01	0.01
有限责任公司	11.40	16.24	18.98	19.37	18.47	17.74
股份有限公司	6.10	6.11	7.70	6.94	7.08	6.50
私营	31.08	30.99	31.33	37.05	41.63	42.32
港澳台商投资单位	0.24	0.32	0.28	0.24	0.35	0.34
外商投资单位	0.67	0.60	0.80	0.61	0.50	0.51
个体	54.06	52.65	54.07	51.28	49.00	50.48
乡村从业人员（万人）	27.78	27.61	26.65	27.72	28.13	28.96
#私营企业	2.53	2.52	2.65	4.25	4.96	5.52
个体	3.99	3.89	3.59	2.97	2.87	3.22
城镇单位职工人数（万人）	**35.52**	**35.91**	**41.09**	**38.54**	**37.75**	**36.53**
国有单位	12.71	12.42	12.72	11.82	12.24	12.07
城镇集体单位	2.12	1.97	1.50	1.27	1.13	1.10
其他单位	20.69	21.52	26.87	25.45	24.38	23.36
城镇登记失业人数（万人）	**4.04**	**3.68**	**4.87**	**4.96**	**5.13**	**5.38**
城镇登记失业率（%）	**3.87**	**3.87**	**3.87**	**3.87**	**3.88**	**3.89**

注：1998年及以后城镇单位从业人员、职工人数统计口径有调整，详见本篇指标解释。

5-2　按三次产业划分的年末从业人员

年 份	从业人员（万人）	第一产业	第二产业	第三产业	构成（%）		
					第一产业	第二产业	第三产业
1957	28.24	16.68	9.06	2.49	59.06	32.08	8.86
1965	44.06	22.26	18.30	3.51	50.52	41.53	7.95
1970	50.84	24.15	22.55	4.14	47.50	44.35	8.15
1975	65.19	27.20	27.88	10.11	41.72	42.77	15.51
1978	69.78	25.57	30.68	13.53	36.64	43.97	19.39
1980	77.99	26.08	35.27	16.64	33.44	45.22	21.34
1985	92.41	30.13	43.13	19.14	32.60	46.67	20.73
1986	95.38	30.00	44.78	20.60	31.45	46.95	21.60
1987	96.28	30.55	44.41	21.31	31.73	46.13	22.14
1988	99.01	30.47	46.09	22.45	30.77	46.55	22.68
1989	101.09	31.24	46.29	23.58	30.90	45.79	23.31
1990	102.39	31.82	46.70	23.87	31.08	45.61	23.31
1991	106.92	33.46	48.42	25.02	31.29	45.29	23.42
1992	109.34	32.82	50.43	26.09	30.02	46.12	23.86
1993	108.20	31.51	49.71	26.99	29.12	45.94	24.94
1994	113.63	31.40	52.23	29.99	27.63	45.96	26.41
1995	112.77	32.64	50.95	29.18	28.94	45.18	25.88
1996	111.41	32.57	49.05	29.79	29.23	44.03	26.74
1997	113.34	31.98	46.58	37.78	28.22	41.10	30.68
1998	105.66	32.57	39.17	33.92	30.82	37.07	32.11
1999	101.84	32.40	37.66	31.78	31.82	36.98	31.20
2000	110.50	25.59	34.66	50.25	23.16	31.37	45.47
2001	109.99	31.58	33.81	44.60	28.71	30.74	40.55
2002	111.07	32.60	32.90	45.57	29.35	29.62	41.03
2003	112.53	30.83	33.35	48.35	27.40	29.64	42.96
2004	114.24	30.62	32.55	51.07	26.80	28.49	44.71
2005	118.38	29.55	34.40	54.43	24.96	29.06	45.98
2006	121.68	27.17	39.18	55.33	22.33	32.20	45.47
2007	127.76	25.16	39.96	62.64	19.69	31.28	49.03
2008	133.18	22.40	40.22	70.55	16.82	30.20	52.98
2009	137.67	21.27	42.13	74.27	15.45	30.60	53.95
2010	141.68	20.01	42.34	79.33	14.12	29.89	55.99
2011	146.75	20.21	43.22	83.32	13.77	29.45	56.78
2012	150.62	21.20	43.26	86.16	14.08	28.72	57.20
2013	153.43	21.06	42.92	89.45	13.73	27.97	58.30
2014	155.78	22.04	41.21	92.53	14.15	26.45	59.40
2015	157.96	21.25	41.56	95.15	13.46	26.31	60.23
2016	159.53	21.46	41.95	96.12	13.45	26.30	60.25

5-3 1980-2016年城镇就业及失业人数

年 份	当年需要安置人数（人）	当年新增就业人数（人）	年末城镇失业人数（人）	登 记失业率（%）
1980	61861	35780	26081	5.25
1981	72917	50854	22063	4.23
1982	80442	33591	46851	8.23
1983	72988	31031	41677	7.36
1984	61774	31020	23424	4.14
1985	53357	26007	26245	4.42
1986	55112	31664	23448	3.88
1987	54665	21641	31314	5.04
1988	55455	16693	37880	5.79
1989	57314	10562	44584	6.69
1990	54950	16800	37002	5.51
1991	55867	17000	37914	5.30
1992	55589	24480	29441	4.12
1993	43249	17319	25574	3.00
1994	35484	10199	25285	3.34
1995	33879	6674	27205	3.81
1996	35045	7667	26866	3.70
1997	31288	8132	20875	2.83
1998	29823	7898	21794	3.02
1999	21265	2416	18847	2.65
2000	24256	3844	20412	3.40
2001	29119	2231	26812	4.01
2002	37109	5068	32041	4.30
2003	37885	38180	31746	4.50
2004	106494	72796	33698	4.67
2005	106933	105725	30945	3.97
2006	105491	105610	31829	3.87
2007	145780	113932	33116	3.82
2008	135723	99768	35739	3.87
2009	93089	85953	41924	3.88
2010	117091	73352	39203	3.88
2011	93271	53041	40369	3.87
2012	86916	41620	36771	3.87
2013		41485	48722	3.87
2014		41362	49604	3.87
2015		42059	51253	3.88
2016		42267	53763	3.89

注：本表数据由就业局提供；2003年及以后年份的“当年就业人数”中包括持优惠证的下岗职工。

5-4　按登记注册类型和城乡

年 份	合计	城					
		小计	#国有单位	#集体单位	#股份合作单位	#联营单位	#有限责任公司
1965	44.06	21.80	19.33	2.27			
1970	50.84	26.69	23.27	3.37			
1975	65.19	37.19	28.38	8.80			
1978	69.78	42.69	30.84	11.80			
1980	77.99	50.39	33.70	16.44			
1985	92.41	61.09	39.71	19.92			
1986	95.38	61.68	40.66	19.61			
1987	96.28	61.78	40.67	19.78			
1988	99.01	64.41	41.65	20.45			
1989	101.09	65.89	42.90	20.63			0.09
1990	102.39	67.84	44.81	20.28			0.10
1991	106.92	71.14	46.55	20.65			0.38
1992	109.34	73.01	47.55	21.12			0.65
1993	108.20	71.28	48.58	16.99			0.47
1994	113.63	76.61	47.52	20.40			1.53
1995	112.77	74.16	45.31	18.73			2.49
1996	111.41	70.86	43.56	16.66		0.06	1.98
1997	113.34	73.33	40.88	15.08		0.01	
1998	105.66	65.40	23.04	10.12	0.78	0.03	11.97
1999	101.84	60.69	18.91	8.32	1.04		14.25
2000	110.50	66.85	16.95	7.18	0.79	0.02	14.21
2001	109.99	68.10	15.78	6.34	0.62	0.03	14.13
2002	111.07	67.54	15.60	4.36	0.43	0.03	13.74
2003	112.53	68.70	15.12	4.21	0.40		13.46
2004	114.24	69.45	15.10	4.05	0.40		14.18
2005	118.38	72.35	14.94	3.86	0.40		13.46
2006	121.68	76.36	13.56	3.61	0.30		13.30
2007	127.76	87.97	14.41	3.82	0.30		12.67
2008	133.18	98.60	14.45	3.70	0.29	0.01	11.07
2009	137.67	106.87	14.47	1.16	0.28	0.01	11.00
2010	141.68	114.29	14.49	0.83	0.25	0.01	10.62
2011	146.75	118.97	14.52	0.39	0.26	0.02	11.40
2012	150.62	123.01	15.12	0.33	0.38	0.01	16.24
2013	153.43	126.78	13.05	0.10	0.25	0.01	18.98
2014	155.78	128.06	12.13	0.10	0.17	0.01	19.37
2015	157.96	129.83	12.35	0.10	0.15	0.01	18.47
2016	159.53	130.57	12.44	0.10	0.04	0.01	17.74

划分的年末从业人员

单位：万人

镇					乡村		
#股份有限公司	#私营企业	#澳台商投资单位	#外商投资单位	#个体	小计	#私营企业	#个体
				0.20	22.26		
				0.05	24.15		
				0.01	28.00		
				0.05	27.09		
				0.24	27.60		
				1.44	31.32		
				1.41	28.87		
				1.91	29.55		
				2.31	29.52		
				2.27	30.05		
				2.60	34.55		
	0.67			2.88	35.78		
	0.42			3.27	36.33		
	0.83	0.59	0.43	3.41	36.92		
	1.07	0.83	0.52	4.74	37.02	0.43	
	1.95	0.77	0.82	4.09	38.61	0.68	4.10
	2.71	0.46	0.75	4.68	40.55	1.02	5.18
2.65	4.77	0.46	0.93	8.55	40.01	1.20	3.16
1.78	6.22	0.56	0.53	10.36	40.26	1.67	3.29
2.01	5.57	0.49	0.58	9.48	41.15	2.76	5.18
2.06	6.72	0.49	0.52	17.91	43.65	2.94	5.36
3.13	7.59	0.43	0.35	19.70	41.89	4.45	5.90
2.72	9.20	0.69	0.36	20.41	43.53	4.74	7.76
2.84	10.67	0.50	0.38	21.12	43.83	5.22	8.28
2.61	10.88	0.18	0.29	21.66	44.79	5.40	9.02
2.97	12.10	0.11	0.26	24.13	46.03	5.46	10.34
2.83	13.58	0.14	0.29	28.63	45.32	3.44	9.92
4.55	16.79	0.16	0.29	34.79	39.79	2.39	5.79
5.49	20.61	0.36	0.53	41.33	34.58	2.77	6.08
5.63	24.43	0.35	0.50	48.87	30.81	2.86	4.97
5.55	28.30	0.31	0.48	53.28	27.39	2.09	3.41
6.10	31.08	0.24	0.67	54.06	27.78	2.53	3.99
6.11	30.99	0.32	0.60	52.65	27.61	2.52	3.89
7.70	31.33	0.28	0.80	54.07	26.65	2.65	3.59
6.94	37.05	0.24	0.61	51.28	27.72	4.25	2.97
7.08	41.63	0.35	0.50	49.00	28.13	4.96	2.87
6.50	42.32	0.34	0.51	50.48	28.96	5.52	3.22

5-5 1985-2010年

年份	合计	农林牧渔业	采矿业	制造业	电力、燃气及水的生产和供应业	建筑业	交通运输仓储和邮政业	信息传输、计算机服务和软件业	批发和零售业
1985	92.41	30.13	35.00			8.13	4.05		7.19
1986	95.38	30.00	35.64			9.14	4.68		7.27
1987	96.28	30.55	35.39			9.02	4.67		7.65
1988	99.01	30.47	37.09			9.00	4.77		8.12
1989	101.09	31.24	37.88			8.41	5.10		8.37
1990	102.39	31.82	38.36			8.34	5.09		8.64
1991	106.92	33.46	39.71			8.71	5.18		9.30
1992	109.34	32.82	40.87			9.56	5.26		9.54
1993	108.20	31.51	2.73	35.47	1.15	10.76	5.20		11.09
1994	113.63	31.40	2.73	38.59	0.96	9.89	5.83		11.87
1995	112.77	32.64	2.27	37.46	0.97	10.25	5.67		11.94
1996	111.41	32.57	2.40	36.06	1.07	9.52	5.53		12.38
1997	113.34	31.98	2.25	34.53	1.09	8.72	5.94		14.85
1998	105.66	32.57	1.81	29.14	1.16	7.01	5.42		13.91
1999	101.84	32.39	1.40	27.57	1.19	7.50	4.77		12.31
2000	110.50	25.59	1.34	26.61	1.25	5.46	4.51		21.41
2001	109.99	31.58	1.38	26.19	1.36	4.88	4.73		23.10
2002	111.07	32.60	1.49	25.45	1.23	4.73	4.51		24.87
2003	112.53	31.09	1.47	25.67	1.19	5.02	4.53	0.85	6.27
2004	114.24	30.89	1.58	24.48	1.23	5.27	5.68	0.98	8.21
2005	118.38	29.55	1.70	25.50	1.35	5.85	8.01	0.96	11.56
2006	121.68	27.17	3.61	27.96	1.33	6.27	8.39	0.97	11.64
2007	127.76	25.16	3.79	28.23	1.37	6.57	10.11	1.23	12.89
2008	133.18	22.40	3.66	27.81	1.29	7.46	11.75	1.68	14.40
2009	137.67	21.27	3.59	28.05	1.35	9.14	12.54	1.78	15.81
2010	141.68	20.01	3.60	28.08	1.49	9.17	12.79	1.78	19.02

注：本表中行业按《国民经济行业标准》（GB/T4754-2002）进行分类，1993-2002年使用《国民经济行业分类标准》（GB/T4754-1994）行业分类数据；1993年前采矿业数据为全部工业数据（包含采矿业、制造业、电力煤气及水的生产供应业）（后同）。

分行业从业人员

单位：万人

住宿和餐饮业	金融业	房地产业	租赁和商务服务业	科学研究、技术服务和地质勘查业	水利、环境和公共设施管理业	居民服务和其他服务业	教育	卫生、社会保障和社会福利业	文化、体育和娱乐业	公共管理和社会组织
	0.34	1.68		0.34	0.24		2.77	0.92		1.61
	0.41	1.82		0.35	0.25		2.38	0.91		2.53
	0.44	2.01		0.36	0.19		2.52	0.93		2.54
	0.50	2.18		0.36	0.20		2.45	0.96		2.91
	0.53	2.20		0.38	0.29		2.99	1.06		2.66
	0.57	2.24		0.39	0.36		2.70	0.98		2.90
	0.61	2.35		0.44	0.35		2.74	0.99		3.06
	0.64	2.44		0.32	0.34		2.76	1.00		3.49
	0.71	0.10		0.35	0.64	1.34	2.52	0.90		4.14
	0.76	0.19		0.51	0.44	2.37	2.73	0.89		4.40
	0.80	0.17		0.48	0.42	2.36	2.71	0.81		4.33
	0.87	0.12		0.46	0.43	2.43	2.74	0.94		4.33
	0.88	0.30		0.45	0.43	3.03	2.77	0.95		5.18
	0.92	0.30		0.49	0.34	3.42	2.75	0.94		5.43
	0.88	0.27		0.48	0.32	3.92	2.70	0.97		5.17
	0.93	0.28		0.44	0.32	8.99	2.70	0.99		2.51
	1.01	0.27		0.43	0.32	8.29	2.71	0.98		2.76
	0.89	0.19		0.40	0.31	8.17	2.68	1.08		2.47
20.94	0.86	0.17	0.78	0.59	0.62	6.31	2.34	1.00	0.53	2.30
20.08	0.83	0.18	0.76	0.58	0.65	6.59	2.41	1.01	0.58	2.25
17.73	0.85	0.20	0.77	0.55	0.66	6.40	2.66	1.10	0.61	2.37
17.86	0.91	0.22	0.79	0.56	0.71	6.44	2.77	1.14	0.61	2.33
19.17	1.08	0.82	1.04	0.58	0.72	7.15	3.08	1.61	0.78	2.38
18.68	1.34	1.20	2.23	0.93	0.78	8.77	3.49	1.83	1.06	2.42
19.36	1.73	1.23	2.18	0.87	1.26	7.60	4.43	1.84	0.86	2.78
20.03	1.88	1.48	2.57	1.12	0.97	7.57	4.53	1.87	0.99	2.73

5-6　1985-2010年

年份	合计	农林牧渔业	采矿业	制造业	电力、燃气及水的生产和供应业	建筑业	交通运输仓储和邮政业	信息传输、计算机服务和软件业	批发和零售业
1985	61.09	1.39	33.50			7.89	3.95		7.04
1986	61.68	1.47	34.05			7.82	3.34		7.08
1987	61.78	1.45	32.93			8.44	3.52		7.37
1988	64.41	1.46	34.33			8.55	3.30		7.82
1989	65.89	1.45	35.47			7.93	3.77		8.02
1990	67.94	1.54	36.90			7.95	4.11		8.27
1991	71.14	1.52	38.66			8.39	4.40		8.77
1992	73.01	1.48	39.51			8.96	4.24		9.42
1993	71.28	1.19	2.33	33.42	1.15	9.91	4.86		9.67
1994	76.61	1.31	2.72	37.23	0.96	8.96	4.41		11.05
1995	74.16	1.39	2.15	35.79	0.97	9.14	4.37		10.43
1996	70.86	1.43	2.21	33.07	1.02	7.60	3.96		11.39
1997	73.33	1.44	2.15	32.10	1.04	7.13	4.42		13.89
1998	65.40	1.39	1.72	27.15	1.13	5.45	3.94		12.95
1999	60.69	1.41	1.32	25.38	1.18	4.85	3.36		11.20
2000	66.85	1.00	1.18	24.54	1.20	2.97	3.01		20.09
2001	68.10	1.26	1.19	23.53	1.32	3.48	3.47		20.55
2002	67.54	1.31	1.38	22.67	1.23	3.28	3.25		20.41
2003	68.70	1.30	1.43	22.84	1.19	3.20	3.39	0.83	2.65
2004	69.45	1.37	1.44	22.03	1.23	3.45	3.82	0.94	4.03
2005	72.35	0.74	1.53	22.71	1.35	3.75	5.83	0.90	6.98
2006	76.36	0.61	2.50	24.13	1.33	3.90	6.48	0.88	7.37
2007	87.97	0.62	3.41	25.40	1.35	4.79	8.30	1.11	8.60
2008	98.60	0.51	3.33	26.28	1.26	5.83	9.44	1.38	12.52
2009	106.87	0.54	3.33	25.51	1.33	7.45	10.62	1.69	14.72
2010	114.29	0.59	3.54	25.66	1.48	7.92	11.69	1.75	18.00

分行业城镇从业人员

单位：万人

住宿和餐饮业	金融业	房地产业	租赁和商务服务业	科学研究、技术服务和地质勘查业	水利、环境和公共设施管理业	居民服务和其他服务业	教育	卫生、社会保障和社会福利业	文化、体育和娱乐业	公共管理和社会组织
	0.34	1.67		0.34	0.24		2.39	0.86		1.48
	0.40	1.83		0.35	0.25		2.38	0.91		1.80
	0.47	2.00		0.36	0.19		2.30	0.87		1.88
	0.50	2.18		0.36	0.20		2.44	0.94		2.33
	0.52	2.20		0.38	0.29		2.78	0.99		2.09
	0.57	2.24		0.39	0.36		2.49	0.91		2.11
	0.60	2.35		0.44	0.35		2.54	0.92		2.20
	0.64	2.44		0.31	0.34		2.57	0.94		2.16
	0.70	0.10		0.35	0.64	1.34	2.51	0.88		2.23
	0.76	0.19		0.51	0.44	2.04	2.73	0.88		2.42
	0.79	0.17		0.48	0.42	2.15	2.70	0.82		2.39
	0.87	0.12		0.45	0.43	2.40	2.63	0.93		2.35
	0.85	0.29		0.46	0.43	3.01	2.71	0.95		2.46
	0.91	0.30		0.49	0.34	3.41	2.71	0.93		2.58
	0.88	0.27		0.48	0.31	3.91	2.68	0.96		2.50
	0.93	0.28		0.44	0.31	4.73	2.69	0.98		2.50
	0.85	0.27		0.43	0.32	5.02	2.69	0.96		2.76
	0.89	0.19		0.40	0.31	6.00	2.68	1.08		2.46
18.51	0.86	0.17	0.39	0.58	0.62	4.71	2.31	1.00	0.43	2.29
17.61	0.83	0.17	0.39	0.55	0.64	4.84	2.40	1.01	0.45	2.25
15.07	0.85	0.18	0.39	0.55	0.64	4.37	2.62	1.07	0.47	2.35
15.41	0.91	0.19	0.40	0.54	0.68	4.41	2.73	1.13	0.46	2.30
17.36	1.08	0.51	0.67	0.59	0.68	5.92	3.04	1.61	0.56	2.37
17.50	1.31	1.08	1.49	0.74	0.75	6.71	3.49	1.83	0.75	2.42
18.44	1.70	1.20	1.91	0.87	1.26	6.72	4.40	1.84	0.58	2.76
18.93	1.87	1.48	2.25	1.12	0.95	7.23	4.53	1.87	0.71	2.72

5-7 2014-2016年分行业从业人员

单位：万人

项 目	从业人员			#城镇		
	2014	2015	2016	2014	2015	2016
合 计	**155.78**	**157.96**	**159.53**	**128.06**	**129.83**	**130.57**
农、林、牧、渔业	22.04	21.25	21.46	0.74	0.71	0.72
采矿业	3.16	2.95	3.08	3.11	2.90	3.02
制造业	29.14	29.89	29.62	27.66	28.37	27.97
电力、燃气及水的生产和供应业	1.82	1.83	2.28	1.80	1.81	2.26
建筑业	7.08	6.89	6.98	6.19	5.83	5.60
批发和零售业	29.68	28.89	27.81	28.18	27.02	25.87
交通运输、仓储和邮政业	14.16	13.78	13.98	13.78	13.41	13.60
住宿和餐饮业	14.70	13.71	14.65	13.78	12.66	13.53
信息传输、软件和信息技术服务业	2.12	2.41	2.85	2.01	2.28	2.71
金融业	2.07	2.35	2.46	1.99	2.26	2.37
房地产业	2.02	2.43	2.20	1.99	2.40	2.17
租赁和商务服务业	4.56	6.63	7.88	4.38	6.38	7.57
科学研究和技术服务业	2.28	2.41	2.66	2.22	2.34	2.59
水利、环境和公共设施管理业	1.36	1.54	1.47	1.17	1.32	1.26
居民服务、修理和其他服务业	8.87	9.66	8.67	8.58	9.05	8.12
教育	4.25	4.53	4.22	4.25	4.53	4.22
卫生和社会工作	1.95	2.11	2.38	1.95	2.11	2.38
文化、体育和娱乐业	1.16	1.21	1.27	0.92	0.96	1.00
公共管理、社会保障和社会组织	3.36	3.49	3.61	3.36	3.49	3.61

注：本表中行业按最新《国民经济行业分类》（GB/T4754-2011）进行划分。

5-8 城镇单位在岗职工年末人数（2016年）

单位：人

项　目	合　计	国有单位	集体单位	其他单位
总　计	**365297**	**120685**	**11005**	**233607**
按企业、事业、机关分组				
企业	273911	31475	9523	232913
事业	60609	58433	1482	694
机关	30777	30777		
按国民经济行业分组				
农、林、牧、渔业	2645	2645		
农业	75	75		
林业	274	274		
畜牧业	1181	1181		
农、林、牧、渔服务业	1115	1115		
采矿业	10340	3765	769	5806
制造业	128818	5393	4174	119251
电力、燃气及水的生产和供应业	19091	4103	85	14903
建筑业	35430	186	2058	33186
房屋建筑业	24481	38	2022	22421
土木工程建筑业	8972		25	8947
建筑安装业	1767	148	11	1608
建筑装饰业和其他建筑业	210			210
批发和零售业	12648	1230	299	11119
批发业	2531	851	113	1567
零售业	10117	379	186	9552
交通运输、仓储和邮政业	11788	3993	168	7627
铁路运输业	331			331
航空运输业	376			376
道路运输业	7567	1886	13	5668
装卸搬运和运输代理业	430		155	275
仓储业	1201	224		977
邮政业	1883	1883		
住宿和餐饮业	7003	372		6631
住宿业	3467	345		3122
餐饮业	3536	27		3509
信息传输、软件和信息技术服务业	4458	391		4067
电信、广播电视和卫星传输服务	3927	382		3545
互联网和相关服务	19			19
软件和信息技术服务业	512	9		503

5-8 续 表

单位：人

项 目	合 计	国有单位	集体单位	其他单位
金融业	12716	4413	1465	6838
货币金融服务	9597	3121	1465	5011
资本市场服务	249	249		
保险业	2843	1043		1800
其他金融业	27			27
房地产业	10610	841		9769
租赁和商务服务业	9744	2185	93	7466
租赁业	95			95
商务服务业	9649	2185	93	7371
科学研究和技术服务业	6443	3368	60	3015
研究与试验发展	373	157		216
专业技术服务业	5543	2834	60	2649
科技交流和推广服务业	527	377		150
水利、环境和公共设施管理业	5027	3260	683	1084
水利管理业	678	630	48	
生态保护和环境治理业	36	36		
公共设施管理业	4313	2594	635	1084
居民服务、修理和其他服务业	1164	103	246	815
居民服务业	700	103	231	366
机动车、电子产品和日用产品修理业	49		4	45
其他服务业	415		11	404
教育	31017	29811	117	1089
卫生和社会工作	18404	16966	788	650
卫生	18077	16717	788	572
社会工作	327	249		78
文化、体育和娱乐业	2760	2469		291
新闻出版社	477	453		24
广播、电视、电影和音像业	668	481		187
文化艺术业	1513	1501		12
体育	39	34		5
娱乐业	63			63
公共管理、社会保障和社会组织	35191	35191		
中国共产党机关	1152	1152		
国家机构	32078	32078		
人民政协、民主党派	271	271		
社会保障	405	405		
群众团体、社会团体和其他成员组织	1285	1285		

5-9 职工工资总额和平均工资

年 份	职工工资总额（万元）				职工平均工资（元）			
	合计	国有单位	城镇集体单位	其他单位	合计	国有单位	城镇集体单位	其他单位
1949	65	65			271	271		
1950	115	115			230	230		
1952	387	387			362	362		
1957	9347	9347			782	782		
1962	14067	13658	409		663	693	269	
1965	15175	14144	1031		741	769	496	
1970	17262	15591	1671		674	694	527	
1975	22961	18880	4081		674	694	598	
1978	27427	21818	5609		655	727	423	
1980	37311	28176	9134		788	868	614	
1985	58947	43377	15570		1074	1193	841	
1990	114096	85748	28146	202	1893	2085	1476	2244
1991	131511	98329	32501	681	2104	2288	1693	2003
1992	159536	117302	40969	1265	2473	2659	2068	2144
1993	222975	168186	52337	2452	3328	3647	2633	2452
1994	298468	225802	62971	9695	4496	5027	3363	3564
1995	313407	227407	69820	16179	4938	5398	4050	3946
1996	330304	246197	69234	14873	5312	5809	4292	4053
1997	342181	261676	62080	18424	5813	6612	4159	4221
1998	298452	133791	46357	118304	6178	6080	4655	7240
1999	299566	122355	37818	139393	6736	6861	4927	7350
2000	311025	125137	33840	152047	7517	7945	5262	7921
2001	327986	136178	33831	157977	8384	9366	6490	8156
2002	369801	155009	28060	186732	10212	11360	7368	9989
2003	471324	201602	33426	236296	13417	15165	8974	13048
2004	565169	250429	39029	275711	16173	19166	11301	14964
2005	676236	304463	41536	330237	19805	23492	13100	18333
2006	757428	337708	43664	376056	22815	26584	14931	21402
2007	883220	375231	45152	462837	26867	30483	16989	25847
2008	1044468	441416	51533	551519	31780	35805	20249	30653
2009	1186242	516559	65521	604162	36723	41291	25952	34988
2010	1323917	584560	71517	667841	41403	46112	29496	39576
2011	1714634	666253	77650	970731	47059	52403	35734	45047
2012	1881466	733400	72032	1076034	51646	59643	38292	48355
2013	2203988	816660	59796	1327532	53100	64871	39830	48421
2014	2198848	760363	50347	1388138	56246	64802	39560	53212
2015	2280522	877560	47757	1355205	59573	71940	42274	54310
2016	2373214	951729	51019	1370466	63987	79008	46483	57233

注：1998年及以后年度职工工资总额、平均工资为城镇单位在岗职工的工资总额和平均工资。

5-10 1978-2010年

年 份	合计	农林牧渔 业	采矿业	制造业	电力、燃气及水的生产和供应业	建筑业	交通运输仓储和邮政业	信息传输、计算机服务和软件业	批发和零售业
1978	655	532	671	745		836	739		640
1979	667	500	738	648		817	760		682
1980	788	639	835	910		954	889		754
1985	1074	726	971	1086		1236	1075		843
1986	1223	761	1008	1244		1341	1309		990
1987	1338	827	1114	1358		1532	1367		1037
1988	1545	934	1349	1573		1788	1590		1182
1989	1695	953	1458	1761		1882	1764		1282
1990	1893	1144	1387	1996		2128	1842		1367
1991	2104	1236	1678	2210		2528	1945		1514
1992	2473	1555	1712	2519		3225	2366		1663
1993	3328	2758	3326	3460	4380	4352	3013		1896
1994	4496	2087	4667	4597	6655	5655	3698		2369
1995	4938	2077	5197	5003	7552	6216	4221		2386
1996	5312	2342	5500	5579	5770	6242	4769		2634
1997	5813	4334	5343	6086	9390	6423	4777		2581
1998	6178	3845	5834	6127	10905	6120	5993		3618
1999	6736	4151	4982	6768	12107	6188	6536		3832
2000	7517	4126	6835	7536	13949	6206	7120		4280
2001	8384	4616	7535	8061	14807	6568	6888		4500
2002	10212	6952	8461	10192	15121	7575	7884		5067
2003	13417	9565	9202	13183	21172	9590	9763	15167	8110
2004	16173	10561	11726	15055	30575	13015	11423	17964	9649
2005	19805	13482	13310	17960	35763	14470	19874	25806	15071
2006	22815	14780	15374	20987	40866	16861	18952	23787	16011
2007	26867	16727	17617	25370	45661	20853	21473	28822	17729
2008	31780	18536	19402	30324	48492	23679	26403	38739	22483
2009	36723	22237	26605	34418	49911	28235	27046	32669	26172
2010	41403	25846	36216	39478	56948	32132	29389	38553	28790

分行业职工平均工资

单位：元

住宿和餐饮业	金融业	房地产业	租赁和商务服务业	科学研究、技术服务和地质勘查业	水利、环境和公共设施管理业	居民服务和其他服务业	教育	卫生、社会保障和社会福利业	文化、体育和娱乐业	公共管理和社会组织
	662			694		686	599			735
	687			848		695	628			617
	763			863		783	694			844
	1158			1261	1439	888	1223	1116		1169
	1302			1460	1553	1017	1317	1282		1345
	1299			1606	1573	1216	1437	1309		1448
	1494			1814	1786	1276	1699	1594		1641
	1634			2023	1996	1528	1216	1726		1686
	1804	1279		2205	2283	1516	1890	1839		1839
	1917	1546		2319	2389	1712	1958	1938		1974
	2557	1618		2639	2723	2169	2422	2393		2511
	4320	2300		3772	3824	2437	3492	3520		3600
	7727	4617		5727	4313	3397	4643	4911		5020
	6549	5216		5941	3969	3819	5098	5588		5440
	6641	4882		6351	4448	3610	5810	5925		5884
	9396	5963		6890	4883	4501	6509	6825		6867
	9093	7281		7217	6015	5210	6896	7567		7296
	9156	7196		7709	6910	5863	7852	7972		7899
	9803	7832		9062	7145	5968	8867	9071		8944
	10764	8633		10629	8851	6783	11278	10472		11428
	11625	8805		12761	10627	7649	13545	12840		13628
8307	12882	11004	13735	17122	14110	9664	17961	16228	14342	19029
9850	16498	14884	16286	18113	14845	11406	22232	19606	20470	23920
11069	23691	22282	20888	23700	22224	12929	25747	22568	26528	27905
12163	30435	25530	19196	27657	24191	15259	29551	27146	26768	30017
13876	38310	28209	21678	28975	25524	18308	32530	30216	30578	34881
19147	48389	30368	29921	30607	25511	26089	39770	34424	35378	41237
22471	59341	36060	34213	36015	28341	30738	46779	42019	38421	47666
23760	61178	38286	37431	36918	31704	33002	51787	44999	42570	51820

5-11　2014-2016年分行业职工平均工资

单位：元

项　目	2014	2015	2016
合　计	**56246**	**59573**	**63987**
农、林、牧、渔业	39784	45849	50385
采矿业	62085	62075	65270
制造业	56407	57072	59766
电力、燃气及水的生产和供应业	77376	81333	82740
建筑业	43026	42073	44518
批发和零售业	41921	43553	47656
交通运输、仓储和邮政业	43403	51562	53884
住宿和餐饮业	33741	34330	36326
信息传输、软件和信息技术服务业	58134	65707	67926
金融业	98722	98718	102346
房地产业	38959	38517	41355
租赁和商务服务业	38559	41004	39908
科学研究和技术服务业	69760	74039	72147
水利、环境和公共设施管理业	46170	52725	55269
居民服务、修理和其他服务业	41010	39291	33892
教育	68383	81096	90198
卫生和社会工作	65407	70308	83218
文化、体育和娱乐业	59545	63036	69527
公共管理、社会保障和社会组织	60180	66256	73137

注：本表中行业按最新《国民经济行业分类》（GB/T4754-2011）进行划分。

5-12　在岗职工平均工资（2016年）

单位：元

项　目	合　计	国有单位	集体单位	其他单位
总　计	**63987**	**79008**	**46483**	**57233**
按企业、事业、机关分组				
企业	58957	76648	46681	57112
事业	82670	83421	45203	99105
机关	73069	73069		
按国民经济行业分组				
农、林、牧、渔业	50385	50385		
采矿业	65270	93796	48195	47720
制造业	59766	101266	27746	58980
电力、燃气及水的生产和供应业	82740	68676	31200	86897
建筑业	44518	45141	20068	45858
批发和零售业	47656	59804	31197	46771
交通运输、仓储和邮政业	53884	59565	23691	51551
住宿和餐饮业	36326	34838		36409
信息传输、软件和信息技术服务业	67926	50322		69601
金融业	102346	88169	144617	102222
房地产业	41355	57684		39945
租赁和商务服务业	39908	40619	45240	39618
科学研究和技术服务业	72147	64916	42000	80445
水利、环境和公共设施管理业	55269	61463	30404	52597
居民服务、修理和其他服务业	33892	48505	28165	34058
教育	90198	90676	73957	78892
卫生和社会工作	83218	85807	57481	48422
文化、体育和娱乐业	69527	73783		38700
公共管理、社会保障和社会组织	73137	73137		

5-13　城镇单位从业人员和劳动报酬（2016年）

单位：人

项　目	单位从业人员年末人数	#女性	在岗职工	其他从业人员
总　计	**388596**	**143331**	**365297**	**23299**
按企业、事业、机关分组				
企业	293239	95826	273911	19328
事业	63769	36157	60609	3160
机关	31588	11348	30777	811
按国民经济行业分组				
农、林、牧、渔业	2645	1454	2645	
采矿业	10457	2261	10340	117
制造业	134440	35362	128818	5622
电力、燃气及水的生产和供应业	19431	6943	19091	340
建筑业	41255	6780	35430	5825
批发和零售业	12868	6824	12648	220
交通运输、仓储和邮政业	12047	4665	11788	259
住宿和餐饮业	7196	4299	7003	193
信息传输、软件和信息技术服务业	4517	2349	4458	59
金融业	17405	10724	12716	4689
房地产业	11122	4806	10610	512
租赁和商务服务业	9903	3446	9744	159
科学研究和技术服务业	6867	2417	6443	424
水利、环境和公共设施管理业	7347	2775	5027	2320
居民服务、修理和其他服务业	1169	597	1164	5
教育	31942	20733	31017	925
卫生和社会工作	18699	12231	18404	295
文化、体育和娱乐业	3165	1707	2760	405
公共管理、社会保障和社会组织	36121	12958	35191	930

5-13 续 表

单位：万元

项 目	单位从业人员劳动报酬	在岗职工工资总额	其他从业人员劳动报酬
总 计	**2468642**	**2373214**	**95428**
按企业、事业、机关分组			
企业	1734350	1649510	84840
事业	507234	498935	8299
机关	227058	224769	2289
按国民经济行业分组			
农、林、牧、渔业	13266	13266	0
采矿业	66445	66060	385
制造业	798503	780864	17639
电力、燃气及水的生产和供应业	159693	158630	1063
建筑业	216968	176791	40177
批发和零售业	61613	61061	552
交通运输、仓储和邮政业	64746	63437	1309
住宿和餐饮业	25500	24905	595
信息传输、软件和信息技术服务业	30706	30574	132
金融业	144908	128577	16331
房地产业	45998	44444	1554
租赁和商务服务业	37792	37590	202
科学研究和技术服务业	49082	47480	1602
水利、环境和公共设施管理业	33961	27839	6122
居民服务、修理和其他服务业	3863	3847	16
教育	281692	279507	2185
卫生和社会工作	153135	152297	838
文化、体育和娱乐业	21264	19488	1776
公共管理、社会保障和社会组织	259507	256557	2950

5-14　城镇单位女性从业人员（2016年）

单位：人

项　目	合　计	国有单位	集体单位	其他单位
总　计	**143331**	**61429**	**4758**	**77144**
按企业、事业、机关分组				
企业	95826	15043	4055	76728
事业	36157	35038	703	416
机关	11348	11348		
按国民经济行业分组				
农、林、牧、渔业	1454	1454		
采矿业	2261	1029	164	1068
制造业	35362	1323	1662	32377
电力、燃气及水的生产和供应业	6943	1645	32	5266
建筑业	6780	61	970	5749
批发和零售业	6824	578	133	6113
交通运输、仓储和邮政业	4665	2105	56	2504
住宿和餐饮业	4299	208		4091
信息传输、软件和信息技术服务业	2349	150		2199
金融业	10724	2622	720	7382
房地产业	4806	404		4402
租赁和商务服务业	3446	854	29	2563
科学研究和技术服务业	2417	1236	29	1152
水利、环境和公共设施管理业	2775	1997	293	485
居民服务、修理和其他服务业	597	45	190	362
教育	20733	19877	80	776
卫生和社会工作	12231	11353	400	478
文化、体育和娱乐业	1707	1530		177
公共管理、社会保障和社会组织	12958	12958		

5-15 国有单位从业人员和劳动报酬（2016年）

单位：人

项　目	单位从业人员年末人数	#女性	在岗职工	其他从业人员
总　计	**125095**	**61429**	**120685**	**4410**
按企业、事业、机关分组				
企业	31940	15043	31475	465
事业	61567	35038	58433	3134
机关	31588	11348	30777	811
按国民经济行业分组				
农、林、牧、渔业	2645	1454	2645	
采矿业	3765	1029	3765	
制造业	5447	1323	5393	54
电力、燃气及水的生产和供应业	4103	1645	4103	
建筑业	186	61	186	
批发和零售业	1323	578	1230	93
交通运输、仓储和邮政业	4026	2105	3993	33
住宿和餐饮业	372	208	372	
信息传输、软件和信息技术服务业	391	150	391	
金融业	4494	2622	4413	81
房地产业	841	404	841	
租赁和商务服务业	2189	854	2185	4
科学研究和技术服务业	3450	1236	3368	82
水利、环境和公共设施管理业	4924	1997	3260	1664
居民服务、修理和其他服务业	103	45	103	
教育	30698	19877	29811	887
卫生和社会工作	17232	11353	16966	266
文化、体育和娱乐业	2785	1530	2469	316
公共管理、社会保障和社会组织	36121	12958	35191	930

5-15 续 表

单位：万元

项　目	单位从业人员劳动报酬	在岗职工工资总额	其他从业人员劳动报酬
总　计	**963824**	**951729**	**12095**
按企业、事业、机关分组			
企业	243149	241556	1593
事业	493617	485404	8213
机关	227058	224769	2289
按国民经济行业分组			
农、林、牧、渔业	13266	13266	
采矿业	36083	36083	
制造业	55770	55504	266
电力、燃气及水的生产和供应业	28253	28253	
建筑业	831	831	
批发和零售业	7511	7338	173
交通运输、仓储和邮政业	23851	23767	84
住宿和餐饮业	1272	1272	
信息传输、软件和信息技术服务业	1968	1968	
金融业	38608	38177	431
房地产业	4926	4926	
租赁和商务服务业	8916	8900	16
科学研究和技术服务业	22143	21831	312
水利、环境和公共设施管理业	23191	19840	3351
居民服务、修理和其他服务业	451	451	
教育	272164	270050	2114
卫生和社会工作	145289	144542	747
文化、体育和娱乐业	19824	18173	1651
公共管理、社会保障和社会组织	259507	256557	2950

5-16 集体单位从业人员和劳动报酬（2016年）

单位：人

项　目	单位从业人员年末人数	#女性	在岗职工	其他从业人员
总　计	**11200**	**4758**	**11005**	**195**
按企业、事业、机关分组				
企业	9692	4055	9523	169
事业	1508	703	1482	26
机关				
按国民经济行业分组				
农、林、牧、渔业				
采矿业	769	164	769	
制造业	4174	1662	4174	
电力、燃气及水的生产和供应业	85	32	85	
建筑业	2165	970	2058	107
批发和零售业	303	133	299	4
交通运输、仓储和邮政业	168	56	168	
住宿和餐饮业				
信息传输、软件和信息技术服务业				
金融业	1523	720	1465	58
房地产业				
租赁和商务服务业	93	29	93	
科学研究和技术服务业	60	29	60	
水利、环境和公共设施管理业	683	293	683	
居民服务、修理和其他服务业	246	190	246	
教育	117	80	117	
卫生和社会工作	814	400	788	26
文化、体育和娱乐业				
公共管理、社会保障和社会组织				

5-16 续 表

单位：万元

项　目	单位从业人员劳动报酬	在岗职工工资总额	其他从业人员劳动报酬
总　计	**51821**	**51019**	**802**
按企业、事业、机关分组			
企业	45082	44366	716
事业	6739	6653	86
机关			
按国民经济行业分组			
农、林、牧、渔业			
采矿业	3706	3706	
制造业	11558	11473	85
电力、燃气及水的生产和供应业	265	265	
建筑业	4669	4130	539
批发和零售业	940	933	7
交通运输、仓储和邮政业	384	384	
住宿和餐饮业			
信息传输、软件和信息技术服务业			
金融业	21374	21288	86
房地产业			
租赁和商务服务业	434	434	
科学研究和技术服务业	260	260	
水利、环境和公共设施管理业	2077	2077	
居民服务、修理和其他服务业	732	732	
教育	865	865	
卫生和社会工作	4557	4472	85
文化、体育和娱乐业			
公共管理、社会保障和社会组织			

5-17　其他单位从业人员和劳动报酬（2016年）

单位：人

项　目	单位从业人员年末数	#女性	在岗职工	其他从业人员
总　计	**252301**	**77144**	**233607**	**18694**
按企业、事业、机关分组				
企业	251607	76728	232913	18694
事业	694	416	694	
机关				
按国民经济行业分组				
农、林、牧、渔业				
采矿业	5923	1068	5806	117
制造业	124819	32377	119251	5568
电力、燃气及水的生产和供应业	15243	5266	14903	340
建筑业	38904	5749	33186	5718
批发和零售业	11242	6113	11119	123
交通运输、仓储和邮政业	7853	2504	7627	226
住宿和餐饮业	6824	4091	6631	193
信息传输、软件和信息技术服务业	4126	2199	4067	59
金融业	11388	7382	6838	4550
房地产业	10281	4402	9769	512
租赁和商务服务业	7621	2563	7466	155
科学研究和技术服务业	3357	1152	3015	342
水利、环境和公共设施管理业	1740	485	1084	656
居民服务、修理和其他服务业	820	362	815	5
教育	1127	776	1089	38
卫生和社会工作	653	478	650	3
文化、体育和娱乐业	380	177	291	89
公共管理、社会保障和社会组织				

5-17 续 表

单位：万元

项 目	单位从业人员劳动报酬	在岗职工工资总额	其他从业人员劳动报酬
总 计	**1452997**	**1370466**	**82531**
按企业、事业、机关分组			
企业	1446119	1363588	82531
事业	6878	6878	
机关			
按国民经济行业分组			
农、林、牧、渔业			
采矿业	26656	26271	385
制造业	731175	713887	17288
电力、燃气及水的生产和供应业	131175	130112	1063
建筑业	211468	171830	39638
批发和零售业	53162	52790	372
交通运输、仓储和邮政业	40511	39286	1225
住宿和餐饮业	24228	23633	595
信息传输、软件和信息技术服务业	28738	28606	132
金融业	84926	69112	15814
房地产业	41072	39518	1554
租赁和商务服务业	28442	28256	186
科学研究和技术服务业	26679	25389	1290
水利、环境和公共设施管理业	8693	5922	2771
居民服务、修理和其他服务业	2680	2664	16
教育	8663	8592	71
卫生和社会工作	3289	3283	6
文化、体育和娱乐业	1440	1315	125
公共管理、社会保障和社会组织			

主要统计指标解释

经济活动人口 指在16岁以上，有劳动能力，参加或要求参加社会经济活动的人口。包括就业人员和失业人员。

从业人员 指从事一定社会劳动并取得劳动报酬或经营收入的人员，包括在岗职工、再就业的离退休人员、私营业主、个体户主、私营和个体就业人员、乡镇企业就业人员、农村就业人员、其他就业人员(包括民办教师、宗教职业者、现役军人等)。这一指标反映了一定时期内全部劳动力资源的实际利用情况，是研究我国基本国情国力的重要指标。

各单位的从业人员 指在各级国家机关、政党机关、社会团体及企业、事业单位中工作，取得工资或其他形式的劳动报酬的全部人员。包括在岗职工、再就业的离退休人员、民办教师以及在各单位中工作的外方人员和港澳台方人员、兼职人员、借用的外单位人员和第二职业者。不包括离开本单位仍保留劳动关系的职工。各单位的从业人员反映了各单位实际参加生产或工作的全部劳动力。

城镇私营和个体从业人员 城镇私营从业人员指在工商管理部门注册登记，其经营地址设在县城关镇(含城关镇)以上的私营企业从业人员，包括私营企业投资者和雇工。城镇个体就业人员指在工商管理部门注册登记，并持有城镇户口或在城镇长期居住，经批准从事个体工商经营的从业人员，包括个体经营者和在个体工商户劳动的家庭帮工和雇工。

城镇登记失业人员 指有非农业户口，在一定的劳动年龄内（16岁以上及男50岁以下、女45岁以下），有劳动能力，无业而要求就业，并在当地就业服务机构进行求职登记的人员。

城镇登记失业率 指城镇登记失业人员与城镇单位就业人员（扣除使用的农村劳动力、聘用的离退休人员、港澳台及外商人员）、城镇单位中的不在岗职工、城镇私营业主、个体户主、城镇私营企业和个体就业人员、城镇登记失业人员之和的比。计算公式为：

城镇登记失业率=城镇登记失业人数/((城镇单位就业人员-使用的农村劳动力-聘用的离退休人员-港澳台及外商人员）+不在岗职工+城镇私营业主+个体户主+城镇私营企业和个体就业人员+城镇登记失业人数）×100%

职工 指在国有经济、城镇集体经济、联营经济、股份制经济、外商和港、澳、台投资经济、其他经济单位及其附属机构工作，并由其支付工资的各类人员，不包括下列人员：（1）乡镇企业就业人员；（2）私营企业就业人员；（3）城镇个体劳动者；（4）离休、退休、退职人员；（5）再就业的离、退休人员；（6）民办教师；（7）在城镇单位中工作的外方人员和港、澳、台人员；（8）其他按有关规定不列入职工统计范围的人员。(1998年以后的数据均为在岗职工数据，其他相关指标如职工工资总额，职工平均工资等指标也从1998年按此口径进行了相应调整)。

在岗职工 指在本单位工作并由单位支付工资的人员，以及有工作岗位，但由于学习、病伤产假等原因暂未工作，仍由单位支付工资的人员。

工资总额 指各单位在一定时期内直接支付给本单位全部职工的劳动报酬总额。

工资总额的计算原则应以直接支付给职工的全部劳动报酬为根据。各单位支付给职工的劳动报酬以及其他根据有关规定支付的工资，不论是计入成本的还是不计入成本的，不论是按国家规定列入计征奖金税项目的，还是未列入计征奖金税项目的，不论是以货币形式支付的还是以实物形式支付的，均包括在工资总额内。

平均工资 指企业、事业、机关单位的职工在一定时期内平均每人所得的货币工资额。它表明一定时期职工工资收入的高低程度，是反映职工工资水平的主要指标。计算公式为：

平均工资=报告期实际支付的全部职工工资总额/报告期全部职工平均人数

6

INVESTMENT IN FIXED ASSETS

固定资产投资

6-1 固定资产投资

指　标	单 位	2015	2016	2016年比2015年增长（%）
投资总额	**万 元**	**25829135**	**29558162**	**14.44**
#住宅	万 元	2768746	2032344	-26.60
#国有经济控股	万 元	8637424	11803050	36.65
按构成分				
建筑安装工程	万 元	17577761	20234253	15.11
设备工器具的购置	万 元	6496029	6663107	2.57
其他费用	万 元	1755345	2660802	51.58
按三次产业分				
第一产业	万 元	614088	819319	33.42
第二产业	万 元	12336881	12934220	4.84
第三产业	万 元	12878166	15804623	22.72
按登记类型分				
国有经济	万 元	8025791	9501763	18.39
集体经济	万 元	468332	210835	-54.98
私营个体经济	万 元	7058825	7216012	2.23
股份制经济	万 元	9708841	11865059	22.21
港澳台投资经济	万 元	58619	29544	-49.60
外商投资经济	万 元	42180	179569	325.72
其他经济	万 元	466547	555380	19.04
本年资金来源合计	**万 元**	**27792488**	**29881820**	**7.52**
#国家预算内资金	万 元	410749	428567	4.34
国内贷款	万 元	4910933	5029998	2.42
利用外资	万 元	1330		
自筹资金	万 元	20420131	21556911	5.57
其他资金来源	万 元	1423171	2330299	63.74
本年新增固定资产	**万 元**	**21940746**	**19395589**	**-11.60**
本年施工房屋面积	**万平方米**	**3944.06**	**2567.44**	**-34.90**
#住宅	万平方米	1824.93	1593.26	-12.69
本年竣工房屋面积	**万平方米**	**432.28**	**532.36**	**23.15**
#住宅	万平方米	258.42	228.91	-11.42

注：1、按资金来源分组为财务拨款数，各项相加不等于投资总额。以下各表同；
2、由于投资统计制度改革，从2014年起，投资统计范围由城乡计划总投资50万元及以上建设项目，调整为城乡计划总投资500万元及以上建设项目，并对2002年以后数据进行了修订。以下各表同。

6-2　1992-2016年固定资产投资及分组

单位：万元

年份	投资总额	#住宅	按经济类型分				
			国有经济	集体经济	#城镇集体	个体经济	其他经济
1992	177003	34313	168403	7397	7397	1203	
1993	371725	86700	332281	15696	15696	3777	19971
1994	464517	87120	430219	11739	11739	3215	19344
1995	610503	88814	583493	5452	5452	6840	14718
1996	459118	115335	421441	3890	3890	9387	24400
1997	419178	120864	380650	5237	5237	5120	28171
1998	434333	123472	367865	5453	5453	16830	44185
1999	419715	82860	343520	3328	3328	1742	71125
2000	539492	111175	423378	3736	3736	2819	109559
2001	652392	132483	471553	6430	6430	2537	171872
2002	996252	117536	610468	10344	10344	2061	373379
2003	1456325	164364	616917	28947	28947	4157	806304
2004	2215798	181990	940450	32256	32256	13122	1229970
2005	3262763	205609	1483504	58512	57555	19847	1700901
2006	3907811	400298	1560829	91440	91179	9167	2246375
2007	5231387	589965	2101955	151476	137739	18346	2959609
2008	7032030	964480	2568489	201534	195088	29742	4232265
2009	9767489	806575	3034619	177370	177370	20918	6534582
2010	11721963	1002343	3562601	344569	322509	5155	7809638
2011	14065184	1366537	3602363	400085	395496	12466	10050270
2012	16497054	947082	3446601	1083544	1071322	67174	11899735
2013	19473122	1094367	4537989	499424	491684	146905	14288804
2014	22397985	1912524	6901645	278059	266659	41890	15176391
2015	25829135	2768746	8025791	468332		18980	17316032
2016	29558162	2032344	9501763	210835		3250	19842314

注：2015年起固定资产投资不再按城镇投资和农村非农户投资划分。

6-2 续 表

单位：万元

年 份	按隶属关系分			按三次产业分			房屋建筑面积（万平方米）		
	中央项目	地方项目	#市属项目	第一产业	第二产业	第三产业	施工面积	竣工面积	#住宅
1992	18485	158518	78040	332	132874	43797	288.37	123.05	69.98
1993	61432	310293	125539	232	267767	103726	364.08	171.30	112.56
1994	44965	419552	119201	284	345614	118619	363.67	197.46	135.47
1995	101717	508786	101569	302	506819	103382	305.38	182.87	136.62
1996	53515	405603	131756	1133	341171	116814	416.28	163.64	132.55
1997	68082	351096	162595	1157	271677	146344	449.30	298.29	238.08
1998	55903	378430	238789	5511	226065	202757	379.15	236.15	175.16
1999	72127	347588	205617	7148	220981	191586	326.63	191.28	138.80
2000	52129	487363	254914	13165	285204	241123	383.78	217.48	158.76
2001	50855	601537	304342	12940	354608	284844	439.69	228.15	171.62
2002	72345	923907	705797	55947	475119	465185	490.20	224.31	122.59
2003	116258	1340067	1043445	26519	901336	528470	772.22	456.78	292.31
2004	160478	2055320	1412214	25580	1483289	706930	742.07	372.22	183.94
2005	259779	3002984	2436315	43438	1961624	1257700	806.02	487.29	252.18
2006	255078	3652733	2972927	51984	2371164	1484663	1068.71	465.06	222.68
2007	269652	4961735	4312238	61303	2758118	2411965	1761.36	776.12	327.77
2008	465850	6566180	5969266	123687	3498828	3409515	1998.31	469.23	227.76
2009	635189	9132300	7199039	185505	5099085	4482899	2158.88	845.51	430.77
2010	735527	10986436	10293961	284350	5980708	5456905	2744.85	976.94	424.45
2011	325678	13739506	13253430	249445	6615283	7200456	3523.34	1382.32	562.00
2012	303859	16193195	15782886	420869	8966981	7109204	2890.85	806.52	330.87
2013	340782	19132340	18159807	533787	10279862	8659474	3140.20	813.57	356.27
2014	1153385	21244600	20198883	589367	11204969	10603649	2970.60	356.88	208.08
2015	494308	25334827	25058184	614088	12336881	12878166	3944.06	432.28	258.42
2016	571950	28986212	27829498	819319	12934220	15804623	2567.44	532.36	228.91

6-3　1992-2016年固定资产投资资金来源

单位：万元

年 份	资金来源				构成（%）			
	国家预算内资金	国内贷款	利用外资	自筹和其他资金	国家预算内资金	国内贷款	利用外资	自筹和其他资金
1992	7185	56438	8291	110313	3.9	31.0	4.5	60.6
1993	14017	66471	22370	191178	4.8	22.6	7.6	65.0
1994	9529	97697	9527	394000	1.9	19.1	1.9	77.1
1995	12639	46414	41422	445600	2.3	8.5	7.6	81.6
1996	17283	58992	11215	266134	4.9	16.7	3.2	75.2
1997	7556	56059	12536	301553	2.0	14.8	3.3	79.9
1998	44030	45772	10126	273960	11.8	12.2	2.7	73.3
1999	28341	85834	35396	285063	6.5	19.7	8.1	65.7
2000	43935	127328	27122	257493	9.6	27.9	5.9	56.6
2001	37518	162306	110695	344931	5.7	24.8	16.9	52.6
2002	78421	102759	10817	709395	8.7	11.4	1.2	78.7
2003	82533	152260	17076	1171117	5.8	10.7	1.2	82.3
2004	49474	216451	10307	1785202	2.4	10.5	0.5	86.6
2005	116382	352471	19951	2836392	3.5	10.6	0.6	85.3
2006	19453	178964	31124	3660991	0.5	4.6	0.8	94.1
2007	52539	168125	26270	5006971	1.0	3.2	0.5	95.3
2008	53494	100301	53494	6479432	0.8	1.5	0.8	96.9
2009	58477	155938	29238	9502473	0.6	1.6	0.3	97.5
2010	96933	508899	24233	11486569	0.8	4.2	0.2	94.8
2011	73256	1347906	29302	13200692	0.5	9.2	0.2	90.1
2012	207514	1106742	17293	15961294	1.2	6.4	0.1	92.3
2013	125761	1362406	13320	19471923	0.6	6.5		92.9
2014	476616	4859253	21000	19212322	1.9	19.8	0.1	78.2
2015	410749	4910933	1330	21843302	1.5	18.1		80.4
2016	428567	5029998		23887210	1.5	17.1		81.4

6-4　1992-2016年固定资产投资构成

单位：万元

年 份	固定资产投资	建筑安装工程	设备工具器具购置	其他费用	构成（%）		
					建筑安装工程	设备工具器具购置	其他费用
1992	177003	113568	52815	10620	64.2	29.8	6.0
1993	371725	247048	102467	22210	66.5	27.6	5.9
1994	464517	322472	122478	19567	69.5	26.4	4.1
1995	610503	331720	232752	46031	54.3	38.1	7.6
1996	459118	292415	153207	13496	63.7	33.4	2.9
1997	419178	286671	121816	10691	68.4	29.1	2.5
1998	434333	324956	92391	16986	74.8	21.3	3.9
1999	419715	261819	136200	21696	62.4	32.5	5.1
2000	539492	293274	216950	29268	54.4	40.2	5.4
2001	652392	391111	174074	87207	60.0	26.7	13.3
2002	996252	544950	322786	128517	54.7	32.4	12.9
2003	1456325	799522	452917	203886	54.9	31.1	14.0
2004	2215798	1376011	655876	183911	62.1	29.6	8.3
2005	3262763	2231730	828742	202291	68.4	25.4	6.2
2006	3907811	2825347	793286	289178	72.3	20.3	7.4
2007	5231387	3588731	1109054	533601	68.6	21.2	10.2
2008	7032030	4774748	1420470	836812	67.9	20.2	11.9
2009	9767489	6563753	2373500	830237	67.2	24.3	8.5
2010	11721963	7619276	2871881	1230806	65.0	24.5	10.5
2011	14065184	9564325	3572557	928302	68.0	25.4	6.6
2012	16497054	11152009	4322228	1022817	67.6	26.2	6.2
2013	19473122	13241723	5238270	993129	68.0	26.9	5.1
2014	22397985	14987827	5394038	2016120	66.9	24.1	9.0
2015	25829135	17577761	6496029	1755345	68.0	25.2	6.8
2016	29558162	20234253	6663107	2660802	68.5	22.5	9.0

6-5 历年固定资产投资

单位：万元

年份	投资总额	城镇投资	房地产开发	农村非农户
1953	800	800		
1954	5460	5460		
1955	6051	6051		
1956	17418	17418		
1957	15707	15707		
1958	50285	50285		
1959	66776	66776		
1960	53740	53740		
1961	11202	11202		
1962	7879	7879		
1963	8267	8267		
1964	12031	12031		
1965	21354	21354		
1966	26376	26376		
1967	10257	10257		
1968	13950	13950		
1969	8455	8455		
1970	17187	17187		
1971	17037	17037		
1972	13814	13814		
1973	11527	11527		
1974	13945	13945		
1975	16197	16197		
1976	12428	12428		
1977	10664	10664		
1978	19252	19252		
1979	23215	23215		
1980	22913	22913		
1981	20624	20624		
1982	24759	24759		
1983	25292	25292		

6-5 续 表

单位：万元

年 份	投资总额	城镇投资	房地产开发	农村非农户
1984	26021	26021		
1985	55188	55188		
1986	58636	58636		
1987	74546	74546		
1988	85584	85584		
1989	93873	93873		
1990	94322	92145	2177	
1991	110183	107294	2889	
1992	177003	170560	1203	
1993	371725	352291	19434	
1994	464517	443917	20600	
1995	610503	590377	20126	
1996	459118	432956	26162	
1997	419178	386098	33080	
1998	434333	374985	59348	
1999	419715	359634	60081	
2000	539492	461434	78058	
2001	652392	539675	112717	
2002	996252	901826	94426	
2003	1456325	1339694	116631	
2004	2215798	2021828	193970	
2005	3262763	3053092	201838	7833
2006	3907811	3505726	386077	16008
2007	5231387	4547786	533447	150154
2008	7032030	6090844	908929	32258
2009	9767489	8650636	914285	202568
2010	11721963	10234488	1320478	166997
2011	14065184	12493365	1524440	47379
2012	16497054	15391544	1032160	73350
2013	19473122	18050749	1344068	78305
2014	22397985	20264103	1978681	155201
2015	25829135		1973219	
2016	29558162		1845728	

注：2015年起固定资产投资不再按城镇投资和农村非农户投资划分。

6-6 按经济类型分的

指　标	总　计	国有经济	集体经济
投资总额（万元）	**29558162**	**9501763**	**210835**
按构成分			
建筑安装工程	20234253	7617762	183101
设备工器具购置	6663107	792824	27503
其他费用	2660802	1091177	231
本年资金来源合计（万元）			
#国家预算内资金	428567	423613	
国内贷款	5029998	2235374	5900
利用外资			
自筹资金	21556911	5229161	204985
其他资金来源	2330299	1414899	
新增固定资产（万元）	**19395589**	**5645460**	**157450**
房屋建筑面积（万平方米）			
施工面积	2567.44	391.82	9.69
#住宅	1593.26	219.70	
竣工面积	532.36	107.98	1.78
#住宅	228.91	17.55	
房屋竣工价值（万元）	**1089462**	**59310**	**2300**
#住宅	546250	24866	

固定资产投资（2016年）

私营个体经济	股份制经济	港澳台投资经济	外商投资经济	其他经济 （含联营）
7216012	**11865059**	**29544**	**179569**	**555380**
4184809	7658129	12125	135762	442565
2280221	3464276	17117	22987	58179
750982	742654	302	20820	54636
55	3749			1150
1344846	1404858	6260	7760	25000
5618170	9817543	23334	170010	493708
371709	469601		39147	34943
5598160	**7436084**	**29544**	**64402**	**464489**
976.66	1143.78		30.89	14.60
647.25	699.79		26.52	
216.38	191.72			14.51
104.58	106.78			
548232	**454600**			**24720**
233517	287867			

6-7　按行业分的固定资产投资

单位：万元

行　业	2015	2016	2016年比2015年增长（%）
农、林、牧、渔业	**614088**	**819319**	**33.4**
农业	133233	285146	114.0
林业	72911	155019	112.6
畜牧业	295238	298176	1.0
渔业	19057	3800	-80.1
农、林、牧、渔服务业	93649	77178	-17.6
采矿业	**1386374**	**1120038**	**-19.2**
煤炭开采和洗选业	397383	363399	-8.6
黑色金属矿采选业	869190	616231	-29.1
有色金属矿采选业	67325	87160	29.5
非金属矿采选业	37405	35878	-4.1
开采辅助活动	9000	9386	4.3
其他采矿业	371	95	
制造业	**8465800**	**9577139**	**13.1**
农副食品加工业	301765	363437	20.4
食品制造业	160300	113061	-29.5
酒、饮料和精制茶制造业	40454	58517	44.7
纺织业	57440	37776	-34.2
纺织服装、服饰业	27979	14966	-46.5
皮革、毛皮、羽毛及其制品和制鞋业	9800	7721	-21.2
木材加工和木、竹、藤、棕、草制品业	62615	40876	-34.7
家具制造业	43308	29310	-32.3
造纸和纸制品业	63735	29863	-53.1
印刷和记录媒介复制业	60995	38431	-37.0
文教、工美、体育和娱乐用品制造业	14000	12335	-11.9
石油加工、炼焦和核燃料加工业	65123	153968	136.4
化学原料和化学制品制造业	416276	594882	42.9
医药制造业	22183	31176	40.5
化学纤维制造业	6440		
橡胶和塑料制品业	220800	90836	-58.9
非金属矿物制品业	863672	779774	-9.7
黑色金属冶炼和压延加工业	1282713	1263586	-1.5
有色金属冶炼和压延加工业	869779	1527185	75.6
金属制品业	828002	870619	5.1
通用设备制造业	734103	630696	-14.1
专用设备制造业	614479	489624	-20.3

6-7　续　表 1

单位：万元

行　业	2015	2016	2016年比2015年增长（%）
汽车制造业	480562	861690	79.3
铁路、船舶、航空航天和其他运输设备制造业	134739	350095	159.8
电气机械和器材制造业	572802	1007308	75.9
计算机、通信和其他电子设备制造业	272715	77897	-71.4
仪器仪表制造业	98961	23750	-76.0
其他制造业	19710	19782	0.4
废弃资源综合利用业	25446	13392	-47.4
金属制品、机械和设备修理业	94904	44586	-53.0
电力、热力、燃气及水生产和供应业	**1855919**	**1904205**	**2.6**
电力、热力生产和供应业	1582364	1554863	-1.7
燃气生产和供应业	158130	158766	0.4
水的生产和供应业	115425	190576	65.1
建筑业	**628788**	**332838**	**-47.1**
房屋建筑业	66409	27690	-58.3
土木工程建筑业	309464	165250	-46.6
建筑安装业	96607	49344	-48.9
建筑装饰和其他建筑业	156308	90554	-42.1
批发和零售业	**1731927**	**2073921**	**19.7**
批发业	1246432	1349407	8.3
零售业	485495	724514	49.2
交通运输、仓储和邮政业	**787666**	**1631662**	**107.2**
铁路运输业	13554	10097	-25.5
道路运输业	505794	889057	75.8
水上运输业		2500	
航空运输业		3000	
管道运输业	8399	108	-98.7
装卸搬运和运输代理业	137603	264421	92.2
仓储业	113131	452122	299.6
邮政业	9185	10357	12.8
住宿和餐饮业	**184886**	**159281**	**-13.8**
住宿业	45929	63229	37.7
餐饮业	138957	96052	-30.9
信息传输、软件和信息技术服务业	**195085**	**477531**	**144.8**
电信、广播电视和卫星传输服务	7300	27411	275.5
互联网和相关服务	33360	92024	175.9
软件和信息技术服务业	154425	358096	131.9

6-7　续　表 2

单位：万元

行　业	2015	2016	2016年比2015年增长（%）
金融业	**67681**	**54930**	**-18.8**
货币金融服务	49442	43956	-11.1
资本市场服务	12259	8214	-33.0
保险业	300		
其他金融业	5680	2760	-51.4
房地产业	**3447173**	**3391783**	**-1.6**
租赁和商务服务业	**404434**	**598151**	**47.9**
租赁业	20986	38152	81.8
商务服务业	383448	559999	46.0
科学研究和技术服务业	**499256**	**425413**	**-14.8**
研究和试验发展	12772	20446	60.1
专业技术服务业	121837	111204	-8.7
科技推广和应用服务业	364647	293763	-19.4
水利、环境和公共设施管理业	**3733905**	**5330547**	**42.8**
水利管理业	119676	104593	-12.6
生态保护和环境治理业	67002	177714	165.2
公共设施管理业	3547227	5048240	42.3
居民服务、修理和其他服务业	**112643**	**116783**	**3.7**
居民服务业	67822	40570	-40.2
机动车、电子产品和日用产品修理业	26401	25308	-4.1
其他服务业	18420	50905	176.4
教育	**304315**	**431357**	**41.7**
卫生和社会工作	**163665**	**241713**	**47.7**
卫生	116229	140416	20.8
社会工作	47436	101297	113.5
文化、体育和娱乐业	**305747**	**434740**	**42.2**
广播、电视、电影和影视录音制作业	22971	32897	43.2
文化艺术业	184013	159437	-13.4
体育	87918	93179	6.0
娱乐业	8845	149227	1587.1
公共管理、社会保障和社会组织	**939783**	**436811**	**-53.5**
国家机构	477477	212541	-55.5
社会保障		48460	
群众团体、社会团体和其他成员组织	146678	68220	-53.5
基层群众自治组织	315628	107590	-65.9

6-8 分组固定资产投资

单位：万元

指 标	2015	2016	2016年比2015年增长（%）
按登记注册类型分			
内资企业	25709356	29345799	14.1
国有企业	7765985	8383287	7.9
集体企业	463472	196735	-57.6
股份合作企业		69497	
联营企业	18860	33713	78.8
国有联营企业	14000	19613	40.1
集体联营企业	4860	14100	190.1
有限责任公司	9125788	11372867	24.6
国有独资公司	245806	1098863	347.0
其他有限责任公司	8879982	10274004	15.7
股份有限公司	828859	1521558	83.6
私营企业	7039845	7212762	2.5
其他企业	466547	555380	19.0
港、澳、台商投资企业	58619	29544	-49.6
外商投资企业	42180	179569	325.7
个体经营	18980	3250	-82.9
按隶属关系分			
中央	494308	571950	15.7
地方	25334827	28986212	14.4
自治区	276643	1156714	318.1
盟市旗县	25058184	27829498	11.1
盟（市）	1724130	2041689	18.4
县（旗、县级市）	7105840	8533067	20.1
其他	16228214	17254742	6.3
按建设性质分			
新建	13992411	18910173	35.1
扩建	1138634	1369242	20.3
改建和技术改造	7587654	6472766	-14.7
单纯建造生活设施	53518	22910	-57.2
迁建	19736	106068	437.4
恢复	16579	39480	138.1
单纯购置	1047384	791795	-24.4
按控股情况分			
国有控股	8637424	11803050	36.7
集体控股	1465605	495531	-66.2
私人控股	14764030	13516477	-8.4
港澳台商控股	140294	257679	83.7
外商控股	21211	69594	228.1
按期末项目建设状态分			
在建	4671822	9322777	99.6
全部投产	19184094	17861330	-6.9

6-9 国民经济各行业按建设性质分的固定资产投资（2016年）

单位：万元

行业	投资额	新建	扩建	改建	单纯建造生活设施	迁建	恢复	单纯购置
农、林、牧、渔业	**819319**	**802134**	**9468**					**7717**
农业	285146	279896	1350					3900
林业	155019	151202						3817
畜牧业	298176	290058	8118					
渔业	3800	3800						
农、林、牧、渔服务业	77178	77178						
采矿业	**1120038**	**901964**	**92173**	**125901**				
煤炭开采和洗选业	363399	279365	4755	79279				
石油和天然气开采业	7889	7889						
黑色金属矿采选业	616231	484687	87015	44529				
有色金属矿采选业	87160	87160						
非金属矿采选业	35878	33477	403	1998				
开采辅助活动	9386	9386						
其他采矿业	95			95				
制造业	**9577139**	**6118175**	**488525**	**2414101**		**94943**	**19000**	**442395**
农副食品加工业	363437	291903	24174	37480				9880
食品制造业	113061	82976	16129	9056				4900
酒、饮料和精制茶制造业	58517	53717		4800				
纺织业	37776	13533	4880	14563				4800
纺织服装、服饰业	14966	3680	7198	2500				1588
皮革、毛皮、羽毛及其制品和制鞋业	7721	4121		3600				
木材加工和木、竹、藤、棕、草制品业	40876	30425	1043	8156				1252
家具制造业	29310	29310						
造纸和纸制品业	29863	16313		13550				
印刷和记录媒介复制业	38431	20250		13981				4200
文教、工美、体育和娱乐用品制造业	12335	9635		2700				
石油加工、炼焦和核燃料加工业	153968	85564		49404			19000	
化学原料和化学制品制造业	594882	544099	19297	21626				9860
医药制造业	31176	22826	3550					4800
化学纤维制造业								
橡胶和塑料制品业	90836	62922	4785	18229				4900
非金属矿物制品业	779774	586200	83094	73103				37377
黑色金属冶炼和压延加工业	1263586	406667	108166	725964				22789
有色金属冶炼和压延加工业	1527185	968715	113040	440630				4800
金属制品业	870619	632236	51204	149384				37795
通用设备制造业	630696	414061	20564	134129		14999		46943
专用设备制造业	489624	261474	13090	102074		69814		43172

6-9 续 表 1

单位：万元

行　业	投资额	新建	扩建	改建	单纯建造生活设施	迁建	恢复	单纯购置
汽车制造业	861690	506477		222131		10130		122952
铁路、船舶、航空航天和其他运输设备制造业	350095	334705		4890				10500
电气机械和器材制造业	1007308	594691	9517	346262				56838
计算机、通信和其他电子设备制造业	77897	59885	4920	8199				4893
仪器仪表制造业	23750	23750						
其他制造业	19782	7489	3874	3798				4621
废弃资源综合利用业	13392	13392						
金属制品、机械和设备修理业	44586	37159		3892				3535
电力、热力、燃气及水生产和供应业	**1904205**	**1653523**	**116612**	**115634**				**18436**
电力、热力生产和供应业	1554863	1346344	95155	108464				4900
燃气生产和供应业	158766	152676	3710	2380				
水的生产和供应业	190576	154503	17747	4790				13536
建筑业	**332838**	**68728**	**17654**	**235097**				**11359**
房屋建筑业	27690	19937	4790	2963				
土木工程建筑业	165250	44791		120459				
建筑安装业	49344	800		48544				
建筑装饰和其他建筑业	90554	3200	12864	63131				11359
批发和零售业	**2073921**	**619627**	**95434**	**1259957**				**98903**
批发业	1349407	325754	49296	948484				25873
零售业	724514	293873	46138	311473				73030
交通运输、仓储和邮政业	**1631662**	**1149730**	**160246**	**289446**				**32240**
铁路运输业	10097	6145		3952				
道路运输业	889057	513738	96886	251066				27367
水上运输业	2500			2500				
航空运输业	3000			3000				
管道运输业	108	108						
装卸搬运和运输代理业	264421	228018	28980	5650				1773
仓储业	452122	401721	24023	23278				3100
邮政业	10357		10357					
住宿和餐饮业	**159281**	**34450**	**20960**	**101742**				**2129**
住宿业	63229	20000	6120	34980				2129
餐饮业	96052	14450	14840	66762				
信息传输、软件和信息技术服务业	**477531**	**379056**	**9438**	**60137**				**28900**
电信、广播电视和卫星传输服务	27411	23880		2500				1031
互联网和相关服务	92024	69751		18273				4000
软件和信息技术服务业	358096	285425	9438	39364				23869

6-9 续 表2

单位：万元

行　业	投资额	新建	扩建	改建	单纯建造生活设施	迁建	恢复	单纯购置
金融业	**54930**	**28139**		**26791**				
货币金融服务	43956	28139		15817				
资本市场服务	8214			8214				
保险业								
其他金融业	2760			2760				
房地产业	**1546055**	**1460758**	**8900**	**44495**	**8000**	**11125**		**12777**
租赁和商务服务业	**598151**	**389915**	**17707**	**167946**				**22583**
租赁业	38152	12120	3851	9335				12846
商务服务业	559999	377795	13856	158611				9737
科学研究和技术服务业	**425413**	**205330**	**28480**	**174474**				**17129**
研究和试验发展	20446	14554		2980				2912
专业技术服务业	111204	49954		51933				9317
科技推广和应用服务业	293763	140822	28480	119561				4900
水利、环境和公共设施管理业	**5330547**	**3920282**	**163891**	**1215035**	**9700**		**20480**	**1159**
水利管理业	104593	98934		4500				1159
生态保护和环境治理业	177714	142630	34104	980				
公共设施管理业	5048240	3678718	129787	1209555	9700		20480	
居民服务、修理和其他服务业	**116783**	**26240**	**16000**	**46087**				**28456**
居民服务业	40570	6440	4560	20255				9315
机动车、电子产品和日用产品修理业	25308	2870		11608				10830
其他服务业	50905	16930	11440	14224				8311
教育	**431357**	**320254**	**27150**	**62642**	**4900**			**16411**
卫生和社会工作	**241713**	**162877**	**20188**	**21044**	**310**			**37294**
卫生	140416	69889	13768	19155	310			37294
社会工作	101297	92988	6420	1889				
文化、体育和娱乐业	**434740**	**356681**	**5900**	**60252**				**11907**
新闻和出版业								
广播、电视、电影和影视录音制作业	32897	9600	1200	12225				9872
文化艺术业	159437	143573	1200	12629				2035
体育	93179	87179		6000				
娱乐业	149227	116329	3500	29398				
公共管理、社会保障和社会组织	**436811**	**312310**	**70516**	**51985**				**2000**
国家机构	212541	138100	44866	27575				2000
社会保障	48460	48460						
群众团体、社会团体和其他成员组织	68220	26660	25650	15910				
基层群众自治组织	107590	99090		8500				

6-10　国民经济各行业新增固定资产

单位：万元

行　业	2015	2016	2016年比2015年增长（%）
农、林、牧、渔业	**361050**	**648115**	**79.5**
农业	86579	222606	157.1
林业	30948	89739	190.0
畜牧业	163769	259104	58.2
渔业	13407	3800	-71.7
农、林、牧、渔服务业	66347	72866	9.8
采矿业	**1066559**	**960943**	**-9.9**
煤炭开采和洗选业	487959	315838	-35.3
石油和天然气开采业	3600	7789	116.4
黑色金属矿采选业	476356	522395	9.7
有色金属矿采选业	63214	82160	30.0
非金属矿采选业	35430	23375	-34.0
开采辅助活动		9386	
其他采矿业			
制造业	**8525253**	**6458879**	**-24.2**
农副食品加工业	235569	244109	3.6
食品制造业	153500	101034	-34.2
酒、饮料和精制茶制造业	39468	52639	33.4
纺织业	50070	37776	-24.6
纺织服装、服饰业	27979	14966	-46.5
皮革、毛皮、羽毛及其制品和制鞋业	9800	3600	-63.3
木材加工和木、竹、藤、棕、草制品业	107406	48142	-55.2
家具制造业	43308	29310	-32.3
造纸和纸制品业	34432	18450	-46.4
印刷和记录媒介复制业	60995	36171	-40.7
文教、工美、体育和娱乐用品制造业	14000	12335	-11.9
石油加工、炼焦和核燃料加工业	65069	149773	130.2
化学原料和化学制品制造业	230712	224053	-2.9
医药制造业	23289	34276	47.2
橡胶和塑料制品业	192047	90836	-52.7
非金属矿物制品业	756642	593090	-21.6
黑色金属冶炼和压延加工业	2068919	458787	-77.8
有色金属冶炼和压延加工业	813922	984398	20.9
金属制品业	761071	817707	7.4
通用设备制造业	707586	556246	-21.4
专用设备制造业	534436	355462	-33.5

6-10 续 表1

单位：万元

行 业	2015	2016	2016年比2015年增长（%）
汽车制造业	419229	574079	36.9
铁路、船舶、航空航天和其他运输设备制造业	149449	226700	51.7
电气机械和器材制造业	505290	641338	26.9
计算机、通信和其他电子设备制造业	264315	58997	-77.7
仪器仪表制造业	98923	22450	-77.3
其他制造业	19710	19782	0.4
废弃资源综合利用业	25446	11392	-55.2
金属制品、机械和设备修理业	111304	40981	-63.2
电力、热力、燃气及水生产和供应业	**1614774**	**838979**	**-48.0**
电力、热力生产和供应业	1297082	622767	-52.0
燃气生产和供应业	214767	123043	-42.7
水的生产和供应业	102925	93169	-9.5
建筑业	**473227**	**331083**	**-30.0**
房屋建筑业	32146	31080	-3.3
土木工程建筑业	222196	164885	-25.8
建筑安装业	92097	48544	-47.3
建筑装饰和其他建筑业	126788	86574	-31.7
批发和零售业	**1784303**	**1985780**	**11.3**
批发业	1307704	1303740	-0.3
零售业	476599	682040	43.1
交通运输、仓储和邮政业	**708989**	**580954**	**-18.1**
铁路运输业	13554	3500	-74.2
道路运输业	461457	330558	-28.4
水上运输业		2500	
航空运输业		3000	
管道运输业	8300	530	-93.6
装卸搬运和运输代理业	112746	63249	-43.9
仓储业	103747	170720	64.6
邮政业	9185	6897	-24.9
住宿和餐饮业	**187156**	**137371**	**-26.6**
住宿业	44329	50669	14.3
餐饮业	142827	86702	-39.3
信息传输、软件和信息技术服务业	**154407**	**366679**	**137.5**
电信、广播电视和卫星传输服务	7300	27411	275.5
互联网和相关服务	33660	92024	173.4
软件和信息技术服务业	113447	247244	117.9

6-10 续 表 2

单位：万元

行　业	2015	2016	2016年比2015年增长（%）
金融业	**45448**	**26984**	**-40.6**
货币金融服务	27209	16010	-41.2
资本市场服务	12259	8214	-33.0
保险业	300		
其他金融业	5680	2760	-51.4
房地产业	**1160486**	**1157190**	**-0.3**
租赁和商务服务业	**464305**	**368100**	**-20.7**
租赁业	20986	38152	81.8
商务服务业	443319	329948	-25.6
科学研究和技术服务业	**426198**	**327078**	**-23.3**
研究和试验发展	12772	13543	6.0
专业技术服务业	125737	74014	-41.1
科技推广和应用服务业	287689	239521	-16.7
水利、环境和公共设施管理业	**3301467**	**3850248**	**16.6**
水利管理业	111844	94663	-15.4
生态保护和环境治理业	63553	116458	83.2
公共设施管理业	3126070	3639127	16.4
居民服务、修理和其他服务业	**105843**	**112263**	**6.1**
居民服务业	64822	43570	-32.8
机动车、电子产品和日用产品修理业	26401	25308	-4.1
其他服务业	14620	43385	196.8
教育	**278595**	**409329**	**46.9**
卫生和社会工作	**159053**	**126660**	**-20.4**
卫生	114217	89138	-22.0
社会工作	44836	37522	-16.3
文化、体育和娱乐业	**297712**	**354468**	**19.1**
新闻和出版业			
广播、电视、电影和影视录音制作业	22971	32897	43.2
文化艺术业	173413	94914	-45.3
体育	92768	90839	-2.1
娱乐业	8560	135818	1486.7
公共管理、社会保障和社会组织	**825921**	**354486**	**-57.1**
国家机构	392489	140016	-64.3
社会保障		42160	
群众团体、社会团体和其他成员组织	134581	64720	-51.9
基层群众自治组织	298851	107590	-64.0

6-11　固定资产投资新增生产能力（2016年）

能力名称	单　位	新增生产能力
原煤开采	万吨/年	207.0
铁矿开采(原矿)	万吨/年	251.4
生铁	万吨/年	4.9
钢材	万吨/年	233.0
电解铝	吨/年	
铝加工	万吨/年	12.6
火力发电	万千瓦	5.0
风力发电	万千瓦	31.6
太阳能发电	万千瓦	20.2
输电线路长度(110KV及以上)	公里	95.2
水泥	万吨/年	159.0
氮肥	吨/年	4900
新建铁路里程	公里	
新建公路	公里	24.9
#一级公路	公里	3.9
改建公路	公里	140.2
#一级公路	公里	56.1
新(扩)建公路客、货运站	个	
新(扩)建公路客、货运站	平方米	
城市自来水供水能力	万吨/日	
城市污水处理能力	万吨/日	3.0

6-12　2011-2016年房地产开发主要指标

项　目	2011	2012	2013	2014	2015	2016
企业个数（个）	**322**	**324**	**331**	**328**	**333**	**345**
内资	317	320	327	324	330	342
#国有	11	12	13	4	4	10
集体						
港、澳、台投资	4	3	3	3	2	2
外商投资	1	1	1	1	1	1
平均从业人员（人）	**10522**	**9962**	**9963**	**9808**	**8386**	**8446**
内资	10328	9845	9858	9699	8279	8350
#国有	443	322	327	116	110	248
集体						
港、澳、台投资	174	21	9	10	9	9
外商投资	20	96	96	99	98	87
土地开发及购置						
本年土地购置面积（万平方米）	251.62	143.96	186.97	130.48	112.35	42.50
本年土地成交价款（万元）	238720	251819	265835	306075	224398	66267
本年完成投资额（万元）	**2341741**	**1585583**	**2064694**	**1978681**	**1973219**	**1845728**
#住宅	1682473	1086398	1423593	1327232	1397706	1235309
资金来源小计（万元）	**2661313**	**1679640**	**2364356**	**2294768**	**2286498**	**2216852**
#国内贷款	71615	56185	242255	219702	254102	118850
自筹资金	2116252	1086651	1345221	1103787	1329796	1306465
房屋建筑面积（万平方米）						
施工面积	1990.18	1633.77	2028.12	2162.32	2210.20	2019.11
竣工面积	523.61	253.29	263.16	205.46	334.66	290.27
本年新开工面积	783.54	598.52	721.27	531.84	455.20	342.27
#住宅	620.08	423.01	535.24	331.70	320.28	241.69
竣工房屋价值（万元）	1167737	722208	819242	591129	1020832	718503
竣工房屋造价（元/平方米）	2230.2	2851.3	3113.1	2877.1	3050.4	2475.3
商品房屋销售面积（万平方米）	**730.65**	**354.30**	**408.28**	**377.43**	**399.71**	**459.65**
#住宅	591.97	314.15	352.30	317.16	332.81	404.70
商品房屋销售价格（元/平方米）	**4421.8**	**4566.8**	**5245.2**	**5144.6**	**4898.0**	**4764.6**
#住宅	3997.9	4292.6	4707.6	4810.9	4359.6	4563.4

注：2011年起平均从业人员指标取消，用期末从业人员数代替。

6-13　2010-2016年房地产开发企业（单位）的土地购置及成交价款

年　份	待开发的土地面积（万平方米）	本年购置土地面积（万平方米）	本年土地成交价款（万元）
2010	214.93	423.91	424489
2011	100.91	251.62	238720
2012	53.00	143.96	251819
2013	24.80	186.97	265835
2014	27.17	130.48	306075
2015	15.29	112.35	224398
2016	41.52	42.50	66267

6-14　2010-2016年房地产开发建设投资情况

单位：万元

年　份	实际需要总投资	自开始建设至本年底累计完成投资	#本年完成投资	全部建成尚需投资
2010	5869558	3892267	2028264	1977291
2011	7846489	5479813	2341741	2366676
2012	8418309	5091113	1585583	3327196
2013	9580831	6264967	2064694	3315864
2014	11322323	7702763	1978681	3619560
2015	12529732	9049387	1973219	3480345
2016	15379937	10276036	1845728	5103901

6-15　2010-2016年按用途分的房地产开发投资完成额

单位：万元

年　份	本年完成投资额	住宅	#别墅、高档公寓	办公楼	商业营业用房	其　他
2010	2028264	1411621	29717	126665	362730	127248
2011	2341741	1682473	33037	98851	410815	149602
2012	1585583	1086398	13851	97337	240015	161833
2013	2064694	1423593	68444	101279	355236	184586
2014	1978681	1327232	64894	93506	399833	158110
2015	1973219	1397706	74077	61120	324118	190275
2016	1845728	1235309	55856	36837	403240	170342

6-16 1994-2016年商品房屋销售情况

年 份	房屋销售面积（万平方米）	#住宅	商品房屋销售额（万元）	#住宅
1994	13.27	12.04	12730	11769
1995	15.21	14.16	16454	14440
1996	16.85	15.52	16348	14258
1997	24.68	22.02	23429	17854
1998	36.39	31.59	30748	23581
1999	55.49	45.06	48567	36633
2000	64.08	56.04	61546	49041
2001	67.95	64.81	68892	63328
2002	75.21	68.94	76286	61997
2003	114.04	99.05	127351	101913
2004	137.52	125.22	184962	156725
2005	217.49	182.54	376736	281228
2006	262.03	229.25	508412	387547
2007	306.86	265.63	940240	699922
2008	418.73	337.65	1353379	1008590
2009	570.05	517.66	1927244	1665846
2010	597.72	473.96	2665691	1624098
2011	730.65	591.97	3230772	2366622
2012	354.30	314.15	1618014	1348541
2013	408.28	352.30	2141525	1658466
2014	377.43	317.16	1941711	1525817
2015	399.71	332.81	1957793	1450910
2016	459.65	404.70	2190042	1846792

主要统计指标解释

全社会固定资产投资　以货币形式表现的在一定时期内全社会建造和购置固定资产的工作量以及与此有关的费用的总称。该指标是反映固定资产投资规模、结构和发展速度的综合性指标,又是观察工程进度和考核投资效果的重要依据。全社会固定资产投资按登记注册类型可分为国有、集体、个体、联营、股份制、外商、港澳台商、其他等。

城镇固定资产投资　指城镇各种登记注册类型的企业、事业、行政单位及个体户进行的计划总投资（或实际需要总投资）500万元及500万元以上的建设项目投资、房地产开发投资、城镇和工矿区私人建房投资。县城及以上区域内发生的投资，县及县以上各级政府及主管部门直接领导、管理的建设项目和企业事业单位的投资均为城镇固定资产投资。

房地产开发投资　指各种登记注册类型的房地产开发公司、商品房建设公司及其他房地产开发法人单位和附属于其他法人单位实际从事房地产开发或经营活动的单位统一开发的包括统代建、拆迁还建的住宅、厂房、仓库、饭店、宾馆、度假村、写字楼、办公楼等房屋建筑物和配套的服务设施，土地开发工程（如道路、给水、排水、供电、供热、通讯、平整场地等基础设施工程）的投资；不包括单纯的土地交易活动。

农村投资　包括在农村区域范围内进行固定资产投资活动的企业、事业、行政单位及农村个人投资。

固定资产投资的资金来源　根据固定资产投资的资金来源不同，分为国家预算内资金、国内贷款、利用外资、自筹资金和其他资金来源。

（1）国家预算内资金：分为财政拨款和财政安排的贷款两部分。包括中央财政的基本建设基金（分经营性基金和非经营性基金两部分）、专项支出（如煤代油专项等）、收回再贷、贴息资金，财政安排的挖潜改造和新产品试制支出、城建支出、商业部门简易建筑支出、不发达地区发展基金等资金中用于固定资产投资的资金；地方财政中由国家统筹安排的资金等。

（2）国内贷款：指报告期内企、事业单位向银行及非银行金融机构借入的用于固定资产投资的各种国内借款。包括银行利用自有资金及吸收的存款发放的贷款、上级主管部门拨入的国内贷款、国家专项贷款（包括煤代油贷款、劳改煤矿专项贷款等）、地方财政专项资金安排的贷款、国内储备贷款、周转贷款等。

（3）利用外资：指报告期收到的用于固定资产建造和购置的国外资金（包括设备、材料、技术在内）。包括对外借款（外国政府、国际金融组织贷款、出口信贷、外国银行商业贷款、对外发行债券和股票）、外商直接投资及外商其他投资。不包括我国自有外汇资金（国家外汇、地方外汇、留成外汇、调剂外汇和中国银行自有资金发行的外汇贷款等）。计算利用外资时，需要折算成人民币，折算中所使用的外汇汇率按现汇计算，即按使用外

（4）自筹资金：指建设单位报告期内收到的，用于进行固定资产投资的上级主管部门、地方和企、事业单位自筹资金。

（5）其他资金来源：指报告期内收到的除以上各种拨款、借款、自筹资金之外，其他用于固定资产投资的资金。

固定资产投资按国民经济行业分　建设项目归哪个行业，按其建成投产后的主要产品或主要用途及社会经济活动性质来确定。基本

建设按建设项目划分国民经济行业，更新改造、国有单位其他固定资产投资及城镇集体投资根据整个企业、事业单位所属的行业来划分。一般情况下，一个建设项目或一个企业、事业单位只属于一种国民经济行业。为了更准确地反映国民经济各行业之间的比例关系，联合企业（总厂）所属分厂属于不同行业，原则上按分厂划分行业。

固定资产投资按隶属关系分 是按建设单位或企业、事业、行政单位的主管上级机关确定的。

（1）中央：是指中共中央、人大常委会和国务院各部、委、局、总公司以及直属机构直接领导的建设项目和企业、事业、行政单位。这些单位的固定资产投资计划由国务院各部门直接编制和下达，建设中所需物资、主要设备以及建设中的问题都由中央有关部门安排和解决。

（2）地方：是由省（自治区、直辖市）、地区（州、盟、省辖市）、县（旗、县级市）三级政府及业务主管部门直接领导和管理的建设项目、企业、事业、行政单位。地方项目还包括不隶属以上各级政府及主管部门的建设项目和企业、事业单位，如外商投资企业和无主管部门的企业等。

固定资产投资按建设性质分 根据整个建设项目情况来确定。建设项目的性质一般分为新建、扩建、改建和技术改造、迁建、恢复。房地产开发单位、农村投资、城镇工矿区私人建房投资不划分建设性质。

（1）新建：一般指从无到有“平地起家”开始建设的企业、事业和行政单位或建设项目。现有企业、事业、行政单位一般不属于新建。但如有的单位原有基础很小，经过建设后新增的固定资产价值超过该企、事业、行政单位原有固定资产价值（原值）三倍以上的也应作为新建。

（2）扩建：指在厂内或其他地点，为扩大原有产品的生产能力（或效益）或增加新的产品生产能力，而增建主要的生产车间（或主要工程）、分厂、独立的生产线。行政、事业单位在原单位增建业务用房（如学校增建教学用房、医院增建门诊部、病房等）也作为扩建。

现有企、事业单位为扩大原有主要产品生产能力或增加新的产品生产能力，增建一个或几个主要生产车间（或主要工程）、分厂，同时进行一些更新改造工程的，也应作为扩建。

（3）改建和技术改造：指现有企业、事业单位，对原有设施进行技术改造或更新（包括相应配套的辅助性生产、生活福利设施）的建设项目。现有企业、事业单位为适应市场变化的需要，而改变企业的主要产品种类（如军工企业转产民用品等）的建设项目，应作为改建。原有产品生产作业线由于各工序（车间）之间能力不平衡，为填平补齐充分发挥原有生产能力而增建不增加本企业主要产品设计能力的车间，也应作为改建。技术改造是指企业、事业单位在现有基础上，用先进的技术代替落后的技术，用先进的工艺和装备代替落后的工艺和装备，以改变企业落后的技术经济面貌，实现以内涵为主的扩大再生产，达到提高产品质量、促进产品更新换代、节约能源、降低消耗、扩大生产规模、全面提高社会经济效益的目的。技术改造具体包括以下内容：机器设备和工具的更新改造；生产工艺改革、节约能源和原材料的改造；厂房建筑和公共设施的改造；劳动条件和生产环境的改造等。

固定资产投资按构成分 固定资产投资活动按其工作内容和实现方式分为建筑安装工程，设备、工具、器具购置，其他费用三个部分。

（1）建筑安装工程（建筑安装工作量）：指各种房屋、建筑物的建造工程和各种设备、装置的安装工程。包括各种房屋建造工程，各种用途设备基础和各种工业窑炉的砌筑工程及金属结构工程；为施工而进行的各种准备工作和临时工程以及完工后的清理工作等；铁路、道路的铺设，矿井的开凿及石油管道的架设等；水利工程；防空地下建筑等特殊工程；列入房屋工程预算内的暖气、卫生、通风、照明、煤气等设备的价值及装设油饰工程；列入建筑工程预算内的各种管道（蒸汽、压缩空气、石油、给排水等管道）、电力、电讯电缆导线等的敷设工程；以及各种机械设备的安装工程；为测定安装工程质量，对设备进行的试运工作；房地产开发单位进行的商品房屋开发建设工程、土地开发工程。

在安装工程中，不包括被安装设备本身的价值。

（2）设备、工具、器具购置：指建设单位或企、事业单位购置或自制的，达到固定资产标准的设备、工具、器具的价值。新建单位及扩建单位的新建车间，按照设计或计划要求购置或自制的全部设备、工具、器具，不论是否达到固定资产标准均计入“设备、工具、器具购置”中。

（3）其他费用：指在固定资产建造和购置过程中发生的，除上述几项内容以外的各种应分摊计入固定资产的费用。

施工项目　指报告期内进行过建筑或安装施工活动的项目。凡是报告期内施过工的建设项目，不论施工时间长短，均作为施工项目统计。施工项目个数可以反映一定时期固定资产投资的实际规模，与同期全部建成投产项目个数相比，可以从建设速度的角度反映固定资产投资的效果。根据建设项目施工活动的不同性质，施工项目又分为：本年正式施工项目、本年收尾项目和以前年度全部停缓建项目。

全部建成投产项目　工业项目指设计文件规定形成生产能力的主体工程及其相应配套的辅助设施全部建成，经负荷试运转，证明具备生产设计规定合格产品的条件，并经过验收鉴定合格或达到竣工验收标准，与生产性工程配套的生活福利设施可以满足近期正常生产的需要，正式移交生产的建设项目。非工业项目指设计文件规定的主体工程和相应的配套工程全部建成，能够发挥设计规定的全部效益，经验收鉴定合格或达到竣工验收标准，正式移交使用的建设项目。

新增生产能力　指通过固定资产投资活动而增加的设计能力（或工程效益），该指标是以实物形态表现的反映固定资产投资成果的指标，也是考核投资经济效果的重要依据之一。

新增生产能力（或工程效益）一般有以下几种表现形式：

（1）用产品数量表示，以工程在单位时间内（一般是一年）所能生产的产品数量（即年产量）表示。如原煤开采用万吨／年表示，化学农药用吨／年表示，拖拉机制造用台／年表示等。某些化工产品由于含量差别较大，按其设计含量计算折合量表示，如硫酸、纯碱、烧碱等。

（2）用单位时间内所能处理的原料数量表示，以工程每天（或小时）所能处理原料的数量表示。如机制糖工程日处理原料吨，食用植物油日处理原料吨，城市污水处理能力用万吨／日表示等。

（3）用新增加的主要设备的数量或容量表示，如新增棉布织机、丝织机等台数，毛纺锭等锭数，发电厂新增发电机组容量用千瓦表示等。

（4）用建筑物容积、容量、面积、长度表示，是非工业项目或工程新增效益的一种表现形式。如铁路投产里程、新建公路、水库容量、粮食仓库、学校学生席位、医院病床、有效灌溉面积等。

根据工程的特点，有时需要用两种或两种以上的复合计量单位表示新增生产能力（或工程效益），如新增内燃机生产能力同时用年产台数、千瓦数表示等。

为了规范新增生产能力（或工程效益）的名称和计算单位，国家统计局制订了《新增生产能力（或工程效益）目录及代码》。各固定资产投资单位在统计新增生产能力（或工程效益）时，必须按目录中规定的名称、计量单位和代码填报。

房屋建筑面积　指房屋建筑物勒脚以上外墙外围的水平截面面积，包括有效面积和结构面积。该指标是从实物形态上反映建设规模和建设成果的重要指标之一，也是检查工程形象进度、计算工程造价、分析投资效果、研究施工任务和建筑材料之间平衡情况的重要依据。

住宅建筑面积　指施工和竣工房屋建筑面积中供居住用的施工和竣工房屋建筑面积。

施工面积　指报告期内施工的全部房屋建筑面积。包括本期新开工的面积、上期跨入本期继续施工的房屋面积、上期停缓建在本期恢复施工的房屋面积、本期竣工的房屋面积及本期施工后又停缓建的房屋面积，其建筑面积仍计入本期房屋施工面积中。

竣工面积　指在报告期内房屋建筑按照设计要求已经全部完工，达到住人和使用条件，经验收鉴定合格（或达到竣工验收标准），正式移交使用单位的各栋房屋建筑面积的总和。

新增固定资产　指报告期内以完成建造和购置的过程通过投资活动所形成的新的固定资产价值，包括已经建成投入生产或交付使用的工程价值和达到固定资产标准的设备、工具、器具的价值及有关应摊入的费用。它是以价值形式表示的固定资产投资成果的综合性指标，可以综合反映不同时期、不同部门、不同地区的固定资产投资成果，计算固定资产投资效果的重要指标。

7

能源

ENERGY

7-1　能源消费总量及构成

年 份	能源消费总量（万吨标准煤）	占能源消费总量的比重（%）	
		煤炭	天然气
2010	3135.24	80.00	4.05
2011	3525.31	83.90	4.56
2012	3664.40	84.01	2.67
2013	3800.14	84.46	2.26
2014	3937.05	87.56	2.21
2015	4059.28	84.92	4.66
2016	4154.07	88.15	4.57

注：根据第三次经济普查结果，对2010-2016年能源数据进行调整（后同）。

7-2　主要能源消费指标

年 份	单位地区生产总值能耗（等价值）		单位工业增加值能耗（规模以上，当量值）		单位地区生产总值电耗	
	指标值（吨标煤/万元）	上升或下降（±%）	指标值（吨标煤/万元）	上升或下降（±%）	指标值（千瓦小时/万元）	上升或下降（±%）
2010	1.3673	-4.74	2.631	-6.74	1438.72	2.29
2011	1.3318	-2.60	2.511	-4.55	1501.16	4.34
2012	1.2306	-7.60	2.125	-15.38	1366.36	-8.98
2013	1.1681	-5.08	1.916	-9.82	1259.24	-7.84
2014	1.1150	-4.55	1.749	-8.73	1226.06	-2.62
2015	1.0631	-4.65	1.581	-9.61	1122.83	-8.42
2016	1.0370	-4.92	1.518	-7.23	1093.89	-5.04

注：本表数据2011-2015年按2010年价格计算，2016年按2015年价格计算。

7-3 综合能源平衡表

单位：万吨标煤

项 目	2015	2016
可供本地区消费的能源量	**4059.28**	**4154.07**
一次能源生产量	1152.42	1353.42
外市调入量	4038.61	4544.67
本市调出量（-）	-1164.13	-1732.57
年初年末库存差额	32.38	-11.45
能源消费总量	**4059.28**	**4154.07**
在消费总量中：		
1.农、林、牧、渔业	14.07	11.63
2.工业	3474.17	3540.60
3.建筑业	27.99	29.06
4.交通运输、仓储和邮政业	104.90	112.53
5.批发、零售业和住宿、餐饮业	162.71	171.40
6.其他	118.06	130.13
7.生活消费	157.38	158.72
在消费总量中：		
（一）终端消费量	4156.34	4220.29
#工业	3571.22	3606.81
（二）加工转换损失量	-97.06	-66.22
平衡差额	**0.000**	**0.000**

7-4　电力平衡表

单位：亿千瓦时

项　目	2015	2016
可供量	**428.73**	**438.21**
生产量	470.95	454.18
火电	432.70	398.73
风电	38.25	55.45
市外净调入（+）/调出（-）量	-42.22	-15.97
消费量	**428.73**	**438.21**
在消费总量中：		
1. 农、林、牧、渔业	3.08	2.60
2. 工业	386.93	395.86
3. 建筑业	0.40	0.29
4. 交通运输、仓储和邮政业	2.74	2.93
5. 批发、零售业和住宿、餐饮业	5.12	4.91
6. 其他	4.95	5.11
7. 生活消费	25.51	26.51
在消费总量中：		
终端消费	428.73	438.21
#工业	386.93	395.86

7-5　规模以上工业企业能源

能源名称	单位	年初库存量	购进量	#购自省外
原煤	吨	1028972	47534668	1736098
洗精煤	吨	322772	7801516	5154763
其他洗煤	吨	5652	29948	
焦炭	吨	478624	2405220	66315
其他焦化产品	吨		10908	
焦炉煤气	万立方米		11427	
高炉煤气	万立方米			
转炉煤气	万立方米			
天然气（气态）	万立方米	142	88305	
液化天然气（液态）	吨		1	
汽油	吨	158	3456	903
煤油	吨	101	1257	52
柴油	吨	28484	148732	42761
燃料油	吨	128	485	
润滑油	吨		21	
石油焦	吨	7572	218665	
石油沥青	吨	788	44783	
其他石油制品	吨	488	3426	3426
热力	百万千焦		537886	
电力	万千瓦时		2200315	
煤矸石用于燃料	吨		1567110	
余热余压	百万千焦			
其他燃料	吨标准煤			
能源合计	**吨标准煤**			

购进、消费与库存（2016年）

消费量				年末库存
合计	工业生产消费	#用于原材料	非工业生产消费	
45187872	45118485	2847328	69387	1066249
7916461	7916461			207827
35600	35600			
6917740	6917740	157622		649940
10908	10908	6928		
184730	184730			
2052056	2052056			
129765	129765			
87532	87433	17813	99	128
1	1			
3506	3093	391	413	182
1310	1310	534		48
127930	127066	21016	865	29483
494	494			119
21	21			
217625	217625			8612
44317	44317			1254
3674	3674			239
3998655	2957436		1041219	
4205463	4152581		52882	
1567110	1567110			
3404114	3404114			
53168200	**53018640**		**149560**	

7-6 规模以上工业企业主要能源

行业名称	原煤（吨）	洗精煤（吨）	焦炭（吨）	焦炉煤气（万立方米）
煤炭开采和洗选业	16667291			
黑色金属矿采选业	1005168			
有色金属矿采选业	1136			
非金属矿采选业	7231			
农副食品加工业	809			
食品制造业	600			
酒、饮料和精制茶制造业	6213			
纺织业	68			
纺织服装、服饰业	1923			
皮革、毛皮、羽毛及其制品和制鞋业				
木材加工和木、竹、藤、棕、草制品业				
造纸和纸制品业	2542			
印刷和记录媒介复制业				
文教、工美、体育和娱乐用品制造业				
石油加工、炼焦和核燃料加工业	24	568498		
化学原料和化学制品制造业	4383043		11379	7
医药制造业	2077			
橡胶和塑料制品业	701			
非金属矿物制品业	223915			
黑色金属冶炼和压延加工业	1967738	6736869	6794437	173304
有色金属冶炼和压延加工业	9154618	611094	111900	11400
金属制品业	740			
通用设备制造业			25	19
专用设备制造业	107			
汽车制造业				
铁路、船舶、航空航天和其他运输设备制造业	3			
电气机械和器材制造业	631			
计算机、通信和其他电子设备制造业				
仪器仪表制造业				
其他制造业	1065			
废弃资源综合利用业	90			
金属制品、机械和设备修理业				
电力、热力生产和供应业	11758486			
燃气生产和供应业				
水的生产和供应业	1652			

按行业分组消费量（2016年）

高炉煤气（万立方米）	转炉煤气（万立方米）	天然气（万立方米）	汽油（吨）	柴油（吨）	燃料油（吨）	石油焦（吨）	石油沥青（吨）
			4	31771			
			742	39055			
				105			
		321	116	30			
		614		54			
		652	158	80			
		9	10				
		184	22	24			
		248					
			80	112			
		1466	215	2358			
		20	67	4			
		2585	39	2739		217625	44042
2052056	129765	7075	1108	46131			
		10232	291	2827	494		275
		717		11			
		486	75	40			
		78	4	81			
		486	113	450			
		10	29	28			
		26	23	13			
			33				
			5	27			
		291	96	1931			
		61939	110	56			
		92	166	3			

7-6 续 表

行业名称	热力（百万千焦）	电力（万千瓦时）	煤矸石用于燃料（吨）	余热余压（百万千焦）
煤炭开采和洗选业		7253		
黑色金属矿采选业		135606		
有色金属矿采选业		5774		
非金属矿采选业		4512		
农副食品加工业	3564	5369		
食品制造业		7630		
酒、饮料和精制茶制造业		4393		
纺织业		749		
纺织服装、服饰业		855		
皮革、毛皮、羽毛及其制品和制鞋业		507		
木材加工和木、竹、藤、棕、草制品业		190		
造纸和纸制品业	7200	771		
印刷和记录媒介复制业		1117		
文教、工美、体育和娱乐用品制造业				
石油加工、炼焦和核燃料加工业		810		
化学原料和化学制品制造业		148523	815944	
医药制造业		117		
橡胶和塑料制品业		4380		
非金属矿物制品业	385	113162		
黑色金属冶炼和压延加工业	3460815	1296781		3404114
有色金属冶炼和压延加工业	76458	2208702		
金属制品业	1521	8963		
通用设备制造业	63105	19450		
专用设备制造业	27174	4749		
汽车制造业	97250	5575		
铁路、船舶、航空航天和其他运输设备制造业	227856	1066		
电气机械和器材制造业		9939		
计算机、通信和其他电子设备制造业		660		
仪器仪表制造业		258		
其他制造业		437		
废弃资源综合利用业		286		
金属制品、机械和设备修理业	33327	114		
电力、热力生产和供应业		176022	751166	
燃气生产和供应业		15057		
水的生产和供应业		15687		

7-7　规模以上工业企业能源加工转换与回收利用（2016年）

能源名称	单位	加工转换投入合计	火力发电	供热	原煤入洗	炼焦	天然气液化	能源加工转换产出	回收利用
原煤	万吨	3920.23	1824.83	378.60	1716.80				
洗精煤	万吨	791.65				791.65		130.80	
其他洗煤	万吨							1255.02	
焦炭	万吨							539.55	
其他焦化产品	万吨							26.81	
焦炉煤气	亿立方米	5.68	4.60	1.09				21.25	
高炉煤气	亿立方米	76.07	62.33	13.74					208.57
转炉煤气	亿立方米	5.74	3.80	1.94					14.89
天然气（气态）	亿立方米	5.02		0.03			4.99		
液化天然气（液态）	万吨							28.19	
汽油	吨	30.20	27.20	3.00					
柴油	吨	1113.45	940.25	173.20					
热力	万百万千焦							5738.38	
电力	亿千瓦时							398.73	
煤矸石用于燃料	万吨	156.71	156.71						
城市垃圾用于燃料	万吨	26.51	26.51						
余热余压	万百万千焦								340.41
能源合计	**万吨标准煤**	**3318.12**	**1221.91**	**257.67**	**1051.74**	**725.35**	**61.46**	**2396.15**	**277.06**

主要统计指标解释

能源消费总量　指一定时期内全国物质生产部门、非物质生产部门和生活消费的各种能源的总和。该指标是观察能源消费水平、构成和增长速度的总量指标。能源消费总量包括原煤和原油及其制品、天然气、电力，不包括低热值燃料、生物质能和太阳能等的利用。能源消费总量分为终端能源消费量、能源加工转换损失量和能源损失量三部分。

（1）终端能源消费量：　指一定时期内全国生产和生活消费的各种能源在扣除了用于加工转换二次能源消费量和损失量以后的数量。

（2）能源加工转换损失量：指一定时期内全国投入加工转换的各种能源数量之和与产出各种能源产品之和的差额。该指标是观察能源在加工转换过程中损失量变化的指标。

（3）能源损失量：指一定时期内能源在输送、分配、储存过程中发生的损失和由客观原因造成的各种损失量，不包括各种气体能源放空、放散量。

能源加工转换效率　指一定时期内能源经过加工、转换后，产出的各种能源产品的数量与同期内投入加工转换的各种能源数量的比率。它是观察能源加工转换装置和生产工艺先进与落后、管理水平高低等的重要指标。计算公式为：

能源加工转换效率=能源加工、转换产出量/能源加工、转换投入量×100%

8

GOVERMENT FINANCE

财政

8-1　财政收支情况（2016年）

单位：万元

指　标	2016	指　标	2016
一般公共预算收入	**2712122**	**一般公共预算支出**	**4143569**
税收收入	1730819	一般公共服务支出	295908
增值税	237925	外交支出	
营业税	235872	国防支出	4692
企业所得税	100287	公共安全支出	193252
个人所得税	40213	教育支出	534160
资源税	38261	科学技术支出	58364
城市维护建设税	71541	文化体育与传媒支出	60219
房产税	87078	社会保障和就业支出	732734
印花税	25371	医疗卫生与计划生育支出	237067
城镇土地使用税	219800	节能环保支出	186051
土地增值税	55236	城乡社区支出	867225
车船税	23288	农林水支出	296016
耕地占用税	527747	交通运输支出	132271
契税	68200	资源勘探信息等支出	129012
其他各项税收收入		商业服务业等支出	59579
非税收入	981303	金融支出	956
专项收入	71269	援助其他地区支出	
行政事业性收费收入	215935	国土海洋气象等支出	57802
罚没收入	42706	住房保障支出	184893
国有资本经营收入	404419	粮油物资储备支出	6591
国有资源(资产)有偿使用收入	227519	其他支出	19960
其他收入	19455	债务付息支出	84140
		债务发行费用支出	2677
政府性基金收入	**1090449**	**政府性基金支出**	**1090449**

注：从2014年起，根据自治区财政厅要求，不再公布地方财政总收支数据（后同）。

8-2 财政收入

单位：万元

年 份	财 政总收入	地方财政收入	一般预算收入	#工商税收	#增值税	#农牧业税和耕地占用税	#企 业所得税
1950	147	147		14			
1951	283	283		43			
1952	374	374		48			
1953	275	275		30			
1954	599	599		222			
1955	1033	1033		285			
1956	3496	3496		2310			
1957	3378	3378		1788			
1958	5622	5622		3244			
1959	7676	7676		4457			
1960	10110	10110		6243			
1961	5014	5014		4102			
1962	4651	4651		4128			
1963	5587	5587		4828			
1964	6605	6605		5063			
1965	6850	6850		4474			
1966	7319	7319		4969			
1967	6392	6392		4899			
1968	6318	6318		4778			
1969	6331	6331		4157			
1970	9598	9598		6132			
1971	17552	17552		8486			
1972	11659	11659		8434			
1973	12700	12700		9788			
1974	8710	8710		8533			
1975	8510	8510		9238			
1976	8454	8454		9487			
1977	10558	10558		10772			

注：本表中数据含达茂旗。

8-2 续 表 1

单位：万元

年 份	财 政总收入	地方财政收入	一般预算收入	#营业税	#增值税	#农牧业税和耕地占用税	#企 业所得税
1978	16091	16091		13373			
1979	15646	15646		12446			
1980	14681	14681		12536			
1981	14116	14116		12512			
1982	15245	15245		14921			
1983	13447	13447		16557			
1984	16792	16792		19020			
1985	24228	24228		29044			
1986	35527	35527		35534			
1987	43217	43217		43215			
1988	53122	53122		52618			
1989	62205	62205		63073			
1990	75927	75927		72897			
1991	85721	85721		78513			
1992	92097	92097		88816			
1993	169862	169862		166586			
1994	188676	82401		72045			
1995	193645	92978		77170			
1996	221228	116866		17746	33205	4672	6673
1997	243174	138771	124922	18724	33384	5014	7333
1998	265538	153814	144454	21564	35570	4618	8278
1999	272394	165042	156698	22438	34244	4850	11227
2000	273236	161794	156178	25931	35873	5393	15556
2001	283980	167707	160457	22157	37479	5789	21766
2002	353386	200015	187683	32506	44407	8065	10890
2003	502386	297638	259216	51358	59547	12777	8977
2004	732737	452387	416175	85723	80180	23168	12937
2005	1021695	612049	584198	146427	115813	30993	22429
2006	1301171	784019	675343	130725	97141	32847	25794

注：1995年以前营业税为工商税收（后同）。

8-2 续 表2

单位：万元

指　标	2007	2008	2009	2010	2011	2012	2013
地方财政总收入	**1437712**	**1818057**	**2172366**	**2433151**	**2954983**	**3267779**	**3450009**
公共财政预算收入	767476	964808	1303120	1391830	1618571	1857557	2151179
税收收入	534824	692399	825995	942677	1136263	1251286	1321226
#增值税	115245	144399	143787	157257	176955	157986	163771
营业税	148355	159304	184587	256484	267000	342875	388265
企业所得税	50902	69973	60854	83006	142028	180818	135503
个人所得税	18490	21243	24005	30996	42077	41997	34187
城市维护建设税	47745	55454	62988	73789	81164	81142	89595
印花税	13222	16906	15191	18873	24294	23529	23933
非税收入	232652	272409	477125	449153	482308	606271	829953
上划中央税收	576111	735347	739096	866047	1101110	1150058	1041739
#增值税	437637	555376	560205	620741	707820	677087	676153
企业所得税	96651	132190	118545	163994	285628	363733	272345
个人所得税	35108	40851	46764	61176	84155	83993	68374
上划自治区税收	94125	117902	130150	175274	235302	260164	257091
#增值税	30635	40728	42950	49659	58985	67709	68278
营业税	39436	44933	55138	80995	89000	38098	43142
政府性基金收入	**192366**	**233951**	**269636**	**534637**	**604775**	**508046**	**866645**
财政总收入（原口径）	**1630078**	**2052008**	**2442002**	**2967788**	**3559758**	**3775825**	**4316654**

注：1、从2007年起，全市各级财政统一按剔除基金收入和基金支出后统计地方财政总收入和地方财政支出（后同）；
2、2012年以前公共财政预算收入称为一般预算收入。

8-2 续 表3

单位：万元

指　标	2014	2015	2016
一般公共预算收入	**2343186**	**2523021**	**2712122**
税收收入	1499648	1733413	1730819
增值税	145321	131915	237925
其中:改征增值税	31251	36249	
营业税	371113	350918	235872
企业所得税	115672	76520	100287
企业所得税退税			
个人所得税	34107	40186	40213
资源税	48987	27012	38261
城市维护建设税	75622	71372	71541
房产税	64014	61193	87078
印花税	23783	20027	25371
城镇土地使用税	156687	283968	219800
土地增值税	54915	36910	55236
车船税	19579	21917	23288
耕地占用税	318709	559803	527747
契税	71139	51672	68200
烟叶税			
其他各项税收收入			
非税收入	843538	789608	981303
专项收入	60836	67678	71269
行政事业性收费收入	168473	165847	215935
罚没收入	54070	42317	42706
国有资本经营收入	374438	323056	404419
国有资源(资产)有偿使用收入	155431	181349	227519
其他收入	30290	9361	19455
政府性基金收入	**575212**	**691550**	**1090449**

注：1、从2014年起，根据自治区财政厅要求，不再公布地方财政总收支数据（后同）；
2、2014、2015年一般公共预算收入称为公共财政预算收入。

8-3　地方财政支出及主要支出项目

单位：万元

年　份	地方财政支出	基本建设支出	技术改造	支援农业	工交商事　业	教科文卫	#教育事业	城市维护	社会保障补助支　出	抚恤社救	行政管理	公检法司	政策补贴
1950	95					31	18				47		
1951	220					47	27				105		
1952	338			3		94	55				131		
1953	594			4		209	118				187		
1954	1400	124		12		266	149				510		
1955	1367	885		49		262	149				364		
1956	4261	891		88		681	384				544		
1957	3387	798		91		855	484				659		
1958	8598	5446		602		791	448				744		
1959	10707	5740		475		940	533				836		
1960	13061	8950		991		1374	778				914		
1961	4798	2472		675		907	517				739		
1962	2608	289		462		853	488				626		
1963	2629	139		281		807	457				607		
1964	2895	555		235		928	528				683		
1965	2866	64		197		1068	607				630		
1966	3849	421		387		1243	710				656		
1967	2981	214		187		1237	708				586		
1968	2393	262		99		971	554				648		
1969	3256	327		117		1058	596				843		
1970	4636	1109		196		1104	624				879		
1971	7669	2872		306		1301	740				1023		
1972	7427	2596		351		1736	996				1060		
1973	6563	90		814		1908	1156				1084		
1974	6073	121		791		1970	1129				1079		
1975	6825	127		921		2071	1204				1152		
1976	6832	164		873		2308	1252				1243		
1977	8092	400		1043		2337	1308				1281		

8-3 续 表 1

单位：万元

年 份	地方财政支出	基本建设支出	技术改造	支援农业	工交商事 业	教科文卫	#教育事业	城市维护	社会保障补助支 出	抚恤社救	行政管理	公检法司	政策补贴
1978	10332	1452		1266		2803	1605				1361		
1979	10928	1290		1398		3132	1749				1515		
1980	11202	627		1465		3505	2051				1820		
1981	10572	341		1126		3663	2088				1758		
1982	12681	312		1318		4282	2321				1950		
1983	13989	1229		666		5091	2683				2541		
1984	18742	2354		783		5581	2916				3599		
1985	22338	3274		632		6855	3744				2904		
1986	35161	7430		1311		8287	4266				3694		
1987	36428	4791		1302		8779	5043				3638		
1988	39672	5953		1296		10698	5980				3377		
1989	49665	8701		2041		11634	6577				3595		
1990	62151	10312		2424		13756	7472				5267		
1991	70092	10739		2909		14493	7613				6494		
1992	70181	12113		3542		16643	8924				8543		
1993	140335	65597		3460		20919	11791				11339		
1994	104576	18025		3462		26991	15260				14124		
1995	109770	18629		3517		28395	16147				16115		
1996	145990	10055	12525	4300	1547	32136	19306	14242		5871	19363	7967	1005
1997	165297	13900	12617	3925	1881	27060	21291	11870		3478	23381	9579	1016
1998	177821	25172	10585	3471	1649	34097	19726	11795		3783	18085	9814	504
1999	202951	21736	10150	4187	1414	40060	23047	12741	11813	3507	19480	11521	511
2000	216546	25597	9969	2143	1810	42016	24142	12079	23048	4190	20490	12157	527
2001	245235	36861	7005	3345	1776	48054	29196	13392	18417	4196	23172	13013	4309
2002	312753	46931	16431	2405	2089	54233	33640	16502	28089	7685	28241	16066	5477
2003	497066	64678	39130	13107	3553	71842	44462	19844	37093	13348	47879	25794	4671
2004	643749	73143	73729	32895	5136	86445	56233	28041	38177	13103	77743	32506	2356
2005	778564	87929	64551	43410	4681	107004	72366	49825	44614	17405	107591	34037	1335
2006	1057327	129145	72643	62871	3926	139395	96894	95095	80572	21885	110806	34964	5981

注：2003-2006年支援农业支出为农、林、水利、气象支出。

8-3 续 表2

单位：万元

指　　标	2007	2008	2009	2010	2011	2012	2013
公共财政预算支出	**1143996**	**1531681**	**1955634**	**2049617**	**2512724**	**2911038**	**3552582**
#一般公共服务	201266	221665	251449	242146	281211	326460	298080
公共安全	54797	72699	88236	101063	118322	130861	132082
教育	149685	184248	239935	281619	365274	403763	431563
科学技术	16705	20895	27231	29227	36556	38200	44914
文化体育与传媒	11860	16504	23594	25628	37401	45498	47073
社会保障和就业	207235	265359	357417	306442	337339	389005	453880
医疗卫生	37281	55737	75922	78962	103896	120209	149311
节能环保	25536	53466	50586	76050	63336	111849	78273
城乡社区事务	172279	253441	443583	451018	521101	565971	825031
农林水事务	83388	99458	129151	153203	214191	302194	300424
交通运输	18981	22010	44180	38752	57673	94474	90199
资源勘探电力信息等事务			114259	87786	94459	89222	160181
粮油物资储备管理事务			31699	4237	2790	5006	3894
住房保障支出				44711	135195	127765	398303
政府性基金支出	**201369**	**239393**	**314340**	**497045**	**622342**	**463693**	**872030**
财政总支出（原口径）	**1345365**	**1771074**	**2269974**	**2546662**	**3135066**	**3374731**	**4424612**

注：2012年以前公共财政预算支出为一般预算支出。

8-3 续 表 3

单位：万元

指 标	2014	2015	2016
一般公共预算支出	**3546074**	**3932680**	**4143569**
一般公共服务支出	263855	263047	295908
外交支出			
国防支出	3840	5155	4692
公共安全支出	144959	155933	193252
教育支出	425716	500593	534160
科学技术支出	52740	53969	58364
文化体育与传媒支出	64225	56241	60219
社会保障和就业支出	583987	723089	732734
医疗卫生与计划生育支出	165608	204241	237067
节能环保支出	113497	168333	186051
城乡社区支出	934972	865980	867225
农林水支出	321671	294377	296016
交通运输支出	94432	91700	132271
资源勘探信息等支出	144832	154373	129012
商业服务业等支出	53434	57185	59579
金融支出	1061	1630	956
援助其他地区支出			
国土海洋气象等支出	13518	75336	57802
住房保障支出	89465	140286	184893
粮油物资储备支出	5612	7468	6591
预备费			
国债还本付息支出	19788		
其他支出	48862	75653	19960
债务付息支出		37009	84140
债务发行费用支出		1082	2677
政府性基金支出	**662017**	**691550**	**1090449**

注：2014、2015年一般公共预算支出称为公共财政预算支出。

8-4　1950-2013年财政收支总额及增长速度

年 份	财政总收入（万元）	财政总支出（万元）	增长速度（%）	
			财政总收入	财政总支出
1950	147	95		
1951	283	220	92.5	131.6
1952	374	338	32.2	53.6
1953	275	594	-26.5	75.7
1954	599	1400	117.8	135.7
1955	1033	1367	72.5	-2.4
1956	3496	4261	238.4	211.7
1957	3378	3387	-3.4	-20.5
1958	5622	8598	66.4	153.9
1959	7676	10707	36.5	24.5
1960	10110	13061	31.7	22.0
1961	5014	4798	-50.4	-63.3
1962	4651	2608	-7.2	-45.6
1963	5587	2629	20.1	0.8
1964	6605	2895	18.2	10.2
1965	6850	2866	3.7	-1.0
1966	7319	3849	6.8	34.3
1967	6392	2981	-12.7	-22.6
1968	6318	2393	-1.2	-19.7
1969	6331	3256	0.2	36.1
1970	9598	4636	51.6	42.4
1971	17552	7669	82.9	65.4
1972	11659	7427	-33.6	-3.2
1973	12700	6563	8.9	-11.6
1974	8710	6073	-31.4	-7.5
1975	8510	6825	-2.3	12.4
1976	8454	6832	-0.7	0.1
1977	10558	8092	24.9	18.4
1978	16091	10332	52.0	27.7
1979	15646	10928	-2.7	5.8
1980	14681	11202	-6.2	2.5
1981	14116	10572	-3.8	-5.6

8-4 续 表

年 份	财政总收入（万元）	财政总支出（万元）	增长速度（%）	
			财政总收入	财政总支出
1982	15145	12681	7.3	19.9
1983	13447	13989	-11.2	10.3
1984	16792	18742	24.9	34.0
1985	24228	22338	44.3	19.2
1986	35527	35161	46.6	57.4
1987	43271	36428	21.6	3.6
1988	53112	39672	22.9	8.9
1989	62205	49665	17.1	25.2
1990	75927	62151	22.1	25.1
1991	85721	70092	12.9	12.8
1992	92097	70181	7.4	0.1
1993	169862	140335	84.4	99.9
1994	188676	104576	11.1	-25.5
1995	199145	109770	5.5	5.0
1996	221228	145990	11.1	33.0
1997	243174	165297	9.9	13.2
1998	265538	177821	9.2	7.6
1999	272394	202951	2.6	14.1
2000	273236	216546	0.3	6.7
2001	283980	245235	3.9	13.2
2002	353386	312753	24.4	27.5
2003	502386	497066	42.2	58.9
2004	732737	643749	45.9	30.4
2005	1021695	778564	39.4	20.9
2006	1301171	1057327	27.4	35.8
2007	1630078	1345365	25.3	27.2
2008	2052008	1771074	25.9	31.6
2009	2442002	2269974	19.0	28.2
2010	2967788	2546662	21.5	12.2
2011	3559758	3135066	19.9	23.2
2012	3775825	3374731	6.1	7.6
2013	4316654	4424612	14.3	31.1

8-5　1951-2006年各项税收收入

单位：万元

年 份	税收总额	#地方税收	#工商税收	#增值税	#农业各税	#企业所得税	税收总额占财政总收入比重（%）
1951	207	207	43				73.1
1952	254	254	48				67.9
1953	228	228	30				82.9
1954	457	457	222				76.3
1955	843	843	285				81.6
1956	2918	2918	2310				83.5
1957	2666	2666	1788				78.9
1958	3829	3829	3244				68.1
1959	5053	5053	4457				65.8
1960	6716	6716	6243				66.4
1961	4317	4317	4102				86.1
1962	4483	4483	4128				96.4
1963	5057	5057	4828				90.5
1964	5700	5700	5063				86.3
1965	5692	5692	4474				83.1
1966	6167	6167	4969				84.3
1967	6182	6182	4899				96.7
1968	5900	5900	4778				94.8
1969	5536	5536	4157				87.4
1970	7793	7793	6132				81.2
1971	9420	9420	8486				53.7
1972	9122	9122	8434				78.2
1973	10221	10221	9788				80.5
1974	9083	9083	8533				104.3
1975	9690	9690	9238				113.9
1976	10188	10188	9487				120.5
1977	13840	13840	10772				131.1

注：农业各税包括农业税、牧业税、耕地占用税、农业特产税和契税。2006年，农业各税不包括农业税、牧业税和农业特产税。

8-5 续 表

单位：万元

年 份	税收总额	#地方税收	#营业税	#增值税	#农业各税	#企 业 所得税	税收总额占财政总收入比重（%）
1978	13718	13718	13373				85.3
1979	12796	12796	12446				81.8
1980	12786	12786	12536				87.1
1981	12833	12833	12512				90.9
1982	15202	15202	14921				100.4
1983	16861	16861	16557				125.4
1984	15960	15960	19020				95.0
1985	31397	31397	29044				129.6
1986	38929	38929	35534				109.6
1987	49033	49033	43215				113.5
1988	58561	58561	52618				110.2
1989	69750	69750	63703				112.1
1990	79250	79250	72897				104.4
1991	83035	83035	78513				96.9
1992	92430	92430	88816				100.4
1993	170065	170065	166586				100.1
1994	184563	76917	72045	33499	1646	3382	97.8
1995	191065	82752	77170	32181	2207	3654	95.9
1996	206418	101610	17746	33205	4672	6164	93.3
1997	223171	118478	18724	33384	5014	7333	91.8
1998	249895	127209	21564	35570	4618	8278	94.1
1999	244856	137504	22438	34244	4850	11227	89.9
2000	253219	141777	25931	35873	5393	15556	92.7
2001	262515	146242	22157	37479	5789	21766	92.4
2002	306214	152897	32506	44407	8065	10890	86.7
2003	408552	203804	51358	59547	12777	8977	81.3
2004	584945	304595	85723	80180	23168	12937	79.8
2005	850592	440946	146427	115813	40095	22429	83.3
2006	974138	456986	130725	97141	47136	25794	74.9

注：1995年以前营业税为工商税收。

主要统计指标解释

公共财政预算收入 是指政府凭借国家政治权力，以社会管理者身份筹集以税收为主体的财政收入，主要用于保障和改善民生、维持国家行政职能正常运转、保障国家安全等方面。从2012年起各级政府一般预算收入改称为公共财政预算收入，在口径上与2011年以前的“一般预算收入”相同。公共财政预算收入包括税收收入和非税收收入，其中税收收入包括增值税、营业税、消费税、土地增值税、城市维护建设税、资源税、城市土地使用税、企业所得税、个人所得税、关税、证券交易印花税、车辆购置税、农牧业税和耕地占用税等。

非税收入 是指由各级人民政府及其所属部门和单位依法利用行政权力、政府信誉、国家资源、国有资产或提供特定公共服务征收、收取、提取、募集的除税收和政府债务收入以外的财政收入，包括行政事业性收费、政府性基金、国有资源有偿使用收入、国有资产有偿使用收入、国有资本经营收入、彩票公益金、罚没收入、以政府名义接受的捐赠收入、主管部门集中收入、政府财政资金产生的利息收入等十类。

财政收入统计口径 按照财政部、自治区财政厅要求，从2007年起，全市各级财政统一按剔除基金收入和基金支出后统计地方财政总收入和地方财政支出。

新统计口径：

地方财政总收入=公共财政预算收入+上划中央税收+上划自治区税收

地方财政支出=公共财政预算支出

原统计口径：

财政总收入=地方财政收入+上划中央收入+上划自治区收入

地方财政收入=公共财政预算收入+基金收入

财政总支出=公共财政预算支出+基金支出

财政支出 国家财政将筹集起来的资金进行分配使用，以满足经济建设和各项事业的需要，主要包括：

（1）基本建设支出：指按国家有关规定，属于基本建设范围内的基本建设有偿使用、拨款、资本金支出以及经国家批准对专项和政策性基建投资贷款，在部门的基建投资额中统筹支付的贴息支出。

（2）企业挖潜改造资金：指国家预算内拨给的用于企业挖潜、革新和改造方面的资金。包括各部门企业挖潜改造资金和企业挖潜改造贷款资金，为农业服务的县办“五小”企业技术改造补助，挖潜改造贷款贴息资金。

（3）地质勘探费用：指国家预算用于地质勘探单位的勘探工作费用，包括地质勘探管理机构及其事业单位经费、地质勘探经费。

（4）科技三项费用：指国家预算用于科技支出的费用，包括新产品试制费、中间试验费、 重要科学研究补助费。

（5）支援农村生产支出：指国家财政支援农村集体(户)各项生产的支出。包括对农村举办的小型农田水利和打井、喷灌等的补助费，对农村水土保持措施的补助费，对农村举办的小水电站的补助费，特大抗旱的补助费，农村开荒补助费，扶持乡镇企业资金，支援农村合作生产组织资金、农村农技推广和植保补助费，农村草场和畜禽保护补助费，农村造林和林木保护补助费，农村水产补助费，发展粮食生产专项资金。

（6）农林水利气象等部门的事业费用：指国家财政用于农垦、农场、农业、畜牧、农机、林 业、森工、水利、水产、气象、乡镇企业的技术推广、良种推广(示范)、动植物(畜禽、森 林)保护、水质监测、勘探设计、资源调查、干部训练等项费用，园艺特产场补助费，中等专业学校经费，飞播牧草试验补助费，营林机构、气象机构经费，渔政费以及农业管理事业费等。

（7）工业交通商业等部门的事业费：指国家预算支付给工交商各部门用于事业发展的经费， 包括勘探设计费、中等专业学校经费、技术学校经费、干部训练费。

（8）文教科学卫生事业费：指国家预算用于文化、出版、文物、教育、卫生、中医、公费医疗、体育、档案、地震、海洋、通讯、电影电视、计划生育、党政群干部训练、自然科学、社会科学、科协等项事业的人员和公用经费支出以及高技术研究专项经费。主要包括工资、补助工资、福利费、离退休费、助学金、公务费、设备购置费、修缮费、业务费、差额补助费。

（9）抚恤和社会福利救济费：指国家预算用于抚恤和社会福利救济事业的经费。包括由民政部门开支的烈士家属和牺牲病残人员家属的一次性、定期抚恤金，革命伤残人员的抚恤金，各种伤残 补助费，烈军属、复员退伍军人生活补助费，退伍军人安置费，优抚事业单位经费，烈士纪念建筑物管理、维修费，自然灾害救济事业费和特大自然灾害灾后重建补助费等。

（10）行政事业单位离退休支出：指实行归口管理的行政事业单位离退休经费。

（11）社会保障补助支出：指国家预算用于社会保障的补助支出，包括对社会保障基金的补助、促进就业补助、国有企业下岗职工补助、补充全国社会保障基金等。

（12）国防支出：指国家预算用于国防建设和保卫国家安全的支出，包括国防费、国防科研事业费、民兵建设以及专项工程支出等。

（13）行政管理费：包括行政管理支出，党派团体补助支出，外交支出、公安安全支出，司法 支出、法院支出，检察院支出和公检法办案费用补助。

（14）政策性补贴支出：指经国家批准，由国家财政拨给用于粮棉油等产品的价格补贴支出。主要包括粮、棉、油差价补贴，平抑物价和储备糖补贴，农业生产资料价差补贴，粮食风险基金，副食品风险基金，地方煤炭风险基金等。

（15）债务利息支出：指国家预算用于偿还国内外债务利息的支出。

中央财政收入和地方财政收入 指按现行分税制财政体制划分的中央本级收入和地方本级收入。1994年分税制财政体制以后，属于中央财政的收入包括关税、海关代征消费税和增值税，消费税，中央企业所得税，地方银行和外资银行及非银行金融企业所得税，铁道、银行总行、保险总公司等集中缴纳的营业税、所得税、利润和城市维护建设税，增值税的75%部分，证券交易税（印花税）50%部分和海洋石油资源税。属于地方财政的收入包括营业税，地方企业所得税，个人所得税，城镇土地使用税，固定资产投资方向调节税，城镇维护建设税，房产税，车船使用税，印花税、屠宰税，农牧业税，农业特产税，耕地占用税，契税，增值税25%部分，证券交易税（印花税）6%部分和除海洋石油资源税以外的其他资源税。

中央财政支出和地方财政支出 指根据政府在经济和社会活动中的不同职责，划分中央和地方政府的责权，按照政府的责权划分确定的支出。中央财政支出包括国防支出，武装警察部队支出，中央级行政管理费和各项事业费，重点建设支出以及中央政府调整国民经济结构、协调地区发展、实施宏观调控的支出。

地方财政支出主要包括地方行政管理和各项事业费，地方统筹的基本建设、技术改造支出，支援农村生产支出，城市维护和建设经费，价格补贴支出等。

9

PRICE INDICES

价格指数

9-1 历年各种价格总指数

上年=100

年 份	居民消费价格指数	商品零售价格指数
1953	105.5	105.1
1954	103.9	103.6
1955	101.9	101.9
1956	97.2	98.4
1957	103.3	103.8
1958	98.1	98.2
1959	100.2	100.5
1960	108.1	109.0
1961	105.5	106.2
1962	99.7	99.9
1963	100.9	101.4
1964	96.9	96.6
1965	98.2	98.1
1966	99.4	99.4
1967	100.9	101.1
1968	100.0	100.1
1969	100.0	100.0
1970	99.4	99.4
1971	99.7	99.7
1972	99.9	99.8
1973	100.4	100.4
1974	100.3	100.4
1975	100.0	100.0
1976	100.1	100.1
1977	99.7	99.6
1978	100.2	100.2
1979	101.8	101.8
1980	104.1	104.4
1981	101.7	101.2
1982	101.0	101.0
1983	100.8	100.7

9-1 续 表

上年=100

年　份	居民消费价格指数	商品零售价格指数
1984	102.1	102.0
1985	109.6	109.3
1986	105.1	104.7
1987	108.9	109.2
1988	117.7	117.4
1989	113.4	113.9
1990	102.8	102.8
1991	105.5	106.5
1992	108.8	108.9
1993	116.7	115.4
1994	125.1	118.2
1995	115.7	114.3
1996	108.0	106.4
1997	105.1	102.6
1998	99.6	98.1
1999	101.6	97.6
2000	102.6	99.0
2001	100.0	100.2
2002	99.5	99.3
2003	101.4	98.9
2004	103.0	102.3
2005	101.7	101.8
2006	101.5	101.4
2007	103.7	102.6
2008	104.9	105.0
2009	99.8	98.9
2010	102.8	102.2
2011	105.2	104.5
2012	103.1	102.1
2013	102.8	101.8
2014	101.8	100.2
2015	100.9	100.7
2016	100.7	100.1

9-2　1978-2016年各种价格总指数

1978年=100

年　份	居民消费价格指数	商品零售价格指数
1978	100.0	100.0
1979	101.8	101.8
1980	106.0	106.2
1981	107.7	107.4
1982	108.8	108.5
1983	109.7	109.3
1984	112.0	111.4
1985	122.7	121.8
1986	129.0	127.5
1987	140.5	138.3
1988	165.3	163.5
1989	187.5	186.2
1990	192.7	191.4
1991	203.3	203.9
1992	221.2	222.0
1993	258.2	256.2
1994	323.0	302.8
1995	373.7	346.1
1996	403.5	368.3
1997	424.1	377.8
1998	422.4	370.6
1999	429.2	361.7
2000	440.3	358.1
2001	440.3	358.8
2002	438.1	356.3
2003	444.3	352.4
2004	457.6	360.5
2005	465.4	367.0
2006	472.4	372.2
2007	489.8	381.8
2008	513.8	400.9
2009	512.8	396.5
2010	527.2	405.2
2011	554.6	423.5
2012	571.8	432.6
2013	587.8	440.4
2014	598.4	441.3
2015	603.8	444.1
2016	608.0	444.5

9-3　2016年居民消费价格分类指数

上年=100

指　标	2016	指　标	2016
居民消费价格总指数	**100.7**	酒类	94.9
非食品价格指数	100.4	在外餐饮	100.7
服务价格指数	100.0	**衣着**	**101.1**
扣除鲜菜鲜果价格指数	100.5	服装	101.3
消费品价格指数	101.2	男式服装	100.5
食品烟酒	**101.6**	女式服装	102.2
食品	102.2	儿童服装	100.1
粮食	100.8	服装材料	100.8
薯类	116.4	其他衣着及配件	99.4
豆类	100.6	袜子	100.0
食用油	105.3	帽子	98.9
菜	116.3	其他衣着配件	99.4
#鲜菜	117.3	衣着加工服务费	101.3
畜肉类	104.9	衣着洗涤保养	105.3
#猪肉	118.5	衣着加工	100.3
牛肉	96.8	鞋类	101.0
羊肉	94.9	鞋	99.7
禽肉类	99.7	男鞋	99.7
鸡	98.1	女鞋	99.5
鸭	108.2	童鞋	100.4
其他禽肉及制品	100.1	鞋类加工服务	107.3
水产品	102.0	**居住**	**100.8**
淡水鱼	100.8	租赁房房租	97.9
海水鱼	105.3	公房房租	100.0
虾蟹类	100.9	私房房租	97.8
其他水产品及制品	101.3	住房保养维修及管理	100.0
蛋类	93.5	住房装潢材料	99.9
奶类	100.2	物业管理费	100.0
干鲜瓜果类	95.4	住房装潢维修	100.0
#鲜瓜果	93.7	水电燃料	103.9
糖果糕点类	99.8	水	109.1
调味品	100.6	电	100.0
其他食品类	93.8	燃气	100.0
茶及饮料	99.0	管道燃气	100.0
#茶叶	100.0	液化石油气	100.0
果汁饮料	98.7	取暖费	100.0
烟酒	99.2	其他燃料	105.8
烟草	103.1	自有住房	100.0

9-3 续 表

上年=100

指 标	2016	指 标	2016
生活用品及服务	**99.2**	通信工具	97.5
家具及室内装饰品	99.8	通信服务	100.0
家具	99.7	邮递服务	100.0
室内装饰品	100.5	**教育文化和娱乐**	**99.2**
家用器具	97.5	教育	100.4
大型家用器具	97.5	教育用品	100.3
小家电	97.1	教育服务	100.4
家用纺织品	97.5	文化娱乐	97.5
床上用品	97.2	文娱耐用消费品	98.8
窗帘门帘	100.0	其他文娱用品	100.0
其他家用纺织品	98.2	文化娱乐服务	100.1
家庭日用杂品	99.8	旅游	95.1
洗涤卫生用品	99.8	旅行社收费	107.1
厨具餐具茶具	101.2	其他旅游	76.9
家用手工工具	100.7	**医疗保健**	**103.0**
其他家庭日用杂品	98.9	药品及医疗器具	105.7
个人护理用品	99.5	中药	106.1
化妆品	99.8	西药	109.4
其他护理用品类	99.1	滋补保健品	102.9
家庭服务	105.8	医疗卫生器具	99.1
家政服务	105.2	保健器具	99.3
家庭维修服务	106.1	医疗服务	100.6
交通和通信	**98.6**	综合医疗类	101.5
交通	98.3	诊断类	100.0
交通工具	97.7	治疗类	100.5
交通工具用燃料	96.1	康复类	100.0
汽油	95.4	中医医疗服务类	100.0
柴油	95.1	其他医疗服务	100.0
其他车用能源	106.2	**其他用品和服务**	**101.3**
交通工具使用和维修	102.3	其他用品类	102.5
交通费	100.2	首饰手表	103.4
市内公共交通	100.0	其他杂项用品	99.7
出租汽车	102.7	其他服务类	100.5
飞机票	99.1	旅馆住宿	98.3
火车票	100.0	美容美发洗浴	103.3
长途汽车	100.0	养老服务	100.0
其他交通费	100.0	金融保险	100.0
通信	99.3	其他服务类	100.0

9-4　2016年商品零售价格分类指数

上年=100

指　标	2016	指　标	2016
商品零售价格总指数	**100.1**	其他衣着配件	99.4
食品	**102.7**	**纺织品**	**97.6**
粮食	100.8	服装材料	100.8
薯类	116.4	床上用品	97.2
豆类	100.6	**家用电器及音像器材**	**97.0**
食用油	105.3	家庭设备	97.6
菜	116.3	文娱用耐用消费品	97.9
#鲜菜	117.3	专业音像器材	91.4
畜肉类	104.9	**文化办公用品**	**100.3**
#猪肉	118.5	**日用品**	**99.9**
牛肉	96.8	日用百货	98.8
羊肉	94.9	厨具餐具茶具	101.2
禽肉类	99.7	清洗用品	101.0
#鸡	98.1	其他日用品	99.8
鸭	108.2	**体育娱乐用品**	**99.5**
水产品	102.0	体育户外用品	97.7
#淡水鱼	100.8	娱乐用品	99.7
海水鱼	105.3	**交通、通信用品**	**97.8**
蛋类	93.5	交通运输机械	97.9
奶类	100.2	通信器材	97.5
干鲜瓜果类	95.4	**家具**	**99.7**
#鲜瓜果	93.7	**化妆品**	**100.2**
糖果糕点类	99.7	**金银饰品**	**104.4**
调味品	101.2	**中西药品及医疗保健用品**	**106.3**
其他食品类	96.8	医疗卫生器具	99.1
在外餐饮	100.7	中药	106.1
饮料、烟酒	**100.0**	西药	109.4
茶及饮料	98.7	保健器具及用品	102.1
烟草	103.1	**书报杂志及电子出版物**	**99.6**
酒类	94.9	教材及参考书	100.3
服装、鞋帽	**100.8**	书报杂志	100.2
服装	101.3	计算机办公软件	97.5
男士服装	100.6	**燃料**	**96.7**
女士服装	102.2	煤炭及制品	98.5
儿童服装	100.1	石油及制品	96.0
鞋帽袜	**99.6**	**建筑材料及五金电料**	**99.7**
鞋	99.7	建筑装璜材料	99.9
袜子	100.0	五金水暖	99.2
帽子	98.9	五金水暖	99.2

9-5　2012-2015年居民消费价格分类指数

上年=100

指　标	2012	2013	2014	2015
居民消费价格总指数	**103.1**	**102.8**	**101.8**	**100.9**
非食品价格指数	102.7	101.5	100.9	101.2
服务项目价格指数	104.5	103.7	102.8	100.5
扣除鲜菜鲜果总指数	103.0	102.5	101.6	100.9
消费品价格指数	102.7	102.5	101.4	101.0
食品	**104.0**	**105.8**	**103.8**	**100.1**
粮食	103.1	106.2	107.1	101.7
淀粉及制品	87.5	93.2	98.0	98.9
干豆类及豆制品	101.2	107.2	103.0	105.7
油脂	104.8	103.1	99.8	99.1
肉禽及其制品	105.4	108.0	98.9	100.4
食用畜肉及副产品	104.8	110.2	98.4	99.4
禽	100.4	98.4	99.4	102.1
加工肉禽	111.5	103.3	100.8	104.4
蛋	97.3	101.9	110.1	87.1
水产品	110.7	106.8	104.7	100.1
鱼	106.9	102.1	98.7	97.9
其他水产品	115.2	112.1	110.8	102.2
菜	108.9	109.6	98.2	101.8
#鲜菜	110.7	109.9	97.5	102.0
调味品	102.1	106.8	99.8	101.3
糖	103.0	98.9	100.7	97.8
茶及饮料	101.4	103.0	99.3	98.0
茶叶	100.0	100.0	100.0	100.0
饮料	102.2	104.6	99.0	96.9
干鲜瓜果	104.5	108.1	113.7	100.4
#鲜果	101.1	109.6	116.4	99.7
糕点饼干面包	105.5	100.9	100.5	99.6
液体乳及乳制品	101.9	110.7	122.6	101.0
在外用膳食品	103.1	103.0	100.8	100.5

9-5 续　表1

上年=100

指　标	2012	2013	2014	2015
其他食品	102.8	102.8	98.4	99.5
烟酒及用品	**104.8**	**102.2**	**101.1**	**102.5**
烟草	100.9	101.8	101.8	105.0
酒	110.0	102.8	101.1	99.4
衣着	**101.4**	**101.8**	**101.2**	**104.9**
服装	101.0	102.1	99.2	104.5
男式服装	100.0	102.5	96.7	107.8
女式服装	102.8	102.5	100.9	102.8
儿童服装	98.6	99.9	99.9	102.0
衣着材料	110.2	109.8	104.3	101.4
鞋袜帽	101.7	100.2	106.9	106.7
鞋	102.1	100.1	108.5	107.9
袜子	99.8	99.9	100.0	100.0
帽子	100.0	101.6	98.6	102.3
衣着加工服务费	104.8	103.6	108.6	99.6
家庭设备用品及维修服务	**103.8**	**100.5**	**100.2**	**101.5**
耐用消费品	104.4	99.8	99.7	101.8
家具	102.9	102.8	101.5	104.6
家庭设备	105.7	97.2	98.2	99.3
室内装饰品	102.2	100.7	100.0	100.0
床上用品	100.4	100.2	97.7	98.2
家庭日用杂品	101.7	100.6	100.9	101.1
家庭服务及加工维修服务	117.4	109.0	107.4	106.5
医疗保健和个人用品	**103.8**	**102.9**	**102.9**	**100.7**
医疗保健	103.7	103.1	101.2	100.7
医疗器具及用品	97.1	103.3	100.6	100.0
中药材及中成药	108.6	104.0	102.0	101.9
西药	103.8	105.1	101.8	100.4
保健器具及用品	101.0	100.8	100.2	99.9
医疗保健服务	100.1	100.1	100.0	100.0

9-5 续 表2

上年=100

指　标	2012	2013	2014	2015
个人用品及服务	103.9	102.4	100.9	100.8
化妆美容用品	101.2	100.3	99.5	100.1
清洁化妆用品	102.6	101.3	99.1	100.4
个人饰品	99.4	96.5	95.5	99.1
个人服务	114.6	112.7	109.0	103.2
交通和通信	**100.6**	**97.3**	**98.6**	**99.2**
交通	101.0	96.8	99.4	98.1
交通工具	99.6	94.2	98.9	100.8
车用燃料及零配件	103.7	98.6	97.6	83.7
车辆使用及维修费	101.1	101.5	102.4	100.9
市区公共交通费	109.0	100.9	100.7	100.9
城市间交通费	100.1	100.1	100.0	100.0
通信	99.2	99.0	96.3	102.6
通信工具	99.4	96.5	84.0	110.9
通信服务	99.1	99.8	100.0	100.5
娱乐教育文化用品及服务	**101.8**	**100.9**	**100.8**	**100.2**
文娱用耐用消费品及服务	95.9	95.2	96.7	100.2
教育	100.4	101.2	100.5	100.4
教材及参考书	100.0	100.0	99.9	99.6
教育服务	100.4	101.3	100.5	100.4
文化娱乐类	103.0	101.8	100.0	100.5
文化娱乐用品	102.6	96.9	98.9	99.7
书报杂志	101.6	100.1	100.0	100.0
文娱费	103.7	105.2	100.6	101.1
旅游	109.3	103.0	105.5	99.2
居住	**104.4**	**103.7**	**102.1**	**100.3**
建房及装修材料	101.1	100.2	99.0	100.2
住房租金	101.2	101.4	101.7	98.6
自有住房	107.9	106.7	104.8	100.5
水、电、燃料	100.7	100.5	98.9	99.9

9-6 2012-2015年商品零售价格分类指数

上年=100

指　标	2012	2013	2014	2015
商品零售价格总指数	**102.1**	**101.8**	**100.2**	**100.7**
食品	**103.9**	**105.8**	**103.8**	**100.1**
粮食	103.1	106.2	107.1	101.7
淀粉及制品	87.5	93.2	98.0	98.9
干豆类及豆制品	101.2	107.2	103.0	105.7
油脂	104.8	103.1	99.8	99.1
肉禽及其制品	105.4	108.0	98.9	100.4
食用畜肉及副产品	104.8	110.2	98.4	99.4
禽	100.4	98.4	99.4	102.1
肉禽加工制品	111.5	103.3	100.8	104.4
蛋	97.3	101.9	110.1	87.1
水产品	110.7	106.8	104.7	100.1
鱼	106.9	102.1	98.7	97.9
其他水产品	115.2	112.1	110.8	102.2
菜	108.9	109.6	98.2	101.8
鲜菜	110.7	109.9	97.5	102.0
调味品	102.1	106.8	99.8	101.3
糖	103.0	98.9	100.7	97.8
干鲜瓜果	104.5	108.1	113.7	100.4
糕点饼干面包	105.5	100.9	100.5	99.6
液体乳及乳制品	101.9	110.7	122.6	101.0
在外用膳食品	103.1	103.0	100.8	100.5
其他食品	102.8	102.8	98.4	99.5
饮料、烟酒	**104.2**	**102.4**	**100.6**	**101.7**
茶及饮料	101.4	103.0	99.3	98.0
茶叶	100.0	100.0	100.0	100.0
饮料	102.2	104.6	99.0	96.9
烟草	100.9	101.8	101.0	105.0
酒	112.6	103.0	101.0	99.2
服装、鞋帽	**101.1**	**101.6**	**101.0**	**104.9**
服装	101.0	102.1	99.2	104.5
男式服装	100.0	102.5	96.7	107.8
女式服装	102.8	102.5	100.9	102.8
儿童服装	98.6	99.9	99.9	102.0
鞋袜帽	101.7	100.2	106.9	106.7
鞋	102.1	100.1	108.5	107.9
袜子	99.8	99.9	100.0	100.0
帽子	100.0	101.6	98.6	102.3

9-6 续 表

上年=100

指 标	2012	2013	2014	2015
其他	96.7	99.5	100.0	100.0
纺织品	**102.4**	**102.5**	**97.6**	**98.5**
衣着材料	110.8	111.5	105.5	101.9
床上用品	100.3	99.9	95.2	97.3
家用电器及音像器材	**100.1**	**96.6**	**97.2**	**99.4**
家庭设备	102.4	97.2	98.4	100.1
文娱用耐用消费品	96.4	95.3	94.8	98.1
音像器材	100.0	100.0	100.0	100.0
文化办公用品	**97.8**	**97.8**	**99.6**	**101.2**
日用品	**102.2**	**101.3**	**99.8**	**102.8**
日用百货	102.7	100.5	99.6	109.6
日用杂品	96.5	100.1	100.8	101.1
洗涤用品	104.6	102.7	99.8	99.9
其他日用品	100.6	100.2	99.5	99.9
体育娱乐用品	**99.4**	**100.0**	**100.0**	**100.0**
体育用品	96.6	99.4	99.9	100.0
娱乐用品	102.1	100.5	100.0	100.0
交通、通信用品	**99.7**	**97.6**	**94.6**	**102.5**
交通运输机械	99.8	97.6	98.1	100.1
通信器材	99.6	97.5	88.3	107.3
家具	**104.2**	**103.1**	**102.1**	**104.5**
化妆品	**102.1**	**100.5**	**98.5**	**100.3**
金银珠宝	**97.4**	**90.3**	**88.4**	**98.3**
中西药品及医疗保健用品	**104.0**	**103.7**	**101.4**	**100.5**
医疗器具及用品	97.1	103.3	100.6	100.0
中药材及中成药	108.6	104.0	102.0	101.9
西药	103.2	105.1	101.7	99.9
保健品及器具	101.0	100.8	100.2	99.9
书报杂志及电子出版物	**100.8**	**100.1**	**99.9**	**99.4**
教材及参考书	100.0	100.0	99.7	99.1
书报杂志	101.6	100.1	100.0	100.0
电子音像制品	100.6	100.1	100.2	98.7
燃料	**103.7**	**100.5**	**95.9**	**94.1**
煤炭及制品	102.4	87.0	83.5	91.1
石油及制品	104.0	103.9	98.6	94.6
建筑材料及五金电料	**100.8**	**100.0**	**99.7**	**99.9**
建筑装璜材料	100.9	99.9	99.4	99.8
五金电料	100.5	100.3	101.0	100.0

9-7 2013-2016年工业生产者出厂价格指数

上年=100

指 标	2013	2014	2015	2016
总指数	**97.0**	**97.3**	**94.0**	**98.9**
核心指数	96.7	96.7	92.8	100.2
高技术	101.1	101.6	100.4	99.8
能源	95.0	96.1	93.7	97.3
按轻重工业分				
轻工业	102.4	101.6	98.4	100.1
以农产品为原料	102.5	101.6	98.3	100.0
以非农产品为原料	100.3	100.5	99.4	101.1
重工业	95.6	96.3	92.9	98.6
采掘	92.4	94.8	90.0	97.3
原料	97.2	97.1	95.0	98.8
加工	96.5	96.5	93.0	99.7
按生产生活资料分				
生产资料	95.8	96.3	93.0	98.6
采掘	92.4	94.8	90.0	97.3
原料	97.1	97.1	94.9	98.8
加工	97.1	96.7	93.3	99.5
生活资料	102.5	102.1	98.8	100.3
食品	102.8	102.6	98.8	98.6
衣着	101.7	100.1	97.5	111.0
一般日用品	101.6	100.5	100.0	100.9
耐用消费品	98.4	99.1	99.4	99.8
按初级中间最终产品分				
初级产品	92.4	94.8	90.0	97.3
矿产品	92.4	94.8	90.0	97.3
废料	65.6	98.9	100.0	
中间产品	98.2	97.8	94.9	99.5

9-7 续 表 1

上年=100

指 标	2013	2014	2015	2016
最终产品	100.8	100.2	98.4	98.2
最终投资品	98.4	98.2	97.1	98.4
最终消费品	101.7	101.0	99.0	98.2
按工业部门分				
冶金工业	95.5	95.6	88.4	98.9
电力工业	99.9	98.7	98.9	95.6
煤炭及炼焦工业	89.8	92.7	91.0	99.5
石油工业	101.9	102.7	87.8	93.2
化学工业	96.0	96.6	98.4	104.0
机械工业	99.4	100.1	99.1	97.1
建筑材料工业	97.3	97.0	96.4	100.1
森林工业	98.9	98.3	98.1	97.2
食品工业	102.7	102.2	98.7	98.5
纺织工业	104.2	99.3	95.7	97.8
缝纫工业	102.0	100.1	97.4	111.4
皮革工业	98.5	100.0	99.2	99.5
造纸工业	97.6	99.8	98.6	100.8
文教艺术用品工业	101.4	100.8	100.2	100.5
其它工业	96.6	98.5	98.6	99.6
按工业行业大类分				
煤炭开采和洗选业	90.3	93.5	91.9	99.1
石油和天然气开采业	90.0	94.1	56.2	88.2
黑色金属矿采选业	96.6	94.9	80.0	93.1
有色金属矿采选业	95.8	97.6	93.0	96.2
非金属矿采选业	100.7	101.2	100.4	98.3
农副食品加工业	101.6	100.1	97.6	97.5
食品制造业	104.1	105.0	99.7	99.2
酒、饮料和精制茶制造业	102.5	100.6	100.0	101.6
烟草制品业	99.4	99.5	100.0	100.0

9-7 续 表 2

上年=100

指 标	2013	2014	2015	2016
纺织业	103.5	99.7	96.3	106.9
纺织服装、服饰业	98.8	100.2	99.9	100.3
皮革、毛皮、羽毛及其制品和制鞋业	98.3	100.5	96.6	99.5
木材加工和木、竹、藤、棕、草制品业	99.0	98.2	97.9	96.9
家具制造业	98.2	98.9	99.3	100.3
造纸和纸制品业	97.6	99.8	98.6	100.8
印刷和记录媒介复制业	101.4	100.8	100.2	100.5
文教、工美、体育和娱乐用品制造业	97.2	100.1	100.0	
石油加工、炼焦和核燃料加工业	89.1	88.9	77.5	98.9
化学原料和化学制品制造业	94.2	94.6	97.8	105.5
医药制造业	102.0	102.6	100.6	99.6
橡胶和塑料制品业	97.8	99.9	100.0	99.1
非金属矿物制品业	96.2	96.3	96.2	100.4
黑色金属冶炼和压延加工业	96.2	95.4	87.1	103.2
有色金属冶炼和压延加工业	94.1	95.3	90.8	95.4
金属制品业	99.0	98.9	99.0	99.7
通用设备制造业	100.1	97.3	98.6	97.9
专用设备制造业	100.9	100.2	100.0	98.0
汽车制造业	98.8	103.5	98.4	100.3
铁路、船舶、航空航天和其他运输设备制造业	99.0	99.7	98.4	
电气机械和器材制造业	97.2	98.5	99.3	97.8
计算机、通信和其他电子设备制造业	100.0	100.0	100.0	98.9
仪器仪表制造业	100.0	100.0	100.0	100.0
其他制造业	100.0	102.5	97.0	
废弃资源综合利用业	65.6	98.9	100.0	
金属制品、机械和设备修理业	98.1	100.7		100.0
电力、热力生产和供应业	99.9	98.7	98.9	95.6
燃气生产和供应业	108.0	107.8	101.5	95.5
水的生产和供应业	102.0	100.2	100.7	109.1

9-8 2013-2016年工业生产者购进价格指数

上年=100

指　标	2013	2014	2015	2016
总指数	**99.3**	**98.4**	**95.9**	**97.4**
按初级中间最终产品分				
初级产品	99.0	98.6	96.2	97.3
农产品	103.0	101.4	99.4	97.8
矿产品	96.4	96.7	94.1	96.8
废料	97.9	99.8	97.1	104.3
中间产品	99.5	98.3	95.8	97.5
九大类原材料购进价格指数				
燃料、动力类	97.5	97.4	95.8	99.6
黑色金属材料类	98.4	98.1	94.9	91.5
钢材	97.2	97.7	94.4	94.6
其它	99.9	98.6	95.4	86.7
有色金属材料及电线类	95.1	97.2	96.0	96.1
化工原料类	99.4	98.7	98.0	101.9
木材及纸浆类	99.2	100.3	100.0	100.1
建筑材料及非金属类	99.5	98.6	98.3	96.8
其它工业原材料及半成品类	102.3	98.1	93.5	98.1
农副产品类	103.2	101.4	99.3	97.1
纺织原料类	98.9	100.6	97.3	96.8
按行业大类分				
农业	102.2	101.2	99.9	96.4
林业	98.7	100.8	100.6	109.2
畜牧业	104.8	101.8	98.4	98.3
渔业				
农、林、牧、渔服务业	100.8	98.7	94.5	97.6
煤炭开采和洗选业	94.3	95.4	94.8	100.5
石油和天然气开采业	93.3	96.7	68.4	84.0
黑色金属矿采选业	102.1	97.7	89.2	86.2

9-8 续 表

上年=100

指 标	2013	2014	2015	2016
有色金属矿采选业	95.9	98.4	93.7	95.9
非金属矿采选业	100.9	100.0	100.5	99.3
农副食品加工业	99.5	98.4	94.7	98.0
食品制造业	108.6	95.1	84.5	95.1
饮料制造业	99.4	99.8	100.0	100.8
烟草制品业	100.6	100.0	100.0	100.2
纺织业	98.9	100.6	97.3	96.8
皮革、毛皮、羽毛(绒)及其制品业	100.0	100.0	100.0	95.3
木材加工及木、竹、藤、棕、草制品业	100.4	100.1	99.6	99.1
造纸及纸制品业	98.4	99.9	99.6	102.0
印刷业和记录媒介的复制				
石油加工、炼焦及核燃料加工业	100.6	98.3	91.0	98.8
化学原料及化学制品制造业	99.5	98.7	98.1	101.5
医药制造业	93.3	99.1	108.3	102.5
化学纤维制造业	99.4	100.0	100.0	
橡胶制品业	100.0	100.0	100.0	104.3
塑料制品业	98.5	99.0	97.5	104.3
非金属矿物制品业	97.9	97.2	96.0	93.9
黑色金属冶炼及压延加工业	97.8	98.2	95.9	93.7
有色金属冶炼及压延加工业	94.9	96.9	96.5	96.2
金属制品业	95.1	100.0	99.7	123.4
通用设备制造业	100.0	100.0	100.0	
交通运输设备制造业	100.1	99.9	100.0	100.2
电气机械及器材制造业	100.0	100.0	100.0	100.2
通信设备、计算机及其他电子设备制造业	100.0	100.0	102.6	
废弃资源和废旧材料回收加工业	97.9	99.8	97.1	104.3
电力、热力的生产和供应业	101.5	99.8	100.0	99.5
燃气生产和供应业	99.6	99.7	100.4	102.1
水的生产和供应业	100.3	99.9	99.7	100.6

9-9 房屋销售价格指数（2016年）

指标	新建住宅	#新建商品住宅	二手住宅
环比价格指数（以上月价格为100）			
1月	99.5	99.5	99.7
2月	99.6	99.6	99.5
3月	100.2	100.2	99.6
4月	100.3	100.3	99.7
5月	100.1	100.1	99.5
6月	99.8	99.8	100.0
7月	99.6	99.5	99.8
8月	100.1	100.1	99.7
9月	100.3	100.3	99.4
10月	99.9	99.9	100.3
11月	100.4	100.4	100.2
12月	99.8	99.8	100.7
同比价格指数（以上年同月价格为100）			
1月	97.2	97.1	97.8
2月	97.9	97.8	98.1
3月	98.1	98.0	98.2
4月	98.6	98.5	97.9
5月	98.8	98.7	97.2
6月	98.8	98.8	97.0
7月	98.8	98.7	96.9
8月	98.8	98.7	96.6
9月	99.2	99.2	96.2
10月	99.3	99.2	96.5
11月	99.7	99.7	97.4
12月	99.5	99.4	98.2
定基价格指数（以2010年价格为100）			
1月	98.8	98.8	98.9
2月	98.5	98.4	98.4
3月	98.7	98.6	98.0
4月	98.9	98.9	97.7
5月	99.0	98.9	97.3
6月	98.8	98.7	97.2
7月	98.3	98.3	97.1
8月	98.4	98.4	96.8
9月	98.7	98.7	96.2
10月	98.6	98.5	96.5
11月	99.0	98.9	96.6
12月	98.8	98.7	97.3

主要统计指标解释

商品零售价格指数 是反映一定时期内城乡商品零售价格变动趋势和程度的相对数。零售物价的调整变动直接影响到城乡居民的生活支出和国家的财政收入，影响居民购买力和市场供需平衡，影响消费与积累的比例。因此，计算零售价格指数，可以从一个侧面对上述经济活动进行观察和分析。

居民消费价格指数（CPI） 是反映一定时期内城乡居民所购买的生活消费品价格和服务项目价格变动趋势和程度的相对数，是对城市居民消费价格指数和农村居民消费价格指数进行综合汇总计算的结果。利用居民消费价格指数，可以观察和分析消费品的零售价格和服务价格变动对城乡居民实际生活费支出的影响程度。

新的CPI采用链式拉氏公式计算，包括城市和农村指数，这些指数分别是在城市和农村基础数据的基础上进行汇总的，权数来源于城市和农村住户调查。目前，我国用于计算CPI的商品和服务项目共计八大类（包括食品、烟酒、衣着、家庭设备用品及维修服务、医疗保健和个人用品、交通和通信、娱乐教育文化用品及服务、居住）、262个基本分类，涵盖了城乡居民的全部消费内容，每个基本分类下又设置一定数量的代表规格品作为经常性调查项目。

生产者价格指数 是用当月国内市场的工业品价格与上年同月价格相比来衡量月度的价格变动。除了武器弹药生产、放射性矿石的采挖及为自己使用的产品外，生产者价格指数覆盖了所有生产部门。

工业生产是社会再生产的重要组成部分。在我国，工业部门是国民经济中所占比重较高的生产部门，其发展速度、规模、效益以及生产结构的调整直接影响着国民经济的发展。工业生产者价格包括工业企业产品第一次出售时的出厂价格和企业作为中间投入的原材料、燃料、动力购进价格（下简称工业生产者购进价格）。工业生产者价格调查的目的在于及时、准确、科学地反映各工业行业产品价格水平及其变动趋势和幅度，为国民经济核算、计算工业发展速度、宏观经济分析和调控、理顺价格体系等提供科学、准确的依据。工业生产者价格调查采用重点调查与典型调查相结合的调查方法。重点调查将全部年主营业务收入2000万元以上的企业列为调查对象，采用主观选样的方法选择调查企业；典型调查是把年主营业务收入2000万元以下的企业作为抽样对象，采用随机抽样的调查方法。

工业生产者出厂价格指数 是反映一定时期内全部工业产品出厂价格总水平的变动趋势和程度的相对数，包括工业企业售给本企业以外所有单位的各种产品和直接售给居民用于生活消费的产品。该指数可以观察出厂价格变动对工业总产值及增加值的影响。

工业生产者购进价格指数 是反映工业企业作为生产投入，而从物资交易市场和能源、原材料生产企业购买原材料、燃料和动力产品时，所支付的价格水平变动趋势和程度的统计指标，是扣除工业企业物质消耗成本中的价格变动影响的重要依据。

目前，我国编制的原材料、燃料和动力购进价格指数所调查的产品包括燃料动力、黑色金属、有色金属、化工、建材等九大类的近1800种产品。

房地产价格指数 是反映一定时期内房地产价格变动趋势和程度的相对数，包括房屋销售价格指数、房屋租赁价格指数、土地交易价格指数和物业管理价格指数。

10

PEOPLE'S LIVING CONDITIONS

人民生活

10-1 全体居民主要收支情况

单位：元/人

指　标	2015	2016	2016年比2015年增加	
			绝对额	%
可支配收入	**33184**	**35759**	**2575**	**7.8**
工资性收入	18204	19489	1285	7.1
经营净收入	4316	4720	404	9.4
第一产业净收入	501	729	228	45.5
#农业净收入	311	576	265	85.2
牧业净收入	190	145	-45	-23.7
第二产业净收入	384	824	440	114.6
第三产业净收入	3431	3167	-264	-7.7
财产净收入	3083	3290	207	6.7
转移净收入	7581	8260	679	9.0
消费性支出	**24119**	**25485**	**1366**	**5.7**
食品	7518	7759	241	3.2
衣着	3417	3158	-259	-7.6
居住	3453	4057	604	17.5
生活用品及服务	2268	2296	28	1.2
交通通讯	2199	2299	100	4.5
交通	1586	1599	13	0.8
通信	613	700	87	14.2
教育文化娱乐	2506	2713	207	8.3
教育	934	928	-6	-0.6
文化娱乐	1572	1785	213	13.5
医疗保健	1977	2405	428	21.6
其它商品和服务	781	798	17	2.2
恩格尔系数（%）	**31.20**	**30.45**	**-0.75**	

注：本表数据为城乡住户一体化调查数据（新口径数据）。

10-2 城镇常住居民主要收支情况

单位：元/人

指　标	2015	2016	2016年比2015年增加	
			绝对额	%
可支配收入	**38098**	**40955**	**2857**	**7.5**
工资性收入	24110	25802	1692	7.0
经营净收入	4158	4505	347	8.3
第一产业净收入	38	105	67	176.3
#农业净收入	41	101	60	146.3
牧业净收入		2		
第二产业净收入	414	987	573	138.4
第三产业净收入	3706	3413	-293	-7.9
财产净收入	3745	4054	309	8.3
转移净收入	6085	6594	509	8.4
消费性支出	**27269**	**28632**	**1363**	**5.0**
食品	7868	8106	238	3.0
衣着	3243	3244	1	
居住	3903	4757	854	21.9
生活用品及服务	2150	2224	74	3.5
交通通讯	4535	3944	-591	-13.0
交通	3360	2787	-573	-17.1
通信	1175	1157	-18	-1.5
教育文化娱乐	2947	3365	418	14.2
教育	926	1084	158	17.1
文化娱乐	2021	2281	260	12.9
医疗保健	1444	1999	555	38.4
其它商品和服务	1179	993	-186	-15.8
恩格尔系数（%）	**28.90**	**28.31**	**-0.59**	

注：本表数据为城乡住户一体化调查数据（新口径数据）。

10-3　农村牧区常住居民主要收支情况

单位：元/人

指　标	2015	2016	2016年比2015年增加	
			绝对额	%
可支配收入	**13667**	**14692**	**1025**	**7.5**
工资性收入	4548	4819	271	6.0
经营净收入	7656	8252	596	7.8
第一产业净收入	4253	4647	394	9.3
#农业净收入	2499	3572	1073	42.9
牧业净收入	1858	1027	-831	-44.7
第二产业净收入	549	297	-252	-45.9
第三产业净收入	2854	3308	454	15.9
财产净收入	572	621	49	8.6
转移净收入	891	999	108	12.1
消费性支出	**10099**	**11014**	**915**	**9.1**
食品	3292	3499	207	6.3
衣着	919	961	42	4.6
居住	2214	2477	263	11.9
生活用品及服务	533	548	15	2.7
交通通讯	1260	1462	202	16.1
交通	699	852	153	21.9
通信	561	610	49	8.7
教育文化娱乐	962	989	27	2.8
教育	607	599	-8	-1.3
文化娱乐	355	390	35	9.9
医疗保健	758	888	130	17.2
其它商品和服务	161	190	29	18.0
恩格尔系数（%）	**32.60**	**31.77**	**-0.83**	**-2.5**

注：本表数据为城乡住户一体化调查数据（新口径数据）。

10-4　1980-2013年城镇居民家庭人均收支情况

年 份	城镇居民人均可支配收入		城镇居民人均消费性支出（元）	恩格尔系数（%）
	绝对数（元）	指数（1980=100）		
1980	486	100.0	432	56.75
1981	491	99.3	436	55.20
1982	499	99.9	446	56.79
1983	514	102.1	455	58.17
1984	581	113.1	480	54.68
1985	766	136.0	656	49.09
1986	848	143.2	739	51.00
1987	954	148.0	786	52.89
1988	1025	135.1	916	49.67
1989	1169	135.9	980	51.99
1990	1305	147.6	1075	51.03
1991	1516	162.5	1242	37.36
1992	1742	171.6	1340	51.46
1993	2215	187.0	1731	50.47
1994	2922	197.2	2104	53.96
1995	3385	197.4	2615	54.90
1996	3916	211.4	2755	53.49
1997	4426	227.4	3165	48.74
1998	4654	240.1	3190	43.38
1999	5061	256.9	3592	41.01
2000	5436	269.0	4257	38.00
2001	5883	291.1	4537	37.20
2002	6980	347.2	5058	34.49
2003	9216	452.0	6817	31.55
2004	11508	548.0	8722	33.45
2005	13218	618.9	10056	32.64
2006	15122	697.6	11549	31.40
2007	17876	795.2	13613	33.26
2008	20861	884.6	16254	32.82
2009	23089	981.0	18950	31.58
2010	25862	1069.5	20994	31.62
2011	29628	1164.5	23570	30.40
2012	33485	1250.6	26009	30.80
2013	36576	1324.9	26035	31.20

注：本表中数据均为旧口径数据。

10-5 1980-2013年农村牧区居民家庭人均收支情况

单位：元

年份	农牧民人均总收入	农牧民人均纯收入	农牧民人均可支配收入	农牧民人均生活消费支出	农牧民人均生产消费支出
1980	217	195	190	174	17
1981	269	237	232	196	45
1982	344	310	303	232	53
1983	484	361	361	272	127
1984	539	383	366	302	159
1985	604	419	414	330	178
1986	741	417	413	389	304
1987	698	454	444	400	241
1988	947	533	517	451	385
1989	891	523	505	555	344
1990	1074	640	621	597	359
1991	1099	669	637	608	404
1992	1259	803	772	644	404
1993	1388	910	882	781	514
1994	1721	1163	1097	975	629
1995	2102	1424	1393	1327	760
1996	2703	1785	1728	1295	668
1997	3204	2080	2033	1617	969
1998	3518	2301	2250	1558	1057
1999	3592	2426	2380	1632	994
2000	3874	2548	2511	1626	1168
2001	4047	2558	2520	1810	1227
2002	4477	2864	2833	2083	2067
2003	5485	3435	3342	2191	2066
2004	6667	4136	4066	2600	2135
2005	7759	4667	4562	2952	2670
2006	8899	5338	5269	3640	3098
2007	9940	6148	6046	4381	3327
2008	11262	7076	6865	4966	3753
2009	12465	7826	7472	5522	4190
2010	13391	8766	8296	6132	4145
2011	15099	10059		6943	4162
2012	16789	11421		7869	4489
2013	17371	12801		9069	3795

注：本表中数据均为旧口径数据。

10-6　城镇常住居民家庭基本情况

指　标	2000	2005	2010	2015	2016
调查户数（户）	**400**	**500**	**500**	**850**	**850**
平均每户家庭人口（人）	**3.03**	**2.69**	**2.64**	**2.48**	**2.68**
平均每户就业人口（人）	**1.59**	**1.46**	**1.43**	**1.42**	**1.55**
平均每户就业面（%）	**52.48**	**54.28**	**54.17**	**57.30**	**57.84**
平均每一就业者负担人数（包括就业者本人）（人）	**1.90**	**1.84**	**1.85**	**1.75**	**1.73**
居民家庭总收入（元）	**5458**	**13863**	**27774**	**39955**	**44420**
工资性收入	3248	10035	18989	24110	24325
经营性收入	952	718	2160	4158	8417
财产性收入	45	126	700	3745	3610
转移性收入	1213	2984	5925	6085	8068
平均每人消费性支出（元）	**4257**	**10056**	**20994**	**27269**	**28632**
食品	1619	3283	6639	7868	8106
衣着	559	1550	2876	3243	3244
居住	379	879	1871	3903	4757
生活用品及服务	257	717	1613	2150	2224
交通通讯	389	1029	2688	4535	3944
教育文化娱乐	489	1283	2734	2947	3365
医疗保健	303	838	1626	1444	1999
其他商品及服务	262	477	947	1179	993

注：1、2013年及以后的数据均为城乡住户一体化调查数据（后同）。
　　2、2013年以前工资性收入为工薪收入数据，经营性收入为个体经营劳动者收入数据。

10-7 按收入等级分的城镇常住居民家庭基本情况（2016年）

指　　标	全市	按收入等级分				
		低收入	中低收入	中等收入	中高收入	高收入
调查户数（户）	850	170	170	170	170	170
平均每户家庭人口（人）	2.68	3.01	2.83	2.62	2.48	2.45
平均每户就业人口（人）	1.55	1.71	1.62	1.53	1.46	1.52
平均每户就业面（%）	57.84	56.81	57.24	58.40	58.87	62.04
平均每一就业者负担人数（包括就业者本人）（人）	1.73	1.76	1.75	1.71	1.70	1.61
平均每人全部年收入（元）	44420	20446	32104	40156	51581	85171
平均每人可支配收入（元）	40955	18613	29588	37859	48348	80291
平均每人消费性支出（元）	28632	18014	22758	28502	32039	52741

10-8 按收入等级分的城镇常住居民家庭平均每人全年收入(2016年)

指　　标	全市	按收入等级分				
		低收入	中低收入	中等收入	中高收入	高收入
可支配收入（元）	**40955**	**18613**	**29588**	**37859**	**48348**	**80291**
工资性收入	25802	13070	18896	24779	27110	41022
#工资	24180	11871	18171	23610	25153	38219
实物福利	16	1	3	28	17	30
经营净收入	4505	3331	4239	2237	6092	22953
财产净收入	4054	1811	2516	2429	4346	7463
#利息净收入	55	-7	28	29	71	138
红利收入	221	2		6	28	1028
转移净收入	6594	400	3937	8414	10800	8853
#养老金或离退休金	6164	1266	5305	10018	12097	10538
赡养收入	222	29	41	259	687	427
借贷性所得（元）	**44**	**3**		**99**	**26**	**105**
提取储蓄存款	8	1				41
借入款	11	2				56
收回借出款	1					7
住房贷款	6			31		
汽车贷款	5				26	

10-9　按收入等级分的城镇常住居民家庭平均每人全年消费性支出（2016年）

单位：元

项　目	全市	按收入等级分				
		低收入	中低收入	中等收入	中高收入	高收入
消费性支出	**28632**	**18014**	**22758**	**28502**	**32039**	**52741**
食品	8106	5397	7173	8460	8717	10800
#食品	4760	3710	4537	4762	5254	5388
烟酒	887	633	694	886	923	1308
衣着	3244	1806	2836	3434	3291	6095
#衣类	2536	1354	2220	2627	2582	4884
鞋类	708	452	616	807	709	1211
居住	4757	3496	4102	5134	6646	8874
租赁房房租	87	161	42	92	185	17
住房维修及管理	939	621	511	642	1369	2514
水电燃料及其他	975	815	990	1282	1348	1296
生活用品及服务	2224	1170	1555	2147	2477	4710
交通通讯	3944	2863	2355	3342	3673	9064
交通	2787	1837	1305	2211	2407	7396
通信	1157	1026	1050	1131	1267	1668
教育文化娱乐	3365	1949	2450	3366	3497	6922
教育	1084	1116	871	1174	1162	1406
文化娱乐	2281	833	1579	2192	2334	5516
医疗保健	1999	951	1669	1493	2895	3829
其他用品及服务	993	382	619	1126	844	2448

10-10　按收入等级分的城镇常住居民家庭平均每人全年购买的主要商品数量（2016年）

指　标	全市	按收入等级分				
		低收入	中低收入	中等收入	中高收入	高收入
粮食（公斤）	168	155	162	168	188	168
蔬菜及菜制品（公斤）	126	105	137	132	139	118
#鲜菜	120	99	131	126	133	112
肉类（公斤）	41	34	40	41	45	45
#猪肉	19	16	20	20	22	20
牛肉	4	3	5	5	5	5
羊肉	10	10	9	9	10	12
禽类	7	6	8	8	8	7
蛋类及蛋制品（公斤）	13	11	13	12	15	14
奶和奶制品（公斤）	39	30	45	38	44	42
水产品（公斤）	10	7	10	12	12	11
油脂类（公斤）	13	12	14	14	13	12
#植物油	13	11	14	14	13	12
糖果糕点类（公斤）	12	9	13	12	12	14
干鲜瓜果（公斤）	84	64	79	95	95	91
#鲜瓜果	74	56	69	84	84	80
#坚果	8	7	8	9	9	9
茶叶（公斤）	1	0	1	1	0	1
烟叶（公斤）	29	36	23	27	31	26
酒（公斤）	10	9	7	12	11	13
#白酒	5	4	3	7	5	7
啤酒	5	5	4	5	5	6

10-11 按收入等级分的城镇常住居民家庭平均每百户耐用消费品年末拥有量（2016年）

指　标	全市	按收入等级分				
		低收入	中低收入	中等收入	中高收入	高收入
家用汽车（辆）	52	43	47	45	54	72
摩托车（辆）	12	15	15	9	10	9
助力车（台）	36	53	43	29	33	25
洗衣机（台）	97	97	95	98	99	98
电冰箱（柜）（台）	100	98	101	98	101	102
微波炉（台）	63	39	65	75	62	71
彩色电视机（台）	104	100	100	105	103	112
#接入有线电视	90	76	88	91	94	99
空调（台）	29	18	26	23	36	43
热水器（台）	74	48	77	84	80	83
#太阳能热水器	12	15	14	11	13	8
消毒碗柜（台）	4	2	2	6	2	5
洗碗机（台）	2	2	1	1	2	1
排油烟机（台）	71	51	73	72	82	77
固定电话（线）	21	17	26	17	23	21
移动电话（部）	210	218	214	209	205	204
#接入互联网	80	96	76	71	69	88
计算机（台）	68	62	72	57	74	76
#接入互联网	56	58	60	49	55	57
摄像机（台）	9	9	10	9	7	13
照相机（台）	35	28	24	42	36	42
中高档乐器（架）	2	5	2	0	1	3
健身器材（台）	4	1	3	4	6	5
组合音响（套）	3	3	6	3	4	1

10-12　农村牧区常住居民家庭基本情况

指　标	2000	2005	2010	2015	2016
调查户数（户）	**400**	**305**	**305**	**320**	**320**
调查户常住人口（人）	**1590**	**1142**	**1106**	**887**	**858**
平均每户常住人口（人）	**3.98**	**3.74**	**3.63**	**2.77**	**2.68**
平均每户整半劳力（人）	**2.76**	**2.77**	**2.80**	**2.23**	**2.17**
平均每个劳动力负担人口（含本人）（人）	**1.44**	**1.35**	**1.30**	**1.31**	**1.24**
劳动力按文化程度分组比重（%）					
文盲或半文盲	11.60	8.16	6.67	6.66	4.29
小学	27.65	21.06	17.92	20.72	21.30
初中	48.78	49.59	46.72	51.05	53.17
高中	9.52	17.40	22.60	14.20	15.37
中专	2.18	1.78	1.87		
大专及以上	0.27	2.01	4.22	7.38	5.87
平均每人年收入（元）					
总收入	3873.52	7759.30	13390.52	20358	21018
纯收入	2548.43	4667.00	8766.38		
现金收入	2870.83	6831.90	11885.50	19707	14692
平均每人年支出（元）					
总支出	3204.66	5982.40	10973.17	15052	17527
#家庭经营费用支出	986.48	2670.20	4145.02	2326	2855
生活消费支出	1625.75	2952.50	6132.18	10099	11014
现金支出	2619.54	5397.80	10486.63	13496	15848
#生产费用	990.50	2708.80	4127.26	2275	1838
缴纳税金和上交集体承包费支出	171.49	10.64	18.74		
生活消费支出	1220.80	2557.80	5832.94	8367	9560

注：2013年及以后的数据均为城乡住户一体化调查数据（后同）。

10-13 按收入等级分的农村牧区常住居民家庭基本情况（2016年）

指　标	全市	按收入等级分				
		低收入	中低收入	中等收入	中高收入	高收入
调查户数（户）	320	64	64	64	64	64
平均每户家庭人口（人）	2.68	3.12	2.81	2.68	2.75	2.42
平均每户就业人口（人）	1.98	2.20	2.01	1.93	2.13	1.84
平均每户就业面（%）	80.77	74.75	76.39	78.22	84.88	86.65
平均每一就业者负担人数（包括就业者本人）（人）	1.24	1.34	1.31	1.28	1.18	1.15
平均每人全部年收入（元）	21018	9480	13601	18696	25201	41875
平均每人可支配收入（元）	14692	4837	11088	15551	20510	36430
平均每人消费性支出（元）	11014	7865	9050	10228	12447	17644

10-14 按收入等级分的农村牧区常住居民家庭平均每人全年收入(2016年)

指　标	全市	按收入等级分				
		低收入	中低收入	中等收入	中高收入	高收入
可支配收入（元）	**14692**	**4837**	**11088**	**15551**	**20510**	**36430**
工资性收入	4819	1635	4897	5354	5693	8304
#工资	2331	231	1137	2175	3771	5450
实物福利						
经营净收入	8252	2324	4694	8045	11040	21208
财产净收入	622	479	237	358	1478	2715
#利息收入	25	76	7	25	40	50
红利收入	362	331	23	156	778	1799
转移净收入	999	399	1259	1794	2299	4202
#养老金或离退休金	278	257	419	548	540	1460
赡养收入	22	32	39	99	7	77
借贷性所得（元）	**575**	**851**	**254**	**202**	**943**	**591**
提取储蓄存款	455	621	21	197	843	591
借入款	15	15			58	
收回借出款	53	29	178	5	42	
住房贷款						
汽车贷款						
其它贷款	52	180	55			
其他借贷所得						

10-15 按收入等级分的农村牧区常住居民家庭平均每人全年消费性支出（2016年）

项　目	全市	按收入等级分				
		低收入	中低收入	中等收入	中高收入	高收入
消费性支出(元)	**11014**	**7865**	**9050**	**10228**	**12447**	**17644**
食品	3499	2570	2487	3512	3831	5060
#食品	2486	1808	1998	2630	2725	3203
烟酒	621	542	354	532	659	1016
衣着	961	567	660	1163	1155	1464
衣类	713	440	465	856	872	1083
鞋类	248	127	196	307	283	381
居住	2477	1385	2215	2263	3326	4325
#租赁房房租	32		3	29	62	90
住房维修及管理	522	205	702	381	919	608
水电燃料及其他	613	516	567	727	622	873
生活用品及服务	548	339	359	383	685	1112
交通通讯	1462	1184	865	1245	1376	2988
交通	852	730	398	613	734	2016
通信	610	454	467	632	643	972
教育文化娱乐	989	1161	1023	890	864	1087
教育	599	791	811	467	457	477
文化娱乐	390	370	212	423	407	610
医疗保健	888	581	1293	549	972	1178
其他用品及服务	190	77	147	223	236	430

10-16 农村牧区常住居民家庭平均每人主要消费品消费量

指　标	2013	2014	2015	2016
粮　食（原粮）（公斤）	121.03	129.19	138.96	144.39
蔬菜及菜制品（公斤）	68.43	69.09	68.50	63.24
油脂类（公斤）	9.50	8.20	7.13	8.66
肉　类（公斤）	31.38	23.63	21.95	25.01
干鲜瓜果类（公斤）	36.44	38.99	39.18	44.24
蛋及制品（公斤）	4.21	5.38	5.00	5.56
水 产 品（公斤）	2.41	2.73	2.60	2.61
糖果糕点类 （公斤）	4.01	3.78	3.57	3.65
酒（公斤）	7.70	7.00	7.67	7.08

10-17 农村牧区常住居民家庭平均每百户耐用消费品年末拥有量

指　标	2013	2014	2015	2016
家用汽车（辆）	22	23	26	28
洗衣机（台）	89	94	90	92
家用电冰箱（台）	92	95	95	92
摩托车（辆）	65	78	69	63
计算机（台）	16	19	18	28
彩色电视机（台）	99	99	100	101
照相机（架）	7	9	7	6

10-18 农村牧区常住居民家庭住房基本情况

指　标	2013	2014	2015	2016
年末使用房屋				
居住面积（平方米/人）	29.22	26.19	29.44	29.93
砖木结构（%）	67.28	72.00	61.90	61.03
钢筋混凝土结构（%）	2.37	1.40	2.20	2.63
自建住房（%）	95.59	97.00	96.30	94.98
购买商品房（%）	1.36	1.00	1.60	1.84
房屋价值（万元/户）	8.76	11.65	14.46	15.56
本年新建房屋面积（平方米/户）	**0.95**	**0.69**	**0.94**	**0.81**
每平方米价值（元）	821.42	724.64	744.68	692.55

10-19　农牧民家庭平均每户年末固定资产原价

指　标	2013	2014	2015	2016
年末生产性固定资产原价（元）	**12075.31**	**25868.54**	**20586.32**	**17705.11**
农业生产性固定资产原价	7224.04	14711.45	11464.06	10077.63
生产用房	2219.37	7119.97	4039.38	4360.43
农业设施	3210.29	1525.14	1218.75	253.59
农业机械	1752.45	6096.11	5434.06	5321.83
役畜	111.24	309.94	192.81	72.10
产品畜	4041.55	8882.64	7704.44	5636.47

10-20　农牧民家庭平均每百户年末拥有固定资产数量

指　标	2013	2014	2015	2016
生产性用房及建筑物（平方米）	2453	2747	5954	2425
大中型农用拖拉机（台）	4	4	4	4
小型农用拖拉机（台）	42	42	45	52
收割机（台）	5	9	9	5
脱粒机（台）	2	2	1	2
役畜（头）	5	2	6	5
产品畜（头）	483	304	477	493

主要统计指标解释

全体居民收入 自2012年开始，实施城乡住户一体化调查改革。按照国家统计局制订的统一调查方案、抽样方法、指标名称、分类标准和计算方法，将过去独立开展的城镇住户调查和农村住户调查合二为一，建立了科学统一的城乡一体化住户调查体系。通过实际调查，准确地获得了全体居民人均收入和支出、城镇居民人均收入和支出、农牧民人均收入和支出。

住户成员 指居住在一个住宅内，所有与本住户分享生活开支或收入的人员。还包括：①由本住户供养的在外学生（包括大中专学生和研究生）；②未分家的农村外出从业人员和随迁家属，无论其外出时间长短；③轮流居住的老人；④因探亲访友、旅游、住医院、培训或出差等原因临时外出的人员。

常住成员 指住户成员中，经常在家居住、或者调查期内居住时间超过一半的人员，以及本住户供养的学生。常住成员是住户收支的调查对象。

总收入 是调查期内全部收入的总和，其中未扣除为获得收入所发生的支出（生产费用）。包括工资性收入、经营性收入、财产性收入、转移性收入、非收入所得、借贷性所得。

可支配收入 指调查户在调查期内获得的、可用于最终消费支出和储蓄的总和，即调查户可以用来自由支配的收入。可支配收入既包括现金，也包括实物收入。按照收入的来源，可支配收入包含：工资性收入、经营净收入、财产净收入、转移净收入。

工资性收入 指就业人员通过各种途径得到的全部劳动报酬和各种福利，包括受雇于单位或个人、从事各种自由职业、兼职和零星劳动得到的全部劳动报酬和福利。

经营净收入 指住户或住户成员从事生产经营活动所获得的净收入，是全部经营收入中扣除经营费用、生产性固定资产折旧和生产税净额（生产税减去生产补贴）之后得到的净收入。计算公式具体为：经营净收入 = 经营收入 − 经营费用 − 生产性固定资产折旧− 生产税净额（生产税−生产补贴）

财产净收入 指住户或住户成员将其所拥有的金融资产和自然资源交由其他机构单位、住户或个人支配而获得的回报并扣除相关的费用之后得到的净收入。财产净收入包括利息净收入、红利收入、储蓄性保险净收益和转让承包土地经营权租金净收入等。

转移净收入 指国家、单位、社会团体对住户的各种经常性转移支付和住户之间的经常性收入转移，并扣除相关的支出和费用之后得到的净收入。包括政府、非行政事业单位、社会团体对居民转移的养老金或退休金、社会救济和补助、政策性生活补贴、救灾款、经常性捐赠和赔偿以及报销医疗费等；住户之间的赡养收入、经常性捐赠和赔偿以及农村地区（村委会）在外（含国外）工作的本住户非常住成员寄回带回的收入等。

总支出 指住户用于生产、生活和再分配的全部支出。包括消费支出、生产经营费用支出、财产性支出、转移性支出、购置资产及非经常性转移支出、借贷性支出。

消费支出 指住户用于满足家庭日常生活消费需要的全部支出，包括用于消费品的支出和用于服务性消费的支出。根据用途不同，消费支出可划分为食品烟酒、衣着、居住、生活用品及服务、交通通信、教育文化娱乐、医疗保健、其他用品及服务八大类。根据来源不同，消费支出可划分为现金消费支出、实物消费支出（含自产自用、来自单位、来自政府和其他社会组织）。

生产经营费用支出 指住户以家庭为基本生产经营单位从事生产经营活动而消费的商品和服务、自产自用产品。

生产性固定资产 在家庭或个人从事的生产经营活动中，所拥有的使用期限在两年以上、单位价值在1000元以上的房屋建筑物、机器设备、器具工具、役畜、产品畜等资产应作为固定资产统计。

固定资产原价 按照当初固定资产的购进价或建购价来记录。自繁自养的幼畜成龄转作役畜、产品畜、种畜，按市场同类牲畜的平均价格计价。

生产性固定资产折旧 指住户在家庭经营生产活动中，因使用固定资产，而转移到新产品中的那部分固定资产价值。在住户调查中，生产性固定资产的使用年限定为15年。

财产性支出 指家庭购买或维护财产所支付的利息等有关费用。

转移性支出 指调查户对国家、单位、住户或个人的经常性或义务性转移支付。包括缴纳的税款、各项社会保障支出、赡养支出、经常性捐赠和赔偿支出以及其他经常转移支出等。

11

CENERAL SURVEY OF CITIES

城市概况

11-1 城市建设用地（2016年）

指 标	单 位	全市	#市区
区划面积	平方公里	27768	2965
建成区面积	平方公里	234.68	201.35
城市现状建设用地面积	平方公里	228.40	195.79
居住用地	平方公里	68.93	58.60
公共管理与公共服务用地	平方公里	19.53	15.82
工业用地	平方公里	56.05	52.50
物流仓储用地	平方公里	8.65	7.50
交通设施用地	平方公里	30.78	24.40
商务服务业设施用地	平方公里	11.84	9.83
公用设施用地	平方公里	5.00	3.49
绿地	平方公里	27.62	23.65

注：市区数据不包括土默特右旗、固阳县和达尔罕茂明安联合旗。

11-2 城市自来水情况（2016年）

指 标	单 位	全市	#市区
年末自来水实际生产能力	万立方米/日	97.1	95.0
年末供水管道长度(不包括自备水源井)	公里	1991.8	1775.9
全年供水总量	万立方米	17741.4	17079.4
#生产用水	万立方米	7953.4	7905.4

注：表中年末自来水综合生产能力为城市公共供水系统口径。

11-3 城市煤气、液化石油气、天然气情况（2016年）

指 标	单 位	全市	#市区
人工煤气			
人工煤气储气能力	万立方米	15	15
供气管道长度	公里	520	520
全年供气总量	万立方米	6800	6800
#家庭用气	万立方米	6200	6200
用气户数	万户	5.17	5.17
#家庭用户	万户	5.13	5.13
用气人口	万人	15.8	15.8
液化石油气			
储气能力	吨	837	667
全年供气总量	吨	11628	10500
#家庭用气	万立方米	11006	9880
用气户数	万户	6.20	5.29
#家庭用户	万户	6.20	5.29
用气人口	万人	19.53	16.43
天然气			
供气管道长度	公里	2346.76	2151.02
供气总量	万立方米	72448	68000
#家庭用量	万立方米	21470	20000
用气户数	万户	73.27	68.66
用气人口	万人	166.99	150.89

11-4　城市集中供热情况（2016年）

指　标	单　位	全市	#市区
供热能力			
热水	兆瓦	7628	6328
全年供热总量			
热水	万吉焦	4191	3770
供热管道长度			
热水	公里	1083	884
供热面积	万平方米	9493	8795
#住宅	万平方米	6667	6157

11-5　城市市政工程情况（2016年）

指　标	单　位	全市	#市区
年末实有铺装道路长度	公里	1821.47	1564.10
年末实有铺装道路面积	万平方米	3534.83	2920.70
#人行道面积	万平方米	1091.92	905.90
桥梁数	座	59	44
路灯盏数	盏	124073	112978
排水管道长度	公里	2590.10	2281.50
建成区排水管道密度	公里/平方公里	11.04	11.33
污水年排放量	万立方米	11644	11070
污水处理厂座数	座	10	7
污水处理能力	万立方米/日	49.00	45.20
污水处理总量	万立方米	10444	10010
再生水利用量	万立方米	1885	1802

11-6 城市公共汽电车、出租汽车情况

指　标	单　位	2015	2016
年末实有公共汽电车运营车数	辆	1387	1489
年末实有标准运营车数	标台	1580	1899
运营线路长度	公里	1326	1417
客运总量	万人次	17173	23162
出租汽车数	辆	6379	5877

11-7 城市园林绿化面积（2016年）

指　标	单　位	全市	#市区
园林绿化覆盖面积	公顷	11430	9956
#建成区	公顷	9942	8871
园林绿地面积	公顷	10396	9085
#建成区园林绿地面积	公顷	9064	8034
#公园绿地面积	公顷	2879	2608
公园个数	个	35	28
公园面积	公顷	2879	2608

11-8　城市公共卫生情况（2016年）

指　标	单　位	全市	#市区
道路清扫保洁面积	万平方米	4128	3606
生活垃圾清运量	万吨	68.48	56.36
生活垃圾无害化处理厂（场）数	座	7	4
生活垃圾无害化处理能力	吨／日	3128	2820
生活垃圾无害化处理量	万吨	66.88	55.32
公共厕所数	座	572	295
#三级以上	座	402	295

11-9　城市设施水平（2016年）

指　标	单　位	全市	#市区
人均城市道路面积	平方米	16.61	15.42
建成区绿地率	%	38.62	39.90
建成区绿化覆盖率	%	42.36	44.06
污水处理率	%	89.69	90.42
生活垃圾处理率	%	97.67	98.15

11-10 城 市

年 份	自来水			煤气（天然气）	
	年底水管总长度（公里）	水厂综合生产能力（万吨 / 日）	供水总量（万立方米）	供气总量（万立方米）	用气人口（万人）
1949	17	1.4	29		
1950	24	0.4	30		
1952	42	0.4	36		
1957	220	1.4	321		
1962	261	12.2	2984		
1965	325	11.2	2725		
1970	417	11.7	4105		
1975	567	13.9	4736		
1978	578	18.0	5096		
1980	610	19.5	5148		
1985	872	63.5	5364	956	8.40
1990	931	59.4	21456	3040	21.90
1991	941	68.4	22465	3296	24.00
1992	958	68.5	22724	3609	25.90
1993	973	69.0	23033	3476	28.00
1994	985	70.7	23775	3720	29.50
1995	966	71.5	25453	3984	31.03
1996	981	71.5	25425	4213	33.16
1997	1055	71.5	24826	4592	35.25
1998	1253	71.5	23833	4580	38.56
1999	1303	71.5	24763	4547	39.80
2000	1323	101.5	24830	4161	43.73
2001	1384	97.6	22088	3080	43.96
2002	1547	105.8	22166	3167	48.87
2003	1740	108.0	22712	3418	51.14
2004	1740	108.0	34568	3849	66.41
2005	1740	104.5	34568	4006	70.93
2006	1370	51.0	7025	3084	56.00
2007	1548	102.7	12080	3084	56.70
2008	1406	108.0	13330	3084	51.94
2009	1409	51.0	10915	3084	52.41
2010	1480	51.0	11704	3069	51.94
2011	1722	56.6	13853	2806	49.00
2012	1745	53.2	12928	2786	46.16
2013	1746	53.2	15973	3500	40.20
2014	1861	93.3	16616	3500	41.20
2015	1934	93.4	17629	3090	39.40
2016	1992	97.1	17741	72448	166.99

注：1、2006年及2009年以后自来水数据为公共供水企业数据，不含自备水；
2、2016年以前供气总量及用气人口为人工煤气口径，2016年及以后为天然气口径。

公 用 事 业

园林绿化		铺装道路长度（公里）	排水管道长度（公里）	路灯盏数（盏）	公共汽（电）车营运车辆（辆）
城市绿化覆盖面积（公顷）	公园（个）				
		4		43	
		4	2	92	
		6	3	279	
29	2	161	41	2035	21
	3	199	81	2522	65
190	3	187	77	2616	67
51	3	256	80	3241	90
832	4	195	96	3447	169
1091	4	200	102	3463	215
1174	4	220	138	3398	251
1338	7	332	201	5993	265
3692	9	421	610	7800	486
3838	39	426	627	8930	448
3858	39	435	635	9267	465
3881	39	442	645	9565	538
3904	39	468	678	9635	585
4394	38	382	686	7797	1019
4272	39	445	713	8260	538
4487	39	468	724	9253	540
4620	9	506	731	9869	538
4736	13	525	733	11007	610
4870	13	544	766	12542	682
5265	11	583	810	13820	813
5361	12	733	960	18761	788
5626	12	784	1026	20892	772
5941	13	828	1038	23659	984
6755	15	873	1097	31540	1125
6971	15	1028	1279	30000	1094
7224	17	1142	1423	38000	1174
7364	17	1142	1423	38000	1174
7596	20	1280	1665	60773	1321
7845	21	1304	1750	66153	1342
7860	24	1479	2105	75296	1395
8527	24	1529	2212	80281	1342
8730	26	1617	2241	83754	1194
9563	33	1674	2335	90898	1304
9953	33	1741	2480	113639	1387
11430	35	1821	2590	124073	1489

主要统计指标解释

年末自来水生产能力　指年底城建部门管理的自来水厂和自备水源的社会单位取水、净化、送水、出厂输水干管等环节的实际生产能力。

年末供水管道长度　指从送水泵到用户水表之间所有管道的长度。

全年供水总量　指公用自来水厂和自备水源的社会单位全年的供水总量，包括有效供水量及损失水量。

生活用水量　包括公共服务用水和居民家庭用水。公共服务用水指为城市社会公共生活的用水。包括行政事业、部队营区、公共设施服务、社会服务业、批发零售贸易业、旅游饮食业以及其他公共服务业等单位的用水。居名家庭用水指城市范围内所有居民家庭生活的日常用水。包括城市居民、农民家庭、公共供水站用水。

用水普及率　指城市用水人口数与城市人口总数之比。计算公式为：

用水普及率=城市用水人口数/城市人口总数×100%

人工煤气生产能力　指报告期末人工煤气生产厂制气、净化、输送等环节的综合生产能力，不包括备用设备能力。一般按设计能力计算，如果实际生产能力大于设计能力时，应按实际测定的生产能力计算。测定时应以制气、净化、输送三个环节中最薄弱的环节为主。

输气管道长度　指由压缩机、鼓风机、储气罐的出口到用户煤气表之间的全部管道长度。

全年供气总量　指全年售给各类用户的全部煤气量，包括销售量和损失量。

用气普及率　指报告期末使用煤气(包括人工煤气、液化石油气、天然气)的城市人口数与城市人口总数之比。计算公式为：

城市煤气普及率=城市用气人口数/城市人口总数×100%

城市供热能力　指供热企业（单位）向城市输送的供热源的设计能力。

城市供热总量　指在报告期末热电厂、热力公司和达到标准的集中采暖锅炉房向城市输送的全部蒸汽、热水量。

城市供热管道长度　指从各类热源到用户接入口之间的全部供气、供热水的管道长度。不包括各类热源厂内部的管道长度。

年底实有铺装道路长度　指年末除土路外，路面经过铺装宽度在3.5米以上的道路，包括高级、次高级道路和普通道路。

城市桥梁　指城市范围内，修建在河道上的桥梁和道路与道路立交、道路跨越铁路的立交桥及人行天桥。包括永久性桥和半永久性桥，不包括临时性桥、铁路桥、涵洞。

城市排水管道长度　指所有排水总管、干管、支管及暗渠、检查井、连接井进出水口等长度之和。

城市污水日处理能力　指污水处理厂每昼夜处理污水量的设计能力。

城镇生活污水排放量　指城镇居民每年排放的生活污水。用人均系数法测算。测算公式为：

城镇生活污水排放量=城镇生活污水排放系数×市镇非农业人口×365

生活垃圾清运量　指报告期内收集和运送到垃圾处理厂(场)的生活垃圾数量。生活垃圾指城市日常生活或为城市日常生活提供服务的活动中产生的固体废物以及法律行政规定的视为城市生活垃圾的固体废物。包括：居民生活垃圾、商业垃圾、集市贸易市场垃圾、街道清扫垃圾、公共场所垃圾和机关、学校、厂矿等单位的生活垃圾。

生活垃圾无害化处理率　指报告期生活垃圾无害化处理量与生活垃圾产生量比率。在统计上，由于生活垃圾产生量不易取得，可用清运量代替。计算公式为：

生活垃圾无害化处理率=生活垃圾无害化处理量/生活垃圾产生量×100%

年末实有公共汽车　指年底可参加营运的全部车辆数，包括营运车辆数和库存查封未参加营运的车辆。不包括非营运车辆，如架线车、油罐车、工程车、货车及其他专用车辆和借入的客运车辆。

城市园林绿地面积　指报告期末用作园林和绿化的各种绿地面积。包括公共绿地、专用绿地、生产绿地、防护绿地、郊区风景林地的面积。

公共绿地　指向公众开放的市级、区级、居住区级各类公园、街旁游园，包括其范围内的水域。其中、居住区级公园应不小于1万平方米，、街旁游园的宽度不小于8米，面积不小于400平方米。

12

农 业

AGRICULTURE

12-1　农村牧区基层组织和农牧业基本情况（2016年）

指　标	总　计	农　村	牧　区
农村牧区基层组织情况			
乡镇（苏木）个数（个）	39	30	9
#镇个数	29	24	5
村委会（嘎查）个数（个）	520	478	42
农村牧区社会基础设施			
自来水受益村数（个）	514	478	36
通有线电视村数（个）	446	439	7
通宽带村数（个）	455	416	39
农牧业生产条件			
年末实有耕地面积（千公顷）	424.37		
农作物总播种面积（千公顷）	330.59		
年末草场面积（千公顷）	1991.23		
有效灌溉面积（千公顷）	128.48		
农牧业机械总动力（万千瓦）	164.46		
化肥施用量（折纯）（万吨）	7.72		
农村牧区用电量（万千瓦小时）	35861.40		
主要农牧业生产情况			
粮食总产量（万吨）	106.37		
年中牲畜总增头数（万头只）	399.96		
肉类总产量（万吨）	16.85		
蔬菜总产量（万吨）	100.18		

12-2　1984-2016年农林牧渔业总产值

单位：万元

年 份	农林牧渔业总产值	农 业		林 业	牧 业	渔 业	农林牧渔服务业
			#种植业				
1984	29438	23027	19415	811	5568	32	
1985	30139	21364	19733	695	7993	87	
1986	28856	18628	16539	834	9223	171	
1987	30268	18434	15983	599	10922	313	
1988	49693	27856	25514	914	20669	254	
1989	48515	29884	27717	646	17614	371	
1990	68643	49518	47029	1503	17070	552	
1991	65085	43235	40166	1438	19690	722	
1992	81801	55461	52031	1402	23609	1329	
1993	108378	71198	65723	2405	33105	1670	
1994	152304	93772	85051	2682	53889	1961	
1995	198825	132292	123861	3430	60380	2723	
1996	244235	164195	150943	4656	72973	2411	
1997	267164	175844	159847	4672	83518	3130	
1998	260602	158517	144068	6895	91182	4008	
1999	273356	172166	157948	6709	91034	3447	
2000	287128	185527	170142	6937	91279	3385	
2001	284176	170545	155898	9345	100987	3299	
2002	345441	200086	185963	12021	129872	3462	
2003	367968	192999	192263	8557	155818	3648	6946
2004	497986	219725	219725	7942	254159	5481	10679
2005	550274	227965	227965	4985	296891	5401	15032
2006	614098	253953	253953	4565	334117	5694	15769
2007	747625	293454	293454	4152	437553	2607	9859
2008	915330	358776	358776	6984	516623	8447	24500
2009	967302	362964	362964	8400	563466	8000	24472
2010	1181436	421199	421199	10080	709967	9600	30590
2011	1430113	413289	413289	7516	984821	7630	16857
2012	1596220	475268	475268	7351	1086537	8606	18458
2013	1768698	584615	584615	8297	1144924	10761	20101
2014	1796369	632897	632897	9232	1121147	11686	21407
2015	1801553	617058	617058	9536	1140156	12325	22478
2016	1693605	616394	616394	9464	1031364	12654	23729

注：本表数据按现行价格计算。

12-3　历年农林牧渔业总产值指数

上年=100

年份	农林牧渔业总产值	农业	#种植业	林业	牧业	渔业	农林牧渔服务业
1949	100.00	100.00	100.00	100.00	100.00	100.00	
1950	105.02	102.27	101.99	112.50	112.42	100.00	
1951	112.43	111.18	111.14	111.11	115.59	100.00	
1952	141.39	163.06	146.91	125.00	129.77	320.00	
1953	90.00	80.92	80.62	108.00	114.20	100.00	
1954	143.38	155.49	156.27	126.85	120.57	100.00	
1955	90.26	84.81	84.52	108.03	103.26	102.50	
1956	128.54	142.36	142.29	133.11	100.42	119.23	
1957	71.25	60.60	59.76	145.18	99.68	141.94	
1958	126.96	122.14	120.74	144.41	134.88	100.00	
1959	143.33	162.15	165.02	101.21	115.07	184.09	
1960	93.68	78.15	78.33	151.91	126.53	54.32	
1961	77.02	68.81	68.44	38.43	90.14	36.36	
1962	105.98	120.70	121.32	83.20	90.83	162.50	
1963	92.44	89.10	88.23	119.21	96.68	88.46	
1964	113.24	130.11	130.94	233.47	88.99	108.70	
1965	85.78	78.93	78.14	121.95	97.46	100.00	
1966	91.75	112.92	113.68	156.17	55.25	68.00	
1967	122.95	116.86	116.77	49.91	156.33	64.71	
1968	86.16	78.45	77.80	70.58	104.95	154.55	
1969	113.64	122.63	123.50	69.13	99.91	100.00	
1970	112.60	116.26	116.52	159.92	103.46	105.88	
1971	101.83	100.67	100.22	92.60	105.09	66.67	
1972	99.36	95.09	98.59	83.25	109.76	108.33	
1973	107.77	107.16	106.98	191.95	106.58	30.77	
1974	112.48	126.51	129.25	68.87	86.77	150.00	
1975	95.24	89.30	88.99	145.90	110.31	200.00	
1976	98.08	107.17	107.38	101.28	20.64	191.67	
1977	101.90	96.80	96.78	171.63	113.60	100.00	
1978	85.75	76.28	75.52	118.74	108.75	69.57	
1979	126.19	134.26	135.43	87.87	114.94	137.50	
1980	79.44	72.81	72.91	83.01	94.39	81.82	
1981	117.20	127.90	128.04	73.56	101.71	144.44	

注：本表指数按可比价格计算。

12-3 续 表

上年=100

年 份	农林牧渔业总产值	农 业	#种植业	林 业	牧 业	渔 业	农林牧渔服务业
1982	102.39	100.76	100.70	119.57	105.03	103.85	
1983	102.15	108.25	108.88	133.82	86.82	133.33	
1984	134.28	148.19	143.08	99.37	100.71	125.00	
1985	105.87	100.55	100.59	94.90	127.42	242.22	
1986	91.78	81.05	78.30	93.76	124.61	133.94	
1987	89.26	82.19	78.30	64.96	104.11	186.30	
1988	119.67	127.98	135.44	137.38	106.48	72.79	
1989	105.96	106.81	109.02	78.76	105.00	161.62	
1990	122.24	130.93	131.83	199.71	102.14	150.00	
1991	95.51	88.79	87.47	68.25	113.34	131.46	
1992	119.53	128.84	130.13	104.71	101.70	126.47	
1993	111.80	108.51	105.60	149.34	117.09	149.37	
1994	103.55	96.61	95.73	120.45	118.63	102.77	
1995	112.56	117.22	117.59	132.48	103.42	94.53	
1996	111.04	107.48	102.78	100.77	118.74	127.40	
1997	100.76	103.32	100.44	82.56	106.84	105.49	
1998	97.30	91.97	88.52	120.76	105.32	119.22	
1999	105.37	108.67	111.97	78.54	101.11	112.88	
2000	108.01	112.89	114.78	133.32	98.49	107.33	
2001	97.00	89.93	86.12	119.46	109.74	100.23	
2002	118.10	114.82	118.74	124.37	123.89	101.09	
2003	121.75	116.36	116.92	82.72	131.44	104.81	142.99
2004	120.84	98.77	99.45	88.77	148.59	124.34	153.27
2005	114.67	101.16	101.16	65.18	124.21	99.69	187.51
2006	113.95	102.90	102.90	85.00	120.03	118.28	139.87
2007	121.16	120.97	120.97	121.08	121.16	121.28	125.47
2008	114.00	106.00	106.00	120.00	118.00	116.00	122.00
2009	105.84	102.37	102.37	119.40	107.73	97.19	101.02
2010	107.42	103.56	103.56	120.00	114.79	119.75	121.05
2011	105.91	91.53	91.53	65.29	118.00	60.67	52.23
2012	105.73	109.67	109.67	104.15	104.09	105.36	106.10
2013	104.53	123.02	123.02	108.58	96.70	113.19	105.42
2014	102.96	104.97	104.97	99.81	101.92	103.50	105.03
2015	103.20	92.88	92.88	102.75	109.01	104.59	103.75
2016	103.40	102.91	102.91	100.68	103.70	102.98	103.09

12-4　2011-2016年主要农牧业机械拥有量

指　标	2011	2012	2013	2014	2015	2016
农牧业机械总值（万元）	149140	173355	178574	178574	200045	211778
农牧业机械净值（万元）	116666	132001	134556	134556	153983	189460
农牧业机械总动力（千瓦）	1506511	1553210	1573312	1573312	1647975	1644638
大中型农用拖拉机（混合台）	4461	4884	5650	5650	7401	8415
大中型农用拖拉机（千瓦）	165223	184629	207198	207198	267081	308872
小型拖拉机（台）	29321	30037	29250	29250	29159	29159
小型拖拉机（千瓦）	341171	354432	343892	343892	325691	325691
联合收割机（台）	687	1110	1308	1308	1633	1752
联合收割机（千瓦）	38412	64258	75676	75676	123670	131330
排灌用电动机（台）	11048	11097	11082	11082	7343	7358
排灌用电动机（千瓦）	135763	137035	136298	136298	105531	110651
排灌用柴油机（台）	536	536	536	536	536	536
排灌用柴油机（千瓦）	5330	5330	5330	5330	5330	5330
大中型拖拉机配套农具（台）	3042	3283	3474	3474	12680	13593
小拖拉机配套农具（台）	43149	44596	36572	36572	43738	43964
机动脱粒机（台）	2098	2107	2114	2114	1070	1090
机引牧草收割机（台）	26	34	33	33	46	47
饲料粉碎机（台）	3107	2626	3077	3077	7829	7880
农用水泵（台）	10098	10158	10158	10158	6290	6290

12-5　2011-2016年农村牧区灌溉、化肥施用量、用电、水库和水土治理情况

指　标	2011	2012	2013	2014	2015	2016
有效灌溉面积（千公顷）	142.33	144.27	127.34	127.97	127.64	128.48
#万亩以上灌区	73.98	73.98	81.35	81.35	81.35	81.35
节水灌溉面积（千公顷）	97.66	107.99	97.71	98.17	103.24	109.29
#喷灌和微灌	13.99	22.01	23.15	23.61	25.58	31.03
化肥施用量（吨）	67021	69648	75953	77268	77262	77189
#氮　肥	37160	37478	40959	41889	41931	42113
磷　肥	4981	6044	6501	6776	6725	6492
钾　肥	1775	3147	2974	2741	2713	2578
复合肥	22784	22667	25519	25862	25893	26006
农村用电量（万千瓦小时）	30107	31983	35628	35680	36595	35861
水库个数（座）	14	14	16	16	16	16
#中型水库	4	4	5	5	5	5
小型水库	10	10	11	11	11	11
水库容量（万立方米）	21081	21075	24324	24325	24324	24320
#中型水库	17834	17834	20735	20821	20735	20821
小型水库	3247	3241	3589	3504	3589	3499

12-6　2011-2016年农业机械化、电气化情况

指　　标	2011	2012	2013	2014	2015	2016
农业机械化程度						
机耕地面积（千公顷）	283.40	286.67	280.00	282.67	282.60	306.29
占耕地面积的比重（%）	67.14	67.91	66.33	66.38	66.48	72.18
机械播种面积（千公顷）	258.27	270.00	273.33	275.33	275.73	297.67
占农作物总播种面积的比重（%）	82.56	86.46	86.85	81.97	85.98	90.04
机械收割面积（千公顷）	167.60	204.67	214.67	188.80	231.53	273.33
占农作物总播种面积的比重（%）	53.58	65.54	68.21	56.21	72.20	82.68
农业电气化情况						
农村用电量（万千瓦小时）	30107	31983	35628	35680	36595	35861
平均每公顷耕地用电量（千瓦小时）	713.25	757.69	844.05	837.85	860.88	845.04

12-7　2011-2016年自然灾害面积

单位:千公顷

指　　标	2011	2012	2013	2014	2015	2016
农作物受灾面积	**161.07**	**165.66**	**176.40**	**116.94**	**195.90**	**50.75**
旱　　灾	77.14	71.91	124.03	55.43	195.90	33.63
洪 涝 灾	12.31	56.03	18.27	0.25		2.16
风 雹 灾	32.82	8.42	31.41	61.14		14.96
低温冷冻灾	30.23	5.23		0.12		
雪　　灾		0.01				
生 物灾 害	8.57	24.06	2.69			
农作物绝收面积	**26.33**	**5.59**	**72.48**	**9.74**	**85.20**	**1.45**
旱　　灾	0.42		53.38		85.20	
洪 涝 灾	10.94	0.96	11.92	0.03		0.09
风 雹 灾	12.84	2.00	7.18	9.70		1.36
低温冷冻灾	2.13	2.62		0.01		
雪　　灾		0.01				
生 物 灾 害						

注:数据来源于民政报表，2012年开始增加雪灾，将原病虫害改名为生物灾害。

12-8 历年耕地面积、造林面积和播种面积

单位：千公顷

年 份	年末实有耕地面积	旱 地	#水浇地	当年造林面 积	总播种面 积	#粮食作物播种面积	#经济作物播种面积
1949	275.00	275.00			197.30	173.50	23.70
1950	304.80	304.80			222.60	196.10	26.40
1951	337.50	337.50			267.20	233.60	33.50
1952	345.90	345.90			268.70	235.60	33.00
1953	357.20	357.20			277.30	242.70	34.50
1954	353.90	353.90			275.90	242.70	32.80
1955	359.50	359.50			282.00	245.30	35.80
1956	364.10	364.10		1.35	295.90	254.10	40.60
1957	372.30	372.30		2.29	300.60	250.70	49.00
1958	372.20	372.20	24.40	7.38	305.80	259.70	40.90
1959	368.00	368.00	25.30	5.27	273.30	212.30	57.80
1960	398.40	398.40	27.20	9.11	353.50	276.30	54.40
1961	383.50	383.50	25.50	1.04	343.80	288.30	47.30
1962	366.70	366.70	18.70	0.77	312.00	269.00	39.00
1963	357.40	357.40	26.20	0.77	302.20	260.60	37.80
1964	364.20	364.20	33.10	4.00	309.60	262.60	43.00
1965	366.00	366.00	49.40	3.08	312.30	267.20	42.30
1966	364.00	364.00	78.80	4.64	306.10	262.60	38.30
1967	357.90	357.90	75.40	2.97	296.30	247.80	44.20
1968	359.90	359.90	68.50	2.06	282.70	243.40	38.00
1969	343.10	343.10	69.00	1.53	280.20	238.50	39.10
1970	352.30	352.30	72.90	2.18	294.60	250.50	40.80
1971	352.10	352.10	73.80	1.82	291.30	252.30	30.90
1972	351.60	351.60	75.70	1.35	290.40	249.10	33.30
1973	350.40	350.40	81.10	2.10	285.10	241.40	35.00
1974	350.40	350.40	82.20	2.08	285.20	242.00	35.80
1975	351.00	351.00	90.70	2.80	281.60	237.90	36.30
1976	346.60	346.60	88.70	2.65	281.40	233.00	38.70
1977	340.00	340.00	91.10	5.13	274.50	230.10	38.90
1978	347.40	347.40	91.10	4.25	269.30	225.10	39.30
1979	342.10	342.10	92.60	4.92	275.20	224.40	43.90
1980	336.00	336.00	74.80	4.59	262.50	210.30	43.60
1981	327.80	327.80	81.10	4.16	242.70	196.70	38.90

12-8 续 表

单位：千公顷

年 份	年末实有耕地面积	旱 地	水浇地	当年造林面积	总播种面积	#粮食作物播种面积	#经济作物播种面积
1982	326.00	326.00	71.00	4.65	244.60	197.20	41.60
1983	316.70	316.70	70.40	6.24	255.70	195.90	53.30
1984	310.50	310.50	71.20	9.43	257.20	187.60	60.50
1985	307.40	307.40	71.20	10.18	248.70	175.30	61.40
1986	297.00	297.00	69.70	6.47	241.60	172.90	46.10
1987	296.00	296.00	73.80	5.75	224.60	148.80	59.50
1988	293.60	293.60	72.40	6.86	254.20	177.60	60.60
1989	291.10	291.10	75.90	4.79	234.80	174.20	50.40
1990	292.40	292.40	81.50	8.40	268.90	199.80	54.00
1991	293.10	293.10	85.10	9.67	271.50	196.60	68.00
1992	293.00	293.00	91.00	10.72	278.00	200.00	72.50
1993	290.50	290.50	90.60	10.74	258.00	191.80	60.60
1994	293.80	293.80	95.10	11.76	274.30	196.50	66.60
1995	293.80	293.80	97.90	16.23	278.80	198.80	73.60
1996	303.20	303.20	99.60	8.37	279.20	206.90	59.40
1997	470.28	301.50	107.60	8.67	279.80	209.80	57.90
1998	468.87	302.20	111.60	8.49	284.70	213.20	61.20
1999	464.30	464.30	149.80	7.57	278.70	213.00	56.80
2000	447.40	447.40	148.80	17.47	276.30	189.70	75.70
2001	405.80	405.80	149.70	26.15	204.80	128.90	65.10
2002	396.03	396.03	128.50	26.37	261.69	160.62	75.20
2003	429.62	429.62	134.67	18.47	267.10	156.80	67.06
2004	428.73	428.73	146.16	17.14	285.09	178.20	63.61
2005	423.96	423.96	145.60	7.21	294.71	190.87	67.28
2006	423.14	423.14	153.95	2.73	317.15	199.20	70.62
2007	421.29	421.29	153.85	5.23	317.89	226.19	47.48
2008	422.11	422.11	136.99	8.67	304.61	216.02	52.99
2009	427.76	242.24	185.52	47.32	305.57	220.29	54.89
2010	426.85	241.90	184.94	26.86	310.07	225.29	55.48
2011	426.04	241.72	184.32	21.33	312.82	226.67	58.41
2012	425.48	241.16	184.33	34.37	312.27	227.80	84.47
2013	425.85	241.13	184.72	40.26	314.48	228.95	85.53
2014	425.80	240.93	184.87	31.10	335.88	230.32	105.56
2015	425.09	240.70	184.39	38.43	320.70	223.25	97.45
2016	424.37	240.36	184.02	38.03	330.59	212.31	118.28

注：2009年以后耕地面积为国土局提供数据（耕地面积=旱地+水浇地），2009年以前数据水浇地为旱地的组成项。

12-9 历 年 主 要 粮 食

年 份	农作物总播种面积	粮食作物播种面积	谷 物	#小麦	#玉米
1949	197.30	173.50		36.40	
1950	222.60	196.10		38.90	
1951	267.20	233.60		42.30	
1952	268.70	235.60		46.40	
1953	277.30	242.70		49.40	
1954	275.90	242.70		56.10	
1955	282.00	245.30		57.70	
1956	295.90	254.10		53.20	0.70
1957	300.60	250.70	225.10	62.50	0.80
1958	305.80	259.70	221.50	63.70	0.80
1959	273.30	212.30	186.50	56.30	1.00
1960	353.50	276.30	237.20	76.80	1.20
1961	343.80	288.30	248.40	74.30	1.30
1962	312.00	269.00	239.00	73.30	1.30
1963	302.20	260.60	181.70	73.80	1.20
1964	309.60	262.60	237.90	75.60	1.30
1965	312.30	267.20	245.10	77.30	1.50
1966	306.10	262.60	242.30	70.70	3.10
1967	296.30	247.80	227.40	73.50	2.50
1968	282.70	243.40	225.70	71.60	1.70
1969	280.20	238.50	221.10	74.40	1.70
1970	294.60	250.50	241.60	88.10	1.30
1971	291.30	252.30	234.30	88.80	5.10
1972	290.40	249.10	231.90	87.80	7.60
1973	285.10	241.40	224.50	88.20	5.40
1974	285.20	242.00	224.60	86.30	5.10
1975	281.60	237.90	219.80	88.80	3.80
1976	281.40	233.00	212.60	97.80	3.60
1977	274.50	230.10	209.10	100.80	3.60
1978	269.30	225.10	199.80	91.70	4.70
1979	275.20	224.40	197.80	80.00	4.10
1980	262.50	210.30	187.60	83.30	3.50
1981	242.70	196.70	179.00	84.40	2.10

作 物 播 种 面 积

单位：千公顷

#荞麦	#谷子	#莜麦	#糜黍	薯类	豆类	#大豆
0.60	1.90	6.20	14.60			2.20
2.50	2.10	7.50	21.10			6.00
0.40	5.60	8.80	20.60			4.60
0.10	6.50	10.00	20.00			3.40
0.20	5.70	9.00	16.00			3.20
0.30	4.80	8.50	16.70			2.80
0.40	7.80	8.70	19.00			1.50
0.40	5.40	9.70	13.40	17.80	7.80	1.80
1.10	8.20	37.30	16.80	33.00	5.20	1.20
1.00	5.10	27.50	13.40	20.80	5.00	0.30
28.20	14.50	40.20	43.70	32.90	6.20	0.60
21.80	15.50	51.60	42.30	33.80	6.10	0.90
2.80	10.40	14.50	4.40	24.30	5.70	1.20
5.50	7.60	16.00	14.10	19.30	5.60	1.20
5.20	8.10	17.00	14.70	18.70	6.00	1.70
6.00	8.60	16.80	15.70	16.20	5.90	1.80
7.50	8.50	13.40	19.60	14.80	5.50	1.70
5.10	7.70	16.60	13.70	15.90	4.50	1.40
6.30	5.80	15.70	14.40	13.30	4.40	1.30
5.80	6.20	15.10	13.00	12.70	4.70	1.30
5.00	6.80	15.90	13.20	7.50	1.40	1.30
18.70	15.30	47.90	39.00	14.30	3.70	3.70
17.70	15.60	43.70	38.40	14.20	3.00	3.00
19.70	15.20	38.70	40.00	14.50	2.40	2.40
19.80	17.50	36.00	39.80	14.70	2.70	2.70
27.70	13.60	30.40	34.90	16.10	2.00	2.00
19.00	13.00	28.70	31.90	18.40	2.00	2.00
17.60	12.10	29.70	31.30	18.80	2.20	2.20
17.20	11.30	28.50	32.30	23.00	2.30	2.30
17.60	11.30	31.50	40.80	24.10	2.50	2.50
15.60	8.30	43.70	35.50	20.90	1.80	1.80
16.80	7.00	30.20	32.10	16.60	1.10	1.10

12-9 续

年 份	农作物总播种面积	粮食作物播种面积	谷 物		
				#小麦	#玉米
1982	244.60	197.20	179.30	86.20	1.90
1983	255.70	195.90	179.90	89.60	2.20
1984	257.20	187.60	171.40	87.30	1.90
1985	248.70	175.30	159.30	81.50	3.00
1986	241.60	172.90	156.70	80.60	3.80
1987	224.60	148.80	133.40	83.10	5.90
1988	254.20	177.60	161.10	86.90	4.80
1989	234.80	174.20	158.10	86.60	6.40
1990	268.90	199.80	183.40	93.00	10.00
1991	271.50	196.60	179.00	89.80	12.40
1992	278.00	200.00	180.70	99.80	13.10
1993	258.00	191.80	175.70	93.60	18.00
1994	274.30	196.50	176.20	92.50	25.10
1995	278.80	198.80	179.00	88.00	29.60
1996	279.20	206.90	178.00	90.30	31.90
1997	279.80	209.80	180.90	93.30	31.30
1998	284.70	213.20	178.20	87.70	35.80
1999	278.70	213.00	170.80	74.40	43.30
2000	276.30	189.70	138.10	56.90	35.70
2001	204.80	128.90	94.70	42.60	33.20
2002	261.69	160.62	124.57	38.53	45.12
2003	267.10	156.80	108.69	15.93	69.42
2004	285.09	178.20	126.31	34.94	72.76
2005	294.71	190.87	137.64	38.24	85.50
2006	317.15	199.20	127.10	26.65	85.60
2007	317.89	226.19	150.57	18.96	98.05
2008	304.61	216.02	154.08	23.30	94.22
2009	305.57	220.29	150.51	29.58	96.06
2010	310.07	225.29	141.15	30.44	97.46
2011	312.82	226.67	140.49	32.31	95.31
2012	312.27	227.80	156.35	51.48	100.03
2013	314.72	228.95	164.78	40.77	103.93
2014	335.88	230.32	172.90	43.07	116.19
2015	320.70	223.25	178.01	41.86	118.59
2016	330.59	212.31	170.97	42.05	108.33

表

单位：千公顷

#荞麦	#谷子	#莜麦	#糜黍	薯 类	豆 类	#大豆
19.50	6.80	28.60	30.20	16.90	1.00	1.00
20.60	6.10	27.80	27.40	15.90	0.10	0.90
20.70	5.60	26.30	24.60	15.50	0.70	0.70
19.30	4.70	23.60	22.50	15.10	0.90	0.90
19.50	3.10	17.00	19.50	15.70	0.50	0.50
20.10	1.80	19.20	13.30	15.10	0.30	0.30
21.80	3.30	22.40	17.70	16.20	0.30	0.30
21.80	2.90	17.40	18.20	15.50	0.60	0.60
26.80	3.50	23.00	17.90	15.80	0.60	0.60
23.30	3.40	21.70	19.00	16.50	1.10	1.10
22.20	3.10	22.00	14.10	16.80	2.50	0.50
23.90	2.00	17.30	8.10	15.20	0.90	0.90
33.40	1.80	12.50	7.30	17.50	2.80	0.80
25.10	1.70	14.90	6.60	17.50	2.30	0.40
29.00	1.70	14.20	9.30	21.40	7.50	0.70
29.10	2.00	14.70	8.90	20.90	8.00	0.90
29.60	2.00	12.80	9.00	25.40	9.60	0.90
31.70	1.70	9.60	9.40	36.00	6.30	0.70
34.00	1.10	5.00	5.00	48.10	3.50	0.80
13.60	0.30	2.20	2.40	29.50	4.70	0.90
30.49	0.87	5.57	3.53	30.25	5.80	0.46
17.50	0.61	2.70	2.24	44.16	3.95	0.52
13.56	0.37	2.99	1.37	48.55	3.34	0.25
9.41	0.44	2.16	1.61	49.32	3.91	0.39
10.71	0.26	1.95	1.84	68.70	3.40	0.21
31.09	0.36	0.69	1.27	74.43	1.19	0.06
33.15	0.29	1.33	1.09	60.82	1.12	0.07
19.26	0.35	2.87	1.63	67.96	1.83	0.06
9.14	0.20	2.48	1.23	82.11	2.03	0.07
9.14	0.13	0.48	0.71	85.75	0.43	0.10
2.35	0.08	1.63	0.62	71.26	0.20	0.09
15.52	0.21	3.55	0.44	63.96	0.21	0.07
9.81	0.27	2.03	0.69	57.24	0.17	0.08
14.94	0.41	1.45	0.58	44.49	0.76	0.01
16.20	0.31	2.36	0.89	41.14	0.20	0.01

12-10　历年主要经济作物播种面积

单位：千公顷

年份	经济作物播种面积	油料	#葵花籽	#胡麻籽	#油菜籽	甜菜	药材	蔬菜	瓜类	其它作物播种面积	#青饲料
1949	23.70	21.20						0.40		0.10	0.10
1950	26.40	23.70		0.80	4.60			0.40		0.10	0.10
1951	33.50	30.60		2.10	6.80			0.40		0.10	0.10
1952	33.00	29.00		2.10	5.20			0.60	0.60	0.10	0.10
1953	34.50	29.50		1.80	6.50			0.50	0.60	0.10	0.10
1954	32.80	27.50		1.80	5.70	0.10		0.50	0.70	0.40	0.30
1955	35.80	28.90		2.50	6.10	0.90		0.80	0.80	0.90	0.90
1956	40.60	31.60		1.70	8.50	1.10		1.60	0.90	1.20	1.20
1957	49.00	36.10		1.90	8.90	1.90		2.10		0.90	0.90
1958	40.90	29.00		8.70	12.40	1.70		2.90	1.40	5.20	5.20
1959	57.80	37.70	0.10	10.10	14.50	2.00		5.40	1.20	3.20	3.20
1960	54.40	32.80	0.10	13.60	15.60	4.70		11.70	1.30	22.80	22.80
1961	47.30	28.40	0.10	11.90	11.90	1.70		11.00	1.40	8.20	7.00
1962	39.00	21.90		0.20	5.40	1.00		7.80		4.00	4.00
1963	37.80	24.10		0.70	5.50	0.90		7.10	0.80	3.80	3.80
1964	43.00	27.40		0.90	6.80	2.40		7.20	0.80	4.00	4.00
1965	42.30	25.80		0.90	5.40	2.90		8.20		2.80	2.80
1966	38.30	18.60		0.60	3.90	2.90		5.90	0.50	5.20	5.20
1967	44.20	23.70		0.90	6.00	4.60		5.60	0.70	4.30	4.30
1968	38.00	20.00			5.00	3.20		5.40		1.30	1.30
1969	39.10	20.60		0.60	5.30	3.90		5.90	0.40	2.60	2.60
1970	40.80	21.40		0.80	5.20	3.50		5.50	0.40	3.40	3.40
1971	30.90	18.40		5.80	7.60	2.70	0.30	8.70	1.10	8.10	8.10
1972	33.30	17.90		4.80	8.60	4.00	0.10	8.70	1.20	8.00	7.90
1973	35.00	18.00		5.00	8.20	4.40	0.10	9.50	1.10	8.70	8.70
1974	35.80	19.20		4.70	9.00	4.90	0.30	9.50	1.80	7.40	7.40
1975	36.30	19.90	1.30	4.80	9.00	4.50	0.30	8.00	1.50	7.40	7.30
1976	38.70	21.90	1.80	4.90	10.30	5.00	0.30	8.80	1.50	9.70	9.60
1977	38.90	22.80	2.60	4.70	10.70	4.80	0.30	9.70	1.30	7.30	7.10
1978	39.30	23.00	3.90	4.30	10.00	4.30	0.50	9.70	1.80	8.00	7.50
1979	43.90	27.60	3.70	4.40	13.90	3.10	0.20	10.40	2.00	6.90	6.50
1980	43.60	30.40	7.20	4.00	14.40	2.10	0.20	8.30	1.60	8.60	8.00
1981	38.90	28.00	7.90	3.20	13.40	1.50	0.40	7.50	1.50	7.10	6.00

12-10 续 表

单位：千公顷

年 份	经济作物播种面 积	油 料				甜 菜	药 材	蔬 菜	瓜 类	其它作物播种面积	
			#葵花籽	#胡麻籽	#油菜籽						#青饲料
1982	41.60	31.10	12.40	3.20	13.00	0.90	0.60	7.40	1.30	5.80	5.30
1983	53.30	42.40	24.00	3.20	12.50	1.30	1.20	6.60	0.80	6.50	6.00
1984	60.50	45.50	27.50	2.90	11.80	2.70	2.90	6.80	1.70	9.10	8.10
1985	61.40	41.90	15.50	6.00	17.70	8.90	1.80	6.00	1.90	12.00	9.80
1986	46.10	29.50	13.70	7.70	6.70	5.60	0.70	7.00	2.20	22.60	21.70
1987	59.50	34.60	16.70	8.30	8.70	4.40	0.40	5.70	1.00	16.30	15.50
1988	60.60	43.20	22.10	8.10	11.60	6.10	1.20	6.80	1.20	16.00	15.10
1989	50.40	35.20	22.70	7.00	4.20	6.20	1.10	6.50	0.50	10.20	9.90
1990	54.00	42.10	23.20	6.80	10.20	6.60	0.40	6.80	0.20	15.10	12.90
1991	68.00	43.80	20.80	8.40	13.80	9.20	0.50	5.30	0.30	6.90	4.90
1992	72.50	47.30	26.60	9.40	10.50	7.90	0.90	7.20	0.60	5.50	4.20
1993	60.60	36.20	24.30	6.70	4.80	7.90	2.10	7.50	0.50	5.60	4.90
1994	66.60	45.90	28.10	7.20	6.80	6.40	1.40	6.90	0.80	11.20	9.50
1995	73.60	47.80	26.10	8.00	12.40	9.10	1.10	7.60	0.50	6.40	6.20
1996	59.40	41.80	20.10	8.80	12.80	8.60	0.20	7.90	0.80	12.90	12.70
1997	57.90	42.60	18.10	9.60	14.70	7.00	0.50	6.90	0.90	12.10	11.30
1998	61.20	43.40	20.60	8.20	14.50	7.40	1.00	8.50	1.00	10.30	9.70
1999	56.80	43.80	21.80	8.00	12.90	2.90	1.20	7.80	1.10	8.90	8.60
2000	75.70	55.30	29.00	7.00	17.10	2.90	4.20	10.10	3.10	10.90	9.70
2001	65.10	43.90	34.20	4.20	5.50	3.10	6.50	8.80	2.70	10.80	9.60
2002	75.20	54.73	35.87	5.79	12.31	2.87	5.69	9.74	2.17	25.87	24.23
2003	67.06	48.93	27.48	4.97	15.54	1.62	6.02	9.19	1.30	43.24	34.45
2004	63.61	45.20	22.62	2.62	16.95	1.82	6.89	8.44	1.26	43.29	38.83
2005	67.28	46.72	15.54	3.41	20.80	3.63	6.36	9.01	1.56	36.57	28.33
2006	70.62	48.07	18.56	2.42	21.92	4.46	6.63	9.82	1.64	47.34	38.07
2007	47.48	27.06	16.28	1.64	6.02	4.87	4.59	9.54	1.42	44.23	33.63
2008	52.99	35.34	19.27	2.38	11.03	2.70	4.64	8.82	1.50	35.60	27.84
2009	54.89	39.48	18.19	3.98	15.30	2.25	1.04	10.63	1.49	30.39	25.48
2010	55.48	39.98	20.19	3.04	15.54	1.76	0.83	11.63	1.28	29.30	24.41
2011	58.41	42.79	28.42	2.74	10.81	0.63	0.59	12.95	1.45	27.74	18.07
2012	56.03	39.15	22.10	1.97	14.70	0.13	0.83	14.56	1.36	28.43	22.46
2013	85.53	40.39	23.69	1.41	15.29	0.02	0.66	13.45	1.43	29.58	24.46
2014	105.56	68.09	26.25	2.93	38.91	0.01	0.77	14.33	1.66	20.70	18.30
2015	97.45	59.00	32.44	2.49	24.07	0.01	1.38	13.46	1.58	22.03	19.20
2016	118.28	89.55	40.48	2.97	45.82	0.01	1.91	12.88	1.62	12.31	7.23

12-11　历年主要粮食作物产量

单位：万吨

年份	粮食	谷物	#小麦	#玉米	#荞麦	#谷子	#莜麦	#糜黍	薯类	豆类	#大豆
1949	9.80	9.80	2.20								
1950	10.50	10.43	1.90		0.79	0.11	0.20	0.79			
1951	11.80	11.72	2.30		0.48	0.10	0.53	0.48			
1952	18.20	17.97	3.30		1.30	0.50	0.34	1.30			
1953	13.90	13.76	2.80		0.80	0.33	0.36	0.80			
1954	22.70	22.50	5.00		1.59	0.56	0.74	1.59			
1955	18.20	18.11	4.30		1.10	0.43	0.30	1.10			
1956	25.30	25.23	4.20		1.44	0.75	0.67	1.44			
1957	14.30	12.60	3.60		0.53	0.24	0.25	0.53	1.50	0.20	0.20
1958	15.90	10.80	1.40		1.22	0.83	1.25	1.22	4.90	0.20	0.20
1959	20.90	17.40	5.80		1.39	0.54	3.26	1.39	3.20	0.30	0.30
1960	14.30	10.90	4.60	0.10	1.63	0.61	1.48	1.63	3.10	0.30	0.30
1961	11.60	8.70	1.80	0.10	2.40	0.84	1.22	2.40	2.70	0.20	0.20
1962	13.60	11.20	4.20	0.10	0.10	0.64	0.58	0.10	2.20	0.20	0.20
1963	13.80	11.80	3.00	0.20	0.93	0.44	0.45	0.93	1.80	0.20	0.20
1964	18.90	16.89	3.80	0.20	1.39	0.77	0.75	1.39	1.90	0.11	0.11
1965	12.00	10.60	3.70	0.20	0.70	0.35	0.28	0.70	1.20	0.20	0.20
1966	14.80	13.00	2.40	0.70	1.35	0.63	0.13	1.35	1.40	0.40	0.40
1967	17.50	15.60	3.70	0.60	1.24	0.80	0.81	1.24	1.60	0.30	0.30
1968	13.80	12.00	3.50	0.40	1.06	0.45	0.28	1.06	1.50	0.30	0.30
1969	16.90	15.80	5.80	0.40	0.96	0.58	0.54	0.96	0.90	0.20	0.20
1970	19.70	17.80	6.80	0.50	1.14	0.77	0.49	1.14	1.50	0.40	0.40
1971	20.80	19.90	6.60	1.20	3.87	1.79	2.33	3.87	0.60	0.30	0.30
1972	18.50	16.96	5.80	1.70	3.66	1.59	1.60	3.66	1.30	0.24	0.24
1973	20.20	18.36	5.20	1.70	4.34	1.85	1.54	4.34	1.60	0.24	0.24
1974	27.10	25.30	9.00	1.70	4.79	2.25	2.48	4.79	1.50	0.30	0.30
1975	23.90	21.50	7.80	1.50	3.87	1.53	1.07	3.87	2.10	0.30	0.30
1976	24.40	21.97	10.80	1.00	2.43	1.59	2.31	2.43	2.30	0.13	0.13
1977	23.80	20.98	9.80	1.30	3.23	1.61	1.80	3.23	2.70	0.20	0.20
1978	17.20	14.00	4.90	1.70	2.45	1.19	0.97	2.45	3.00	0.20	0.20
1979	23.70	19.70	8.90	1.40	3.54	1.31	2.09	3.54	3.80	0.20	0.20
1980	16.20	13.60	5.90	1.00	3.24	0.93	1.08	3.24	2.50	0.10	0.10
1981	21.40	18.40	8.30	0.70	5.09	0.96	1.37	5.09	2.90	0.10	0.10

12-11 续 表

单位：万吨

年 份	粮 食	谷 物	#小麦	#玉米	#荞麦	#谷子	#莜麦	#糜黍	薯 类	豆 类	#大豆
1982	18.40	16.20	9.30	0.60	3.46	0.60	0.92	3.46	2.10	0.10	0.10
1983	19.70	16.90	9.90	0.70	3.22	0.76	0.75	3.22	2.70	0.10	0.10
1984	26.50	22.10	13.10	0.70	3.60	0.85	1.86	3.60	4.30	0.10	0.10
1985	22.30	18.44	11.00	1.00	2.66	0.50	1.73	2.66	3.80	0.06	0.06
1986	16.30	13.65	8.70	1.00	1.44	0.29	0.59	1.44	2.60	0.05	0.05
1987	12.80	10.48	7.20	1.70	0.87	0.13	0.11	0.87	2.30	0.02	0.02
1988	23.30	18.78	10.50	1.80	2.20	0.65	1.86	2.20	4.50	0.02	0.02
1989	23.20	19.06	11.10	3.00	1.86	0.45	0.61	1.86	4.10	0.04	0.04
1990	35.60	30.20	16.40	5.70	2.77	0.65	2.03	2.77	5.30	0.10	0.10
1991	27.50	24.00	12.00	7.70	1.84	0.42	0.73	1.84	3.40	0.10	0.10
1992	37.10	31.77	16.20	9.40	2.02	0.51	1.14	2.02	5.20	0.13	0.13
1993	39.70	34.90	17.20	13.30	1.40	0.34	0.86	1.40	4.60	0.20	0.20
1994	41.30	36.98	12.60	19.30	1.38	0.40	0.45	1.38	4.00	0.32	0.13
1995	49.50	43.55	18.50	20.40	0.98	0.31	0.79	0.98	5.70	0.25	0.06
1996	58.70	50.45	19.40	25.10	1.61	0.33	1.21	1.61	7.50	0.79	0.09
1997	59.00	50.45	21.20	23.70	1.76	0.44	1.04	1.76	7.69	0.84	0.19
1998	49.70	39.68	13.10	20.90	1.66	0.32	0.94	1.66	9.08	0.95	0.13
1999	59.60	49.57	17.50	28.90	1.55	0.22	0.19	1.55	9.67	0.37	0.12
2000	55.30	55.30	15.40	24.60	0.73	0.16	0.20	0.73	12.16	0.43	0.16
2001	42.87	37.12	10.95	25.34	0.36	0.03	0.01	0.36	5.41	0.35	0.18
2002	54.64	42.84	8.87	30.42	2.47	0.15	0.34	0.48	11.08	0.72	0.09
2003	66.10	50.25	3.41	44.73	1.42	0.10	0.19	0.37	15.36	0.49	0.10
2004	91.17	73.41	11.21	60.15	1.35	0.08	0.30	0.26	17.28	0.48	0.05
2005	84.78	77.12	10.69	66.22	0.01	0.04		0.14	7.44	0.22	0.07
2006	98.29	80.96	9.81	70.31	0.48	0.02	0.07	0.24	17.05	0.28	0.04
2007	100.36	86.42	5.11	79.85	1.22	0.02		0.20	13.81	0.13	0.02
2008	100.15	87.73	6.59	78.91	1.91	0.02	0.08	0.17	12.31	0.11	0.02
2009	100.60	88.16	7.56	79.84	0.42	0.03	0.07	0.21	12.32	0.12	0.01
2010	99.25	86.71	6.23	80.13	0.05	0.02	0.01	0.27	12.44	0.10	0.02
2011	100.25	87.63	6.45	80.45	0.14	0.02	0.01	0.16	12.56	0.06	0.02
2012	101.75	87.03	8.02	78.38	0.24	0.02	0.20	0.13	14.69	0.03	0.02
2013	111.75	96.82	6.58	89.07	0.79	0.04	0.19	0.12	14.90	0.03	0.01
2014	108.30	92.75	6.02	85.58	0.75	0.03	0.16	0.15	15.52	0.03	0.01
2015	105.65	96.36	6.39	88.87	0.77	0.05	0.07	0.13	9.22	0.07	0.01
2016	106.37	96.30	10.12	80.75	4.34	0.09	0.17	0.20	10.05	0.02	

12-12　历年主要经济作物产量

单位：万吨

年 份	油 料	#葵花籽	#胡麻籽	#油菜籽	甜 菜	药 材	蔬 菜	瓜 类
1949	0.80						0.50	
1950	0.80		0.03	0.13			0.50	
1951	0.90		0.07	0.13			0.50	
1952	1.00		0.05	0.12	1.60		1.20	
1953	1.00		0.04	0.26	1.60		1.00	
1954	1.30		0.08	0.33	1.70		1.00	
1955	0.90		0.06	0.20	1.70		1.60	
1956	1.40		0.05	0.43	2.20		3.20	
1957	0.90		0.04	0.20	1.60		4.50	
1958	0.40		0.14	0.08	1.10		6.00	
1959	1.80		0.26	1.11	2.70		10.00	
1960	0.50		0.17	0.20	2.40		17.00	
1961	0.40		0.15	0.08	0.40		16.00	
1962	0.40		0.02	0.10	0.40		15.80	
1963	0.50		0.02	0.91	1.20		14.71	
1964	0.90		0.03	0.17	4.20		18.00	
1965	0.60		0.03	0.04	3.80		19.86	
1966	0.30		0.02	0.01	3.40		23.99	
1967	0.60		0.02	0.09	7.40		20.33	
1968	0.50			0.06	3.10		17.53	
1969	0.60		0.02	0.14	5.90		18.70	
1970	0.70		0.02	0.15	4.40		24.32	
1971	0.50		0.17	0.22	3.10	0.02	23.64	
1972	0.50		0.16	0.14	4.40	0.01	25.43	
1973	0.50		0.13	0.20	4.10	0.01	27.28	
1974	0.80		0.16	0.44	2.40	0.01	24.48	
1975	0.50	0.10	0.12	0.20	2.60	0.03	27.63	
1976	0.90	0.08	0.14	0.57	2.30	0.02	28.90	
1977	1.00	0.22	0.19	0.45	4.50	0.02	26.57	
1978	0.60	0.15	0.12	0.16	4.30	0.03	27.30	
1979	1.00	0.25	0.13	0.57	1.60	0.01	29.34	
1980	1.30	0.70	0.15	0.33	1.70	0.02	23.95	
1981	2.80	2.21	0.18	0.26	1.50	0.04	20.75	

12-12 续 表

单位：万吨

年 份	油 料	＃葵花籽	＃胡麻籽	＃油菜籽	甜 菜	药 材	蔬 菜	瓜 类
1982	2.90	2.23	0.12	0.48	1.50	0.09	27.59	
1983	3.50	3.04	0.23	0.18	2.80	0.20	29.07	
1984	2.30	1.27	0.23	0.57	7.40	1.27	30.11	
1985	3.10	1.28	0.66	1.01	27.60	0.89	28.45	
1986	3.10	2.13	0.75	0.18	13.40	0.23	28.96	
1987	3.10	2.35	0.74	0.05	8.50		29.52	
1988	3.20	2.26	0.62	0.30	12.60		27.38	
1989	4.20	3.72	0.38	0.07	17.00		31.81	
1990	4.90	3.71	0.58	0.73	19.80		33.28	
1991	3.80	3.04	0.68	0.08	25.50		31.91	
1992	6.30	5.04	0.86	0.35	25.50		37.50	
1993	6.00	4.98	0.78	0.21	26.90		39.48	
1994	3.90	2.90	0.60	0.18	12.40	0.05	36.36	
1995	5.80	4.32	0.70	0.76	26.90	0.25	39.48	
1996	5.52	3.59	1.00	0.93	29.00	0.11	41.70	2.96
1997	5.72	3.69	1.09	0.92	23.72	0.32	41.48	3.05
1998	4.04	2.19	0.70	0.70	14.87	0.42	43.62	3.13
1999	5.90	4.05	0.88	0.88	8.16	0.62	45.66	4.54
2000	7.41	5.36	0.81	0.81	9.40	2.12	57.89	13.78
2001	6.66	5.98	0.48	0.48	10.05	2.44	55.30	12.89
2002	7.63	5.69	0.60	1.23	10.79	1.69	62.15	9.66
2003	6.34	4.00	0.59	1.61	6.33	1.45	58.08	5.11
2004	6.53	3.70	0.40	1.91	9.47	1.89	44.45	5.73
2005	3.06	1.53	0.39	0.09	17.80	1.65	48.48	7.26
2006	4.46	2.39	0.36	0.75	25.33	2.14	55.29	8.28
2007	3.23	1.94	0.29	0.34	27.03	1.46	56.58	7.91
2008	3.45	1.61	0.37	1.08	13.33	1.48	63.63	7.73
2009	3.66	2.15	0.47	0.72	11.00	3.87	74.32	6.16
2010	3.16	2.53	0.41	0.03	8.71	0.24	82.23	5.28
2011	4.18	3.68	0.42	0.03	3.18	0.25	95.39	5.20
2012	5.06	3.96	0.27	0.78	0.62	0.28	104.88	5.12
2013	5.26	4.41	0.20	0.55	0.13		107.96	5.32
2014	7.34	4.21	0.29	2.81	0.04		102.71	6.27
2015	5.98	5.09	0.34	0.55	0.04		100.33	5.69
2016	10.67	7.32	0.55	2.73	0.04		100.18	5.52

12-13　2013-2016年主要农作物总产量及单位面积产量

指　标	2013		2014		2015		2016	
	总产量（万吨）	单位面积产量（公斤/公顷）	总产量（万吨）	单位面积产量（公斤/公顷）	总产量（万吨）	单位面积产量（公斤/公顷）	总产量（万吨）	单位面积产量（公斤/公顷）
粮　食	111.75	4881	108.30	4702	105.65	4732	106.37	5010
谷　物	96.82	5876	92.75	5364	96.36	5413	96.30	5632
#小麦	6.58	1614	6.02	1399	6.39	1527	10.12	2405
玉米	89.07	8570	85.58	7366	88.87	7494	80.75	7454
高粱								
谷子	0.04	1836	0.03	1266	0.05	1269	0.09	2790
莜麦	0.19	543	0.16	800	0.07	465	0.17	707
糜黍	0.12	2702	0.15	2106	0.13	2277	0.20	2215
荞麦	0.79	508	0.75	769	0.77	515	4.34	2681
豆　类	0.03	1512	0.03	1471	0.07	890	0.02	1250
#大豆	0.01	1884	0.01	1526	0.01	1714		
薯　类	14.90	2329	15.52	2712	9.22	2073	10.05	2443
油　料	5.26	1212	7.34	1078	5.98	1013	10.67	1191
#葵花籽	4.41	1724	4.21	1603	5.09	1568	7.32	1808
油菜籽	0.55	334	2.81	723	0.55	229	2.73	597
胡麻籽	0.20	1417	0.29	986	0.34	1373	0.55	1846
甜　菜	0.13	52792	0.04	60500	0.04	60666	0.04	60500
蔬　菜	107.96	73660	102.71	71664	100.33	74635	100.18	77807
瓜类（果用瓜）	5.32	36423	6.27	37780	5.69	36084	5.52	33928
水　果	4.22	8162	9.47	25913	9.01	38070	8.87	24340

12-14 历年牲畜总头数

单位：万头（只）

年份	年中数				年末数			
	合计	大牲畜	羊	猪	合计	大牲畜	羊	猪
1949	54.26	11.36	37.10	5.80	51.30	9.70	27.60	4.00
1950	60.85	12.71	41.74	6.40	50.70	11.40	34.80	4.50
1951	70.71	14.06	50.15	6.50	60.60	13.40	42.70	4.50
1952	85.42	16.21	62.41	6.80	75.10	15.30	54.80	5.00
1953	107.21	18.90	79.21	9.10	88.90	17.30	65.30	6.30
1954	119.08	20.03	90.25	8.80	99.10	18.60	74.20	6.30
1955	121.81	20.78	92.43	8.60	106.90	19.40	80.20	6.30
1956	130.01	20.03	102.48	7.50	110.80	17.90	86.90	6.00
1957	117.94	18.92	91.12	7.90	99.60	17.60	76.40	5.60
1958	131.97	16.16	104.91	10.90	112.00	14.70	88.40	8.90
1959	149.96	16.73	122.83	10.40	132.60	16.10	105.80	10.70
1960	181.22	19.36	145.56	16.30	163.70	19.60	133.40	10.70
1961	189.72	19.41	156.11	14.20	159.70	19.50	131.50	8.70
1962	168.95	18.75	136.80	13.40	143.90	17.90	117.00	9.00
1963	195.54	19.82	161.42	14.30	165.40	19.20	136.20	9.90
1964	209.03	20.62	174.71	13.70	173.40	20.20	142.70	10.50
1965	219.30	21.62	181.88	15.80	156.30	19.60	125.80	10.90
1966	148.55	17.27	120.18	11.10	115.00	16.10	89.50	9.40
1967	157.37	17.33	127.44	12.60	130.90	16.60	101.60	12.70
1968	165.75	18.17	131.98	15.60	132.10	16.40	103.50	12.20
1969	175.45	19.12	142.13	14.20	146.40	18.00	117.60	10.80
1970	190.19	20.59	155.70	13.90	161.80	20.60	129.20	12.00
1971	184.76	21.82	150.64	12.30	166.10	20.90	133.40	11.80
1972	190.64	21.72	155.52	13.40	167.70	20.70	134.10	12.90
1973	211.63	20.97	174.16	16.50	174.60	19.90	141.00	13.70
1974	213.42	21.09	175.73	16.60	174.10	20.00	140.70	13.40
1975	216.16	21.97	175.79	18.40	174.30	20.90	138.60	14.80
1976	197.39	21.78	153.41	22.20	158.60	20.70	121.20	16.70
1977	196.41	21.78	152.83	21.80	157.10	20.70	118.90	17.50
1978	180.93	21.03	136.40	23.50	148.80	20.10	109.90	18.80
1979	194.29	21.28	148.51	24.50	161.60	20.10	123.20	18.30
1980	204.67	21.55	160.62	22.50	165.30	20.10	128.10	17.10
1981	193.91	20.53	154.48	18.90	158.50	19.50	124.80	14.20

12-14 续 表

单位：万头（只）

年 份	年 中 数				年 末 数			
	合计	大牲畜	羊	猪	合计	大牲畜	羊	猪
1982	193.70	20.48	157.22	16.00	150.10	19.30	118.20	12.60
1983	169.54	19.78	135.86	13.90	129.50	18.70	100.80	10.00
1984	166.73	19.56	134.37	12.80	138.30	18.20	109.90	10.20
1985	184.29	19.49	148.30	16.50	159.30	18.40	127.60	13.30
1986	205.14	19.71	167.03	18.40	174.10	18.30	141.40	14.40
1987	225.23	18.93	191.00	15.30	168.10	14.30	143.00	10.80
1988	214.69	13.65	189.24	11.80	185.10	12.80	161.60	10.70
1989	250.06	13.41	223.05	13.60	195.30	12.30	171.60	11.40
1990	252.87	13.15	224.52	15.20	196.60	12.50	171.10	13.00
1991	262.64	13.56	229.78	19.30	192.90	12.50	166.00	14.40
1992	262.73	13.83	223.14	25.76	187.90	12.20	156.10	19.60
1993	262.99	13.79	214.30	34.90	187.60	12.30	152.60	22.70
1994	271.31	13.34	216.17	41.80	198.50	12.40	159.80	26.30
1995	298.97	14.19	232.30	52.48	210.80	12.70	170.10	28.00
1996	318.37	15.53	249.14	53.70	225.40	13.80	183.60	28.00
1997	339.42	16.32	263.16	59.94	226.99	13.80	182.72	30.47
1998	343.04	16.24	268.53	58.27	231.58	13.08	184.91	33.59
1999	340.13	16.28	269.58	54.27	218.07	12.00	175.54	30.53
2000	317.09	15.45	255.34	46.30	202.19	11.62	162.62	27.95
2001	290.29	14.98	234.25	41.06	178.94	12.35	140.14	26.44
2002	253.13	17.52	197.62	37.99	161.63	16.86	119.56	25.21
2003	250.47	25.39	190.06	35.02	176.44	29.43	123.85	23.16
2004	281.88	35.48	210.34	36.06	196.65	41.60	131.07	23.98
2005	359.49	46.63	275.04	37.81	202.71	49.85	128.51	24.35
2006	353.76	52.10	263.10	38.56	253.67	46.57	184.31	22.79
2007	375.39	49.25	288.27	37.87	249.04	45.27	180.04	23.73
2008	351.17	43.96	265.26	41.95	234.14	44.61	163.43	26.10
2009	351.19	41.71	266.26	43.22	226.71	40.67	159.20	26.84
2010	354.20	37.27	274.49	42.44	250.28	40.17	183.00	27.11
2011	355.99	37.26	275.71	43.02	256.03	39.70	189.22	27.11
2012	384.26	34.22	307.60	42.44	254.21	37.51	189.23	27.47
2013	402.85	32.52	326.05	44.28	254.42	36.41	191.13	26.88
2014	426.40	26.41	364.53	35.46	261.60	30.77	204.59	26.23
2015	433.83	26.00	374.07	33.76	265.67	28.33	212.22	25.12
2016	438.30	20.99	386.14	31.17	251.50	22.33	205.39	23.78

12-15　历年大牲畜和羊年中存栏数

单位：万头（只）

年 份	合计	牛	马	驴	骡	骆驼	绵羊	山羊
1949	48.46	6.90	1.94	1.43	0.38	0.71	24.03	13.07
1950	54.45	7.70	2.12	1.71	0.44	0.74	27.27	14.47
1951	64.21	8.80	2.19	1.78	0.53	0.77	32.94	17.21
1952	78.62	10.30	2.50	1.94	0.62	0.85	40.90	21.51
1953	98.11	12.30	2.89	2.42	0.57	0.72	52.77	26.44
1954	110.28	13.20	3.26	2.18	0.63	0.76	61.57	28.68
1955	113.21	13.40	3.63	2.18	0.76	0.81	62.45	29.98
1956	122.51	12.10	3.91	2.04	1.05	0.93	67.40	35.08
1957	110.04	11.30	4.04	1.67	1.02	0.89	62.20	28.92
1958	121.07	8.70	4.01	1.74	0.91	0.80	72.04	32.87
1959	139.56	8.90	4.43	1.59	0.99	0.82	81.14	41.69
1960	164.92	10.70	5.11	1.53	1.11	0.91	95.05	50.51
1961	175.52	10.60	5.42	1.46	1.01	0.92	101.81	54.30
1962	155.55	9.70	5.71	1.43	0.96	0.95	87.35	49.45
1963	181.24	10.30	6.22	1.40	1.01	0.89	104.63	56.79
1964	195.33	10.50	6.71	1.51	1.01	0.89	116.47	58.24
1965	203.50	11.00	7.00	1.63	1.11	0.88	122.04	59.84
1966	137.45	7.90	5.96	1.62	1.17	0.62	81.21	38.97
1967	144.77	7.70	6.24	1.53	1.33	0.53	83.60	43.84
1968	150.15	7.90	6.52	1.64	1.53	0.58	87.22	44.76
1969	161.25	8.20	7.10	1.56	1.69	0.57	91.40	50.73
1970	176.29	8.90	7.55	1.61	1.89	0.64	101.67	54.03
1971	172.46	9.40	8.04	1.55	2.12	0.71	99.64	51.00
1972	177.24	9.40	7.91	1.47	2.23	0.71	106.03	49.49
1973	195.13	8.50	7.95	1.46	2.35	0.71	120.91	53.25
1974	196.82	8.30	8.18	1.43	2.45	0.73	122.84	52.89
1975	197.76	8.90	8.33	1.50	2.54	0.70	125.83	49.96
1976	175.19	8.80	8.24	1.50	2.55	0.69	112.74	40.67
1977	174.61	8.90	8.18	1.45	2.58	0.67	111.88	40.95
1978	157.43	8.90	7.45	1.48	2.57	0.63	98.69	37.71
1979	169.79	9.00	7.63	1.50	2.53	0.62	107.36	41.15
1980	182.17	9.50	7.40	1.56	2.48	0.61	119.24	41.38
1981	175.01	8.90	7.01	1.61	2.40	0.61	116.72	37.76

12-15 续 表

单位：万头（只）

年 份	合计	牛	马	驴	骡	骆驼	绵羊	山羊
1982	177.70	8.40	7.26	1.71	2.50	0.61	119.31	37.91
1983	155.64	7.70	6.94	1.82	2.64	0.68	103.81	32.05
1984	153.93	7.40	6.78	1.94	2.77	0.67	103.25	31.12
1985	167.79	7.50	6.46	2.09	2.92	0.52	114.35	33.95
1986	186.74	7.70	6.18	2.28	3.07	0.48	127.88	39.15
1987	209.93	7.10	5.56	2.46	3.27	0.54	144.54	46.46
1988	202.89	4.40	3.44	2.16	3.10	0.55	137.24	52.00
1989	236.46	4.50	3.01	2.24	3.08	0.58	156.90	66.15
1990	237.67	4.50	2.70	2.32	3.03	0.60	156.60	67.92
1991	243.34	4.73	2.60	2.56	3.09	0.63	159.39	70.39
1992	236.97	4.54	2.43	2.88	3.26	0.72	152.81	70.33
1993	228.09	4.53	2.18	3.05	3.29	0.74	144.46	69.84
1994	229.51	4.76	1.93	2.86	3.15	0.61	144.27	71.90
1995	246.49	6.56	1.68	2.50	2.93	0.52	150.08	82.22
1996	264.67	7.90	1.62	2.63	2.82	0.56	161.39	87.75
1997	279.48	8.60	1.46	2.83	2.81	0.62	170.09	93.07
1998	284.77	8.11	1.39	3.13	2.93	0.68	169.53	99.00
1999	285.86	8.08	1.33	3.21	2.93	0.73	168.15	101.43
2000	270.78	8.36	0.84	3.08	2.68	0.48	159.79	95.55
2001	249.23	8.27	0.55	3.06	2.53	0.57	143.40	90.85
2002	215.14	11.40	0.36	2.95	2.19	0.62	117.54	80.08
2003	215.45	19.88	0.33	2.69	1.97	0.52	113.43	76.63
2004	245.82	30.29	0.33	2.58	1.74	0.54	127.51	82.83
2005	321.67	41.78	0.36	2.41	1.59	0.49	175.54	99.50
2006	315.20	47.91	0.32	2.14	1.26	0.47	169.88	93.22
2007	337.52	45.21	0.29	2.13	1.22	0.39	193.10	95.18
2008	309.22	40.43	0.27	1.88	1.06	0.33	186.60	78.67
2009	307.97	38.40	0.26	1.76	0.97	0.32	185.14	81.12
2010	311.76	33.78	0.38	1.91	0.89	0.31	190.70	83.79
2011	312.98	33.82	0.52	1.81	0.81	0.29	192.02	83.70
2012	341.82	30.84	0.67	1.67	0.75	0.29	204.52	103.08
2013	358.57	29.00	1.04	1.57	0.65	0.26	219.99	106.06
2014	390.94	22.66	1.42	1.44	0.59	0.29	252.50	112.03
2015	400.07	22.25	1.57	1.41	0.46	0.31	258.00	116.07
2016	407.13	17.67	1.46	1.32	0.32	0.22	272.27	113.87

12-16　2014-2016年牲畜总头数

单位：万头（只）

指　标	2014		2015		2016	
	年中数	年末数	年中数	年末数	年中数	年末数
大牲畜和羊合计	**390.94**	**235.36**	**400.07**	**240.55**	**407.13**	**227.72**
大牲畜	26.41	30.77	26.00	28.33	20.99	22.33
牛	22.66	27.48	22.25	25.56	17.67	19.91
#良种及改良种乳牛	18.32	20.05	17.85	18.08	13.75	14.60
马	1.42	1.68	1.57	1.52	1.46	1.60
驴	1.44	1.03	1.41	0.81	1.32	0.53
骡	0.59	0.32	0.46	0.24	0.32	0.13
骆驼	0.29	0.26	0.31	0.20	0.22	0.16
羊	364.53	204.59	374.07	212.22	386.14	205.39
绵羊	252.50	134.42	258.00	140.20	272.27	138.89
山羊	112.02	70.17	116.07	72.02	113.87	66.50
猪	**35.46**	**26.23**	**33.76**	**25.12**	**31.17**	**23.78**

12-17　2014-2016年年中牲畜总增情况

单位：万头（只）

指　标	总增头数			总增率（%）		
	2014	2015	2016	2014	2015	2016
大牲畜和羊合计	**353.50**	**339.32**	**376.52**	**98.59**	**86.79**	**94.11**
大牲畜	14.66	11.74	10.72	45.08	44.44	41.23
牛	13.60	10.71	9.66	46.90	47.24	43.41
#良种及改良种乳牛	8.65	6.43	6.24	35.52	35.48	34.95
马	0.51	0.56	0.57	48.74	39.16	36.22
驴	0.44	0.33	0.37	27.84	23.07	26.33
骡		0.04	0.04		6.71	8.69
骆驼	0.11	0.10	0.08	41.16	34.98	25.90
羊	338.84	327.58	365.80	103.92	89.86	97.79
绵羊	264.54	247.85	289.74	120.25	98.16	112.30
山羊	74.30	79.73	76.06	70.06	71.17	65.53
猪	**24.01**	**21.80**	**23.44**	**54.22**	**61.47**	**69.44**

12-18　牲畜增减变化情况（2016年，年末数）

单位：万头（只）

指　标	繁殖仔畜		成活仔畜		成幼畜死亡	
	头数	繁殖率(%)	头数	成活率(%)	头数	死亡率(%)
大牲畜和羊合计	**188.97**	**115.45**	**184.14**	**97.44**	**3.14**	**1.31**
大牲畜	10.95	61.97	10.59	96.71	0.19	0.67
牛	10.12	62.70	9.78	96.64	0.18	0.70
#良种及改良种乳牛	7.78	63.51	7.42	95.37	0.10	0.55
马	0.55	52.38	0.54	98.18	0.01	0.66
驴	0.23	60.53	0.22	95.65		
骡						
骆驼	0.05	50.00	0.05	100.00		
羊	178.02	121.92	173.55	97.49	2.95	1.39
绵羊	140.80	142.68	137.18	97.43	2.00	1.43
山羊	37.22	78.64	36.37	97.72	0.95	1.32
猪	**26.59**	**775.22**	**25.94**	**97.56**	**0.36**	**1.32**

12-18　续　　表

单位：万头（只）

指　标	自宰自食	出　卖	#出卖肉畜	出栏率（%）	商品率（%）
大牲畜和羊合计	**46.38**	**430.98**	**413.18**	**191.05**	**109.74**
大牲畜	1.75	26.79	24.58	92.94	229.29
牛	1.61	25.36	23.41	97.89	242.34
#良种及改良种乳牛	0.29	15.35	13.99	78.98	224.20
马	0.02	0.63	0.46	31.58	80.70
驴	0.09	0.55	0.51	74.07	137.84
骡	0.03	0.15	0.11	58.33	275.00
骆驼		0.09	0.09	45.00	112.50
羊	44.63	404.19	388.60	204.14	106.23
绵羊	30.49	312.64	301.83	237.03	104.17
山羊	14.14	91.55	86.77	140.11	114.08
猪	**12.55**	**46.10**	**43.57**	**223.41**	**185.88**

12-19 牲畜增减变化情况（2016年，年中数）

单位：万头（只）

指标	繁殖仔畜		成活仔畜		成幼畜死亡	
	头数	繁殖率(%)	头数	成活率(%)	头数	死亡率(%)
大牲畜和羊合计	**391.96**	**142.00**	**381.19**	**97.25**	**4.67**	**1.17**
大牲畜	11.21	68.35	10.92	97.41	0.20	0.77
牛	10.08	67.97	9.82	97.42	0.17	0.76
#良种及改良种乳牛	6.47	56.80	6.35	98.15	0.11	0.62
马	0.62	65.96	0.60	96.77	0.03	1.91
驴	0.38	82.61	0.37	97.37		
骡	0.04		0.04	100.00		
骆驼	0.09	52.94	0.09	100.00		
羊	380.75	146.65	370.27	97.25	4.47	1.19
绵羊	301.78	170.25	293.18	97.15	3.45	1.34
山羊	78.97	95.87	77.09	97.62	1.02	0.88
猪	**24.67**	**715.07**	**23.90**	**96.88**	**0.46**	**1.36**

12-20 能繁殖母畜、耕役畜及改良畜（2016年，年末数）

单位：万头（只）

指　标	能繁殖母畜	耕役畜	良种牲畜	改良种牲畜
大牲畜和羊合计	161.49	0.42	78.26	140.02
大牲畜	15.56	0.42	11.31	9.92
牛	14.07		10.50	9.04
马	1.11		0.72	0.80
驴	0.29	0.30	0.04	0.04
骡		0.09		
骆驼	0.09	0.03	0.05	0.04
羊	145.93		66.95	130.10
绵羊	98.60		46.19	88.34
山羊	47.33		20.76	41.76
猪	2.99		7.84	15.52

12-21 能繁殖母畜、耕役畜及改良畜（2016年，年中数）

单位：万头（只）

指　标	能繁殖母畜	耕役畜	良种牲畜	改良种牲畜
大牲畜和羊合计	280.10	0.41	139.39	252.72
大牲畜	13.48	0.41	8.98	10.04
牛	11.92	0.11	7.82	8.45
#良种及改良种乳牛	8.96			
马	1.00		0.59	0.75
驴	0.45	0.15	0.49	0.73
骡		0.12		
骆驼	0.11	0.03	0.08	0.11
羊	266.62		130.41	242.68
绵羊	186.74		95.94	169.67
山羊	79.88		34.47	73.01
猪	3.57		9.46	20.85

12-22　2011-2016年主要畜禽产品产量

指　标	2011	2012	2013	2014	2015	2016
当年出栏肉猪头数（头）	519900	529700	529689	557200	555538	561204
当年出栏和自宰的肉用牛（头）	244312	256418	246625	247200	243243	250274
当年出栏和自宰的肉用羊（只）	3515052	3857411	3895379	4081156	4188132	4332309
当年肉类总产量（吨）	157382	158373	157638	162433	163509	168505
#猪肉产量	46961	46393	46393	46393	46393	46755
牛肉产量	39520	40364	38818	40130	39759	41798
羊肉产量	63693	64127	65538	68289	69332	71875
奶类产量（吨）	1559471	1575073	1417597	1019629	982710	902626
#牛奶	1559397	1574991	1417492	1019523	982603	902517
山羊毛产量（吨）	218	208	414	315	334	289
绵羊毛产量（吨）	2900	2937	3064	3272	3453	3703
山羊绒产量（吨）	159	166	198	255	279	263
蜂蜜产量（吨）	39	40	35	35	50	31
禽蛋产量（吨）	27636	28647	28163	26853	27286	26874
年末实有家禽（万只）	179.61	190.72	187.86	191.50	174.08	189.26
牛皮产量（张）	238535	252950	248332	254573	243913	251303
绵羊皮产量（张）	2893257	3023273	2985223	3270617	3243745	3309368
山羊皮产量（张）	626701	913038	975287	975814	937193	990727
驼绒产量（吨）	20	23	11	10	10	11
出售肉类总量（吨）	126783	133952	128860	141010	139176	142700
#出售猪肉	35700	35733	34494	37181	37290	37664
出售牛肉	36908	37168	33265	34125	33757	35442
出售羊肉	48677	54912	55484	64199	62223	63674
出售牛羊奶数量（吨）	1469666	1493635	1267290	954563	943611	863432
出售羊毛数量（吨）	2782	2942	3182	3424	3743	3698
出售家禽只数（万只）	203.57	227.17	119.91	271.71	281.05	285.17
水产品（吨）	7412	7705	8112	8625	8861	9102

12-23　2011-2016年生态建设基本情况

指　标	2011	2012	2013	2014	2015	2016
荒山荒(沙)地造林面积（公顷）	**21329**	**34370**	**40256**	**31104**	**36834**	**38029**
人工造林	7995	10036	7254	16103	13833	19561
无林地和疏林地新封	13334	24334	33002	15001	23001	8468
林业重点工程合计（公顷）	**17333**	**31667**	**38003**	**20308**	**31936**	**25469**
天然林资源保护工程	1333	16001	8002	10335	13602	5002
退耕还林工程		1667	1000	1467		8000
荒山荒地造林		1667	1000	1467		267
京津风沙源治理工程	11333	11333	27001	8506	18334	12467
三北及长江流域等防护工程	4667	2666	2000			
当年造林面积（千公顷）	**21.33**	**34.37**	**40.26**	**31.10**	**36.83**	**38.03**
按经济成份分						
国有造林	3.88	9.75	11.11	16.69	17.63	5.77
集体造林	5.07	12.37	8.29	5.81	19.20	22.18
非公有制造林	12.39	12.25	20.86	8.60		0.08
按主要林种用途分						
用材林						
经济林				1.67		
防护林	20.82	34.37	40.26	29.44	36.83	28.03
#农田防护林						
薪炭林						
其他林	0.51					
草场面积（千公顷）	**2013.04**	**2013.04**	**2013.04**	**2013.04**	**2034.67**	**1991.23**
#承包到户面积	1593.44	1588.00	1588.00	1588.00	1675.00	1753.91
围栏草场面积（万亩）	**764.70**	**535.87**	**535.87**	**535.87**	**830.52**	**830.52**
人工种草保有面积（千公顷）	**13.50**	**91.96**	**108.50**	**100.00**	**152.11**	**101.61**
#当年种草面积	26.73	67.83	102.21	86.70	134.92	91.43
年末实有自然保护区（个）	**3**	**4**	**7**	**7**	**5**	**3**
年末实有自然保护区面积（公顷）	**73951**	**104117**	**118667**	**154667**	**173357**	**68262**

主要统计指标解释

农林牧渔业总产值 指以货币表现的农、林、牧、渔业全部产品和对农林牧渔业生产活动进行的各种支持性服务活动的价值总量，它反映一定时期内农林牧渔业生产总规模和总成果。1957年以前的农林牧渔业总产值中包括了厩肥和农民自给性手工业（如农民自制衣服、鞋、袜，自己从事粮食初步加工等）。1958年及以后，林业中增加了村及村以下竹木采伐产值；牧业中取消了厩肥产值；副业中取消了农民自给性手工业产值，增加了村及村以下办的工业产值； 渔业中增加了海洋捕捞水产品产值。1980年及以后，在副业中增加了农民家庭兼营工业商品部分的产值。从1984年起村及村以下工业产值划归工业。从1993年起取消副业，将野生动物的捕猎划入牧业、野生植物采集和农民家庭兼营商品性工业划归农业。从2003年起，执行新的国民经济行业分类标准，农林牧渔业总产值中包括了农林牧渔服务业产值。林业中增加了森林采运业产值。农业中取消了家庭兼营商品性工业产值，将野生林产品的采集划归林业。第一次农业普查以后，由于畜牧业产品年报数据与普查数据之间存在一定的差距，国家统计局农调总队对畜牧业年报数据与普查数据进行衔接，相应的畜牧业产值进行调整。

农林牧渔业总产值的计算方法通常是按农、林、牧、渔业产品及其副产品的产量分别乘以各自单位产品价格求得；少数生产周期较长，当年没有产品或产品产量不易统计的，则采用间接方法匡算其产值；然后将四业产品产值相加即为农林牧渔业总产值。

粮食产量 指全社会的产量。包括国有经济经营的、集体统一经营的和农民家庭经营的粮食产量，还包括工矿企业办的农场和其他生产单位的产量。粮食除包括稻谷、小麦、玉米、高粱、谷子及其他杂粮外，还包括薯类和豆类。其产量计算方法，豆类按去豆荚后的干豆计算；薯类（包括甘薯和马铃薯，不包括芋头和木薯）1963年以前按每4公斤鲜薯折1公斤粮食计算，从1964年开始改为按5公斤鲜薯折1公斤粮食计算。城市郊区作为蔬菜的薯类（如马铃薯等）按鲜品计算，并且不作粮食统计。其他粮食一律按脱粒后的原粮计算。1989年以前全国粮食产量数据主要靠全面报表取得，1989年以后开始使用抽样调查数据。

油料产量 指全部油料作物的生产量。包括花生、油菜籽、芝麻、向日葵籽、胡麻籽（亚麻籽）和其他油料。不包括大豆、木本油料和野生油料。花生以带壳干花生计算。

水产品产量 指人工养殖的水产品和天然生长的水产品的捕捞量。包括海水的鱼类、虾蟹类、贝类和藻类以及内陆水域的鱼类、虾蟹类和贝类，不包括淡水生植物。水产品产量是通过各级水产和统计部门逐级上报取得数据。1995年及以前，贝类中牡蛎按鲜肉计算；蚶、蛤、蛀按5斤鲜品折1斤计算。1996年以后则统一按鲜品计算。

猪、牛、羊肉产量 指当年出栏并已屠宰、除去头蹄下水后带骨肉（即胴体重）的重量。包括全社会范围内的产量。1996年前为各级逐级上报数据。1996年第一次农业普查以后，由于畜牧业产品年报数据与普查数据之间存在一定的差距，国家统计局农调总队对畜牧业年报数据与普查数据进行衔接。1999年以后，国家统计局开展了猪、牛、羊、禽等主要畜禽品种的抽样调查，并用抽样数据作为国家定案数据使用。未开展抽样调查的品种，仍使用各级统计部门逐级上报数据。

牲畜总增头数 是反映牲畜的总体增长

情况、牲畜头数增殖情况和死亡损失情况的一项数量指标，以大畜、小畜和猪分畜种计算。计算公式为：

总增头数=期内繁殖成活仔畜头数—期内成幼畜死亡头数。

期末畜禽存栏头(只)数 指报告期末农村各种合作经济组织和国营农场、农民个人、机关、团体、学校、工矿企业、部队等单位以及城镇居民饲养的大牲畜、猪、羊、家禽等畜禽的存栏数。数据上报方式及数据调整情况同猪、牛、羊肉产量。

常用耕地 是指耕地总资源中专门种植农作物并经常进行耕种、能够正常收获的土地。包括当年实际耕种的熟地；弃耕、休闲不满三年，随时可以复耕的地；开荒利用三年以上的土地。在统计口径上包括南方小于1米、北方小于2米宽的沟、渠、路和田埂。不包括临时种植农作物的坡度在25度以上的陡坡地；在河套、湖畔、库区临时开发的成片或零星土地；也不包括已列为国家和省（区、市）退耕计划但临时耕种的土地。常用耕地是国家需要重点保护的耕地，是反映我国农业综合生产能力的一个重要指标。

农作物播种面积 指实际播种或移植有农作物的面积。凡是实际种植有农作物的面积，不论种植在耕地上还是种植在非耕地上，均包括在农作物播种面积中。在播种季节基本结束后，因遭灾而重新改种和补种的农作物面积，也包括在内。农作物播种面积主要包括粮食、棉花、油料、糖料、麻类、烟叶、蔬菜和瓜类、药材和其他农作物九大类。

有效灌溉面积 指具有一定的水源，地块比较平整，灌溉工程或设备已经配套，在一般年景下当年能够进行正常灌溉的耕地面积。

农用化肥施用量 指本年内实际用于农业生产的化肥数量，包括氮肥、磷肥、钾肥和复合肥。化肥施用量要求按折纯量计算数量。折纯量是把氮肥、磷肥、钾肥分别按含氮、含五氧化二磷、含氧化钾的百分之一百成份进行折算后的数量。复合肥按其所含主要成分折算。

农业机械总动力 指主要用于农、林、牧、渔业的各种动力机械的动力总和。包括耕作机械、排灌机械、收获机械、农用运输机械、植物保护机械、牧业机械、林业机械、渔业机械和其他农业机械［内燃机按引擎马力折成瓦(特)计算、电动机按功率折成瓦(特)计算］。不包括专门用于乡、镇、村、组办工业、基本建设、非农业运输、科学试验和教学等非农业生产方面用的动力机械与作业机械。

13

INDUSTRY

工 业

13-1 全部工业法人单位及从业人员

单位：个、人

指 标	2015			2016		
	法人单位	从业人员	# 女性	法人单位	从业人员	# 女性
按登记注册类型分组						
总计	**4436**	**309002**	**74905**	**4671**	**299647**	**72402**
内资	4371	300617	71428	4610	290896	68924
国有	41	16699	4805	41	13421	4582
集体	61	2719	1179	56	2599	1077
股份合作	29	613	68	25	545	52
联营	5	73	27	5	73	27
有限责任公司	1538	113617	29101	1587	112218	28171
股份有限公司	96	55995	14584	103	53598	13360
私营	2301	104561	20394	2448	101795	20369
其他内资	300	6340	1270	345	6647	1286
港澳台商投资	22	2686	751	22	2937	896
与港澳台商合资经营	9	1930	575	8	1840	548
港澳台商独资	12	755	176	12	1024	312
其他港、澳、台商投资	1	1		2	73	36
外商投资	43	5699	2726	39	5814	2582
中外合资经营	28	4943	2579	26	5136	2460
外资企业	12	680	121	10	618	106
外商投资股份有限公司	1	3	1	1	3	1
其他外商投资	2	73	25	2	57	15
按地区分组						
总计	**4436**	**309002**	**74905**	**4671**	**299647**	**72402**
稀土高新区	656	40114	13151	708	38062	12350
东河区	494	38801	8954	498	38355	8840
昆都仑区	498	65465	18177	516	62323	16786
青山区	684	45518	13799	684	43345	13428
石拐区	225	16404	2252	237	15862	2238
白云矿区	103	3122	527	104	3384	604
九原区	447	18023	4838	497	16862	4888
土默特右旗	344	27838	4136	398	27602	4195
固阳县	526	21996	3370	549	22383	3456
达尔罕茂明安联合旗	459	31721	5701	480	31469	5617

13-2　规模以上工业企业

指　标	企业单位数（个）	#亏损企业	工业总产值（当年价格）
总　计	**677**	**111**	**34409058**
按隶属关系分			
中央企业	27	9	3976109
内蒙企业	9	3	3376962
市属企业	641	99	27055986
按企业规模分			
大型企业	26	11	10608267
中型企业	114	16	9572608
小型企业	537	84	14228183
纯小型企业	484	75	13530891
微型企业	53	9	697292
按登记注册类型分			
内资企业	651	103	33134170
国有企业	11	5	546599
中央企业	7	3	430881
地方企业	4	2	115718
集体企业	6	2	72074
有限责任公司	298	57	14644948
国有独资公司	15	6	2112131
其他有限责任公司	283	51	12532817
股份有限公司	36	7	5165446
私营企业	299	32	12655518
私营独资企业	3	0	87805
私营有限责任公司	282	30	12004107
私营股份有限公司	14	2	563606
其他企业	1	0	49585
港、澳、台商投资企业	8	1	473019
合资经营企业（港或澳、台资）	2	0	281708
港澳台商独资经营企业	5	1	185876
外商投资企业	18	7	801868
中外合资经营企业	13	5	733780
外资企业	4	1	57665
其他外商投资企业	1	1	10424
在总计中:亏损企业	111	111	4261690
在总计中:国有控股企业	103	35	9571382

主要经济指标（2016年）

单位：万元

工业销售产值（当年价格）	资产总计	流动资产合计	应收账款	产成品	固定资产合计	负债合计
33666944	**54913665**	**21143662**	**5843323**	**1543843**	**17540611**	**35619010**
4130365	11136977	3973252	789570	235286	4753101	7021131
3196415	23895983	7865590	2894800	658326	5822252	15667872
26340165	19880704	9304820	2158954	650231	6965259	12930008
10410199	35214309	13462581	3884804	1007439	10728976	22771968
9304826	8586442	3985182	823329	236749	3273316	5788236
13951919	11112914	3695899	1135191	299655	3538319	7058807
13270337	8492297	3255110	999437	278464	3393182	5356630
681581	2620617	440789	135754	21191	145137	1702176
32417762	53521159	20522864	5689229	1462634	16951445	34764857
553014	3568422	576348	87251	13437	1476024	2116209
431676	3265330	495487	63306	13268	1328555	1890058
121338	303091	80861	23945	169	147469	226151
60805	65309	37890	23389	586	11249	42162
14195100	24449003	11244311	4176627	472009	7051975	17025079
2169122	5623070	2728314	382160	136750	1872689	3847408
12025978	18825934	8515997	3794467	335259	5179286	13177671
5101180	19078132	5566462	806895	821939	6547676	11287079
12458346	6251922	3047938	581893	154395	1817256	4263755
87114	49242	26250	3066	605	1081	18753
11830548	5869708	2864297	546799	135943	1672971	4029609
540684	332972	157390	32028	17847	143204	215393
49316	108371	49916	13174	269	47264	30574
466701	504937	140255	13962	24072	266177	234227
281708	182319	96952	8115	19828	74401	109225
179558	314609	38269	2633	4244	191337	122390
782482	887569	480543	140133	57136	322990	619925
714195	691381	415069	110988	44012	209205	525916
57863	165598	64114	29052	13058	97344	77825
10424	30591	1361	92	67	16441	16185
4334700	16380303	7288619	3130375	305662	3463258	11970018
9557992	39870763	13839738	4111543	1065588	12717910	25843749

13-2 续

指 标	企业单位数（个）	#亏损企业	工业总产值（当年价格）
按轻重工业分			
轻工业	84	13	2243873
重工业	593	98	32165185
按行业分			
煤炭开采和洗选业	44	1	2694811
黑色金属矿采选业	58	5	3348956
有色金属矿采选业	3		138020
非金属矿采选业	4		155129
农副食品加工业	26	2	484515
食品制造业	14	1	394080
酒、饮料和精制茶制造业	8	3	201808
纺织业	3		74761
纺织服装、服饰业	2	1	99308
皮革、毛皮、羽毛及其制品和制鞋业	2		59875
木材加工和木、竹、藤、棕、草制品业	1		39759
造纸和纸制品业	4	1	97122
印刷和记录媒介复制业	3		70530
石油加工、炼焦和核燃料加工业	4	1	64449
化学原料和化学制品制造业	26	3	1198139
医药制造业	1		8181
橡胶和塑料制品业	15		419945
非金属矿物制品业	44	9	1291177
黑色金属冶炼和压延加工业	92	20	8370033
有色金属冶炼和压延加工业	75	15	5322973
金属制品业	33	6	2936588
通用设备制造业	51	10	1799703
专用设备制造业	30	6	799820
汽车制造业	16	7	833129
铁路、船舶、航空航天和其他运输设备制造业	7	2	205963
电气机械和器材制造业	33	4	1394086
计算机、通信和其他电子设备制造业	4		61646
仪器仪表制造业	4	2	95363
其他制造业	4	1	117479
废弃资源综合利用业	3		122987
金属制品、机械和设备修理业	2		17437
电力、热力生产和供应业	39	8	904771
燃气生产和供应业	14		437536
水的生产和供应业	8	3	148981

表 1

单位：万元

工业销售产值（当年价格）	资产总计	流动资产合计	应收账款	产成品	固定资产合计	负债合计
2186582	2618310	965655	209237	59375	592622	1470762
31480362	52295355	20178007	5634087	1484468	16947989	34148248
2676891	1665571	623072	72611	14899	538203	961292
3295295	2300513	958369	142157	148020	1131362	1219633
137745	50090	12715	7445		27837	9406
155129	96815	28472	19869	287	65763	62689
479733	652697	169547	55500	8501	159177	280917
374704	409162	151276	35790	3074	67862	238587
192980	337960	154057	6899	8064	131570	256415
73538	59205	32179	12559	3003	15128	41078
80751	162972	129663	40554	33050	19670	95324
59875	21255	3971	1188		1462	5886
39759	17570	802	307		11969	5826
94843	33797	15878	4423	843	12847	17589
67530	31858	3635	967	164	14838	13301
63977	73411	38287	12425	1469	12248	30568
1197504	3274787	697063	85303	38038	1179375	1709165
7572	16038	13163	2677		2404	9550
416850	136529	53471	10792	12146	28663	54760
1252897	1477243	933687	213507	47637	356481	1168588
7939030	24012095	8019954	2784622	511788	6295589	16010337
5162011	5850150	3123109	808336	368823	1657030	2979890
2955615	3963463	2341870	346455	140198	1233788	2679392
1795026	849473	387921	123618	40421	298235	445027
800505	402055	278078	93773	42952	50791	343850
863525	1396059	1012519	380745	33808	248396	1483983
250032	421567	281648	104524	53148	122597	152857
1331623	675400	378776	133813	24626	163887	450649
61703	27341	6181	1641	483	12402	9847
95319	12570	8594	4508	735	3218	4283
117435	8972	6617	2817	113	2074	4286
122987	28474	9994	6447		8001	17013
13940	42713	29821	19497	58	4171	30418
891022	4899197	652612	229216	3860	3308180	3806714
438166	598750	308632	35302	3378	158887	452854
161436	907915	278029	43038	257	196506	567038

13-2 续

指　标	主营业务收入	主营业务成本	销售费用
总　计	**34499480**	**30591952**	**432386**
按隶属关系分			
中央企业	4136583	3378817	61598
内蒙企业	3382951	3364065	98897
市属企业	26979945	23849070	271890
按企业规模分			
大型企业	10495447	9369370	174272
中型企业	9930416	8586313	123644
小型企业	14073616	12636269	134470
纯小型企业	13292975	11904864	129696
微型企业	780642	731406	4773
按登记注册类型分			
内资企业	33202875	29450610	403486
国有企业	622454	533366	9262
中央企业	514214	432369	3961
地方企业	108240	100997	5301
集体企业	72619	61800	584
有限责任公司	14463808	12767885	178256
国有独资公司	2115787	1904653	28986
其他有限责任公司	12348021	10863232	149270
股份有限公司	5234785	4946950	108385
私营企业	12759893	11102410	106897
私营独资企业	93454	90926	757
私营有限责任公司	12091977	10488873	104773
私营股份有限公司	574463	522611	1367
其他企业	49316	38198	102
港、澳、台商投资企业	575543	499450	5084
合资经营企业（港或澳、台资）	388904	343900	2137
港澳台商独资经营企业	181205	151451	2852
其他港澳台商投资企业	5435	4099	95
外商投资企业	721062	641892	23816
中外合资经营企业	652226	594090	16517
外资企业	58084	38412	7049
其他外商投资企业	10751	9391	249
在总计中:亏损企业	4169452	3802911	94525
在总计中:国有控股企业	9789881	8841073	200438

表 2

单位：万元

管理费用	财务费用	利润总额	亏损企业 亏损总额	全部从业人员 年平均人数 （人）
1441898	**627881**	**1124819**	**663218**	**229014**
330698	161895	59490	150930	46837
231275	281621	-310029	354425	49794
879925	184365	1375358	157863	132383
680118	445809	-15993	525776	107968
429624	80737	629018	77126	61954
332156	101335	511794	60316	59092
317551	90131	497586	59683	53478
14605	11204	14208	632	5614
1406153	611248	1075536	655022	222755
58471	38557	-26773	55153	12243
38384	37946	-16320	44650	8865
20087	611	-10453	10503	3378
2253	85	8001	62	1053
699618	416757	117809	520985	107852
204953	44251	-3874	70929	35688
494665	372506	121683	450056	72164
175396	120614	144424	54292	48948
465741	35212	826079	24530	51699
622	32	1424		507
447593	31794	807271	23722	49041
17526	3386	17385	808	2151
4673	24	5996		960
10720	1185	33641	746	1596
6695	1935	8683		1069
3563	-753	24139	746	455
462	3	820		72
25025	15448	15643	7450	4663
20062	12161	10074	7248	4177
4145	2714	5693	77	430
817	573	-125	125	56
351123	342736	-663218	663218	55570
691137	490019	-291503	617873	124982

13-2 续

指　标	主营业务收入	主营业务成本	销售费用
按轻重工业分			
轻工业	2099814	1747519	66572
重工业	32399666	28844433	365813
按行业分			
煤炭开采和洗选业	2668405	2128415	21376
黑色金属矿采选业	3333684	2994053	13421
有色金属矿采选业	137588	109372	84
非金属矿采选业	157723	129429	194
农副食品加工业	476124	382281	9262
食品制造业	359878	281088	21903
酒、饮料和精制茶制造业	166125	135001	5898
纺织业	74754	72749	421
纺织服装、服饰业	76721	63845	6557
皮革、毛皮、羽毛及其制品和制鞋业	59875	57062	685
木材加工和木、竹、藤、棕、草制品业	39759	30942	577
造纸和纸制品业	79293	76724	984
印刷和记录媒介复制业	61195	50956	1067
石油加工、炼焦和核燃料加工业	53408	48963	1133
化学原料和化学制品制造业	1281016	987474	9179
医药制造业	7578	4252	1801
橡胶和塑料制品业	407550	369478	2289
非金属矿物制品业	1664807	1480976	18992
黑色金属冶炼和压延加工业	8338888	8011367	131961
有色金属冶炼和压延加工业	5326630	4740833	50035
金属制品业	2921489	2607113	27723
通用设备制造业	1774029	1657251	6286
专用设备制造业	760061	691147	12862
汽车制造业	830478	571758	29955
铁路、船舶、航空航天和其他运输设备制造业	260865	223918	5242
电气机械和器材制造业	1314681	1113770	24586
计算机、通信和其他电子设备制造业	56835	47115	1473
仪器仪表制造业	93381	70580	1332
其他制造业	115630	114654	418
废弃资源综合利用业	122987	119748	613
金属制品、机械和设备修理业	17437	15498	
电力、热力生产和供应业	877847	776519	4421
燃气生产和供应业	421431	323801	9623
水的生产和供应业	161328	103822	10036

表 3

单位：万元

管理费用	财务费用	利润总额	亏损企业亏损总额	全部从业人员年平均人数（人）
99911	15399	128706	15650	20865
1341987	612482	996113	647567	208149
210299	12490	256301	4	15641
90396	21337	156223	71486	13217
4079	-10	20621		584
3977	62	18979		726
25239	5061	60041	456	4456
13149	109	35360	1	2303
12517	2470	7574	3072	3106
1452	33	107		561
4228	2257	2051	112	2333
792	14	1024		501
765	22	7157		340
981	42	480	190	478
1613	239	9930		552
810	401	540	25	625
118179	33758	85128	325	5192
921	69	507		309
9154	315	25004		2107
42610	9091	85865	12827	7170
298362	297832	-153870	327576	61015
125560	51478	325904	19877	25625
200005	35734	58102	39505	29894
34711	3187	35833	7511	9642
21848	2608	15763	3865	4362
35406	37213	-57198	60978	6335
29094	-2547	6696	1154	2215
59091	3936	69093	11158	4886
1671	30	6119		481
2605	206	1786	770	227
557	1	-4	43	103
543	48	1777		343
1208	361	227		827
33297	95700	-26019	90598	14977
23448	5842	61491		2560
33333	8496	6229	11686	5321

13-3 大中型工业企业

指　　标	企业单位数（个）	#亏损企业	工业总产值（当年价格）
总　计	**140**	**27**	**20180875**
按隶属关系分			
中央企业	14	6	3834486
内蒙企业	5	3	3357053
市属企业	121	18	12989336
按企业规模分			
大型企业	26	11	10608267
中型企业	114	16	9572608
按登记注册类型分			
内资企业	135	27	19289665
国有企业	6	4	510983
中央企业	4	2	410545
地方企业	2	2	100438
集体企业	1		48799
有限责任公司	74	17	8782604
国有独资公司	9	4	2050720
其他有限责任公司	65	13	6731884
股份有限公司	14	4	4861050
私营企业	39	2	5036644
私营有限责任公司	38	1	4950334
私营股份有限公司	1	1	86310
其他企业	1		49585
港、澳、台商投资企业	2		281708
合资经营企业（港或澳、台资）	2		281708
外商投资企业	3		609501
中外合资经营企业	3		609501
在总计中:亏损企业	27	27	2360567
在总计中:国有控股企业	50	21	8738166

主要经济指标（2016年）

单位：万元

工业销售产值（当年价格）	资产总计	流动资产合计	应收账款	产成品	固定资产合计	负债合计
19715025	**43800751**	**17447763**	**4708133**	**1244187**	**14002293**	**28560203**
3992110	8795984	3663607	714262	219184	4130897	5890915
3176182	23273161	7750816	2843765	654992	5816030	15083017
12546733	11731606	6033340	1150105	370012	4055365	7586271
10410199	35214309	13462581	3884804	1007439	10728976	22771968
9304826	8586442	3985182	823329	236749	3273316	5788236
18842443	43141636	17024170	4615280	1189568	13794217	28129376
513883	2171910	460792	68914	9712	1366256	1453508
409847	1873866	384201	46680	9712	1219528	1232084
104035	298044	76591	22234		146728	221424
48799	23660	1826	560		7274	6236
8442920	19149212	9403428	3549198	309774	5084393	13291077
2105354	4568548	2549823	319760	129430	1619548	3108855
6337567	14580664	6853604	3229439	180344	3464845	10182222
4789913	18537348	5356371	747739	811791	6464576	10981176
4997611	3151136	1751837	235696	58023	824454	2366807
4911301	3128012	1749180	235696	57946	803987	2354586
86310	23123	2657		77	20466	12221
49316	108371	49916	13174	269	47264	30574
281708	182319	96952	8115	19828	74401	109225
281708	182319	96952	8115	19828	74401	109225
590875	476796	326642	84738	34791	133675	321602
590875	476796	326642	84738	34791	133675	321602
2484885	13763412	6549788	2962734	228756	3019224	10205292
8725099	35748266	12986143	3840979	1001608	11574541	23245528

13-3 续

指　标	企业单位数（个）	#亏损企业	工业总产值（当年价格）
按轻重工业分			
轻工业	20	5	807562
重工业	120	22	19373312
按行业分			
煤炭开采和洗选业	16		2170877
黑色金属矿采选业	10	2	1222687
农副食品加工业	7		247506
食品制造业	4		248158
酒、饮料和精制茶制造业	3	2	66553
纺织服装、服饰业	2	1	99308
木材加工和木、竹、藤、棕、草制品业	1		39759
石油加工、炼焦和核燃料加工业	1		21745
化学原料和化学制品制造业	3		892644
医药制造业	1		8181
橡胶和塑料制品业	2		44849
非金属矿物制品业	10		686156
黑色金属冶炼和压延加工业	21	3	6964240
有色金属冶炼和压延加工业	16	3	3367241
金属制品业	7	1	1876150
通用设备制造业	6	4	190025
专用设备制造业	5		54751
汽车制造业	3	2	487832
铁路、船舶、航空航天和其他运输设备制造业	2	1	149561
电气机械和器材制造业	3	1	392236
计算机、通信和其他电子设备制造业	1		39512
金属制品、机械和设备修理业	1		13940
电力、热力生产和供应业	9	5	561541
燃气生产和供应业	3		226073
水的生产和供应业	3	2	109349

表 1

单位：万元

工业销售产值（当年价格）	资产总计	流动资产合计	应收账款	产成品	固定资产合计	负债合计
780789	1360721	507377	80587	41572	295089	654713
18934237	42440030	16940386	4627546	1202616	13707203	27905490
2170383	1517510	551477	52758	7763	506494	869646
1193194	1731512	746849	105862	96592	883313	856956
246171	377048	41110	4298	1029	82224	91442
248158	131154	72395	28855	1416	30923	32870
60725	165293	89279	97	6077	59964	88387
80751	162972	129663	40554	33050	19670	95324
39759	17570	802	307		11969	5826
21273	58392	30773	9688	394	9619	19338
893602	1885693	547107	60983	32303	1146059	1078449
7572	16038	13163	2677		2404	9550
44385	29414	21233	4649	6675	3207	14850
654254	951850	690043	133334	24986	175129	747416
6548953	23185400	7615299	2673197	488409	6092893	15525278
3264927	4617706	2502687	644972	305556	1315941	2292204
1925295	3728661	2235156	313299	125479	1138705	2543007
193283	387991	242256	63736	26077	123475	206001
59094	54148	46533	24917	5361	5310	112979
516402	1233664	891523	332998	25282	228281	1329329
204707	361222	231822	70826	48066	115673	107599
392236	161807	71429	15295	6961	78190	107173
39512	23625	3422	253		11446	8425
13940	40839	28175	18537		4171	29029
561473	2076486	234345	82528	2713	1769007	1746568
226073	369348	227114	17869		98670	288645
108905	515410	184108	5644		89555	353911

13-3 续

指　　标	主营业务收入	主营业务成本	销售费用
总　计	**20425863**	**17955682**	**297916**
按隶属关系分			
中央企业	3915820	3215911	61063
内蒙企业	3338298	3329739	96222
市属企业	13171746	11410033	140631
按企业规模分			
大型企业	10495447	9369370	174272
中型企业	9930416	8586313	123644
按登记注册类型分			
内资企业	19486078	17109499	280993
国有企业	510015	439928	9022
中央企业	417055	353795	3903
地方企业	92960	86133	5119
集体企业	48799	39765	584
有限责任公司	8628292	7470090	125592
国有独资公司	2049561	1848334	27957
其他有限责任公司	6578732	5621755	97635
股份有限公司	4932942	4688901	103098
私营企业	5316715	4432617	42595
私营有限责任公司	5230405	4347467	42595
私营股份有限公司	86310	85150	
其他企业	49316	38198	102
港、澳、台商投资企业	388904	343900	2137
合资经营企业（港或澳、台资）	388904	343900	2137
外商投资企业	550881	502284	14786
中外合资经营企业	550881	502284	14786
在总计中:亏损企业	2269284	2080016	77417
在总计中:国有控股企业	8820869	8000320	189277

表 2

单位：万元

管理费用	财务费用	利润总额	亏损企业亏损总额	全部从业人员年平均人数（人）
1109742	526546	613025	602902	169922
317136	140256	42172	147818	45907
227115	281683	-312963	354425	44293
565491	104607	883815	100659	79722
680118	445809	-15993	525776	107968
429624	80737	629018	77126	61954
1090795	517506	591270	602902	165828
53509	32120	-32070	55050	11892
33548	31535	-21567	44547	8668
19962	585	-10503	10503	3224
789	20	7403		315
584093	352159	-19848	492206	80579
196448	34523	4676	62205	29900
387645	317636	-24524	430001	50679
164934	115386	116001	53805	47078
282796	17796	513788	1840	25004
281795	17591	513839	1790	24558
1001	205	-51	51	446
4673	24	5996		960
6695	1935	8683		1069
6695	1935	8683		1069
12253	7106	13073		3025
12253	7106	13073		3025
309108	323475	-602902	602902	47764
651455	454607	-327392	598938	113784

13-3 续

指　标	主营业务收入	主营业务成本	销售费用
按轻重工业分			
轻工业	727590	563657	42611
重工业	19698273	17392025	255305
按行业分			
煤炭开采和洗选业	2126566	1660047	14371
黑色金属矿采选业	1233108	1102282	8794
农副食品加工业	247476	194976	2548
食品制造业	213341	170220	17194
酒、饮料和精制茶制造业	45128	27699	4017
纺织服装、服饰业	76721	63845	6557
木材加工和木、竹、藤、棕、草制品业	39759	30942	577
石油加工、炼焦和核燃料加工业	6026	3223	995
化学原料和化学制品制造业	913284	658388	5509
医药制造业	7578	4252	1801
橡胶和塑料制品业	44385	42317	143
非金属矿物制品业	1037760	933686	9973
黑色金属冶炼和压延加工业	6913846	6692283	115704
有色金属冶炼和压延加工业	3380587	2920096	24997
金属制品业	1873768	1667049	21571
通用设备制造业	191189	174570	1491
专用设备制造业	56246	44253	2239
汽车制造业	486564	255671	27728
铁路、船舶、航空航天和其他运输设备制造业	204707	177494	3113
电气机械和器材制造业	397176	297033	11553
计算机、通信和其他电子设备制造业	39512	32381	601
金属制品、机械和设备修理业	13940	12304	
电力、热力生产和供应业	560330	562986	3727
燃气生产和供应业	208070	149388	2795
水的生产和供应业	108798	78297	9916

表 3

单位：万元

管理费用	财务费用	利润总额	亏损企业亏损总额	全部从业人员年平均人数（人）
66969	4046	52211	12864	13625
1042774	522500	560814	590038	156297
180668	10345	229033		13958
52343	18613	35662	66371	5611
15613	1114	39855		2737
10100	-242	15311		1207
9178	216	-1240	1323	2333
4228	2257	2051	112	2333
765	22	7157		340
328	172	233		425
108070	29876	81305		3727
921	69	507		309
1481	209	238		721
19015	2384	83234		4342
268320	294411	-197490	320767	52889
88726	42900	301937	13553	18729
175848	30883	42198	36454	27741
17560	1399	54	5180	6351
7039	348	4978		2029
30082	36435	-56304	57868	4809
26460	-2685	5500	1013	1531
34722	1527	50016	3750	1901
726	11	5610		355
955	362	201		733
19022	52326	-72164	85084	8316
7097	3017	46353		1591
30477	579	-11207	11429	4904

13-4 规模以上国有控股工业

指　标	企业单位数（个）	#亏损企业	工业总产值（当年价格）
总　计	**103**	**35**	**9571382**
按隶属关系分			
中央企业	27	9	3976109
内蒙企业	8	3	3360963
市属企业	68	23	2234309
按企业规模分			
大型企业	19	10	7380136
中型企业	31	11	1358030
小型企业	53	14	833215
纯小型企业	45	12	777642
微型企业	8	2	55573
按登记注册类型分			
内资企业	100	33	9538880
国有企业	11	5	546599
中央企业	7	3	430881
地方企业	4	2	115718
有限责任公司	77	25	4571898
国有独资公司	15	6	2112131
其他有限责任公司	62	19	2459767
股份有限公司	11	3	4370798
其他企业	1		49585
外商投资企业	3	2	32502
中外合资经营企业	3	2	32502
在总计中:亏损企业	35	35	2257916

企业主要经济指标（2016年）

单位：万元

工业销售产值（当年价格）	资产总计	流动资产合计	应收账款	产成品	固定资产合计	负债合计
9557992	**39870763**	**13839738**	**4111543**	**1065588**	**12717910**	**25843749**
4130365	11136977	3973252	789570	235286	4753101	7021131
3180594	23874374	7856551	2892951	658113	5817212	15666149
2247033	4859412	2009935	429022	172189	2147598	3156469
7345733	32492661	11755916	3573100	916146	9775906	20857937
1379367	3255605	1230227	267879	85462	1798635	2387591
832893	4122497	853595	270564	63980	1143369	2598221
783056	1977411	621069	195598	49763	1143351	1255877
49837	2145087	232527	74966	14217	18	1342344
9524304	39803004	13796889	4103740	1057416	12703684	25751737
553014	3568422	576348	87251	13437	1476021	2116209
431676	3265330	495487	63306	13268	1328555	1890058
121338	303091	80861	23945	169	147469	226151
4619799	18392243	8230111	3328601	270117	4872441	12984266
2169122	5623070	2728314	382160	136750	1872689	3847408
2450677	12769173	5501798	2946441	133367	2999752	9136858
4302175	17733969	4940514	674714	773593	6307954	10620688
49316	108371	49916	13174	269	47264	30574
33687	67759	42849	7803	8172	14226	92012
33687	67759	42849	7803	8172	14226	92012
2386052	15277235	6672743	2999217	249037	3178765	11005789

13-4 续

指　　标	企业单位数（个）	#亏损企业	工业总产值（当年价格）
按轻重工业分			
轻工业	9	4	308182
重工业	94	31	9263200
按行业分			
煤炭开采和洗选业	2	0	263596
黑色金属矿采选业	4	3	248456
非金属矿采选业	1		2471
农副食品加工业	1		7744
食品制造业	1		85166
酒、饮料和精制茶制造业	2	1	33265
纺织业	1		65484
化学原料和化学制品制造业	3	1	475392
橡胶和塑料制品业	1		21219
非金属矿物制品业	4	2	83103
黑色金属冶炼和压延加工业	8	2	3055380
有色金属冶炼和压延加工业	12	3	1371604
金属制品业	6	2	1863416
通用设备制造业	9	5	226754
专用设备制造业	11	2	147047
汽车制造业	6	2	504146
铁路、船舶、航空航天和其他运输设备制造业	2	1	106868
电气机械和器材制造业	3	1	220538
金属制品、机械和设备修理业	1		13940
电力、热力生产和供应业	20	7	657528
燃气生产和供应业	1		2023
水的生产和供应业	4	3	116241

表 1

单位：万元

工业销售产值（当年价格）	资产总计	流动资产合计	应收账款	产成品	固定资产合计	负债合计
303094	870098	337368	42977	4943	226547	500322
9254898	39000666	13502370	4068566	1060646	12491363	25343427
265884	513282	112671	15870	2583	318169	199040
236724	1281864	559836	46834	65827	639636	597738
2471	4438	3228	2914	2	1182	1356
7744	78924	13553	12564		50367	55527
85166	31180	12348	7864	333	17448	10332
31949	134843	72609	-984	3818	46926	72627
65483	11903	8643	1973	547	3016	4470
477415	2417690	159547	9954	8843	953235	1034355
20972	19618	14014	1970	5967	1662	9856
84368	181806	70309	7761	8533	88516	166366
2898726	21743372	6876776	2517037	410856	5470751	14469075
1392870	2914314	1389489	408171	276123	694969	1144209
1910156	3704523	2219476	285604	130878	1133562	2551834
229507	425224	270230	76805	35478	135097	244412
147707	192191	128093	53503	25919	17883	241148
534542	1251266	905840	336788	29307	230922	1370278
161743	344903	237752	75216	49543	107151	106480
221114	150278	80830	31707	8130	37534	81922
13940	40839	28175	18537		4171	29029
651691	3848463	439839	186697	2821	2664220	3084861
2023	1691	838	285		733	77
115797	578151	235642	14472	82	100763	368757

13-4 续

指　标	主营业务收入	主营业务成本	销售费用
总　计	**9789881**	**8841073**	**200438**
按隶属关系分			
中央企业	4136583	3378817	61598
内蒙企业	3370725	3357709	97430
市属企业	2282573	2104547	41410
按企业规模分			
大型企业	7434676	6749348	154840
中型企业	1386193	1250972	34437
小型企业	969012	840754	11162
纯小型企业	845382	737147	10909
微型企业	123630	103607	253
按登记注册类型分			
内资企业	9763029	8818574	199704
国有企业	622454	533366	9262
中央企业	514214	432369	3961
地方企业	108240	100997	5301
有限责任公司	4635353	3983639	92951
国有独资公司	2115787	1904653	28986
其他有限责任公司	2519566	2078986	63965
股份有限公司	4455906	4263370	97389
其他企业	49316	38198	102
外商投资企业	26852	22499	734
中外合资经营企业	26852	22499	734
在总计中:亏损企业	2267943	2081598	79696

表 2

单位：万元

管理费用	财务费用	利润总额	亏损企业 亏损总额	全部从业人员 年平均人数 （人）
691137	**490019**	**-291503**	**617873**	**124982**
330698	161895	59490	150930	46837
228952	281682	-312022	354425	49596
131487	46443	-38971	112518	28549
578052	414765	-297455	523987	94729
73404	39843	-29937	74951	19055
39682	35412	35889	18935	11198
33350	30598	31711	18820	6165
6332	4814	4178	115	5033
686907	489434	-290946	615828	124627
58471	38557	-26773	55153	12243
38384	37946	-16320	44650	8865
20087	611	-10453	10503	3378
479986	343713	-368571	506889	67423
204953	44251	-3874	70929	35688
275033	299462	-364697	435959	31735
143776	107141	98402	53787	44001
4673	24	5996		960
4230	585	-557	2045	355
4230	585	-557	2045	355
311147	330640	-617873	617873	44897

13-4 续

指　　标	主营业务收入	主营业务成本	销售费用
按轻重工业分			
轻工业	292472	230450	22777
重工业	9497409	8610623	177662
按行业分			
煤炭开采和洗选业	263596	198503	1821
黑色金属矿采选业	259894	294380	7607
非金属矿采选业	2471	2053	
农副食品加工业	7923	2875	
食品制造业	85372	69793	7210
酒、饮料和精制茶制造业	29517	18332	3980
纺织业	58610	56734	789
化学原料和化学制品制造业	570320	457503	835
橡胶和塑料制品业	20972	19539	143
非金属矿物制品业	126954	117025	3283
黑色金属冶炼和压延加工业	3078273	3082115	94256
有色金属冶炼和压延加工业	1404111	1205228	9182
金属制品业	1856161	1659039	21715
通用设备制造业	226225	210154	1368
专用设备制造业	136388	119858	3974
汽车制造业	504169	270155	28200
铁路、船舶、航空航天和其他运输设备制造业	161348	141815	2514
电气机械和器材制造业	218732	210033	3575
金属制品、机械和设备修理业	13940	12304	
电力、热力生产和供应业	647194	606818	71
燃气生产和供应业	2023	1539	
水的生产和供应业	115690	85280	9916

表 3

单位：万元

管理费用	财务费用	利润总额	亏损企业 亏损总额	全部从业人员 年平均人数 （人）
36835	2276	-3431	12991	6921
654302	487744	-288073	604882	118061
24112	8797	14380		3955
6297	13472	-54722	66625	2391
263		15		52
184	2352	2538		23
2242	-8	6080		480
5602	-40	-1222	1305	1339
511	15	564		281
58375	26005	473	102	1782
1085	139	95		391
4756	4991	-3343	7162	935
212925	266656	-298155	317849	40157
59329	23796	124612	15535	12167
173382	30859	34382	37925	26605
17299	1519	-1331	7080	5650
10504	1229	2848	2972	2670
32120	36319	-55339	57868	5295
26128	-2698	-1010	1013	1233
5053	246	-475	3750	787
955	362	201		733
18442	76295	-50972	87002	12935
142	-1	344		22
31434	-285	-11464	11686	5099

13-5 规模以上集体工业

指　标	企业单位数（个）	#亏损企业	工业总产值（当年价格）
总　计	**6**	**2**	**72074**
按隶属关系分			
市属企业	6	2	72074
按企业规模分			
中型企业	1		48799
小型企业	5	2	23275
纯小型企业	5	2	23275
按轻重工业分			
重工业	6	2	72074
按行业分			
化学原料和化学制品制造业	1	1	2088
黑色金属冶炼和压延加工业	1		48799
金属制品业	1	1	2031
通用设备制造业	1		1375
汽车制造业	1		6513
铁路、船舶、航空航天和其他运输设备制造业	1		11268

企业主要经济指标（2016年）

单位：万元

工业销售产值（当年价格）	资产总计	流动资产合计	应收账款	产成品	固定资产合计	负债合计
60805	**65309**	**37890**	**23389**	**586**	**11249**	**42162**
60805	65309	37890	23389	586	11249	42162
48799	23660	1826	560		7274	6236
12006	41649	36064	22830	586	3976	35927
12006	41649	36064	22830	586	3976	35927
60805	65309	37890	23389	586	11249	42162
2088	3585	3326	92	586	258	4391
48799	23660	1826	560		7274	6236
2031	1985	1698	451		287	1911
1375	10651	7671	4946		2116	5801
6513	6181	5641	1255		540	2898
	19247	17728	16086		775	20926

13-5 续

指　标	主营业务收入	主营业务成本	销售费用
总　计	**72619**	**61800**	**584**
按隶属关系分			
市属企业	72619	61800	584
按企业规模分			
中型企业	48799	39765	584
小型企业	23820	22035	
纯小型企业	23820	22035	
按轻重工业分			
重工业	72619	61800	584
按行业分			
化学原料和化学制品制造业	2088	1997	
黑色金属冶炼和压延加工业	48799	39765	584
金属制品业	2054	1651	
通用设备制造业	2017	1592	
汽车制造业	6393	6557	
铁路、船舶、航空航天和其他运输设备制造业	11268	10238	

表

单位：万元

管理费用	财务费用	利润总额	亏损企业亏损总额	全部从业人员年平均人数（人）
2253	**85**	**8001**	**62**	**1053**
2253	85	8001	62	1053
789	20	7403		315
1465	65	598	62	738
1465	65	598	62	738
2253	85	8001	62	1053
128	17	-53	53	117
789	20	7403		315
302		-9	9	67
201	16	424		129
50	-20	78		254
784	52	159		171

13-6 规模以上三资工业

指　标	企业单位数（个）	#亏损企业	工业总产值（当年价格）
总　计	**26**	**8**	**1274887**
按隶属关系分			
市属企业	26	8	1274887
按企业规模分			
大型企业	1		94068
中型企业	4		797141
小型企业	21	8	383678
纯小型企业	20	7	373507
微型企业	1	1	10171
按登记注册类型分			
港、澳、台商投资企业	8	1	473019
合资经营企业（港或澳、台资）	2		281708
港澳台商独资经营企业	5	1	185876
其他港澳台商投资企业	1		5435
外商投资企业	18	7	801868
中外合资经营企业	13	5	733780
外资企业	4	1	57665
其他外商投资企业	1	1	10424
按轻重工业分			
轻工业	5		280341
重工业	21	8	994546
按行业分			
农副食品加工业	2		44804
食品制造业	1		88950
酒、饮料和精制茶制造业	1		52519
纺织服装、服饰业	1		94068
化学原料和化学制品制造业	1		30841
非金属矿物制品业	1	1	10424
黑色金属冶炼和压延加工业	4	2	57897
有色金属冶炼和压延加工业	7	3	719849
金属制品业	1		93271
通用设备制造业	2	1	40369
专用设备制造业	1		9589
汽车制造业	1		5435
电力、热力生产和供应业	3	1	26872

企业主要经济指标（2016年）

单位：万元

工业销售产值（当年价格）	资产总计	流动资产合计	应收账款	产成品	固定资产合计	负债合计
1249182	**1392506**	**620798**	**154094**	**81209**	**589166**	**854153**
1249182	1392506	620798	154094	81209	589166	854153
75442	156317	124573	40193	32723	18193	92870
797141	502798	299021	52659	21896	189884	337957
376600	733391	197205	61242	26590	381090	423326
366429	709425	183814	59305	19149	381090	358689
10171	23966	13391	1937	7441		64636
466701	504937	140255	13962	24072	266177	234227
281708	182319	96952	8115	19828	74401	109225
179558	314609	38269	2633	4244	191337	122390
5435	8009	5034	3214		439	2613
782482	887569	480543	140133	57136	322990	619925
714195	691381	415069	110988	44012	209205	525916
57863	165598	64114	29052	13058	97344	77825
10424	30591	1361	92	67	16441	16185
261524	295842	176414	64657	33447	94043	163320
987658	1096664	444384	89437	47762	495124	690832
44613	29211	10618	2903	142	18217	7206
88950	46076	36641	19060	582	6507	8109
52519	64239	4582	2501		51126	55136
75442	156317	124573	40193	32723	18193	92870
30841	13960	1224	177		3503	4726
10424	30591	1361	92	67	16441	16185
53562	20226	14919	2062	4078	2386	8910
718891	503646	298446	42888	23094	193644	369005
93046	206507	12281	1287	226	123145	85959
40369	80840	66414	27723	20298	671	86864
9589	17847	17629	4411		50	4101
5435	8009	5034	3214		439	2613
25503	215039	27076	7583		154846	112470

13-6 续

指　　标	主营业务收入	主营业务成本	销售费用
总　计	1296605	1141342	28899
按隶属关系分			
市属企业	1296605	1141342	28899
按企业规模分			
大型企业	71527	59094	6452
中型企业	868259	787090	10471
小型企业	356820	295159	11976
纯小型企业	353485	293016	11885
微型企业	3335	2143	91
按登记注册类型分			
港、澳、台商投资企业	575543	499450	5084
合资经营企业（港或澳、台资）	388904	343900	2137
港澳台商独资经营企业	181205	151451	2852
其他港澳台商投资企业	5435	4099	95
外商投资企业	721062	641892	23816
中外合资经营企业	652226	594090	16517
外资企业	58084	38412	7049
其他外商投资企业	10751	9391	249
按轻重工业分			
轻工业	212321	178200	12204
重工业	1084284	963142	16696
按行业分			
农副食品加工业	46038	35336	2305
食品制造业	53129	45710	3447
酒、饮料和精制茶制造业	41628	38061	
纺织服装、服饰业	71527	59094	6452
化学原料和化学制品制造业	30841	29482	371
非金属矿物制品业	10751	9391	249
黑色金属冶炼和压延加工业	55208	52910	1328
有色金属冶炼和压延加工业	825473	754310	8172
金属制品业	93046	66262	1225
通用设备制造业	33533	18712	4869
专用设备制造业	9589	6510	387
汽车制造业	5435	4099	95
电力、热力生产和供应业	20408	21468	

表

单位：万元

管理费用	财务费用	利润总额	亏损企业亏损总额	全部从业人员年平均人数（人）
35745	**16633**	**49284**	**8196**	**6259**
35745	16633	49284	8196	6259
3725	2321	2162		2022
15223	6719	19593		2072
16797	7592	27528	8196	2165
16052	7022	27540	8184	2165
746	571	-12	12	
10720	1185	33641	746	1596
6695	1935	8683		1069
3563	-753	24139	746	455
462	3	820		72
25025	15448	15643	7450	4663
20062	12161	10074	7248	4177
4145	2714	5693	77	430
817	573	-125	125	56
9405	4068	10472		2999
26340	12564	38812	8196	3260
4082	-21	3855		432
1515	-230	2889		346
83	1998	1565		199
3725	2321	2162		2022
458	3	405		165
817	573	-125	125	56
763	42	-812	823	183
16664	7475	11149	3639	2184
1623	555	23433		120
3542	1052	5301	12	254
371	25	1148		34
462	3	820		72
1641	2837	-2507	3596	192

13-7 主要工业

年份	钢（万吨）	铁（万吨）	钢材（万吨）	铝锭（万吨）	发电量（亿千瓦时）	原煤（万吨）
1962	8.24	31.85	0.66	1.04	6.70	164.46
1965	34.22	51.03	1.34	2.43	10.19	161.91
1970	80.05	64.15	14.52	2.12	17.37	190.31
1975	41.40	44.28	32.45	1.09	19.18	229.23
1978	89.23	97.73	55.53	1.93	20.45	303.71
1980	130.83	128.12	84.07	2.67	21.24	290.92
1985	166.97	170.75	82.93	2.73	32.00	444.93
1990	261.90	258.24	146.64	5.91	44.19	476.77
1991	256.17	246.27	147.23	6.45	46.50	498.80
1992	289.80	274.68	167.84	7.18	55.12	532.16
1993	324.07	298.02	214.53	7.07	58.29	588.88
1994	316.00	296.37	234.46	7.18	56.49	631.00
1995	339.25	313.35	233.80	7.27	57.80	722.96
1996	412.71	396.30	269.26	7.59	55.89	701.03
1997	431.34	412.75	317.85	9.11	54.35	648.76
1998	385.91	373.15	319.44	11.43	55.85	447.76
1999	393.49	380.71	342.05	11.79	49.73	399.49
2000	399.67	392.87	355.42	11.84	49.60	375.45
2001	428.34	421.44	360.35	11.95	54.08	177.81
2002	489.31	498.41	457.34	14.23	61.59	248.99
2003	539.95	546.51	517.66	20.10	65.21	233.91
2004	576.42	565.46	567.56	34.40	75.75	285.99
2005	740.69	749.62	700.01	40.69	100.74	326.07
2006	799.22	871.84	742.82	49.52	165.99	181.66
2007	919.44	1032.82	862.25	66.69	242.52	180.08
2008	1052.73	1081.03	1010.21	81.19	262.78	241.45
2009	1108.42	1127.83	1051.51	83.60	274.86	1490.13
2010	1112.67	1135.35	1119.40	87.13	262.06	2235.00
2011	1176.53	1187.98	1187.29	101.71	353.26	1963.22
2012	1397.53	1126.13	1311.99	116.85	373.80	2174.39
2013	1565.52	1143.82	1388.14	120.08	395.90	1997.26
2014	1314.97	1183.70	1307.65	125.54	438.47	2041.62
2015	1479.68	1383.32	1406.99	131.94	461.59	1920.63
2016	1513.59	1386.40	1535.26	126.11	436.23	1974.43

产 品 产 量

布（万米）	糖（万吨）	白酒（千升）	啤酒（万千升）	硫酸（吨）	电石（吨）	农用化肥（吨）	水泥（万吨）
37	0.12	973		43	2968	4945	0.86
232	2.52	927			3614	5595	
5352	2.73	1283		622	4963	14516	0.11
2936	1.27	1600		6186	5701	10437	2.02
5720	1.42	1797		8336	9270	22838	2.49
5889	2.59	2730		21611	10910	30011	6.20
4987	5.22	6077	1.39	27091	21833	30928	10.74
7775	2.89	9477	2.42	38445	33997	14446	14.98
7466	4.56	9962	2.71	41120	31487	14448	19.85
6507	6.14	10762	3.00	46352	37284	14289	23.76
526	5.28	15000	3.64	55500	31400	14800	31.53
5440	3.80	14939	3.65	65068	36239	16520	23.00
4839	2.18	10896	4.00	71443	60593	16366	25.74
5432	4.60	11652	4.30	59038	59039	17852	30.83
5292	4.19	15608	5.01	71475	57867	16664	38.17
4065	3.66	15206	4.77	85111	59719	16524	50.31
3146	3.79	19581	5.12	81801	69014	19983	54.01
392	3.21	18818	4.85	90772	72455	18948	46.93
2522	4.47	13351	5.61	103509	68077	22230	64.61
2941	4.50	10662	6.20	179076	138474	23734	60.03
2669	4.02	8315	6.91	118282	123423	22781	60.32
2053	2.74	8020	8.01	185864	149144	23473	138.17
2230	3.36	9192	12.80	215898	224071	32265	157.43
2564	3.71	9387	16.88	233524	223918	27468	200.80
1848	3.38	8878	20.01	157203	265695	25525	242.90
1268	1.90	6828	21.18	202288	316250	19540	272.94
203	1.00	8819	22.96	227059	254742	12389	309.80
	0.09	8050	17.21	162768	152833		476.18
	0.44	10196	15.86	82945	119518		442.47
		9121	13.92		18348		578.78
		8744	13.60		8782		730.21
		8568	11.39		96591		532.66
		7046	9.58		132366		544.20
		8695	9.76		120643		347.42

13-8 规模以上工业企业主要产品产量（2016年）

产品名称	计量单位	生产量合 计	产品名称	计量单位	生产量合 计
原煤	万吨	1974.43	亚麻布（含亚麻≥55%）	万米	1625
烟煤	万吨	1854.10	服装	万件	66.20
一般烟煤	万吨	1854.10	梭织服装	万件	0.70
洗煤	万吨	1385.82	针织服装	万件	65.50
#洗精煤	万吨	130.80	机制纸及纸板（外购原纸加工除外）	万吨	0.98
铁矿石原矿	万吨	2301.25	#包装用纸及纸板	万吨	0.98
铁矿石成品矿	万吨	395.19	纸制品	万吨	1.96
#铁精矿	万吨	206.73	瓦楞纸箱	万吨	1.96
石灰石	万吨	255.03	烧碱（折100%）	万吨	25.29
小麦粉	万吨	24.44	碳化钙（电石，折300升/千克）	万吨	12.06
饲料	万吨	19.02	稀土化合物	千克	3532180
配合饲料	万吨	16.10	精甲醇	万吨	169.82
混合饲料	万吨	2.92	初级形态塑料	万吨	91.95
精制食用植物油	万吨	0.90	#高密度聚乙烯树脂（HDPE）	万吨	29.47
冻肉	吨	285.00	聚丙烯树脂	万吨	28.49
乳制品	万吨	20.46	聚氯乙烯树脂	万吨	33.99
液体乳	万吨	20.31	化学试剂	吨	13171.00
固体及半固体乳制品	万吨	0.15	中成药	吨	929.20
#乳粉	万吨	0.15	塑料制品	万吨	3.25
饮料酒	千升	106307	硅酸盐水泥熟料	万吨	98.70
#白酒（折65度，商品量）	千升	8695	水泥	万吨	347.42
啤酒	千升	97612	商品混凝土	万立方米	81
软饮料	万吨	7.91	水泥混凝土排水管	千米	51
#包装饮用水	万吨	7.91	水泥混凝土压力管	千米	74
毛机织物（呢绒）	万米	2	石膏板	万平方米	2750

13-8 续 表

产品名称	计量单位	生产量合 计	产品名称	计量单位	生产量合 计
砖	万块	9004.90	铁合金	万吨	93.46
玻璃包装容器	万吨	7.12	十种有色金属	万吨	129.12
耐火材料制品	万吨	4.46	#精炼铜（电解铜）	万吨	3.02
石墨及炭素制品	万吨	36.97	原铝（电解铝）	万吨	126.11
生铁	万吨	1386.40	黄金	千克	2025.40
粗钢	万吨	1513.59	单一稀土金属	千克	237616
铸铁件	万吨	0.21	铝合金	万吨	21.91
铸钢件	万吨	0.69	铜材	万吨	29.42
钢材	万吨	1535.26	铝材	万吨	60.01
铁道用钢材	万吨	90.77	钢结构	万吨	4.03
#重轨	万吨	86.55	泵	台	23184
大型型钢	万吨	71.77	液压元件	件	29111
棒材	万吨	38.91	矿山专用设备	吨	61
钢筋	万吨	100.17	灭火器	台	42763
线材（盘条）	万吨	172.00	汽车	辆	7792
特厚板	万吨	11.14	#载货汽车	辆	7566
厚钢板	万吨	39.11	#新能源汽车	辆	226
中板	万吨	64.43	改装汽车	辆	1438
热轧薄板	万吨	0.61	铁路货车	辆	1246
冷轧薄板	万吨	0.30	变压器	千伏安	277130
中厚宽钢带	万吨	422.40	安全、自动化监控设备	台（套）	96
热轧薄宽钢带	万吨	33.23	太阳能电池（光伏电池）	千瓦	228168.80
冷轧薄宽钢带	万吨	112.89	自来水生产量	万立方米	23227.90
镀层板（带）	万吨	40.01	发电量	亿千瓦小时	436.23
电工钢板（带）	万吨	20.02	#火力发电量	亿千瓦小时	398.73
无缝钢管	万吨	127.97	风力发电量	亿千瓦小时	28.90
焊接钢管	万吨	3.20	煤气生产量	亿立方米	244.71
其他钢材	万吨	186.33			

主要统计指标解释

工业　指从事自然资源的开采，对采掘品和农产品进行加工和再加工的物质生产部门。具体包括：（1）对自然资源的开采，如采矿、晒盐、森林采伐等（但不包括禽兽捕猎和水产捕捞）；（2）对农副产品的加工、再加工，如粮油加工、食品加工、轧花、缫丝、纺织、制革等；（3）对采掘品的加工、再加工，如炼铁、炼钢、化工生产、石油加工、机器制造、木材加工等，以及电力、自来水、煤气的生产和供应等；（4）对工业品的修理、翻新，如机器设备的修理，交通运输工具（包括小卧车）的修理等。

工业统计调查单位　为独立核算法人工业企业。

独立核算法人工业企业指从事工业生产经营活动的单位。独立核算法人工业企业应同时具备以下条件：①依法成立，有自己的名称、组织机构和场所，能够承担民事责任；②独立拥有和使用资产，承担负债，有权与其他单位签订合同；③独立核算盈亏，并能够编制资产负债表。

本年鉴中涉及的企业登记注册类型：

国有及国有控股企业　指国有企业加上国有控股企业。国有企业（即原全民所有制工业或国营工业）指企业全部资产归国家所有，并按《中华人民共和国企业法人登记管理条例》规定登记注册的非公司制的经济组织。包括国有企业、国有独资公司和国有联营企业。1957年以前的公私合营和私营工业，后均改造为国营工业，1992年改为国有工业，这部分工业的资料不单独分列时，均包括在国有企业内。国有控股企业是对混合所有制经济的企业进行的“国有控股”分类。它是指这些企业的全部资产中国有资产（股份）相对其他所有者中的任何一个所有者占资（股）最多的企业。该分组反映了国有经济控股情况。

集体企业　指企业资产归集体所有，并按《中华人民共和国企业法人登记管理条例》规定登记注册的经济组织。是社会主义公有制经济的组成部分。包括城乡所有使用集体投资举办的企业，以及部分个人通过集资自愿放弃所有权并依法经工商行政管理机关认定为集体所有制的企业。

股份合作企业　指以合作制为基础，由企业职工共同出资入股，吸收一定比例的社会资产投资组建，实行自主经营，自负盈亏，共同劳动，民主管理，按劳分配与按股分红相结合的一种集体经济组织。

联营企业　指两个及两个以上相同或不同所有制性质的企业法人或事业单位法人，按自愿、平等、互利的原则，共同投资组成的经济组织。联营企业包括：

国有联营企业指国有企业与国有企业间的联营；

集体联营企业指集体企业与集体企业间的联营；

国有与集体联营企业指国有企业与集体企业间的联营。

有限责任公司　指根据《中华人民共和国公司登记管理条例》规定登记注册，由两个以上，五十个以下的股东共同出资，每个股东以其所认缴的出资额对公司承担有限责任，公司以其全部资产对其债务承担责任的经济组织。

有限责任公司包括国有独资公司以及其他有限责任公司。

股份有限公司　指根据《中华人民共和国企业法人登记管理条例》规定登记注册，其全部注册资本由等额股份构成并通过发行股票筹集资本，股东以其认购的股份对公司承担有限责任，公司以其全部资产对其债务承担责任的经济组织。

私营企业 指由自然人投资设立或由自然人控股，以雇佣劳动为基础的营利性经济组织。包括按照《公司法》、《合伙企业法》、《私营企业暂行条例》规定登记注册的私营有限责任公司、私营股份有限公司、私营合伙企业和私营独资企业。

港、澳、台商投资企业 指企业注册登记类型中的港、澳、台资合资、合作、独资经营企业和股份有限公司之和。

外商投资企业 指企业注册登记类型中的中外合资、合作经营企业、外资企业和外商投资股份有限公司之和。

“三资”企业系指港、澳、台商投资企业和外资企业的简称。

轻工业 指主要提供生活消费品和制作手工工具的工业。按其所使用的原料不同，可分为两大类：（1）以农产品为原料的轻工业，是指直接或间接以农产品为基本原料的轻工业。主要包括食品制造、饮料制造、烟草加工、纺织、缝纫、皮革和毛皮制作、造纸以及印刷等工业；（2）以非农产品为原料的轻工业，是指以工业品为原料的轻工业。主要包括文教体育用品、化学药品制造、合成纤维制造、日用化学制品、日用玻璃制品、日用金属制品、手工工具制造、医疗器械制造、文化和办公用机械制造等工业。

重工业 是指为国民经济各部门提供物质技术基础的主要生产资料的工业。按其生产性质和产品用途，可以分为下列三类：（1）采掘（伐）工业，是指对自然资源的开采，包括石油开采、煤炭开采、金属矿开采、非金属矿开采和木材采伐等工业；（2）原材料工业，指向国民经济各部门提供基本材料、动力和燃料的工业。包括金属冶炼及加工、炼焦及焦炭、化学、化工原料、水泥、人造板以及电力、石油和煤炭加工等工业；（3）加工工业，是指对工业原材料进行再加工制造的工业。包括装备国民经济各部门的机械设备制造工业、金属结构、水泥制品等工业，以及为农业提供的生产资料如化肥、农药等工业。

根据上述划分原则，修理业中以重工业产品为修理作业对象的划为重工业，反之划为轻工业。

工业总产值 是以货币表现的工业企业在一定时期内生产的已出售或可供出售工业产品总量，它反映一定时间内工业生产的总规模和总水平。它包括：在本企业内不再进行加工，经检验、包装入库（规定不需包装的产品除外）的成品价值，对外加工费收入，自制半成品、在产品期末期初差额价值。工业总产值采用“工厂法”计算，即以工业企业作为一个整体，按企业工业生产活动的最终成果来计算，企业内部不允许重复计算，不能把企业内部各个车间（分厂）生产的成果相加。但在企业之间、行业之间、地区之间存在着重复计算。

工业增加值 是指工业行业在报告期内以货币表现的工业生产活动的最终成果。

工业增加值有两种计算方法：一是生产法，即工业总产出减去工业中间投入加上应交增值税；二是收入法，即从收入的角度出发，根据生产要素在生产过程中应得到的收入份额计算，具体构成项目有固定资产折旧、劳动者报酬、生产税净额、营业盈余，这种方法也称要素分配法。本年鉴中的工业增加值是以生产法计算的。

生产法工业增加值的计算方法为：

工业增加值=工业总产出−工业中间投入+应交增值税

（1）工业总产出：指工业企业在一定时期内工业生产活动的总成果。工业总产出包括：成品生产价值，对外加工费收入，自制半成品、在产品期末期初差额价值。1995年后用新规定计算的工业总产值代替。

（2）工业中间投入：指工业企业在工业生产活动中消耗的外购物质产品和对外支付的服务费用。服务费用包括支付给物质生产部门（工业、农业、批发零售贸易业、建筑业、运输邮电业）的服务费用和支付给非物质生产部门（如保险、金融、文化教育、科学研究、医疗卫生、行政管理等）的服务费用。工业中间投入的确定须遵循以下原则：必须从外部购入的，并已计入工业总产出的产品和服务价值；必须是本期投入生产，并一次性消耗掉（包括本期摊销的低值易耗品等）的产品和服务价值。

工业中间投入包括直接材料费用、制造费用中的工业中间投入、管理费用中的工业中间投入、销售费用中的工业中间投入和利息支出五部分。

实收资本　指企业实际收到的投资人投入的资本。按投资主体可分为国家资本、集体资本、法人资本、个人资本、港澳台资本和外商资本等。

资产总计　指企业拥有或控制的能以货币计量的经济资源，包括各种财产、债权和其他权利。资产按流动性分为流动资产、长期投资、固定资产、无形资产、递延资产和其他资产。该指标根据企业会计“资产负债表”中“资产总计”项目的期末数增列。

负债合计　指企业承担的能以货币计量，将以资产或劳务偿付的债务。负债一般按偿还期长短分为流动负债和长期负债、递延税项等。

（1）流动负债指企业在一年内或者超过一年的一个营业周期内需要偿还的债务合计，其中包括短期借款、应付及预收款项、应付工资、应交税金和应交利润等。

（2）长期负债指企业在一年以上或者超过一年的一个营业周期以上需要偿还的债务合计，其中包括长期借款、应付债务、长期应付款项等。

所有者权益　指企业投资人对企业净资产的所有权。企业净资产等于企业全部资产减去全部负债后的余额，其中包括投资者对企业的最初投入，以及资本公积金、盈余公积金和未分配利润，对股份制企业即为股东权益。

固定资产原价　指企业在建造、购置、安装、改建、扩建、技术改造某项固定资产时所支出的全部货币总额。它一般包括买价、包装费、运杂费和安装费等。

固定资产净值　是指固定资产原价减去历年已提折旧额后的净额。

主营业务收入　指企业销售产品和提供劳务等主要经营业务取得的业务总额。

主营业务成本　指企业销售产品和提供劳务等主要经营业务的实际成本。

主营业务费用　指工业企业销售产品和提供劳务等过程中所发生的费用。

主营业务税金及附加　指企业销售产品和提供工业性劳务等主要经营业务应负担的城市维护建设税、消费税、资源税和教育费附加。

产品销售利润　指企业销售产品和提供工业性劳务等主要经营业务收入扣除其成本、费用、税金后的利润。

利润总额　指企业实现的利润。

应交增值税　指企业在报告期内应交纳的增值税额。它等于本年销项税额加上出口退税加上进项税额转出数减去本年进项税额。小规模纳税企业直接按全年计税销售额乘以征收率计算取得。

总资产贡献率　反映企业全部资产的获

利能力，是企业经营业绩和管理水平的集中体现，是评价和考核企业盈利能力的核心指标。计算公式为：

总资产贡献率（%）=（利润总额+税金总额+利息支出）/平均资产总额×100%

资产负债率 该指标既反映企业经营风险的大小，也反映企业利用债权人提供的资金从事经营活动的能力。计算公式为：

资产负债率（%）=负债总额/资产总额×100%

工业成本费用利润率 指在一定时期内实现的利润与成本费用之比，是反映工业生产成本及费用投入的经济效益指标，同时也是反映降低成本的经济效益的指标。计算公式为：

工业成本费用利润率（%）=利润总额/成本费用总额×100%

工业增加值率 指在一定时期内工业增加值占同期工业总产值的比重，反映降低中间消耗的经济效益。计算公式为：

工业增加值率（%）=工业增加值（现价）/工业总产值（现价）×100%

流动资产周转次数 指一定时期内流动资产完成的周转次数，反映投入工业企业流动资金的周转速度。计算公式为：

流动资产周转资转=产品销售收入/全部流动资产平均余额

公式中：全部流动资产平均余额为期初和期末的流动资产之和的算术平均值。

产品销售率 指报告期工业销售产值与同期全部工业总产值之比，是反映工业产品已实现销售的程度，分析工业产销衔接情况，研究工业产品满足社会需求程度的指标。计算公式为：

产品销售率（%）=工业销售产值/工业总产值（现价）×100%

14

CONSTRUCTION

建筑业

14-1　2005-2016年建筑业企业概况

年　份	总　计	#国有及国有控股
企业单位数（个）		
2005	94	20
2006	91	20
2007	95	16
2008	102	16
2009	102	15
2010	98	14
2011	99	15
2012	101	14
2013	97	13
2014	100	13
2015	100	15
2016	114	15
从业人员（万人）		
2005	6.84	2.82
2006	6.78	2.53
2007	8.98	2.41
2008	9.18	2.52
2009	10.16	2.59
2010	12.06	2.58
2011	12.16	2.54
2012	7.89	1.66
2013	8.29	1.70
2014	6.24	1.53
2015	5.80	1.43
2016	6.19	1.33
建筑业总产值（万元）		
2005	739986	512441
2006	837981	512130
2007	1086886	500053
2008	1346522	708853
2009	1624474	696748
2010	1922125	704562
2011	2380333	912483
2012	2355490	898510
2013	2387822	942884
2014	2218730	1013800
2015	1848024	737451
2016	2015111	638965

注：2010年及以前年度从业人员为年平均从业人员，2011年为计算劳动生产率的平均人数，2012年起为从事主营业务活动的平均人数，2016年为从事建筑业活动的平均人数。

14-2 建筑业企业

指 标	企业个数(个)	有工作量企业数(个)	建筑业总产值(万元)	
				建筑工程产值
总计	114	99	2015111	1676793
#国有及国有控股企业	15	14	638965	515839
按登记注册类型分组				
内资企业	114	99	2015111	1676793
有限责任公司	78	69	1287413	1054106
国有独资公司	2	2	321953	307949
其他有限责任公司	76	67	965460	746157
股份有限公司	7	6	329022	312779
私营企业	29	24	398676	309908
私营有限责任公司	26	21	258576	170008
私营股份有限公司	3	3	140101	139901
按国民经济行业分组				
房屋建筑业	58	51	1358280	1220176
土木工程建筑业	34	30	474567	401233
建筑安装业	10	10	158600	36183
建筑装饰和其他建筑业	12	8	23664	19201
按企业资质等级分组				
施工总承包	82	74	1933342	1632473
特级	1	1	320028	306024
一级	16	16	1027068	836865
二级	27	25	354608	291445
三级及以下	38	32	231637	198138
专业承包	32	25	81769	44320
一级	1			
二级	22	17	51883	21315
三级及以下	9	8	29886	23005
按控股情况分组				
国有控股	15	14	638965	515839
集体控股	22	19	496679	440588
私人控股	68	57	759364	603245
其他	9	9	120103	117121

主要经济指标（2016年）

		竣工产值（万元）	房屋建筑施工面积（平方米）	房屋建筑竣工面积（平方米）	从事建筑业活动的平均数（人）
安装工程产值	其他产值				
282623	55695	936735	13331669	4171793	61870
123126		201026	6032527	611466	13324
282623	55696	936735	13331669	4171793	61870
186325	46982	640496	11220413	3158036	38821
14004		79395	3745309	275812	4270
172321	46982	561101	7475104	2882224	34551
12560	3683	25160	328952	56432	9452
83738	5030	271079	1782304	957325	13597
83538	5030	188860	394765	376194	5798
200		82219	1387539	581131	7799
101569	36535	693178	13150302	4019204	46354
58683	14651	163348	4377	4376	12012
122371	46	58105	176990	148213	2667
	4463	22105			837
250618	50251	869575	13304048	4171793	59047
14004		77470	3745309	275812	3892
188704	1499	444463	6244557	1534732	29696
33046	30116	158609	1754403	1288388	14658
14863	18636	189032	1559779	1072861	10801
32005	5444	67161	27621		2823
29788	780	39476	27621		1526
2217	4664	27685			1297
123126		201026	6032527	611466	13324
38096	17995	155824	2169912	635272	16675
121219	34900	478710	3529580	2191555	28153
182	2800	101176	1599650	733500	3718

14-2 续

指　标	增加值（万元）	劳动生产率（元/人）		房屋建筑面积竣工率（%）
		按总产值计　算	按增加值计　算	
总计	**337119**	**325701**	**54488**	**31.3**
#国有及国有控股企业	100195	479559	75199	10.1
按登记注册类型分组				
内资企业	337119	325701	54488	31.3
有限责任公司	213608	331628	55024	28.1
国有独资公司	80450	753988	188407	7.4
其他有限责任公司	133158	279430	38540	38.6
股份有限公司	56342	348099	59609	17.2
私营企业	67169	293209	49400	53.7
私营有限责任公司	30847	445974	53203	95.3
私营股份有限公司	36320	179640	46570	41.9
按国民经济行业分组				
房屋建筑业	226159	293023	48790	30.6
土木工程建筑业	71518	395077	59539	100.0
建筑安装业	34272	594676	128504	83.7
建筑装饰和其他建筑业	5169	282736	61756	
按企业资质等级分组				
施工总承包	300434	327424	50880	31.4
特级	42793	822271	109951	7.4
一级	154642	345861	52075	24.6
二级	59876	241921	40849	73.4
三级及以下	43123	214459	39925	68.8
专业承包	36686	289656	129954	
一级	18665			
二级	10483	339993	68696	
三级及以下	7539	230432	58126	
按控股情况分组				
国有控股	100195	479559	75199	10.1
集体控股	61813	297858	37069	29.3
私人控股	162949	269728	57880	62.1
其他	12163	323029	32714	45.9

表

利润总额（万元）	产值利润率（%）	人均竣工产值（元/人）	人均施工面积（平方米/人）	人均竣工面积（平方米/人）	人均利润（元/人）	资产负债率（%）
27032	**1.3**	**151403.7**	**215.5**	**67.4**	**4369.2**	**82.1**
11299	1.8	150875.1	452.8	45.9	8480.2	86.6
27032	1.3	151403.7	215.5	67.4	4369.2	82.1
19553	1.5	164987.0	289.0	81.3	5036.7	83.8
9848	3.1	185936.8	877.1	64.6	23063.2	88.1
9704	1.0	162397.9	216.3	83.4	2808.6	78.7
-3291	-1.0	26618.7	34.8	6.0	-3481.8	84.0
10771	2.7	199366.8	131.1	70.4	7921.6	67.7
9079	3.5	325733.0	68.1	64.9	15658.8	50.5
1692	1.2	105422.5	177.9	74.5	2169.5	86.8
14887	1.1	149540.1	283.7	86.7	3211.6	82.9
4070	0.9	135987.3	0.4	0.4	3388.3	79.2
6763	4.3	217866.5	66.4	55.6	25358.1	88.6
1312	5.5	264098.0			15675.0	63.1
16747	0.9	147268.3	225.3	70.7	2836.2	82.4
1243	0.4	199049.3	962.3	70.9	3193.7	87.5
5029	0.5	149671.0	210.3	51.7	1693.5	84.0
6113	1.7	108206.4	119.7	87.9	4170.4	76.0
4362	1.9	175013.4	144.4	99.3	4038.5	65.9
10285	12.6	237906.5	9.8		36432.9	77.5
6115						92.2
2614	5.0	258689.4	18.1		17129.8	62.3
1557	5.2	213454.1			12004.6	80.3
11299	1.8	150875.1	452.8	45.9	8480.2	86.6
-4413	-0.9	93447.7	130.1	38.1	-2646.5	83.5
19499	2.6	170038.7	125.4	77.8	6926.1	76.0
648	0.5	272124.8	430.2	197.3	1742.9	68.2

14-3　建筑业企业

指　标	资产合计	流动资产合计	#存货	固定资产合计
总计	**2944220**	**2515300**	**363632**	**208229**
#国有及国有控股企业	1258002	1054846	225248	117383
按登记注册类型分组				
内资企业	2944220	2515300	363632	208229
有限责任公司	2020119	1711448	313867	162897
国有独资公司	1099099	924177	211316	100112
其他有限责任公司	921020	787272	102552	62785
股份有限公司	599455	533725	26872	22973
私营企业	324647	270127	22893	22360
私营有限责任公司	171609	122756	13685	20963
私营股份有限公司	153038	147371	9208	1396
按国民经济行业分组				
房屋建筑业	1926586	1641683	322831	139886
土木工程建筑业	788480	670042	26088	58682
建筑安装业	198901	178409	12980	6743
建筑装饰和其他建筑业	30253	25166	1734	2919
按企业资质等级分组				
施工总承包	2713800	2315417	347467	189084
特级	849068	691971	203850	86104
一级	1232546	1092205	67089	57507
二级	420086	346793	47583	29947
三级及以下	212100	184447	28945	15527
专业承包	230421	199883	16165	19146
一级	84860	80457	1636	2576
二级	91159	74358	12777	10980
三级及以下	54401	45068	1752	5589
按控股情况分组				
国有控股	1258002	1054846	225248	117383
集体控股	679404	604887	58864	40317
私人控股	933439	787722	58563	48254
其他	73376	67846	20957	2276

主要财务指标（2016年）

单位：万元

在建工程	固定资产原价	累计折旧	#本年折旧	负债合计	流动负债合计	非流动负债合计
26064	**306858**	**138044**	**12459**	**2416116**	**2299519**	**95277**
20857	168112	78877	7352	1089122	1044481	44641
26064	306858	138044	12459	2416116	2299519	95277
21300	244123	112994	10160	1693155	1625843	46973
19858	133810	60823	6119	967865	924056	43809
1442	110313	52172	4041	725290	701786	3164
917	31444	10662	1483	503303	458047	45243
3847	31291	14388	816	219659	215629	3060
3847	28740	13210	816	86746	85811	4
	2551	1178		132913	129818	3056
21056	192489	74626	8704	1596716	1531252	47949
4454	85836	41940	3439	624121	575949	46919
245	23680	18595	242	176179	173927	61
309	4853	2882	74	19100	18391	347
22145	272799	115327	11726	2237428	2123830	94868
19786	99738	33420	5559	742859	699050	43809
1089	89472	38992	3169	1035670	982058	48300
1085	56277	29128	1897	319126	311373	2751
185	27312	13788	1101	139773	131349	8
3918	34059	22717	734	178689	175689	408
72	14820	13726	13	78243	78243	
309	16081	7016	648	56763	54682	61
3538	3158	1975	73	43684	42765	347
20857	168112	78877	7352	1089122	1044481	44641
944	59561	22007	2233	567108	519789	45004
4262	75410	35269	2677	709879	693419	5631
	3775	1891	198	50008	41829	

14-3 续

指　标	所有者权益合计	#实收资本		
			国家资本	集体资本
总计	**528104**	**378616**	**131812**	**26644**
#国有及国有控股企业	168880	137408	131057	656
按登记注册类型分组				
内资企业	528104	378616	131812	26644
有限责任公司	326964	236103	131812	25692
国有独资公司	131233	111200	106711	
其他有限责任公司	195731	124904	25101	25692
股份有限公司	96152	79252		351
私营企业	104988	63261		600
私营有限责任公司	84863	57027		600
私营股份有限公司	20125	6234		
按国民经济行业分组				
房屋建筑业	329871	218885	97494	23297
土木工程建筑业	164359	122868	15181	1746
建筑安装业	22722	31406	18337	1600
建筑装饰和其他建筑业	11153	5458	802	
按企业资质等级分组				
施工总承包	476372	337295	113311	21078
特级	106209	77929	77929	
一级	196876	147479	23249	1001
二级	100961	67937	9122	13842
三级及以下	72327	43951	3011	6235
专业承包	51732	41320	18502	5566
一级	6618	17900	17700	
二级	34397	15065	802	4966
三级及以下	10718	8355		600
按控股情况分组				
国有控股	168880	137408	131057	656
集体控股	112296	85853		24315
私人控股	223560	144925	119	1600
其他	23368	10431	637	73

表 1

单位：万元

法人资本	个人资本	营业收入	#主营业务收入	营业成本	#主营业务成本	营业税金及附加	#主营业务税金及附加
89216	**130943**	**2215208**	**2137639**	**2024660**	**1951503**	**43733**	**41907**
5207	488	768924	755576	684998	672967	9401	9322
89216	130943	2215208	2137639	2024660	1951503	43733	41907
22070	56529	1501537	1485526	1360105	1345442	28899	28540
4010	478	628792	616769	552223	541527	6906	6881
18060	56050	872745	868757	807882	803915	21994	21658
56288	22612	349119	303146	338936	295584	5062	4120
10858	51803	364552	348966	325619	310477	9772	9248
10847	45580	259924	244358	227352	212212	7621	7097
12	6222	104628	104608	98268	98265	2151	2150
21024	77070	1489216	1442721	1365891	1320872	29791	28623
65281	40660	513824	494135	467916	449767	9909	9393
2014	9455	188622	178016	170795	161406	3489	3355
898	3759	23547	22767	20058	19459	544	536
82738	120168	2020147	1955708	1857278	1795484	40039	38475
		424027	422411	375584	374040	3252	3238
58284	64945	947563	901393	888842	845468	20799	19854
14866	30107	393585	392170	355567	353910	9044	9010
9589	25116	254972	239734	237285	222066	6944	6373
6478	10775	195061	181930	167382	156019	3694	3432
	200	102748	92539	90219	81090	1613	1606
1088	8211	57504	54974	48448	46482	1059	806
5391	2364	34810	34418	28715	28447	1022	1021
5207	488	768924	755576	684998	672967	9401	9322
56164	5373	540078	537882	510647	508679	12387	12374
23808	119398	769155	707170	698157	639001	19014	17427
4037	5684	137052	137011	130858	130857	2930	2784

14-3 续

指　标	财务费用	#利息支出	管理费用	#税金
总计	**26448**	**23343**	**85455**	**3545**
#国有及国有控股企业	21232	21061	37992	1433
按登记注册类型分组				
内资企业	26448	23343	85455	3545
有限责任公司	25064	21852	60872	2787
国有独资公司	20281	20054	34356	1256
其他有限责任公司	4783	1798	26517	1532
股份有限公司	692	1453	7815	354
私营企业	692	39	16768	404
私营有限责任公司	54	38	14881	376
私营股份有限公司	638		1887	28
按国民经济行业分组				
房屋建筑业	24236	20678	48606	1924
土木工程建筑业	1617	2479	27477	1225
建筑安装业	438	60	7909	243
建筑装饰和其他建筑业	157	126	1464	153
按企业资质等级分组				
施工总承包	25848	23141	72610	3099
特级	19709	19499	18327	988
一级	2661	2770	30586	932
二级	3082	491	17415	878
三级及以下	396	381	6283	301
专业承包	601	202	12844	446
一级	395	186	5241	13
二级	197	6	4995	282
三级及以下	9	10	2609	151
按控股情况分组				
国有控股	21232	21061	37992	1433
集体控股	3574	1835	18207	259
私人控股	1601	391	26673	1785
其他	41	56	2583	68

表 2

单位：万元

销售费用	其他业务利润	营业利润	利润总额	应交所得税	应付职工薪酬
1501	**2466**	**25856**	**27032**	**4645**	**253352**
676	207	6693	11299	-579	75395
1501	2466	25856	27032	4645	253352
1485	1244	17784	19553	1156	154337
581	212	6988	9848	-841	59206
904	1032	10796	9704	1997	95131
4	973	-3607	-3291	713	53992
12	249	11679	10771	2777	45022
11	258	10003	9079	2183	12555
1	-9	1675	1692	594	32467
1448	1300	11248	14887	1887	175660
41	1055	6698	4070	2593	50763
	111	6343	6763	109	24089
12		1566	1312	56	2840
1485	2208	14910	16747	3924	232224
581	40	-973	1243	-1487	33981
49	1137	3783	5029	3041	126904
851	806	7590	6113	943	40501
3	226	4510	4362	1426	30838
17	258	10946	10285	721	21128
		5911	6115		11122
16	151	2583	2614	306	6164
1	106	2453	1557	416	3841
676	207	6693	11299	-579	75395
4	1287	-4404	-4413	536	51351
821	957	22951	19499	4487	118109
	15	616	648	203	8497

14-4 建筑业企业房屋

指 标	合 计	住宅房屋	商业及服务用房屋	批发和零售用房屋	住宿、餐饮用房屋	商务会展用房屋
总计	4171793	3052533	80147		49816	
#国有及国有控股企业	611466	260736	49816		49816	
按登记注册类型分组						
内资企业	4171793	3052533	80147		49816	
有限责任公司	3158036	2322875	73592		49816	
国有独资公司	275812		49816		49816	
其他有限责任公司	2882224	2322875	23776			
股份有限公司	56432	39953				
私营企业	957325	689705	6555			
私营有限责任公司	376194	137131	2100			
私营股份有限公司	581131	552574	4455			
按国民经济行业分组						
房屋建筑业	4019204	2925412	80147		49816	
土木工程建筑业	4376					
建筑安装业	148213	127121				
建筑装饰和其他建筑业						
按企业资质等级分组						
施工总承包	4171793	3052533	80147		49816	
特级	275812		49816		49816	
一级	1534732	1344251	14631			
二级	1288388	863388				
三级及以下	1072861	844894	15700			
专业承包						
一级						
二级						
三级及以下						
按控股情况分组						
国有控股	611466	260736	49816		49816	
集体控股	635272	403945				
私人控股	2191555	1771882	20155			
其他	733500	615970	10176			

建筑竣工面积情况（2016年）

单位：平方米

居民服务业用房屋	办公用房屋	科学研究用房屋	教育用房屋	卫生医疗用房屋	文化、体育、娱乐用房屋	厂房及仓库	其他用房
30331	**137932**		**73285**	**16732**	**33849**	**572376**	**204939**
	9800		36782		11700	238034	4598
30331	137932		73285	16732	33849	572376	204939
23776	125010		57417	16732	28949	328522	204939
	9800		30000		11700	174496	
23776	115210		27417	16732	17249	154026	204939
	3696		6668			6115	
6555	9226		9200		4900	237739	
2100	4376		9200		4900	218487	
4455	4850					19252	
30331	133556		66882	16732	31660	559876	204939
	4376						
			6403		2189	12500	
30331	137932		73285	16732	33849	572376	204939
	9800		30000		11700	174496	
14631	69785		13071	16282	16436	55895	4381
			11356			286756	126888
15700	58347		18858	450	5713	55229	73670
	9800		36782		11700	238034	4598
	21346		17601	450	813	50245	140872
20155	80187		15603		7089	237739	58900
10176	26599		3299	16282	14247	46358	569

14-5 建筑业企业房屋

指 标	合 计	住宅房屋	商业及服务用房屋	批发和零售用房屋	住宿、餐饮用房屋	商务会展用房屋
总计	554319	369527	22814		11562	
#国有及国有控股企业	117426	24487	11562		11562	
按登记注册类型分组						
内资企业	554319	369527	22814		11562	
有限责任公司	437223	270166	21120		11562	
国有独资公司	53127		11562		11562	
其他有限责任公司	384096	270166	9558			
股份有限公司	8916	5900				
私营企业	108180	93461	1694			
私营有限责任公司	25961	15507	1311			
私营股份有限公司	82219	77955	383			
按国民经济行业分组						
房屋建筑业	544862	364845	22814		11562	
土木工程建筑业	842					
建筑安装业	8615	4682				
建筑装饰和其他建筑业						
按企业资质等级分组						
施工总承包	554319	369527	22814		11562	
特级	53127		11562		11562	
一级	252486	199090	1909			
二级	110207	76931				
三级及以下	138499	93505	9343			
专业承包						
一级						
二级						
三级及以下						
按控股情况分组						
国有控股	117426	24487	11562		11562	
集体控股	125887	93758				
私人控股	210012	171617	9726			
其他	100994	79665	1526			

建筑竣工价值情况（2016年）

单位：万元

居民服务业用房屋	办公用房屋	科学研究用房屋	教育用房屋	卫生医疗用房屋	文化、体育、娱乐用房屋	厂房及仓库	其他用房
11252	**20088**		**12684**	**2515**	**5871**	**69384**	**51437**
	1988		6469		2713	42621	27586
11252	20088		12684	2515	5871	69384	51437
9558	17274		9813	2515	5775	59124	51437
	1988		5614		2713	31250	
9558	15286		4199	2515	3062	27874	51437
	828		1573			615	
1694	1986		1298		96	9645	
1311	842		1298		96	6907	
383	1144					2738	
11252	19246		12008	2515	5138	66860	51437
	842						
			676		733	2524	
11252	20088		12684	2515	5871	69384	51437
	1988		5614		2713	31250	
1909	9541		2249	2442	2870	7932	26452
			1877			18316	13084
9343	8559		2944	72	288	11886	11901
	1988		6469		2713	42621	27586
	3741		3663	72	192	9514	14946
9726	10331		1974		829	9645	5890
1526	4027		578	2442	2137	7603	3015

主要统计指标解释

建筑业统计单位 指从事房屋、构筑物建造和设备安装活动的法人企业。建筑业法人企业应具有建筑业资质并能够独立核算；同时应具备以下条件：①依法成立，有自己的名称、组织机构和场所，能够承担民事责任；②独立拥有和使用资产，承担负债，有权与其他单位签订合同；③独立核算盈亏，能够编制资产负债表。

建筑业总产值 是以货币形式表现的建筑业企业在一定时期内生产的建筑业产品和提供的服务的总和。建筑业总产值包括：

（1）建筑工程产值：指列入建筑工程预算内的各种工程价值。

（2）安装工程产值：指设备安装工程价值，不包括被安装设备本身的价值。

（3）其他产值：建筑业总产值中除建筑工程、安装工程以外的产值。包括房屋构筑物修理产值、非标准设备制造产值、总包企业向分包企业收取的管理费以及不能明确划分的施工活动所完成的产值。

a.房屋构筑物修理产值：指房屋和构筑物修理所完成的产值，但不包括被修理房屋、构筑物本身价值和生产设备的修理产值。

b.非标准设备制造产值：指加工制造没有定型的非标准生产设备的加工费和原材料价值（如化工厂、炼油厂用的各种罐、槽，矿井生产统一使用的各种漏斗、三角槽、阀门等）以及附属加工厂为本企业承建工程制作的非标准设备的价值。

建筑业增加值 指建筑业企业在报告期内以货币表现的建筑业生产经营活动的最终成果。目前建筑业增加值采用分配法（收入法）计算，即从收入的角度出发，根据生产要素在生产过程中应得的收入份额计算。

房屋建筑施工面积 指在报告期内施过工的全部房屋建筑面积，包括本期新开工的房屋面积、上期施工跨入本期继续施工的房屋面积、上期停缓建在本期恢复施工的房屋面积、本期竣工的房屋面积及本期施工后又停缓建的房屋面积。

房屋建筑竣工面积 指在报告期内房屋建筑按照设计要求全部完工，达到了住人和使用条件，经验收鉴定合格，正式移交使用单位的房屋建筑面积。

自有机械设备年末总台数 指归本企业所有，属于本企业固定资产的生产性机械设备年末总台数。包括施工机械、生产设备、运输设备以及其他设备。

自有机械设备年末总功率 指本企业自有施工机械、生产设备、运输设备以及其他设备等列为在册固定资产的生产性机械设备年末总功率，按设定能力或查定能力计算。包括机械本身的动力和为该机械服务的单独动力设备，如电动机等。计算单位用千瓦，动力换算可按1马力=0.735千瓦折合成千瓦数。电焊机、变压器、锅炉不计算动力。

营业收入 指企业经营主要业务和其他业务所确认的收入总额。营业收入合计包括“主营业务收入”和“其他业务收入”。根据会计“利润表”中“营业收入”项目的本期金额数填报。

营业成本 指企业经营主要业务和其他业务所发生的成本总额。包括企业（单位）在报告期内从事销售商品、提供劳务等日常活动发生的各种耗费。包括“主营业务成本”。根据会计“利润表”中“营业成本”项目的本期金额数填表。

营业利润 指企业从事生产经营活动所取得的利润。执行2006年《企业会计准则》的企业，营业利润为营业收入减去营业成本、营业税金及附加、销售费用、管理费用、财务费用、资产减值损失，再加上公允价值变动收益和投资收益。未执行2006年《企业会计准则》的企业，营业利润为主营业务收入减去主营业务成本、主营业务税金及附加，加上其他利润后，再减去销售费用、管理费用、财务费用后的金额。根据会计“利润表”中“营业利润”项目的本期金额数填报。

15

运输和邮电

TRANSPORTATION,POSTAL AND TELECOMMUNICATIONS SERVICES

15-1　交通运输业基本情况

指　标	2011	2012	2013	2014	2015	2016
客运量总计（万人）	**2120.47**	**2085.43**	**2045.77**	**1678.70**	**1516.09**	**1652.41**
铁路	600	587	778	743	839	896
公路	1453	1417	1182	845	581	657
民用航空	67.47	81.43	85.77	90.70	96.09	99.41
货运量总计（万吨）	**32390.15**	**36275.24**	**32434.28**	**33512.31**	**33056.38**	**36145.33**
铁路	10915	9324	9485	9257	5801	6342
公路	21475	26951	22949	24255	27255	29803
民用航空	0.15	0.24	0.28	0.31	0.38	0.33
公路旅客周转量总计（亿人公里）	**17.22**	**16.30**	**16.60**	**19.11**	**13.90**	**12.09**
公路货物周转量总计（亿吨公里）	**569.02**	**712.00**	**842.30**	**454.96**	**517.13**	**559.74**
公路里程（公里）	**6852**	**6852**	**6872**	**6907**	**6968**	**9004**
#可绿化里程	6842	4759	4726	4812	4883	8554
在总计中：等级公路	5761	5771	5813	5857	5938	8448
#高速公路	141	141	141	141	141	139
等外公路	1091	1081	1059	1050	1029	556
在总计中：有铺装路面里程（高级）	2554	2732	3042	3268	3723	6179
简易铺路面里程（次高级）	316	316	316	310	310	191
未铺装路面里程（中级、低级、无路面）	3982	3804	3514	3329	2934	2634
在总计中：国道	271	271	271	271	271	756
省道	523	523	523	525	525	541
县道	1756	1757	1757	1757	1780	1928
乡道	2655	2655	2679	2705	2705	2331
专用公路	81	81	81	81	130	85
村道	1566	1565	1561	1569	1556	3363
民用汽车拥有量（辆）	**368103**	**416335**	**459115**	**498282**	**524247**	**573745**
载客汽车	280113	336718	383012	422743	454432	503223
载货汽车	79741	72726	70363	71222	65899	66941
其他类型汽车	8249	6891	4852	4317	3916	3581
在总计中：个人汽车拥有量	292150	344142	390816	432207	463648	512914
摩托车（辆）	**37534**	**31997**	**32231**	**33807**	**34891**	**19737**
挂车拥有量（辆）	**23883**	**25856**	**26686**	**16351**	**15567**	**15995**
其他类型（辆）	**40**	**38**	**38**	**38**	**38**	**12**

注：1.从2009年开始交通部门公路运输数据统计口径调整（后同）；
　　2.2014、2015年，交通部门对公路客运量、货运量和周转量数据调整（后同）。

15-2　主要年份交通运输情况

年 份	铁路运输		民航运输		公路运输			
	货物发送量（万吨）	旅客发送人数（万人）	货物发运量（吨）	旅客出港数（人）	货运量（万吨）	货物周转量（万吨公里）	客运量（万人）	客运周转量（万人公里）
1950	17	25			4	409	2	320
1952	15	18			13	937	5	677
1957	267	56			713	6015	56	6307
1962	348	260	13		246	2821	10	619
1965	457	110	6		429	6244	38	1609
1970	821		115	2299	403	4555	72	3072
1975	660	184	17	1003	547	7906	94	4486
1978	975	215	31	1209	634	9215	123	5935
1980	922	221	70	2815	515	8606	130	6449
1985	1213	300	37	589	1391	34929	150	8578
1990	1653	196	26	4425	2271	70051	306	22036
1991	1700	200	20	6193	2654	70224	304	23179
1992	1874	219	34	8906	2640	78181	300	22062
1993	1945	249	61	13155	3026	97078	324	22976
1994	2135	240	83	15608	3245	101474	354	26589
1995	2536	220	121	22900	3767	111287	415	32400
1996	2673	204	128	36500	3862	138262	465	45576
1997	2760	231	179	51900	4320	158461	774	54462
1998	2549	279	192	47400	4852	229909	876	59918
1999	2605	295	302	53300	5710	261910	920	66650
2000	2657	313	362	63737	6800	251014	950	71005
2001	2710	335	403	67370	7938	250374	1005	71589
2002	3685	337	567	70875	9497	684265	8429	334748
2003	3218	256	610	88711	12420	884700	9033	365028
2004	4163	327	954	142651	13729	1207696	10812	430019
2005	5374	434	570	168557	15118	1389986	11866	486769
2006	6088	486	628	172526	17539	1671097	13422	608808
2007	7235	508	1160	260500	21088	2177066	15503	751151
2008	8481	586	1482	374653	30360	3156745	20153	1051611
2009	8787	621	1362	533011	13706	3665702	1267	154530
2010	11446	643	1607	662538	16928	4543735	1406	169346
2011	10915	600	1497	674668	21475	5690200	1453	172200
2012	9324	587	2422	814267	26951	7120000	1417	163000
2013	9485	778	2830	857700	22949	8423000	1182	166000
2014	9257	743	3094	906850	24255	4549572	845	191087
2015	5801	839	3764	960893	27255	5171293	581	139018
2016	6342	896	3335	994092	29803	5597407	657	120882

15-3　1991-2016年公路交通运输工具

单位:辆

年 份	载货汽车	载客汽车	挂车
1991	13164	2865	5141
1992	13970	3472	5505
1993	14954	4488	5700
1994	13090	4954	5657
1995	16100	9706	6375
1996	18224	15111	7074
1997	21120	16477	5255
1998	20826	19289	5319
1999	22096	22038	5343
2000	24230	25216	5528
2001	21941	25709	4168
2002	25210	30966	5345
2003	27668	38656	2727
2004	38562	51195	11257
2005	34016	59382	8410
2006	36949	76687	9183
2007	40003	94119	10458
2008	45618	125481	14024
2009	57290	164278	15893
2010	70657	216825	22590
2011	79741	280113	23883
2012	72726	336718	25856
2013	70363	383012	26686
2014	71222	422743	16351
2015	65899	454432	15567
2016	66941	503223	15995

15－4　民用车辆年末拥有量

单位：辆

指　标	2014		2015		2016	
	合计	#个人	合计	#个人	合计	#个人
民用汽车	**498282**	**432207**	**524247**	**463648**	**573745**	**512914**
载客	422743	392096	454432	427247	503223	476401
载货	71222	38203	65899	34874	66941	35204
其它	4317	1908	3916	1527	3581	1309
摩托车	**33807**	**33579**	**34891**	**34655**	**19737**	**19619**
普通	29640	29424	30715	30491	17338	17227
轻便	4167	4155	4176	4164	2399	2392
挂车	**16351**	**482**	**15567**	**439**	**15995**	**342**
其他类型	**38**	**7**	**38**	**7**	**12**	**3**
农用运输车	**38532**	**38532**	**38872**	**38872**	**38925**	**38925**
#三轮汽车	32993	32993	32931	32931	32984	32984
低速载货汽车	5539	5539	5941	5941	5941	5941
拖拉机	**35490**	**35490**	**36560**	**36560**	**37574**	**37574**
#80马力以上拖拉机	1363	1363	1473	1473	1682	1682
轮式拖拉机	3769	3769	2749	2749	2885	2885
小型拖拉机	28871	28871	29159	29159	29159	29159

15－5　邮电通信水平

指　标	2011	2012	2013	2014	2015	2016
全市邮电通信水平						
平均每人每年发函件数（件）	0.9	1.3	1.2	1.0	0.9	0.4
平均每百人每年订报刊数（份）	11.6	8.5	10.5	9.0	6.8	5.9
平均每百人拥有电话机部数（部）	124.9	147.5	159.6	164.1	123.2	132.1
邮政储蓄市场占有率（%）	3.9	3.7	3.4	3.1	2.8	3.3
农村邮电通信水平						
设有邮电局、所的乡（镇）的比重（%）	90.9	90.9	90.9	90.9	90.9	90.9
通电话的乡（镇）比重（%）	100.0	100.0	100.0	100.0	100.0	100.0
开通移动电话的县的比重（%）	100.0	100.0	100.0	100.0	100.0	100.0

15-6 邮电业务基本情况

指　　标	2011	2012	2013	2014	2015	2016
邮电业务总量（万元）	**330275**	**370647**	**411782**	**355143**	**385415**	**521208**
邮政业务总量	11606	12568	11953	11129	10902	14005
电信业务总量	24338	358079	399829	344014	374513	507203
邮政业务分项						
国内函件（万件）	251	361	236	232	248	119
国际及港澳台函件（万件）	0.15	0.12	0.12	0.14	0.11	0.20
国内包裹（万件）	10.43	9.88	9.40	7.98	8.26	35.27
国际及港澳台包裹（件）	1046	958	782	695	564	1009
国内特快专递信件（万件）	34.29	30.38	23.49	16.25	11.70	11.10
国际特快专递信件（件）	784	770	551	546	439	396
订阅报纸累计份数（万份）	3317	3275	3911	3542	3318	2977
订阅杂志累计份数（万份）	131	151	177	116	97	95
报纸期发份数（万份）	23	15	18	17	13	12
杂志期发份数（万份）	8	8	11	8	6	5
邮政储蓄平均余额（亿元）	32.17	33.71	34.91	36.94	37.18	39.52
长途电信业务						
国内长途电话通话次数（万次）	7553	29774	16354	16830	13623	
港澳台电话（万次）	3.75	2.13	2.44	2.29	2.19	
本地电话业务分项						
本地固定电话年末用户（万户）	39.99	45.27	46.60	41.58	36.63	29.40
#住宅电话	19.20	28.60	28.51	24.53	18.96	15.02
本地网内区间电话通话量（万次）	62	55	50	55	39	35
本地网内区内电话通话量（万次）	8027	7088	6257	5493	4588	4370
移动电话用户（万户）	**293.76**	**357.66**	**391.96**	**415.20**	**309.97**	**346.15**

注：邮电业务总量2010年以前年度数据按2000年不变价格计算，2010年以后年度数据按2010年价格计算。

15-7 主要年份邮电业务基本情况

年 份	邮电局所数（个）	邮电业务总量（万元）	报刊期发数（万份）	国内长途电话（万次）	本市固定电话年末用户（户）
1950	28	31		2	372
1957	39	132		7	1427
1962	89	278	12	19	7413
1965	60	225	16	14	8352
1970	63	217	8	14	9812
1975	74	260	25	25	15574
1978	83	307	32	32	15175
1980	83	322	49	36	17807
1985	80	638	78	50	24578
1990	81	2413	39	100	41996
1991	80	3063	47	194	45763
1992	80	4439	48	392	49143
1993	79	7784	200	1011	59572
1994	93	11357	55	1227	88264
1995	99	16742	63	1422	139309
1996	121	22500	175	1872	187489
1997	124	29250	225	2340	214497
1998	166	45114	28	2730	236688
1999	118	61279	34	2813	277462
2000	122	98425	29	2325	354302
2001	117	82950	45	2946	410200
2002	116	108165	35	3350	439322
2003	116	170381	37	2780	491900
2004	109	233714	23	5499	512600
2005	119	283985	21	3544	499500
2006	120	345684	22	3970	495600
2007	120	458604	24	6334	496200
2008	114	545364	25	3495	407743
2009	112	703430	25	3045	364387
2010	108	734389	26	1390	388645
2011	106	330275	31	7553	399911
2012	107	286879	23	29774	452690
2013	96	280825	29	16354	466012
2014	95	355143	249	16830	415760
2015	106	385415	19	13623	366335
2016	109	521208	17		293978

15-8 邮电部门机构、邮路、电路

指　标	2011	2012	2013	2014	2015	2016
邮政机构						
邮政局（所）总数（处）	106	107	96	95	106	109
邮政支局	56	57	53	52	66	66
自办邮政所	21	21	19	18	2	2
代办邮政所	29	29	24	25	38	41
邮政储蓄点（处）	63	63	64	64	64	64
邮政信筒信箱（个）	171	162	172	159	85	105
邮路						
邮路总条数（条）	43	49	49	54	52	50
#快速邮路	2	2	2	2	2	2
邮路总长度（公里）	2132	2700	2700	3025	2983	2395
自办汽车邮路	1175	1175	1175	1722	1673	2395
委办汽车邮路	957	1525	1526	1303	1310	0
农村单程投递线路总长度（公里）	5414	2233	2511	2604	2805	1252
电信机构						
电信局所总数（处）	750	750	643	687	628	1515
#自办局所	50	50	50	38	71	138
电信委代办所	700	700	593	638	548	1377
电信电路						
长途电话电路（兆）						
长途电话电路	300	300	300	300	300	300
长途电话业务电路	309	309	312	352	317	290
省际电路	2	2	2	2	2	2
省内电路	307	307	310	350	315	288
本地电话电路（兆）						
本地电话中继电路	3402	3400	3095	3399	2036	1667
本地电话电缆长度（皮长公里）	4152	4211	3428	4111	2281	2281
本地中继光缆长度（皮长公里）	4987	5131	5238	4085	4179	4179

注：2009年及以前年度邮政局（所）总数含邮政代办点。

15-9 邮电通信设备年末拥有量

指　标	2011	2012	2013	2014	2015	2016
邮政设备						
邮政汽车（辆）	106	128	137	146	150	173
#邮运汽车	12	17	31	35	34	42
邮政储蓄专用汽车	15	19	16	16	17	19
速递业务专用汽车	73	73	75	50	74	82
邮政摩托车（辆）	36	34	29	22	14	13
POS机（台）	78	78	78	78	82	82
长途电信设备						
长途自动交换机容量（路端）	18600	19020	19020	19020	19020	19020
#实占容量	10440	10440	10440	10440	10440	10440
本地电信设备						
局用交换机容量（万门）	52.29	53.39	58.80	57.90	11.37	30.54
#实占容量	34.48	34.83	34.44	35.28	4.80	11.58
出局用户线对数（万对）	15.88	15.96	13.54	1.47	1.47	1.47
#实占线对	7.59	7.35	4.58	0.61	0.61	0.61
接入网设备容量（万门）	7.41	8.00	12.43	11.95	42.47	53.82
#实占线对	4.77	5.02	6.61	4.93	25.67	28.19
移动通信设备						
GSM900交换机容量（万门）	400	420	500	785	923	824
GSM机站数（个）	1705	2728	3447	5073	7813	3942
GSM话音信道数（个）	152080	137706	140929	135078	176139	176651

主要统计指标解释

公路里程 指在一定时期内实际达到《公路工程技术标准JTJ01-88》规定的等级公路，并经公路主管部门正式验收交付使用的公路里程数。包括大中城市的郊区公路以及通过小城镇街道部分的公路里程和桥梁、渡口的长度，不包括大中城市的街道、厂矿、林区生产用道和农业生产用道的里程。两条或多条公路共同经由同一路段，只计算一次，不得重复计算里程长度。它是反映公路建设发展规模的重要指标，也是计算运输网密度等指标的基础资料。

货（客）运量 指在一定时期内，各种运输工具实际运送的货物（旅客）数量。它是反映运输业为国民经济和人民生活服务的数量指标，也是制定和检查运输生产计划、研究运输发展规模和速度的重要指标。货运按吨计算，客运按人计算。货物不论运输距离长短、货物类别，均按实际重量统计。旅客不论行程远近或票价多少，均按一人一次客运量统计；半价票、小孩票也按一人统计。

货物（旅客）周转量 指在一定时期内，由各种运输工具运送的货物（旅客）数量与其相应运输距离的乘积之总和。它是反映运输业生产总成果的重要指标，也是编制和检查运输生产计划，计算运输效率、劳动生产率以及核算运输单位成本的主要基础资料。计算货物周转量通常按发出站与到达站之间的最短距离，也就是计费距离计算。计算公式为：

货物（旅客）周转量=∑货物（旅客）运输量×运输距离

民用汽车拥有量 指报告期末，在公安交通管理部门按照《机动车注册登记工作规范》，已注册登记领有民用车辆牌照的全部汽车数量。汽车拥有量统计的主要分类：根据汽车结构分为载客汽车、载货汽车及其他汽车；根据汽车所有者不同分为个人（私人）汽车、单位汽车；根据汽车的使用性质分为营运汽车、非营运汽车和特种汽车；根据汽车大小规格不同载客汽车分为大型、中型、小型和微型，载货汽车分为重型、中型、轻型和微型。

邮电业务总量 指以价值量形式表现的邮电通信企业为社会提供各类邮电通信服务的总数量。邮电业务量按专业分类包括函件、包件、汇票、报刊发行、邮政快件、特快专递、邮政储蓄、集邮、公众电报、用户电报、传真、长途电话、出租电路、无线寻呼、移动电话、分组交换数据通信、出租代维等。计算方法为各类产品乘以相应的平均单价（不变价）之和，再加上出租电路和设备、代用户维护电话交换机和线路等的服务收入。它综合反映了一定时期邮电业务发展的总成果，是研究邮电业务量构成和发展趋势的重要指标。计算公式为：

邮电业务总量=∑（各类邮电业务量×不变单价）+出租代维及其他业务收入。

移动电话用户 指通过移动电话交换机进入移动电话网、占用移动电话号码的各类电话用户。包括签约用户和智能网预付费用户。一个移动电话号码统计为一户。

本地电话用户 指接入本地电信运营商固定电话网上的电话用户。包括：住宅用户、单位用户、公用电话用户等。按电话用户位置又分为市内电话用户和农村电话用户。1997年以前，“市内电话用户”是指接入县城及县以上城市的电话网上的电话用户；“农村电话用户”是指接入县邮电局农话台及县以下农村电话交换点，以县城为中心（除市话用户外）联通县、乡（镇）、行政村、村民小组的用户。从1997年起，电话用户数分组调整为以用户所在区域划分为“城市电话用户”和“乡村电话用户”，与过去的按市内电话和农村电话划分方法不同。而电话用户总数、电话机总部数统计范围不变。

住宅电话用户 指话机装在居民住宅或农民家里并按照住宅电话用户登记注册和收费的电话用户。包括私人付费、单位付费和按规定免费安装的住宅电话用户。

局用交换机容量 指安装在电信运营企业内用于接续本地固定电话的电话交换机容量，包括现用和备用的人工或自动交换机的全部容量。不包括用户交换机容量。

16

DOMESTIC TRADE

国内贸易

16-1　1980-2016年社会消费品零售总额（按销售单位所在地和行业分）

单位:万元

年 份	社会消费品零售总额	按地区分		按行业分		
		市	县及县以下	批发零售贸易业	住宿餐饮业	其它行业
1980	48410	41422	6988	45475	2178	757
1981	54311	46362	7949	50975	2479	857
1982	60043	50929	9114	56234	2903	906
1983	64796	55280	9516	60533	3186	1077
1984	80689	70929	9760	75423	3989	1277
1985	96515	86341	10174	92041	4474	1412
1986	111638	98804	12834	104476	5628	1534
1987	124258	109827	14431	115701	6799	1758
1988	163260	146545	16715	151748	9580	1932
1989	169664	153253	16411	159653	7799	2212
1990	178487	162436	16051	167582	8470	2435
1991	198918	181303	17615	186707	9392	2819
1992	229568	209490	20078	214844	11329	3395
1993	336733	306191	30542	312281	19085	5367
1994	440594	387482	53112	405480	28267	6847
1995	547902	438427	109475	494107	45495	8300
1996	652012	456585	195427	575999	66189	9824
1997	769116	649826	119290	672831	85671	10614
1998	879461	736490	142971	760144	104884	14433
1999	1003622	855532	148090	864024	123547	16051
2000	1162620	997600	165020	993340	149841	19439
2001	1346443	1170558	175885	1135808	186092	24543
2002	1593981	1409099	184882	1328976	234633	30372
2003	1916565	1718786	197779	1565393	314679	36493
2004	2513673	2312560	201113	2019675	449156	44842
2005	2925781	2699253	226527	2324762	558349	42671
2006	3554643	3290745	263898	2795366	712991	46286
2007	4276826	3974316	302509	3340598	885294	50933
2008	5336050	4979802	356247	4105969	1169446	60635
2009	6177157	5768086	409071	4734370	1339787	103000
2010	7308066	6743759	564307	6262069	943997	102000
2011	8575448	7838099	737349	7244558	1230890	100000
2012	9750628	8976315	774313	8139240	1527388	84000
2013	10852622	9809101	1043521	9011578	1757044	84000
2014	11846690	11064613	782077	9825996	2020694	
2015	12765735	11872134	893601	10553075	2212660	
2016	14002176	13083085	919091	11663696	2338480	

16-2 限额以上批发零售贸易业商品分类销售额

单位：万元

指　标	合计		批发		零售	
	2015	2016	2015	2016	2015	2016
类值合计	**7750538.5**	**7312323.5**	**4416335.4**	**3863223.0**	**3334203.1**	**3449100.5**
粮油、食品、饮料、烟酒类	1340130.1	1255069.5	1095730.4	1043659.3	244399.7	211410.2
粮油、食品类	864230.5	796768.5	677031.5	641982.9	187199.0	154785.6
饮料类	25585.9	24906.2	15839.2	16181.2	9746.7	8725.0
烟酒类	450313.7	433394.8	402859.7	385495.2	47454.0	47899.6
服装、鞋帽、针纺织品类	485049.1	483205.7	8552.0	11775.0	476497.1	471430.7
服装类	321521.7	329604.4	4259.0	5895.0	317262.7	323709.4
鞋帽类	117226.8	100111.3			117226.8	100111.3
针、纺织品类	46300.6	53490.0	4293.0	5880.0	42007.6	47610.0
化妆品类	44710.4	46694.8			44710.4	46694.8
金银珠宝类	77030.3	92836.9			77030.3	92836.9
日用品类	124910.9	114792.7	17860.3	18223.8	107050.6	96568.9
#洗涤用品类						
儿童玩具类	7176.8	6916.6	4275.0	5894.0	2901.8	1022.6
五金、电料类	36665.4	42825.2	6840.0	8455.0	29825.4	34370.2
体育、娱乐用品类	8325.1	7971.5			8325.1	7971.5
书报杂志类	5608.8	5347.4			5608.8	5347.4
电子出版物及音像制品类	879.4	3.3			879.4	3.3
家用电器和音像器材类	206199.5	265763.4	7550.0	8605.0	198649.5	257158.4
中西药品类	100898.6	120761.5	67420.5	75607.7	33478.1	45153.8
文化办公用品类	19066.1	13706.3			19066.1	13706.3
家具类	166096.9	187548.6			166096.9	187548.6
通讯器材类	30287.3	21738.6			30287.3	21738.6
煤炭及制品类	1201189.7	1049804.3	1201189.7	1041864.8		7939.5
石油及制品类	944773.9	930302.0	53661.6	47616.0	891112.3	882686.0
化工材料及制品类	495009.7	43284.2	495009.7	43284.2		
#化肥类	27709.1	21177.1	27709.1	21177.1		
金属材料类	1344417.2	1444736.6	1344417.2	1432940.2		11796.4
建筑及装潢材料类	40954.6	46392.0			40954.6	46392.0
机电产品及设备类	121235.8	87093.0	9262.5	10636.2	111973.3	76456.8
种子饲料类		4600.0		4600.0		
汽车类	872652.9	996574.2	96072.0	109791.4	776580.9	886782.8
其他类	80446.8	51271.8	8769.5	6164.4	71677.3	45107.4

注：以上数据为年快合一数据。

16-3 限额以上批发零售贸易业商品购进、销售、库存总额（2016年，按登记注册类型分）

指　标	法人企业（个）	从业人员期末人数（人）	销售总额（万元）		
				批发额	零售额
总计	**284**	**17357**	**7443909.5**	**3983764.9**	**3460144.6**
批发业	**86**	**3468**	**4243817.2**	**3726525.4**	**517291.8**
内资企业	85	3464	4242711.0	3725419.2	517291.8
国有企业	4	643	417636.4	417636.4	
集体企业	2	48	121341.4	75721.9	45619.5
有限责任公司	31	1229	2522593.5	2210061.1	312532.4
国有独资公司	5	334	652656.3	652656.3	
其他有限责任公司	26	895	1869937.2	1557404.8	312532.4
股份有限公司	4	323	101604.1	100851.9	752.2
私营企业	44	1221	1079535.6	921147.9	158387.7
私营有限责任公司	43	1151	1057468.1	899995.6	157472.5
私营股份有限公司	1	70	22067.5	21152.3	915.2
港、澳、台商投资企业	1	4	1106.2	1106.2	
港、澳、台商独资经营企业	1	4	1106.2	1106.2	
零售业	**198**	**13889**	**3200092.3**	**257239.5**	**2942852.8**
内资企业	197	13857	3199598.9	257239.5	2942359.4
国有企业	4	149	6575.1		6575.1
集体企业	2	49	114612.3		114612.3
有限责任公司	94	6240	1830553.4	187440.0	1643113.4
国有独资公司	1	530	190632.8	6619.8	184013.0
其他有限责任公司	93	5710	1639920.6	180820.2	1459100.4
股份有限公司	13	2590	551470.6	10550.9	540919.7
私营企业	83	4775	694036.7	59248.6	634788.1
私营有限责任公司	82	4733	689519.6	54731.5	634788.1
私营股份有限公司	1	42	4517.1	4517.1	
其他企业	1	54	2350.8		2350.8
外商投资企业	1	32	493.4		493.4
中外合作经营企业	1	32	493.4		493.4

16-4　限额以上批发零售贸易业商品购进、销售、库存总额（2016年，按行业分）

指　　标	法人企业（个）	从业人员期末人数（人）	商品销售额（万元）	批发额	零售额
总计	**284**	**17357**	**7443909.5**	**3983764.9**	**3460144.6**
批发业	**86**	**3468**	**4243817.2**	**3726525.4**	**517291.8**
农、林、牧产品批发	4	304	140296.4	94717.4	45579.0
食品、饮料及烟草制品批发	8	724	974157.3	739908.5	234248.8
#烟草制品批发	1	331	382133.7	382133.7	
纺织、服装及家庭用品批发	2	114	25742.1	25061.1	681.0
医药及医疗器材批发	7	461	78960.1	71322.7	7637.4
西药批发	3	148	41523.9	37280.5	4243.4
中药批发	4	313	37436.2	34042.2	3394.0
矿产品、建材及化工产品批发	58	1709	2916636.4	2772766.7	143869.7
煤炭及制品批发	32	937	1146569.2	1061851.9	84717.3
石油及制品批发	6	138	65714.2	25761.5	39952.7
金属及金属矿批发	11	367	1354881.9	1353947.5	934.4
建材批发	5	202	321837.3	303572.0	18265.3
化肥批发	1	22	5366.8	5366.8	
农用薄膜批发	1	25	778.7	778.7	
其他化工产品批发	2	18	21488.3	21488.3	
机械设备、五金产品及电子产品批发	7	156	108024.9	22749.0	85275.9
汽车批发	3	66	103826.2	18925.6	84900.6
其他机械设备及电子产品批发	4	90	4198.7	3823.4	375.3
零售业	**198**	**13889**	**3200092.3**	**257239.5**	**2942852.8**
综合零售	37	3572	923461.7	8688.4	914773.3
百货零售	23	2672	807373.3	8208.5	799164.8
超级市场零售	11	852	111699.4	479.9	111219.5
其他综合零售	3	48	4389.0		4389.0
食品、饮料及烟草制品专门零售	12	383	47637.0	24202.8	23434.2
纺织、服装及日用品专门零售	11	316	37506.1	626.5	36879.6
文化、体育用品及器材专门零售	8	255	13430.8	2702.2	10728.6
文具用品零售	1	6	2232.3		2232.3
图书、报刊零售	3	136	5346.4		5346.4
珠宝首饰零售	4	113	5852.1	2702.2	3149.9
医药及医疗器材专门零售	8	369	39435.6	31960.5	7475.1
药品零售	8	369	39435.6	31960.5	7475.1
汽车、摩托车、燃料及零配件专门零售	91	5376	1683263.2	158437.7	1524825.5
汽车零售	70	3195	712723.2	100.0	712623.2
汽车零配件零售	4	173	142997.9	80578.7	62419.2
摩托车及零配件零售	1				
机动车燃料零售	16	2008	827542.1	77759.0	749783.1
家用电器及电子产品专门零售	14	1082	215113.0	30110.9	185002.1
家用视听设备零售	1	231	64314.2		64314.2
日用家电设备零售	7	599	129049.9	26950.1	102099.8
计算机、软件及辅助设备零售	3	77	7502.7		7502.7
通信设备零售	3	175	14246.2	3160.8	11085.4
五金、家具及室内装修材料专门零售	14	2429	237415.3	230.0	237185.3
货摊、无店铺及其他零售业	3	107	2829.6	280.5	2549.1

16-5　限额以上批发零售贸易企业资产及负债情况（2016年，按登记注册类型分）

单位：万元

指　标	资产合计	#流动资产小　计	#固定资产小　计	负债合计
总计	**5928516.1**	**3465750.7**	**556815.7**	**4264389.4**
批发业	**4417852.6**	**2562654.1**	**257756.3**	**3052798.4**
内资企业	4408869.9	2562478.1	257749.6	3045295.4
国有企业	538073.9	506126.0	22489.5	397730.5
集体企业	16895.6	14932.9	1962.7	6637.4
有限责任公司	2805640.9	1423471.3	122869.2	1882781.9
国有独资公司	325954.7	310432.5	9322.0	291596.7
其他有限责任公司	2479686.2	1113038.8	113547.2	1591185.2
股份有限公司	329259.3	163991.8	60006.3	179562.9
私营企业	719000.2	453956.1	50421.9	578582.7
私营有限责任公司	711691.5	446780.1	50289.2	573569.7
私营股份有限公司	7308.7	7176.0	132.7	5013.0
港、澳、台商投资企业	8982.7	176.0	6.7	7503.0
港、澳、台商独资经营企业	8982.7	176.0	6.7	7503.0
零售业	**1510663.5**	**903096.6**	**299059.4**	**1211591.0**
内资企业	1510445.4	902946.6	299041.7	1210179.3
国有企业	16552.0	10180.1	4825.1	13824.2
集体企业	13692.8	5997.4	7463.4	5610.9
有限责任公司	770586.2	450675.2	206182.2	643014.3
国有独资公司	32537.9	15617.5	8313.2	20086.5
其他有限责任公司	738048.3	435057.7	197869.0	622927.8
股份有限公司	227456.0	119205.5	35913.0	196839.9
私营企业	478816.9	315495.6	42709.4	350523.8
私营有限责任公司	477496.7	314256.1	42628.7	349590.1
私营股份有限公司	1320.2	1239.5	80.7	933.7
其他企业	3341.5	1392.8	1948.6	366.2
外商投资企业	218.1	150.0	17.7	1411.7
中外合作经营企业	218.1	150.0	17.7	1411.7

16-6 限额以上批发零售贸易企业资产及负债情况（2016年，按行业分）

单位：万元

指标	资产合计	#流动资产小计	#固定资产小计	负债合计
总计	**5928516.1**	**3465750.7**	**556815.7**	**4264389.4**
批发业	**4417852.6**	**2562654.1**	**257756.3**	**3052798.4**
农、林、牧产品批发	388605.7	368466.5	12503.5	359829.3
食品、饮料及烟草制品批发	219966.3	184002.8	31560.4	79884.4
#烟草制品批发	190283.6	175548.8	12336.0	65402.6
纺织、服装及家庭用品批发	36951.3	36007.6	203.6	38128.9
医药及医疗器材批发	48535.3	43467.2	2700.5	39693.1
西药批发	19010.4	18198.9	573.8	16407.0
中药批发	29524.9	25268.3	2126.7	23286.1
矿产品、建材及化工产品批发	3697548.5	1906747.6	209388.0	2504028.6
煤炭及制品批发	1082911.1	586680.6	186507.7	768053.2
石油及制品批发	65692.1	31099.8	11469.4	52118.8
金属及金属矿批发	2472986.2	1227075.9	6044.7	1628788.3
建材批发	69325.1	56085.9	4678.9	50844.4
化肥批发	2426.1	2165.1	208.2	2766.4
农用薄膜批发	455.2	416.9	13.8	196.1
其他化工产品批发	3752.7	3223.4	465.3	1261.4
机械设备、五金产品及电子产品批发	26245.5	23962.4	1400.3	31234.1
汽车批发	10533.5	8658.2	1072.2	7146.0
其他机械设备及电子产品批发	15712.0	15304.2	328.1	24088.1
零售业	**1510663.5**	**903096.6**	**299059.4**	**1211591.0**
综合零售	429962.6	151785.2	141752.5	360721.9
百货零售	343492.6	88322.9	133334.5	261114.2
超级市场零售	85049.1	62182.3	8376.2	98100.0
其他综合零售	1420.9	1280.0	41.8	1507.7
食品、饮料及烟草制品专门零售	15218.0	14318.9	899.0	9393.9
纺织、服装及日用品专门零售	12099.8	6056.3	5126.2	9445.1
服装零售	11123.5	5459.0	5060.5	9012.5
文化、体育用品及器材专门零售	24262.2	16832.4	5416.6	17763.5
图书、报刊零售	16454.5	10111.1	4796.6	13805.7
珠宝首饰零售	6564.6	6355.8	192.5	3080.2
医药及医疗器材专门零售	21994.4	16983.3	704.2	16520.2
药品零售	21994.4	16983.3	704.2	16520.2
汽车、摩托车、燃料及零配件专门零售	709569.0	514153.3	92514.9	589262.1
汽车零售	499829.6	386368.0	42212.0	425252.5
汽车零配件零售	61545.0	48825.4	254.9	58915.2
摩托车及零配件零售				
机动车燃料零售	148194.4	78959.9	50048.0	105094.4
家用电器及电子产品专门零售	219788.4	119712.8	44052.1	181846.0
家用视听设备零售	39732.2	30035.5	8842.5	33195.8
日用家电设备零售	135599.9	67493.1	35059.3	124205.5
计算机、软件及辅助设备零售	4958.6	4841.0	42.6	2099.0
通信设备零售	39497.7	17343.2	107.7	22345.7
五金、家具及室内装修材料专门零售	75063.0	61595.7	7910.1	25306.9
货摊、无店铺及其他零售业	2706.1	1658.7	683.8	1331.4

16-7　限额以上批发零售贸易企业主要财务指标情况（2016年，按登记注册类型分）

单位：万元

指　　标	主营业务收　　入	主营业务成　　本	营业费用	主营业务税金及附加	主营业务利　　润
总计	**6154269.5**	**5604053.1**	**219064.1**	**75584.9**	**474631.5**
批发业	**3409900.6**	**3096456.9**	**77425.0**	**66970.3**	**246473.4**
内资企业	3408794.4	3095366.7	77424.3	66970.3	246457.4
国有企业	362113.0	262995.3	7454.2	45590.8	53526.9
集体企业	121341.4	112773.1	3222.3	17.0	8551.3
有限责任公司	1945455.0	1816339.2	36951.8	18579.6	110536.2
国有独资公司	346920.8	332191.6	2938.2	754.9	13974.3
其他有限责任公司	1598534.2	1484147.6	34013.6	17824.7	96561.9
股份有限公司	102322.1	89631.1	3651.4	319.1	12371.9
私营企业	877562.9	813628.0	26144.6	2463.8	61471.1
私营有限责任公司	859676.8	796392.0	26144.6	2450.7	60834.1
私营股份有限公司	17886.1	17236.0		13.1	637.0
港、澳、台商投资企业	1106.2	1090.2	0.7		
港、澳、台商独资经营企业	1106.2	1090.2	0.7		
零售业	**2744368.9**	**2507596.2**	**141639.1**	**8614.6**	**228158.1**
内资企业	2743875.4	2507177.2	141539.6	8614.6	228083.6
国有企业	6266.2	4536.0	638.2	173.1	1557.1
集体企业	114612.3	113120.1	116.0	16.4	1475.8
有限责任公司	1511384.4	1384478.5	74618.7	4774.1	122131.8
国有独资公司	188827.8	176773.3	7525.3	385.4	11669.1
其他有限责任公司	1322556.6	1207705.2	67093.4	4388.7	110462.7
股份有限公司	487213.6	446131.0	30778.2	1770.8	39311.8
私营企业	623391.6	558909.0	35329.0	1811.7	62670.9
私营有限责任公司	620146.2	555848.7	35329.0	1808.1	62489.4
私营股份有限公司	3245.4	3060.3		3.6	181.5
其他企业	1007.3	2.6	59.5	68.5	936.2
外商投资企业	493.5	419.0	99.5		
中外合作经营企业	493.5	419.0	99.5		

16-8 限额以上批发零售贸易企业主要财务指标情况（2016年，按行业分）

单位：万元

指标	主营业务收入	主营业务成本	营业费用	主营业务税金及附加	主营业务利润
总计	**6154269.5**	**5604053.1**	**219064.1**	**75584.9**	**474631.5**
批发业	**3409900.6**	**3096456.9**	**77425.0**	**66970.3**	**246473.4**
农、林、牧产品批发	140296.4	131819.2	6970.8	12.4	8464.8
食品、饮料及烟草制品批发	914234.8	721265.4	36988.6	63164.3	129805.1
#烟草制品批发	326610.0	229377.5	4985.4	45556.6	51675.9
纺织、服装及家庭用品批发	22500.0	21005.9	1373.3	10.7	1483.4
医药及医疗器材批发	91159.1	85963.6	1788.7	156.9	5038.6
西药批发	34729.0	32357.1	481.5	56.2	2315.7
中药批发	56430.1	53606.5	1307.2	100.7	2722.9
矿产品、建材及化工产品批发	2128644.2	2024928.9	28279.0	3525.8	100189.5
煤炭及制品批发	943495.0	893345.5	20365.8	2016.8	48132.7
石油及制品批发	59102.7	54732.5	2421.5	1076.4	3293.8
金属及金属矿批发	975845.6	931000.0	4409.0	300.4	44545.2
建材批发	122538.4	120037.9	827.5	124.4	2376.1
化肥批发	5366.8	5203.0	208.1	1.9	161.9
农用薄膜批发	778.7	721.4	37.2		
其他化工产品批发	21517.0	19888.6	9.9	5.9	1622.5
机械设备、五金产品及电子产品批发	113066.1	111473.9	2024.6	100.2	1492.0
汽车批发	109419.4	108831.8	784.1	87.6	500.0
其他机械设备及电子产品批发	3646.7	2642.1	1240.5	12.6	992.0
零售业	**2744368.9**	**2507596.2**	**141639.1**	**8614.6**	**228158.1**
综合零售	719636.7	669718.2	51321.3	3880.8	46037.7
百货零售	614164.2	562193.9	42148.8	3449.5	48520.8
超级市场零售	101233.5	103379.5	9079.9	430.1	-2576.1
其他综合零售	4239.0	4144.8	92.6	1.2	93.0
食品、饮料及烟草制品专门零售	47146.9	40891.0	1590.3	190.4	6065.5
纺织、服装及日用品专门零售	33880.0	28276.9	1603.0	694.0	4909.1
服装零售	30021.7	25444.2	1221.3	679.4	3898.1
文化、体育用品及器材专门零售	12575.6	9149.3	1227.3	252.7	3173.6
图书、报刊零售	5216.0	3631.7	600.0	170.3	1414.0
珠宝首饰零售	5583.1	4273.8	508.5	58.9	1250.4
医药及医疗器材专门零售	33075.9	30622.3	1092.0	116.2	2337.4
药品零售	33075.9	30622.3	1092.0	116.2	2337.4
汽车、摩托车、燃料及零配件专门零售	1486297.2	1393297.2	49300.8	1822.3	91177.7
汽车零售	639527.3	596495.4	19153.3	873.5	42158.4
汽车零配件零售	142427.9	138550.7	1988.2	29.4	3847.8
摩托车及零配件零售					
机动车燃料零售	704342.0	658251.1	28159.3	919.4	45171.5
家用电器及电子产品专门零售	189426.5	160146.5	17580.9	356.8	28923.2
家用视听设备零售	39976.2	34548.9	4621.3	144.8	5282.5
日用家电设备零售	127121.7	104609.7	10071.0	179.0	22333.0
计算机、软件及辅助设备零售	8119.6	7087.9	639.7	10.8	1020.9
通信设备零售	14209.0	13900.0	2248.9	22.2	286.8
五金、家具及室内装修材料专门零售	218577.8	172138.9	17282.0	1290.7	45148.2
货摊、无店铺及其他零售业	3752.3	3355.9	641.5	10.7	385.7

16-9 限额以上住宿餐饮企业资产及负债情况（2016年，按登记注册类型和行业分）

单位：万元

指　标	法人企业（个）	资产合计	#流动资产小　计	#固定资产小　计	负债合计
总计	**104**	**515334.4**	**174411.8**	**227322.1**	**293105.0**
住宿业	**40**	**198485.6**	**36024.5**	**141516.1**	**131671.8**
按登记注册类型分					
内资企业	39	161507.0	31980.2	110959.3	99221.2
联营企业	1	926.5	146.5	439.9	2511.0
集体联营企业	1	926.5	146.5	439.9	2511.0
有限责任公司	24	146574.2	24594.9	104759.0	86783.6
国有独资公司	1	10864.3	1625.8	9238.5	11731.8
其他有限责任公司	23	135709.9	22969.1	95520.5	75051.8
股份有限公司	2	692.1	79.1	147.1	541.5
私营企业	12	13314.2	7159.7	5613.3	9385.1
私营独资企业	1	426.0	280.0	48.0	139.0
私营有限责任公司	11	12888.2	6879.7	5565.3	9246.1
港、澳、台商投资企业	1	36978.6	4044.3	30556.8	32450.6
港澳台商独资企业	1	36978.6	4044.3	30556.8	32450.6
按住宿行业中类分					
旅游饭店	30	193278.7	33059.8	140070.4	127197.8
一般旅馆	9	5116.7	2944.9	1390.7	4435.5
其他住宿业	1	90.2	19.8	55.0	38.5
餐饮业	**64**	**316848.8**	**138387.3**	**85806.0**	**161433.2**
按登记注册类型分					
内资企业	63	251556.9	93453.8	77533.1	126871.2
国有企业	1	76625.6	25511.7	10057.5	23698.7
有限责任公司	31	21527.3	9216.2	7624.2	20778.6
其他有限责任公司	31	21527.3	9216.2	7624.2	20778.6
股份有限公司	7	104516.1	46628.0	30584.4	48670.8
私营企业	22	48702.3	11914.6	29266.2	33626.9
私营独资企业	2	538.4	50.4	318.0	373.5
私营有限责任公司	18	41839.1	8975.0	26670.2	31035.4
私营股份有限公司	2	6324.8	2889.2	2278.0	2218.0
其他企业	2	185.6	183.3	0.8	96.2
外商投资企业	1	65291.9	44933.5	8272.9	34562.0
外资企业	1	65291.9	44933.5	8272.9	34562.0
按餐饮行业中类分					
正餐服务	62	315271.3	136815.7	85806.0	159989.7
快餐服务	1	25.3	25.3		0.4
其他餐饮业	1	1552.2	1546.3		1443.1

16-10 限额以上住宿餐饮企业主要财务指标情况（2016年，按登记注册类型和行业分）

单位：万元

指 标	主营业务收入	主营业务成本	营业费用	主营业务税金及附加	主营业务利润
总计	**316692.3**	**212207.9**	**50253.5**	**3696.8**	**100787.6**
住宿业	**58034.5**	**27957.5**	**16912.0**	**1189.9**	**28887.1**
按登记注册类型分					
内资企业	48584.1	20209.2	16409.3	1017.3	27357.6
联营企业	716.2	369.4	306.1	13.7	333.1
集体联营企业	716.2	369.4	306.1	13.7	333.1
有限责任公司	36002.6	12472.6	13491.9	839.7	22690.3
国有独资公司	3035.9	116.7	2508.2	58.8	2860.4
其他有限责任公司	32966.7	12355.9	10983.7	780.9	19829.9
股份有限公司	1425.4	754.7	291.0	28.0	642.7
私营企业	10439.9	6612.5	2320.3	135.9	3691.5
私营独资企业	3109.6	2315.1	412.0	26.5	768.0
私营有限责任公司	7330.3	4297.4	1908.3	109.4	2923.5
港、澳、台商投资企业	9450.4	7748.3	502.7	172.6	1529.5
港澳台商独资企业	9450.4	7748.3	502.7	172.6	1529.5
按住宿行业中类分					
旅游饭店	55152.5	27337.9	15846.6	1112.1	26702.5
一般旅馆	2830.1	614.4	1019.9	75.7	2140.0
其他住宿业	51.9	5.2	45.5	2.1	44.6
餐饮业	**258657.8**	**184250.4**	**33341.5**	**2506.9**	**71900.5**
按登记注册类型分					
内资企业	230578.7	166785.0	28631.3	2151.4	61642.3
国有企业	2165.0	792.7	1852.8	43.7	1328.6
有限责任公司	19920.8	10308.5	6541.1	678.8	8933.5
其他有限责任公司	19920.8	10308.5	6541.1	678.8	8933.5
股份有限公司	172908.2	133961.2	11872.4	1033.1	37913.9
私营企业	35280.5	21571.8	8228.4	388.5	13320.2
私营独资企业	1223.2	636.3	275.4	40.1	546.8
私营有限责任公司	25527.7	15081.7	6598.7	336.0	10110.0
私营股份有限公司	8529.6	5853.8	1354.3	12.4	2663.4
其他企业	304.2	150.8	136.6	7.3	146.1
外商投资企业	28079.1	17465.4	4710.2	355.5	10258.2
外资企业	28079.1	17465.4	4710.2	355.5	10258.2
按餐饮行业中类分					
正餐服务	256129.4	182026.4	33316.4	2463.1	71639.9
快餐服务	79.8	38.4	25.1	2.3	39.1
其他餐饮业	2448.6	2185.6		41.5	221.5

主要统计指标解释

社会消费品零售总额　指批发和零售业、餐饮业、新闻出版业、邮政业和其他服务业等，售予城乡居民用于生活消费的商品和社会集团用于公共消费的商品之总量。社会消费品零售总额包括：

一、批发和零售业企业（单位）：

1.售予城乡居民的各种生活消费品；

2.售予入境旅游的外国人、华侨、港澳台同胞的各类商品；

3.售予行政事业单位、社会团体、军队和武警等机构的商品，以及以零售方式售予各类企业的商品。具体包括：用于非生产和社会交往的办公用品，如通讯设备、计算器具和设备、电讯网络设备、文印设备、音像视听器材和设备、纸张、本册、文具及装订文印材料、家具、日用电器、针纺织品、清洁卫生用品、文体用品、奖品、纪念品、礼品等；供内部人员乘坐的交通工具和燃料；用于办公设施修缮的各类配件、材料、工具等；用于取暖和防暑降温的设备、燃料、材料及食品等；专用于教学的用品和设备；非营利医疗机构的中、西药品、中药材和医疗设备器材；非专用的劳动保护用品；不对外营业的内部食堂用的餐具、炊具、设备、清洁卫生工具和食品、燃料等；军队、武警用于其人员生活的衣着品和个人用品；其他各类非生产性设备和用品。

二、餐饮业出售的主食、菜肴、烟酒饮料和其他商品。

三、新闻出版业、邮政业售予城乡居民、企事业单位、军队和武警等机构的书报杂志、音像制品、邮品等。

四、其他服务业出售的食品、烟酒饮料、服装鞋帽、日常生活用品、医药保健用品、艺术品、工艺美术品、玩具、殡葬用品以及其他消费品。

批发零售贸易业商品购、销、存总额　指各种登记注册类型的批发、零售业企业（单位）以本企业（单位）为总体的，从国内、国外市场购进的商品总量，销售和出口的商品总量、库存商品总量等情况。该指标可以反映商品流转过程中商品的购进、销售、库存之间的比例关系和存在的问题。

商品购进总额　指从本企业（单位）以外的单位和个人购进（包括从境外直接进口）作为转卖或加工后转卖的商品总额。它反映批发零售贸易业从国内、国外市场上购进商品的总量。商品购进总额包括：（1）从工农业生产者购进的商品；（2）从出版社、报社的出版发行部门购进的图书、杂志和报纸；（3）从各种登记注册类型的批发零售贸易企业（单位）购进的商品；（4）从其他单位购进的商品，如从机关、团体、企业等单位购进的剩余物资，从餐饮业、服务业购进的商品，从海关、市场管理部门购进的缉私和没收的商品，从居民手中收购的废旧商品等；（5）从国（境）外直接进口的商品。不包括企业（单位）为自身经营用和未通过买卖行为而收入的商品以及销售退回、商品升溢等。

商品销售总额　指对本企业（单位）以外的单位和个人出售（包括对境外直接出口）的商品总额。它反映批发零售贸易业在国内市场上销售商品以及出口商品的总量。商品销售总额包括：（1）售给城乡居民和社会集团消费用的商品；（2）售给工业、农业、建筑业、运输邮电业、批发零售贸易业、餐饮业、服务业等作为生产、经营使用的商品；（3）售给批发零售贸易业作为转卖或加工后转卖的商品；（4）对国（境）外直接出口的商品。不包括出售本企业（单位）自用的废旧包装用品；未通过买卖行为付出的商品；经本单位介绍，由买卖双方直接结算，本单位只收取手续费的业务；购货退出的商品以及商品损耗和损失等。

批发零售贸易业库存 指报告期末各种登记注册类型的批发零售贸易企业（单位）已取得所有权的商品。它反映批发零售贸易企业（单位）的商品库存情况和对市场商品供应的保证程度。期末库存包括：（1）存放在批发零售贸易业经营单位（如门市部、批发站、经营处）仓库、货场、货柜和货架中的商品；（2）挑选、整理、包装中的商品；（3）已记入购进而尚未运到本单位的商品，即发货单或银行承兑凭证已到而货未到的部分，（4）寄放他处的商品，如因购货方拒绝承付而暂时存放在购货方的商品和已办完加工成品收回手续而未提回的商品；（5）委托其他单位代销（未作销售或调出）尚未售出的商品；（6）代其他单位购进尚未交付的商品。不包括所有权不属于本单位的商品、拨付除批发零售贸易业以外的其他行业所属独立核算加工厂等加工生产尚未收回成品的商品、代国家物资储备部门保管的商品等。

库存总额采用的计算价格是：农副产品采购单位按购进价计算；批发单位按进货价计算；零售单位按核算价格计算，即按什么价格核算就按什么价格计算。

餐饮业商品零售额 指餐饮企业、产业活动单位或个体户直接对居民和社会集团零售的各种商品。包括：（1）经烹饪、调制加工后出售的各种食品，如主食、炒菜、凉拌菜等；（2）不经加工直接转卖的各种外购商品，如卷烟、酒、饮料、熟食、水果等；（3）附设非独立核算的专门销售商品的小卖部出售的各种食品及其他商品。

17

FOREIGN TRADE,ECONOMIC COOPERATION AND TOURISM

对外经济贸易和旅游

17-1 1991-2016年利用外资和外贸进出口贸易总额

单位:万美元

年 份	实际利用外资到位金额	进出口总额		
			出口总额	进口总额
1991		1632	1617	15
1992		4484	3630	854
1993		7713	4474	3239
1994		13088	8008	5080
1995		31540	17341	14199
1996	1983	35800	19420	16380
1997	2714	40700	23275	17425
1998	3224	28604	18190	10414
1999	3948	18171	14619	3552
2000	4277	31527	17189	14338
2001	5810	29960	19387	10573
2002	7144	34369	23928	10441
2003	12143	50037	32125	17912
2004	25000	80207	43388	36819
2005	40800	93321	52242	41079
2006	54000	121274	86746	34528
2007	61557	184120	119982	64138
2008	81500	233926	151301	82625
2009	94900	128356	66852	61504
2010	110000	195303	120403	74900
2011	124000	276915	181773	95142
2012	136500	209982	116358	93624
2013	141000	210508	111273	99235
2014	111900	180500	127000	53500
2015	82400	155300	88800	66500
2016	101000	172100	123100	49000

17-2　2011-2016年对外经济贸易

项　目	2011	2012	2013	2014	2015	2016
进出口总额（人民币、万元）	**1744814**	**1319842**	**1274268**	**1104480**	**1007897**	**1194890**
出口总额	1145333	731368	673569	777113	576312	854683
进口总额	599481	588474	600699	327367	431585	340207
进出口总额（万美元）	**276915**	**209982**	**210508**	**180500**	**155300**	**172100**
出口总额	181773	116358	111273	127000	88800	123100
进口总额	95142	93624	99235	53500	66500	49000
外商投资企业基本情况						
年底登记户数（户）	344	292	291	304	340	365
投资总额（万美元）	262059	262092	244890	247128	316150	360887
注册资本（万美元）	135147	134647	118444	120682	138467	145341
#外方	91213	90633	79427	81510	104124	104878

17-3　年末登记外商投资企业行业分布

项　目	企业数（户）		投资总额（万美元）		注册资本（万美元）			
							#外方	
	2015	2016	2015	2016	2015	2016	2015	2016
总　计	**340**	**365**	**316150**	**360887**	**138467**	**145341**	**104124**	**104878**
农、林、牧、渔业	2	2	64	64	64	64	64	64
采掘业	2	2	762	762	495	495	379	379
制造业	63	59	211999	203594	92963	88397	68703	63191
电力、燃气及水的生产和供应业	6	6	50906	50906	17392	17392	11645	11645
建筑业	3	2						
批发和零售贸易餐饮业	99	109	33420	33428	17319	17327	15963	15971
信息传输：软件和信息技术服务业	107	118	88	83	88	83	88	83
房地产业	8	9	5383	5383	4269	4269	3210	3210
其他	50	58	13528	66667	5877	17314	4072	10335

17-4　2011-2016年旅游事业发展情况

项　目	2011	2012	2013	2014	2015	2016
旅行社总数（个）	**82**	**87**	**89**	**91**	**96**	**90**
出境资格旅行社	2	4	4	10	11	17
其他旅行社	80	83	85	81	85	73
旅行社总收入（万元）	**23900**	**23400**	**23800**	**22725**	**29500**	32700
星级饭店总数（个）	**37**	**36**	**30**	**28**	**28**	**28**
星级饭店总收入（亿元）	**5.30**	**5.20**	**4.90**	**3.90**	**3.35**	**3.65**
入境旅游人数（人）	**20297**	**26473**	**33965**	**35867**	**37516**	
外国人	17450	23184	30256	31764	33224	
港澳同胞	2565	2908	3259	3480	3262	
台湾同胞	282	381	450	623	1030	
国内旅游人数（万人）	**701**	**769**	**842**	**935**	**1036**	**1209**
旅游收入（亿元）	**123.98**	**154.51**	**207.31**	**263.00**	**325.02**	**403.40**
国际旅游外汇收入（万美元）	1017	1475	2341	5142	3960	7201
国内旅游收入（万元）	1233400	1535900	2058600	2603200	3224100	3984000

主要统计指标解释

进出口总额 指实际进出我国国境的货物总金额。包括对外贸易实际进出口货物，来料加工装配进出口货物，国家间、联合国及国际组织无偿援助物资和赠送品，华侨、港澳台同胞和外籍华人捐赠品，租赁期满归承租人所有的租赁货物，进料加工进出口货物，边境地方贸易及边境地区小额贸易进出口货物（边民互市贸易除外），中外合资经营企业、中外合作经营企业、外商独资企业进出口货物和公用物品，到、离岸价格在规定限额以上的进出口货样和广告品（无商业价值、无使用价值和免费提供出口的除外），从保税仓库提取在中国境内销售的进口货物，以及其他进出口货物。进出口总额用以观察一个国家在对外贸易方面的总规模。我国规定出口货物按离岸价格统计，进口货物按到岸价格统计。

利用外资 指我国各级政府、部门、企业和其他经济组织通过对外借款、吸收外商直接投资以及用其他方式筹措的境外现汇、设备、技术等。

外商直接投资 指外国企业和经济组织或个人（包括华侨、港澳台胞以及我国在境外注册的企业）按我国有关政策、法规，用现汇、实物、技术等在我国境内开办外商独资企业、与我国境内的企业或经济组织共同举办中外合资经营企业，合作经营企业或合作开发资源的投资（包括外商投资收益的再投资），以及经政府有关部门批准的项目投资总额内企业从境外借入的资金。

旅游者人数 （1）入境国际旅游者人数：指来中国参观、访问、旅行、探亲、访友、休养、考察、参加会议和从事经济、科技、文化、教育、宗教等活动的外国人、华侨、港澳同胞和台湾同胞的人数。不包括外国在我国的常驻机构，如使领馆、通讯社、企业办事处的工作人员；来我国常住的外国专家、留学生以及在岸逗留不过夜人员。

（2）出境居民人数：指大陆居民因公务活动或私人事务短期出境的人数。公务活动出境居民人数包括在国际交通工具上的中国服务员工，因私出境居民人数不包括在国际交通工具上的中国服务员工。

（3）国内旅游者人数：指我国大陆居民和在我国常住1年以上的外国人、华侨、港澳台同胞离开常住地在境内其他地方的旅游设施内至少停留一夜，最长不超过6个月的人数。

国际旅游（外汇）收入 指入境旅游的外国人、华侨、港澳同胞和台湾同胞在中国大陆旅游过程中发生的一切旅游支出，对于国家来说就是国际旅游（外汇）收入。

国际旅行社 指经营对外招徕并接待外国人、华侨、港澳同胞和台湾同胞来中国、归国或回内地旅游业务的旅行社。

国内旅行社 指负责经营招徕、组团、接待国内旅客的旅游业务，以及不对外招徕，负责经营接待国际旅行社或其它涉外部门组织的外国人、华侨、港澳同胞和台湾同胞来中国、归国或回内地的旅游业务的旅行社。

星级饭店 指已评定星级的饭店。

18

BANKING AND INSURANCE

金融和保险

18-1 金融系统机构、人员数（2016年）

项　目	机构数（个）	年末人数（人）
总　　计		
中国人民银行	5	358
中国工商银行	62	1832
中国农业银行	61	1214
中国银行	48	1045
中国建设银行	56	1244
中国光大银行	4	97
中国农业发展银行	5	116
交通银行	10	249
包商银行	68	3040
农村信用合作联社	77	980
新时代信托投资公司	1	246
中国邮政储蓄银行	80	417
上海浦东发展银行	10	138
中信银行	8	171
招商银行	2	73
华夏银行	3	192
兴业银行	9	255
内蒙古银行	7	200
包头农村商业银行	89	1266
村镇银行	24	555
包钢集团财务有限责任公司	1	42
鄂尔多斯银行	5	72

18-2 金融机构人民币信贷资金平衡表（2016年）

单位：万元

负债项目	2016	资产项目	2016
资金来源合计	**44984800**	**资金运用合计**	**44984800**
各项存款	32359986	各项贷款	24030526
境内存款	32352180	境内贷款	24010031
住户存款	13713081	住户贷款	7766557
非金融企业存款	9150070	短期贷款	3310697
广义政府存款	4280866	中长期贷款	4455861
非银行业金融机构存款	5208162	非金融企业及机关团体贷款	16243473
境外存款	7806	非银行业金融机构贷款	
金融债券	1666169	境外贷款	20495
卖出回购资产	77280	债券投资	17407621
借款及银行业金融机构拆入		股权及其他投资	1452457
联行往来	8971157	买入返售资产	404347
应付及暂收款	1003399	存放非银行业金融机构款项	9850
各项准备	734136	银行往来	
所有者权益	4230469	金银占款	
其它	-4057797	中央银行外汇占款	
		应收及预付款	895343
		投资性房地产	488
		固定资产	784168

18-3 金融机构人民币存、贷款年末余额及保险业务收入

单位：万元

年 份	各项存款余额合计	#企业存款	#城乡居民储蓄余额	各项贷款余额合计	#工业贷款	#商业贷款	#农业贷款	保险收入小计	#企业财产险	#家庭财产险
1949	10	8	2		1			3		
1952	831	231	72	391	141	118	81			
1957	3123	1165	1023	8082	685	7057	193			
1962	11309	7067	889	27043	15583	10847	580			
1965	13811	6241	1752	21110	12186	8158	706			
1970	13356	5320	2088	57401	35802	20544	909			
1975	27291	16982	4078	56062	30793	23664	1431			
1978	30955	17251	6105	67225	35748	29044	2209			
1979	32895	17121	8061	67380	35512	28952	2801			
1980	37053	16096	11604	77263	36637	30962	7882			
1981	43525	18486	14012	78763	38859	27700	8529	52	49	
1982	53289	22449	17955	78292	35691	27294	7225	170	124	1
1983	56814	20029	22692	83987	39065	28327	9000	270	123	1
1984	92213	43433	31263	114500	50073	36948	8830	394	199	3
1985	95872	38373	41603	125825	58248	37040	3015	577	231	12
1986	121884	44409	56074	166289	80707	38469	3142	872	263	12
1987	147825	49509	72446	180454	85219	44763	3100	942	388	13
1988	185159	62039	93054	219547	102346	54428	2986	1384	470	33
1989	222898	58901	130079	261327	126429	66220	2924	2036	520	98
1990	290081	64400	184953	337695	168818	80705	2970	3518	571	80
1991	356097	71502	242651	423010	202775	91062	3625	4849	706	75
1992	566706	205698	308702	521669	217043	109785	5239	8772	837	57
1993	655026	174086	407237	644636	269882	139231	7819	13081	1294	942
1994	811130	199172	547001	812097	353130	133175	6309	12409	1782	401

18-3 续 表

单位：万元

年 份	各项存款余额合计	#企业存款	#城乡居民储蓄余额	各项贷款余额合计	#工业贷款	#商业贷款	#农业贷款	保险收入	#企业财产险	#家庭财产险
1995	962643	222049	714101	975374	431048	163079	8009	17510	2590	568
1996	1175301	273764	869283	1249633	572491	199892	12361	22013	3886	399
1997	1403965	358222	997345	1460069	687448	220476	13478	27228	4204	443
1998	1862415	459485	1313633	1786748	829716	241573	38334	30300	4318	450
1999	2021079	452972	1454255	1873146	754085	270675	40170	30888	3109	324
2000	2328763	621958	1526830	1767827	597389	216481	43355	35233	3047	318
2001	2797076	806105	1748623	1905282	707426	254389	41873	41836	3400	364
2002	3367217	1056292	1999792	2083831	745055	276611	55570	55151	3480	372
2003	4308288	1463170	2434595	2491122	870562	266395	70400	73969	3197	784
2004	5283194	1569773	2997616	2736468	952668	229943	90137	104404	2992	548
2005	6789213	2146159	3894793	3367626	949637	410134	110196	101088	2741	450
2006	8556975	2596971	4379926	4824822	1430782	404062	124938	112266	3596	475
2007	10210139	3274556	4740067	5445744	1399474	505175	151809	128639	3399	369
2008	12019765	3727678	5939716	6312534	1412355	614033	336067	228581	4764	533
2009	14962084	5160819	6860044	8140452	1344250	698658	423846	263134	5337	750
2010	17056150	5285371	7507459							

年 份	各项存款余额	#单位存款	#个人存款	各项贷款余额	#短期贷款	#中长期贷款	#票据融资	保费收入	#财产保险	#人寿保险
2010				10372879	3617073	6475509	277812	346134	153254	192880
2011	19929680	9359410	8499037	12796174	4974666	7483243	315404	352786	188322	164464
2012	20797880	8956370	10499472	14198606	6238115	7478946	454294	351491	180745	170746
2013	23265862	10109942	11900022	16290042	7705055	7888587	664593	366013	167613	198400
2014	24935956	9597758	12961987	18340852	8762036	8868899	688716	399528	164819	234709

年 份	各项存款余额	#非金融企业存款	#住户存款	各项贷款余额	#住户贷款	#非金融企业及机关团体贷款	#非银行业金融机构贷款	保费收入	#财产保险	#人寿保险
2015	27096992	8541978	13079941	21925210	6511494	15328697	85000	504093	178913	325181
2016	32359986	9150070	13713081	24030526	7766557	16243473		650829	190511	460317

注：2009、2010、2015年金融机构存贷款余额分项内容均发生变化，表式做相应调整。

18-4 保险公司业务技术指标（2016年）

项　目	保费收入（万元）	赔款与给付（万元）
总　计	**650828.71**	**140473.26**
财产保险小计	190511.40	84301.02
企业财产险	10014.32	
家庭财产险	264.82	90.60
机动车辆保险	148396.42	67038.27
货运险	742.01	
工程险	1205.58	
责任险	5295.73	
保证险	6633.70	
意外险	3583.11	
健康险	5415.53	5880.74
农业险	8959.60	3912.35
其他险		
人寿保险小计	460317.31	56172.24
个险业务	219662.78	
团险业务	8802.93	
银行邮政代理业务	227035.11	
其他险	4816.04	

18-5 保险业务主要指标

项　目	2015	2016	2016年比2015年增长（%）
财产保险公司			
保费收入（万元）	178912.7	190511.4	6.5
赔款与给付（万元）	85230.1	84301.0	-1.1
市场份额（%）	40.0	29.3	
人寿保险公司			
保费收入（万元）	325180.5	460317.3	41.6
赔款与给付（万元）	59835.2	56172.2	-6.1
市场份额（%）	60.0	70.7	

主要统计指标解释

信贷资金 指金融机构以信用方式积聚和分配的货币资金。金融机构信贷资金的来源有各项存款、金融债券、对国际金融机构负债、流通中现金、其他项目等；信贷资金的运用有各项贷款、有价证券及投资、黄金占款、外汇买卖、财政借款及在国际金融机构中的资产等。

存款 指企业、机关、团体或居民根据资金必须收回的原则，把货币资金存入银行或其他信贷机构保管并取得一定利息的一种信用活动形式。根据存款对象的不同可划分为住户存款、非金融企业存款、政府存款、非银行业金融机构存款等科目。它是银行信贷资金的主要来源。

贷款 指银行或其他信用机构根据资金必须归还的原则，按一定利率，为企业、个人等提供资金的一种信用活动形式。我国银行贷款分为短期贷款、中长期贷款、融资租赁、票据融资、各项垫款、境外贷款等。

保险公司 在中国境内的、经过保险监督管理部门批准设立，并依法登记注册的各类商业保险公司。

保险金额 指保险人承担赔偿或者给付保险金责任的最高限额。

保费 指投保人为取得保险人在约定范围内所承担赔偿责任而支付给保险人的费用。

赔款 指保险人根据保险合同的规定，向被保险人支付的赔偿保险责任损失的金额。

给付 包括死伤医疗给付和满期给付。死伤医疗给付是指保险人根据人寿保险及长期健康保险合同的规定，因被保险人在保险期内发生保险责任范围内的保险事故支付给被保险人（或受益人）的金额。满期给付是指被保险人生存期满，保险人按人寿保险合同规定支付给被保险人的满期保险金额。

19

教育、科技和文化

EDUCATION,SCIENCE AND CULTURE

19-1　2011-2016年教育事业基本情况

指　标	2011	2012	2013	2014	2015	2016
学校数（所）						
普通高等学校	5	5	5	5	5	5
普通中等学校	115	115	112	110	109	110
中等专业学校	15	15	14	14	14	14
普通中学	98	98	96	94	93	94
高　中	34	35	35	34	36	37
初　中	64	63	61	60	57	57
职业中学	2	2	2	2	2	2
小　学	183	162	153	153	138	136
幼儿园	166	197	222	277	312	312
特殊教育	3	3	3	3	3	3
专任教师（人）						
普通高等学校	4481	4543	4520	4517	4373	4484
普通中等学校	10590	10950	10809	11090	11121	11432
中等专业学校	1223	1188	1116	1096	1104	1151
普通中学	9201	9592	9526	9825	9845	10110
高　中	3088	3382	3469	3578	3711	3898
初　中	6113	6210	6057	6247	6134	6212
职业中学	166	170	167	169	172	171
小　学	8868	8720	8454	8727	8736	8888
幼儿园	2339	2897	3189	4077	4649	4648
特殊教育	91	89	91	97	88	89
招生数（人）						
普通高等学校	20352	20063	20579	21111	21926	23125
普通中等学校	56047	53578	52737	51153	46014	42260
中等专业学校	9667	9151	8282	10263	8185	7686
普通中学	45450	43855	43064	39380	36451	33410

注：2011年起普通高等学校中包含高职（专科）院校。

19-1 续 表

指 标	2011	2012	2013	2014	2015	2016
高 中	19048	18027	18186	15837	15629	15070
初 中	26402	25828	24878	23543	20822	18340
职业中学	930	572	1391	1510	1378	1164
小 学	24828	21840	24339	22833	23222	24476
幼儿园	13869	16615	17250	27797	24521	22088
特殊教育	56	48	29	95	63	41
在校学生（人）						
普通高等学校	67514	68641	70100	70324	72320	80246
普通中等学校	161109	158260	157117	152976	145788	135601
中等专业学校	25764	25840	25775	24299	23937	23462
普通中学	132858	130521	128945	125433	117914	108469
高 中	52717	53990	55022	52286	49394	46224
初 中	80141	76531	73923	73147	68520	62245
职业中学	2487	1899	2397	3244	3937	3670
小 学	141902	135400	133111	131676	133377	138601
幼儿园	32673	38437	41203	55161	57275	58036
特殊教育	235	263	206	277	333	359
毕业生数（人）						
普通高等学校	17218	18131	18349	19832	19230	27675
普通中等学校	54581	52330	50674	52648	50891	50424
中等专业学校	8703	8145	7773	9601	7536	7007
普通中学	45315	43657	42278	42519	42938	42239
高 中	16311	16232	17144	18742	18125	18028
初 中	29004	27425	25134	23777	24813	24211
职业中学	563	528	623	528	417	1178
小 学	25749	25828	24801	23597	21005	18516
幼儿园	10754	11225	12701	13429	16446	17463
特殊教育	30	9	19	10	7	18

19-2　1979-2016年教育事业情况

单位：所、人

年 份	普通高校		中等专业学校		职业中学	
	学校数	在校学生	学校数	在校学生	学校数	在校学生
1979	3	2367	9	3695		
1980	3	2573	8	4193		
1981	3	2686	9	3291		
1982	3	2872	11	2766		
1983	3	2868	11	3556		
1984	3	3192	12	4031	3	195
1985	3	3972	12	4920	3	334
1986	3	4392	13	5391	5	366
1987	3	4283	17	3721	15	9990
1988	3	4728	13	5966	16	9676
1989	3	6430	13	6371	16	10588
1990	3	4653	13	6284	18	9677
1991	3	4144	13	6600	18	10494
1992	3	4495	13	6761	19	13097
1993	3	5152	13	7769	28	12717
1994	3	5069	13	8388	31	13654
1995	3	4923	13	8361	26	13511
1996	3	5372	13	8557	17	9938
1997	3	5766	13	8587	17	8362
1998	3	6486	13	11475	19	10813
1999	4	9621	13	13971	17	10291
2000	4	12158	10	14735	17	9120
2001	4	16848	8	13992	13	9694
2002	4	21921	8	13590	11	7375
2003	3	28236	8	12986	10	7850
2004	3	34109	8	14550	9	6095
2005	3	31819	9	19049	9	7374
2006	3	40368	10	21341	9	8055
2007	3	38299	13	27460	9	9528
2008	3	42456	13	24920	9	9251
2009	3	52733	13	28055	2	1420
2010	3	56361	13	26030	2	2404
2011	5	67514	15	25764	2	2487
2012	5	68641	15	25840	2	1899
2013	5	70100	14	25775	2	2397
2014	5	70324	14	24299	2	3244
2015	5	72320	14	23937	2	3937
2016	5	80246	14	23462	2	3670

19-2 续 表

单位：所、人

年份	普通中学		小学		成人高校	
	学校数	在校学生	学校数	在校学生	学校数	在校学生
1979	146	167785	1475	235904		
1980	167	154996	1186	230417	14	7648
1981	134	136351	988	220508		
1982	147	126089	1117	210082	4	1083
1983	143	123518	916	196907	5	1176
1984	140	122258	772	195433	7	2593
1985	146	119912	764	188612	7	3593
1986	145	122080	718	179421	7	3624
1987	146	120570	731	171487	7	3394
1988	146	114889	719	164109	7	4147
1989	148	108005	890	160301	7	4832
1990	148	104819	885	156743	7	4696
1991	149	99798	880	157350	7	3479
1992	149	93380	857	162322	7	4225
1993	149	85785	836	166038	6	5002
1994	152	89196	814	170018	8	5990
1995	149	95548	774	170945	8	5990
1996	148	104572	638	174607	8	6240
1997	152	112392	633	176900	5	3666
1998	154	118064	621	174370	4	1907
1999	152	122680	629	169116	3	1795
2000	147	132326	595	164719	2	2299
2001	159	144541	554	159541	2	3610
2002	162	162519	531	155005	2	5516
2003	161	170562	474	149796	3	7765
2004	157	175087	437	146140	3	5722
2005	145	176780	369	140540	2	4830
2006	133	176610	317	136261	2	4101
2007	119	143937	249	164542	2	3985
2008	104	142222	219	157318	2	5545
2009	101	140002	198	151557	2	4527
2010	96	134852	185	142909	1	2634
2011	98	132858	183	141902		19268
2012	98	130521	162	135400		19632
2013	96	128945	153	133111		20367
2014	94	125433	153	131676		20892
2015	93	117914	138	133377		13336
2016	94	108469	136	138601		5141

19-3 规模以上工业企业研究与试验发展（R&D）人员情况（2016年）

指　标	R&D人员合计（人）	参加项目人员	管理和服务人员	全时人员	非全时人员	#研究人员
总计	**19498**	**17418**	**2080**	**11959**	**7539**	**7892**
#国有控股企业	13581	11694	1887	8004	5577	6193
按企业规模分						
大型	12677	10923	1754	7023	5654	5661
中型	4037	3799	238	3014	1023	1239
小型	2711	2625	86	1881	830	968
微型	73	71	2	41	32	24
按登记注册类型分						
内资企业	18962	16893	2069	11573	7389	7751
国有企业	513	456	57	365	148	246
有限责任公司	13839	12028	1811	8330	5509	5947
国有独资公司	4098	3330	768	3506	592	1962
其他有限责任公司	9741	8698	1043	4824	4917	3985
股份有限公司	1914	1892	22	1347	567	560
私营企业	1956	1814	142	1084	872	624
其他企业	740	703	37	447	293	374
外商投资企业	508	497	11	370	138	135
港、澳、台商投资企业	28	28		16	12	6
按国民经济行业分						
黑色金属矿采选业	704	704		456	248	184
煤炭开采和洗选业	25	17	8	13	12	13
农副食品加工业	56	55	1	45	11	19
酒、饮料和精制茶制造业	245	245		167	78	18
纺织服装、服饰业	155	155		140	15	49
石油加工、炼焦和核燃料加工业	31	31		28	3	16
化学原料和化学制品制造业	695	678	17	108	587	251
医药制造业	4	4		4		2
橡胶和塑料制品业	16	12	4	15	1	8
非金属矿物制品业	232	97	135	207	25	108
黑色金属冶炼和压延加工业	8371	7465	906	3696	4675	3348
有色金属冶炼和压延加工业	2187	2137	50	1497	690	627
金属制品业	4575	3765	810	3802	773	2388
通用设备制造业	197	183	14	149	48	80
专用设备制造业	187	184	3	152	35	69
汽车制造业	637	584	53	573	64	325
铁路、船舶、航空航天和其他运输设备制造业	93	93		83	10	46
电气机械和器材制造业	398	381	17	297	101	92
计算机、通信和其他电子设备制造业	18	18		10	8	10
仪器仪表制造业	48	48		43	5	16
其他制造业	9	7	2	6	3	4
金属制品、机械和设备修理业	71	30	41	64	7	38
电力、热力生产和供应业	544	525	19	404	140	181

19-4 规模以上工业企业研究与试验

指　标	R&D经费内部支出合计（万元）	按资金来源分组				按活动
		政府资金	企业资金	境外资金	其他资金	基础研究支出
总计	562522	20793	514634	1590	25505	82
#国有控股企业	344104	17019	320689	120	6276	82
按企业规模分						
大型	292172	12636	272973	98	6466	82
中型	172656	2373	152434	1492	16358	
小型	88994	5774	82300		920	
微型	8699	10	6927		1762	
按登记注册类型分						
内资企业	539885	20263	494890	1590	23142	82
国有企业	41546	6896	34650			
有限责任公司	346184	5183	325925	1492	13583	
国有独资公司	92385	1378	85550		5457	
其他有限责任公司	253798	3805	240375	1492	8126	
股份有限公司	70101	3535	60485	98	5983	82
私营企业	75970	727	71667		3576	
其他企业	6085	3921	2164			
外商投资企业	22208	530	19314		2363	
港、澳、台商投资企业	429		429			
按国民经济行业分						
黑色金属矿采选业	22068		20534		1534	
煤炭开采和洗选业	68		68			
农副食品加工业	1383		1383			
酒、饮料和精制茶制造业	1246	15	1231			
纺织服装、服饰业	2536	450	2086			
石油加工、炼焦和核燃料加工业	4167	1250	2917			
化学原料和化学制品制造业	30267	120	30147			
医药制造业	64		64			
橡胶和塑料制品业	296		296			
非金属矿物制品业	13051		13051			
黑色金属冶炼和压延加工业	187987	922	169593	1470	16003	
有色金属冶炼和压延加工业	83023	3359	76816		2849	82
金属制品业	88613	12247	73444		2923	
通用设备制造业	2908	374	2512	22		
专用设备制造业	8609	29	8580			
汽车制造业	30548	303	30187		58	
铁路、船舶、航空航天和其他运输设备制造业	2319		2221	98		
电气机械和器材制造业	11454	175	10935		344	
计算机、通信和其他电子设备制造业	184		151		33	
仪器仪表制造业	1870		1870			
其他制造业	4000	10	3990			
金属制品、机械和设备修理业	948	20	928			
电力、热力生产和供应业	64914	1520	61632		1762	

发展（R&D）经费情况（2016年）

类型分组		按支出用途分组					R&D经费外部支出合计（万元）
应用研究支出	试验发展支出	经常费支出	#人员劳务费	资产性支出	土建工程	仪器设备	
18914	**543527**	**462132**	**101374**	**100390**	**1534**	**98856**	**7093**
7699	336324	300742	78621	43362	844	42519	2869
8821	283270	273278	72285	18894	860	18035	3949
9364	163292	105913	18504	66743	345	66398	1935
277	88717	77472	9826	11522	326	11196	703
451	8249	5469	758	3230	3	3227	507
15859	523944	449341	99566	90544	1527	89017	6478
4027	37519	13764	4097	27782		27782	223
3898	342286	307593	74300	38591	1445	37146	3629
162	92223	89330	17810	3055	124	2932	2330
3736	250062	218263	56491	35536	1321	34214	1298
5472	64547	56236	11131	13865	33	13832	489
2463	73507	66061	9391	9908	49	9860	2138
	6085	5687	647	398		398	
3054	19154	12390	1747	9817	0	9817	615
	429	401	60	28	7	21	
	22068	18660	1614	3408	232	3176	
	68	68	42				223
	1383	1371	248	12		12	2
	1246	1170	458	76	2	74	68
	2536	2525	618	11		11	3
	4167	1509	455	2658		2658	
	30267	30099	2896	168		168	95
	64	64	49				
	296	296	190				
	13051	10712	710	2339	3	2336	57
7352	180635	158702	47480	29285	1046	28239	2486
5559	77383	60040	11147	22983	21	22963	1007
4189	84424	83538	17724	5076	178	4897	2273
648	2260	2748	899	161	3	158	56
890	7719	7692	1347	917	1	916	92
	30548	29815	7547	733	0	733	236
276	2043	2319	853				
	11454	9849	1473	1605	44	1561	46
	184	179	70	5		5	
	1870	1870	495				
	4000	1570	95	2430		2430	430
	948	938	257	10		10	
	64914	36399	4709	28515	4	28511	21

19-5 规模以上工业企业办科技机构情况（2016年）

指　标	机构数（个）	机构人员合计（个）	#博士毕业	#硕士毕业	机构经费支出（万元）	仪器和设备原价（万元）
总计	**278**	**18754**	**385**	**2547**	**349383**	**351525**
#国有控股企业	87	9663	91	1483	100917	117475
按企业规模分						
大型	115	13462	205	1889	221097	244257
中型	62	2842	75	366	59479	69047
小型	96	1563	93	241	25182	36779
微型	5	887	12	51	43625	1443
按登记注册类型分						
内资企业	257	17652	354	2336	309328	325257
国有企业	9	335	13	133	11511	6390
有限责任公司	141	12660	196	1597	209234	226288
国有独资公司	28	4875	11	524	31132	60792
其他有限责任公司	113	7785	185	1073	178102	165496
股份有限公司	52	3421	106	483	61959	62794
私营企业	54	1221	37	117	26469	28959
其他企业	1	15	2	6	155	826
外商投资企业	15	861	30	185	23547	22293
港、澳、台商投资企业	6	241	1	26	16509	3975
按国民经济行业分						
石油和天然气开采业	1	24	0	1	16	60
煤炭开采和洗选业	8	219	13	67	2764	3503
非金属矿采选业	4	57	3	8	228	3653
农副食品加工业	14	459	19	26	5770	15404
食品制造业	32	2455	94	339	75468	87226
酒、饮料和精制茶制造业	8	209	14	17	2817	3081
烟草制品业	1	14	1	10	526	2395
纺织业	6	354	7	22	14328	5870
纺织服装、服饰业	1	155	0	3	2523	6600
石油加工、炼焦和核燃料加工业	2	62	0	2	38	634
化学原料和化学制品制造业	48	3163	87	429	94558	74062
医药制造业	17	588	24	59	22302	9201
橡胶和塑料制品业	3	74	6	18	351	4396
非金属矿物制品业	9	505	0	10	14434	10637
黑色金属冶炼和压延加工业	18	2698	59	514	26477	32562
有色金属冶炼和压延加工业	24	1603	23	236	15747	17935
金属制品业	31	4714	12	568	36139	56733
通用设备制造业	10	123	9	21	848	688
专用设备制造业	5	70	4	12	5153	1195
汽车制造业	2	576	0	72	16483	7230
铁路、船舶、航空航天和其他运输设备制造业	3	93	0	20	1236	117
电气机械和器材制造业	10	239	4	46	9036	3151
计算机、通信和其他电子设备制造业	6	114	3	17	752	826
仪器仪表制造业	5	37	0	0	208	2001
其他制造业	5	71	3	25	1165	2003
金属制品、机械和设备修理业	1	15	0	1	5	350
电力、热力生产和供应业	4	63	0	4	14	13

19-6　科学研究与技术开发机构情况（2016年）

指　标	科学研究与技术服务事业单位	转制为企业的研究机构
机构数（个）	**13**	**3**
从业人员总数（个）	**590**	**771**
科技活动人员（人）	**465**	**308**
博士	19	20
硕士	110	116
大学	251	136
其他	85	36
科技活动收入（万元）	**237654**	**41901**
#政府资金	232248	41901
科技活动支出（万元）	**106884**	**115153**
人员费用（含工资）	43551	23435
设备购置费	18969	
其他费用	44364	91718
R&D人员合计（人）	**301**	**264**
博士	19	20
硕士	85	118
大学	164	123
其他	33	3
R&D经费内部支出（万元）	**196096**	**73876**
人员费用（含工资）	24607	14232
设备购置费	14008	8895
其他	157491	50749
课题情况		
课题数（个）	48	43
课题经费内部支出（万元）	48842	47847
#R&D课题经费内部支出	44856	47847
专利申请受理数（件）	**8**	**36**
专利授权数（件）	**5**	**17**
科技论文（篇）	**39**	**10**

19-7　文化事业基本情况（2016年）

指　标		2016	指　标		2016
文化部门艺术表演团体			组织文艺活动次数	（次）	458
单位数	（个）	5	举办训练班次	（次）	409
年末职工人数	（人）	576	训练班培训人数	（人次）	50376
本团原创首演剧目	（个）	11	总收入	（千元）	20459
演出场次	（次）	617	固定资产原值	（千元）	7989
#农村演出		298	文化站		
观众人次	（千人次）	1011	机构数	（个）	80
总收入	（千元）	82049	从业人员	（人）	206
#财政补助		73336	举办展览个数	（个）	143
事业收入		1213	组织文艺活动次数	（次）	1434
#演出收入		1213	举办训练班次	（次）	333
总支出	（千元）	69592	公共图书馆		
固定资产原值	（千元）	26670	单位数	（个）	10
实际使用房屋建筑面积	（平方米）	19195	职工人数	（人）	201
艺术研究机构			有效借书证数	（个）	85199
单位数	（个）	1	总流通人次	（千人次）	1536
职工人数	（人）	27	#书刊外借人次	（千人次）	310
文化部门艺术表演场所			总收入	（千元）	33895
单位数	（个）	3	文物保护管理机构		
职工人数	（人）	44	机构数	（个）	10
群艺馆、文化馆			从业人员	（人）	72
单位数	（个）	12	博物馆		
职工人数	（人）	147	机构数	（个）	3
举办展览个数	（个）	63	从业人员	（人）	108

注：本表数据由市文化局提供。

19-8　广播电视事业发展情况（2016年）

指　标	单　位	2016
广播电视台	**座**	**4**
调频电视转播发射台	座	16
广播		
广播人口覆盖率	%	99.54
节目套数	套	8
广播节目制作	小时	31550
新闻	小时	3975
专题	小时	12396
综艺	小时	12581
广告	小时	2272
其他	小时	326
电视		
有线广播电视用户	户	471620
电视人口覆盖率	%	99.51
节目套数	套	6
电视节目制作	小时	6039
新闻	小时	1858
专题	小时	3056
综艺	小时	347
影视剧	小时	0
广告	小时	603
其他	小时	174

主要统计指标解释

普通高等学校 指按照国家规定的设置标准和审批程序批准举办的，通过全国普通高等学校统一招生考试，招收高中毕业生为主要培养对象，实施高等教育的全日制大学、独立设置的学院和高等专科学校、高等职业学校和其他机构。

大学、独立设置的学院主要实施本科层次以上教育，高等专科学校、高等职业学校实施专科层次教育，其他机构是承担国家普通招生计划任务不计校数的机构。包括普通高等学校分校和批准筹建的普通高等学校等。

科技活动 指在自然科学、农业科学、医药科学、工程与技术科学、人文与社会科学领域（简称科学技术领域）中，与科技知识的产生、发展、传播和应用密切相关的有组织的活动。可分为研究与试验发展（R&D）、研究与试验发展成果应用及相关的科技服务三类活动。该定义是联合国教科文组织考虑成员国特别是发展中国家开展科技统计工作的需要，而对科技活动所作的统计界定。

科技活动人员 指直接从事科技活动、以及专门从事科技活动管理和为科技活动提供直接服务，累计的实际工作时间占全年制度工作时间10%及以上的人员。（1）直接从事科技活动的人员包括：在独立核算的科学研究与技术开发机构、高等学校、各类企业及其他事业单位内设的研究室、实验室、技术开发中心及中试车间（基地）等机构中从事科技活动的研究人员、工程技术人员、技术工人及其它人员；虽不在上述机构工作，但编入科技活动项目（课题）组的人员；科技信息与文献机构中的专业技术人员；从事论文设计的研究生等。（2）专门从事科技活动管理和为科技活动提供直接服务的人员，包括：独立核算的科学研究与技术开发机构、科技信息与文献机构、高等学校、各类企业及其他事业单位主管科技工作的负责人，专门从事科技活动的计划、行政、人事、财务、物资供应、设备维护、图书资料管理等工作的各类人员，但不包括保卫、医疗保健人员、司机、食堂人员、茶炉工、水暖工、清洁工等为科技活动提供间接服务的人员。该指标用来反映投入科技活动人力的规模。

研究与试验发展（R&D） 指在科学技术领域，为增加知识总量，以及运用这些知识去创造新的应用进行的系统的创造性的活动，包括基础研究、应用研究、试验发展三类活动。国际上通常采用R&D活动的规模和强度指标反映一国的科技实力和核心竞争力。

科学研究与技术开发机构 指有明确的任务和研究方向，有一定学术水平的业务骨干和一定数量的研究人员，具有研究、开发、开展学术工作的基本条件，主要进行科学研究与技术开发活动，并且在行政上有独立的组织形式，财务上独立核算盈亏，有权与其他单位签订合同，在银行有单独户头的单位。包括国务院各部门、中国科学院、中国社会科学院和各省、自治区、直辖市以及地（市）以上［含地（市）］各部门所属的国有科学研究与技术开发机构。

科学家和工程师 指具有大学本科及以上学历和不具备上述学历但有高、中级职称的人员。

其他科技人员 指大专、中专毕业和具有初级职称的从事科技活动人员。

专业技术人员 指已取得科学技术职称，或大学、中专的理、工、农、医科系毕业，以及国民经济各部门从工作实践中提拔，从事理、工、农、医等自然科学技术的研究、教学、生产的专业人员和在机关、企业、事业中从事科学技术业务管理工作的专业人员。

工程技术人员 指在国民经济各行业中从事工程技术工作的自然科学技术专业人员，包括高级工程师、工程师、助理工程师、技术员和未评定职称的技术人员。

科学研究人员 指在国民经济各行业中从事科学技术活动的自然科学技术专业人员，包括正副研究员、助理研究员、研究实习员、技术员和未评定职称的技术人员。

文化事业机构 指从事专业文化工作和为专业文化工作服务的独立建制的单位。不包括这些单位另外举办独立核算的其他机构和各部门的业余文化组织。

艺术表演团体 指从事戏曲、音乐、舞蹈、杂技等专业艺术表演，有独立帐户的单位，不包括半工半艺、半农半艺和民间职业剧团。

艺术表演观众人数（人次） 指售票、包场演出或民族地区免费演出的艺术表演观众人次数，不包括彩排审查和内部观摩演出的观看人次数。

20

体育、卫生、社会福利 环境保护

SPORTS,PUBLIC HEALTH,SOCIAL WELFARE,ENVIRONMENTAL PROTECTION

20-1　等级运动员分项发展情况（2016年）

单位：人

项　目	健将级	一　级	二　级
总　计		40	186
田　径		1	47
游　泳			6
柔　道			
足　球		10	44
网　球			19
篮　球		10	39
排　球		12	12
乒乓球		3	1
武　术			9
拳　击			6
散　打			3
跆拳道		4	
射　击			

20-2　自治区青少年锦标赛成绩统计（2016年）

单位：块

项　目	金牌	银牌	铜牌
总　计	79	82	95
田　径	20	18	12
游　泳	16	18	20
柔　道	3	2	5
足　球	2	0	0
网　球	5	7	5
篮　球	3	2	1
排　球	2	0	1
乒乓球	3	5	3
拳　击	2	4	13
散　打	4	2	3
跆拳道	9	8	18
射　箭	4	5	6
射　击	6	11	8

20-3 医疗卫生机构

项　目	机构（个）	床位数（张）	人员数（人）	#卫生技术人员
总　计	**1742**	**17334**	**27685**	**22668**
医院	**69**	**14683**	**19516**	**16037**
综合医院	28	10302	13939	11662
中医医院	13	1364	1891	1585
中西医结合医院	2	140	159	149
民族医院	2	130	188	142
专科医院	24	2747	3339	2499
基层医疗卫生机构	**1604**	**2322**	**6720**	**5527**
社区卫生服务中心(站)	197	1125	2510	2129
卫生院	68	1142	921	773
村卫生室	460		644	146
门诊部	63	55	839	694
诊所、卫生所、医务室	816		1806	1785
专业公共卫生机构	**50**	**45**	**1162**	**909**
疾病预防控制中心	11		409	333
健康教育所(站、中心)	3		20	9
妇幼保健院(所、站)	10	45	252	203
急救中心(站)	1		21	14
采供血机构	1		104	79
卫生监督所(中心)	10		252	218
计划生育技术服务机构	14		104	53
其他卫生机构	**19**	**284**	**287**	**195**
疗养院	2	284	148	114
医学科学研究机构	2		30	18
临床检验中心（所、站）	2		42	28
统计信息中心	1		7	1
其他	12		60	34

基本情况（2016年）

执业（助理）医师	#执业医师	注册护士	药师（士）	技师（士）	其它
8264	**7614**	**10237**	**1370**	**1047**	**1750**
5087	**4852**	**8166**	**817**	**751**	**1216**
3747	3652	5931	567	514	903
546	471	729	109	92	109
61	56	51	14	9	14
48	40	41	7	8	38
685	633	1414	120	128	152
2668	**2276**	**1903**	**526**	**176**	**254**
863	762	888	189	92	97
410	275	158	34	40	131
81	40	65			
339	277	264	32	42	17
975	922	528	271	2	9
403	**385**	**118**	**17**	**99**	**272**
207	200	30	2	54	40
5	5	1			3
125	124	41	10	21	6
10	9	4			0
22	22	34	4	19	0
					218
34	25	8	1	5	5
106	**101**	**50**	**10**	**21**	**8**
64	62	34	3	11	2
18	17				
10	10	9		9	
					1
14	12	7	7	1	5

20-4　1979-2016年医疗卫生事业情况

年　份	机构（个）	床位数（张）	医疗卫生工作人员合计（人）	#卫生技术人员
1979	484	6595	12591	9719
1980	442	6748	13207	10094
1981	479	6861	14099	10967
1982	458	6992	14733	11377
1983	452	7321	15134	11832
1984	433	7438	15388	12065
1985	465	7444	15666	12341
1986	477	7489	15728	12366
1987	501	7919	16206	12634
1988	525	8255	16685	13182
1989	517	8296	16797	13453
1990	498	8319	17044	13505
1991	500	8569	17379	13637
1992	501	8607	17609	13771
1993	459	8676	18076	13910
1994	462	8695	18422	14608
1995	462	9339	18393	14080
1996	749	8885	17788	14246
1997	761	9132	18540	14469
1998	744	9359	17923	13932
1999	806	9745	18405	14397
2000	854	9462	18596	14639
2001	888	9509	18481	14694
2002	805	9491	17324	13015
2003	1031	9768	16831	13841
2004	1116	9846	16762	13913
2005	1123	9731	16767	13916
2006	1159	9607	17048	14176
2007	1142	9727	17843	15002
2008	1233	11024	18976	15852
2009	2120	11995	20589	16309
2010	2017	12791	21610	17023
2011	2030	13590	21498	17020
2012	1621	15124	22176	18063
2013	1645	15195	24401	19450
2014	1620	15382	24418	19774
2015	1723	16008	25807	20941
2016	1742	17334	27685	22668

注：2009年起卫生数据汇总包含村卫生室数据，以往年度不包括。

20-5　2011-2016年计划生育情况

项　目	单位	2011	2012	2013	2014	2015	2016
出生人数合计	人	**19139**	**21255**	**20044**	**21114**	**15974**	**20303**
出生率	‰	7.30	8.01	7.40	7.68	5.81	7.38
一孩	人	14712	16264	14944	16060	11340	13762
比重	%	76.87	76.52	74.56	76.06	70.99	67.78
二孩	人	4298	4810	4933	3791	3452	6266
比重	%	22.46	22.63	24.61	17.95	21.61	30.86
多孩	人	129	181	167	1263	1182	275
比重	%	0.67	0.85	0.83	2.98	7.00	1.35
死亡人数	人	**7245**	**8083**	**7942**	**7758**	**6828**	**8547**
死亡率	‰	2.76	3.04	2.93	2.82	2.48	3.11
自然增长人数合计	人	**11894**	**13172**	**12102**	**13356**	**9146**	**11756**
自然增长率	‰	4.54	4.96	4.47	4.86	3.33	4.27
本年实施计划生育手术例数	例	**17443**	**12391**	**15412**	**13673**		
男性绝育	例	2	1	2			
女性绝育	例	423	277	437	301		
放置宫内节育器	例	15553	10643	13366	12112		
取出宫内节育器	例	1061	906	1042	837		
皮下埋植	例	7	1	5			
人工流产	例	397	563	560	423		
已婚育龄妇女人数	人	**561881**	**564390**	**55665**	**548422**	**527349**	**522509**
领取独生子女证人数	人	**103005**	**93559**	**88534**	**82026**	**71658**	**61898**

20-6　交通事故情况（2016年）

项　　目	发生数（起）	死亡人数（人）	受伤人数（人）	损失折款（万元）
总　　计	**974**	**87**	**1107**	**120.4**
#一般事故	974	87	1107	120.4
较大事故				
在总计中：机动车	886	81	1086	112.1
#汽车	774	66	870	99.1
摩托车	107	15	129	12.7
非机动车	81	5	94	7.7
#自行车	14	2	14	1.1
电动自行车	51	3	60	4.3

20-7　火灾事故情况（2016年）

项　　目	按事故发生程度分				
	合 计	特 大	重 大	较 大	一 般
发　　生（起）	810				810
死　　亡（人）	1				1
受　　伤（人）	3				3
损失折款（万元）	496.0				496.0
平均每起事故损失（元）	6123				

20-8 社会福利事业、企业单位基本情况（2016年）

项目	单位数（个）	年末职工人数（个）	年末床位数（张）	年末在院人数（个）
收养性福利事业单位	54	1357	10685	6423
#光荣院	2	12	160	19
社会福利院	3	56	898	457
农村养老服务机构	4	58	508	362
救助管理站	2	30	62	8
殡仪服务类	20	402		
社区服务中心	56	835		
社会福利企业	17	1299		

20-9 低保、救济情况

项目	单位	2015	2016
城市居民最低生活保障人数	人	44004	13084
#女性	人	20263	6010
#残疾人	人	7791	4303
#在校生	人	2538	
城市“三无”救助人数	人	561	
农村居民最低生活保障人数	人	27538	21826
#女性	人	12570	8043
#老年人	人	16703	8970
未成年人	人	553	9578
#残疾人	人	3372	2163
农村集中五保供养人数	人	791	

20-10 社会保险情况（2016年）

项　目	2016	项　目	2016
养老保险情况		实缴生育保险费（万元）	14089
城镇职工基本养老保险		生育保险费支出（万元）	9402
参保人数（万人）	60.93	失业保险情况	
养老保险费（万元）	599664	参保人数（万人）	42.50
享受城镇基本养老保险		失业保险费收入（万元）	36204
离退休人员（万人）	33.12	失业保险金支出合计（万元）	62457
养老金支出（万元）	1158876	#失业保险金	15991
城乡居民养老保险参保人数（万人）	43.52	医疗补助金支出	973
工伤保险情况		职业培训和职业介绍补贴支出	129
参保职工（万人）	47.85	基本医疗保险情况	
实缴工伤保险费（万元）	12659	参保人数（万人）	81.30
工伤保险费支出（万元）	9514	在职职工	56.40
生育保险情况		退休人员	24.90
参保职工（万人）	48.48	实缴基本医疗保险费（万元）	245333

20-11　工业企业“三废”排放及治理情况

指　标	2011	2012	2013	2014	2015	2016
废水						
工业废水排放量（万吨）	4874.92	4290.80	4015.54	3857.77	4137.56	3345.17
工业化学需氧量排放量（吨）	4876.39	5400.13	5634.52	5407.83	4808.06	1078.71
工业氨氮排放量（吨）	5213.12	5367.81	5650.83	5513.88	4301.39	82.30
废气						
工业废气排放量（亿立方米）	6402.84	6825.37	6978.48	7635.86	8953.99	6965.04
工业二氧化硫排放量（万吨）	21.00	20.99	19.77	18.94	17.61	4.21
工业氮氧化物排放量（万吨）	13.28	13.35	13.53	10.89	9.39	4.31
工业烟（粉）尘排放量（万吨）	9.73	9.05	9.85	11.19	10.42	6.12
固体废物						
工业固体废物产生量（万吨）	2851.40	2945.41	2958.31	2394.61	2187.98	3521.83
工业固体废物综合利用量（万吨）	969.00	1405.21	1423.16	1583.65	1577.83	1574.68
工业固体废物综合利用率（%）	33.98	47.71	48.11	66.13	72.11	44.71
工业固体废物贮存量（万吨）	480.23	340.05	314.90	251.06	237.31	1542.71
工业固体废物处置量（万吨）	1402.16	1200.41	1220.70	563.72	377.29	404.44
污染治理						
本年竣工项目数（个）	19	15	16	49	41	37
施工项目本年完成投资额（万元）	27572.6	36724.6	121992.8	144144.9	69446.5	88446.6
工业废水治理项目	3786.0	6963.9	5086.9	1939.9	9683.0	16727.0
工业固体废物治理项目	2380.0	12.0	3015.0	250.0	5156.0	11253.0
工业废气治理项目	18483.6	29348.7	109939.9	133988.1	49956.4	58806.2
其他治理项目	2923.0	400.0	3951.0	7967.0	4651.1	1660.4

20-12　全市重点调查工业污染排放及处理利用情况（2016年）

行业名称	工业废气排放量（亿立方米）	废气治理设施数（套）	二氧化硫产生量（吨）	二氧化硫排放量（吨）	氮氧化物产生量（吨）
煤炭开采和洗选业	0.12		15.99	15.99	3.46
黑色金属矿采选业	47.15	73	1945.96	623.90	964.68
有色金属矿采选业	0.29	9	5.44	5.44	1.17
非金属矿采选业	0.86	7	45.21	45.21	41.84
农副食品加工业	0.31		5.74	5.74	18.58
食品制造业	17.15	3	3.10	3.10	19.34
酒、饮料和精制茶制造业	1.08	1	20.55	20.55	17.86
纺织业	0.21		0.01	0.01	2.83
造纸和纸制品业	0.38	1	58.48	49.71	10.75
石油加工、炼焦和核燃料加工业	126.21	42	386.58	270.59	1039.87
化学原料和化学制品制造业	122.26	40	9664.32	839.70	4899.42
医药制造业	0.96		5.60	5.60	30.00
非金属矿物制品业	131.67	173	349.03	349.03	3038.94
黑色金属冶炼和压延加工业	3134.44	260	208530.11	9799.94	14072.87
有色金属冶炼和压延加工业	2059.87	159	343693.61	13147.63	33918.21
金属制品业	42.06	17	1505.73	805.62	46.93
其他制造业	2.23	48	2.64	2.64	27.61
电力、热力生产和供应业	1277.78	61	149994.20	10308.19	51493.33

20-12 续 表

行业名称	氮氧化物排放量（吨）	烟（粉）尘产生量（吨）	烟（粉）尘排放量（吨）	一般工业固体废物产生量（万吨）	一般工业固体废物综合利用量（万吨）
煤炭开采和洗选业	3.46	1.47	1.47	139.60	6.14
黑色金属矿采选业	398.54	25675.90	1559.07	1614.46	196.50
有色金属矿采选业	1.17	1235.21	3.76	39.62	
非金属矿采选业	41.84	867.64	8.74	0.09	0.09
农副食品加工业	18.58	6.34	6.34		
食品制造业	19.34	22.94	22.94		
酒、饮料和精制茶制造业	17.86	4.21	2.64	0.53	0.52
纺织业	2.83	43.33	43.33		
造纸和纸制品业	10.75	4.57	0.58		
石油加工、炼焦和核燃料加工业	1039.87	50028.01	4630.51	0.11	0.11
化学原料和化学制品制造业	791.70	245175.60	410.78	165.26	85.26
医药制造业	30.00	2.50	2.50		
非金属矿物制品业	1189.58	260368.06	1092.29	2.89	0.82
黑色金属冶炼和压延加工业	14072.87	1110593.70	28761.69	788.57	694.07
有色金属冶炼和压延加工业	6668.58	985349.23	7612.23	217.86	177.15
金属制品业	46.93	2937.42	228.97	9.21	0.84
其他制造业	27.61	215.80	35.78	0.15	0.11
电力、热力生产和供应业	12016.66	1997164.87	8648.51	381.67	311.13

主要统计指标解释

等级运动员人数　指经考核正式批准授予等级运动员称号的人数。运动员等级分为国际级运动健将，运动健将、一级运动员、二级运动员、三级运动员、少年级运动员。该指标主要反映运动员队伍的技术水平。

等级裁判员人数　指经考核正式批准授予等级裁判员称号的人数。裁判员等级分为国际裁判、国家级裁判、一级裁判、二级裁判、三级裁判。该指标主要反映裁判员队伍的技术水平。

卫生机构　包括医疗机构、疾病预防控制中心（防疫站）、采供血机构、卫生监督及监测（检验）机构、医学科研和在职培训机构、健康教育所等。

医疗机构　包括医院、社区卫生服务中心（站）、疗养院、卫生院、门诊部、诊所（卫生所、医务室）、妇幼保健院（所、站）、专科疾病防治院（所、站）、急救中心（站）和临床检验中心。医疗机构分为非赢利性医疗机构和赢利性医疗机构。

医院　包括综合医院、中医医院、中西医结合医院、民族医院、各类专科医院和护理院。

卫生技术人员　指卫生机构中医生、护理人员、药剂人员、检验人员等卫生技术人员。

医生　指在医疗、预防保健机构工作且取得《执业医师证书》的执业医师和执业助理医师。

社会福利事业单位　指集中收养社会孤老、残、幼的机构，包括由民政部门管理的社会福利院、儿童福利院、精神病人福利院和城镇集体举办的福利院及农村集体举办的敬老院以及优抚医院和具有收养能力的社区服务中心等。该指标主要反映我国在社会福利性单位投入的水平。

社会福利事业单位收养人数　包括民政部门管理和城镇、农村集体举办的社会福利事业单位中收养的老人、少年儿童、缺乏生活自理能力的残疾人员和精神病人。

社会福利企业单位　指以安置城镇有一定劳动能力的盲、聋、哑和肢体残疾人员就业为目的，享受国家减免税待遇的国有或集体企业。包括福利工厂、福利商业和服务业、假肢厂和安置农场等单位。

基本养老保险

1.（参保）职工人数：指报告期末按照国家法律、法规和有关政策规定参加基本养老保险并在社保经办机构已建立缴费记录档案的职工人数，包括中断缴费但未终止养老保险关系的职工人数，不包括只登记未建立缴费记录档案的人数。

2.（参保）离退休人员人数：指报告期末参加基本养老保险的离休、退休和退职人员的人数。基本医疗保险

参保人数：指报告期末按国家有关规定参加基本医疗保险的人数。包括参加保险的职工人数和退休人员人数。

失业保险

1.参保人数：指报告期末按照国家法律、法规和有关政策规定参加了失业保险的城镇企业事业单位的职工及地方政府规定参加失业保险的其他人员的人数。

2. 失业保险基金收入：指按照规定从企业、事业及其他单位筹集的失业保险费及其他并入失业保险基金收入的总额。包括单位和个人缴纳的失业保险费、失业保险基金利息收入、上级补助收入、下级上解收入、转移收入、财政补贴和其他收入。

3. 失业保险基金支出：指报告期内为保障失业人员和下岗职工基本生活、促进其再就业等支出的基金总额。包括失业救济金、医疗费、死亡丧葬补助费、抚恤救济费、转业训练费支出、失业保险经办机构管理费、补助下级支出、上解上级支出、转移支出和其他支出。

工伤保险

参加保险人数:指报告期末依据国家有关规定参加工伤保险的职工人数。

生育保险

参保人数：指报告期末依据有关规定参加生育保险的职工人数。

工业废水排放量 指经过企业厂区所有排放口排到企业外部的工业废水量。包括生产废水、外排的直接冷却水、废气治理设施废水、超标排放的矿井地下水和与工业废水混排的厂区生活污水，不包括外排的间接冷却水（清污不分流的间接冷却水应计算在内）。

工业废气排放量 指企业厂区内燃料燃烧和生产工艺过程中产生的各种排入空气中含有污染物的气体的总量，以标准状态［273K，101325pa］计。

工业二氧化硫排放量 指企业在燃料燃烧和生产工艺过程中排入大气的二氧化硫总质量。

烟（粉）尘排放量 烟尘是指通过燃烧煤、石油、柴油、木柴、天然气等产生的烟气中的尘粒。工业粉尘指在生产工艺过程中排放的能在空气中悬浮一定时间的固体颗粒。如钢铁企业耐火材料粉尘、焦化企业的筛焦系统粉尘、烧结机的粉尘、石灰窑的粉尘、建材企业的水泥粉尘等。烟（粉）尘排放量指企业在燃料燃烧和生产工艺过程中排入大气的烟尘及工业粉尘的总质量之和。烟尘或工业粉尘排放量可以通过除尘系统的排风量和除尘设备出口烟尘浓度相乘求得。

工业固体废物产生量 指报告期内企业在生产过程中产生的固体状、半固体状和高浓度液体状废弃物的总量，包括危险废物和一般工业固体废物。

工业固体废物综合利用量 指通过回收、加工、循环、交换等方式，从固体废物中提取或者使其转化为可以利用的资源、能源和其他原材料的固体废物量（包括当年利用往年的工业固体废物累计贮存量），如用作农业肥料、生产建筑材料、筑路等。综合利用量由原产生固体废物的单位统计。

工业固体废物综合利用率 指工业固体废物综合利用量占工业固体废物产生量（包括综合利用往年贮存量）的百分率。计算公式为：

工业固体废物综合利用率=工业固体废物综合利用量/（工业固体废物产生量+综合利用往年贮存量）×100%

工业固体废物贮存量 指以综合利用或处置为目的，将固体废物暂时贮存或堆存在专设的贮存设施或专设的集中堆存场所内的数量。专设的固体废物贮存场所或贮存设施必须有防扩散、防流失、防渗漏、防止污染大气、水体的措施。

工业固体废物处置量 指将固体废物焚烧或者最终置于符合环境保护规定要求的场所，并不再回取的工业固体废物量（包括当年处置往年的工业固体废物累计贮存量）。处置方法有填埋（其中危险废物应安全填埋）、焚烧、专业贮存场（库）封场处理、深层灌注、回填矿井等。

工业固体废物排放量 指报告期内企业将所产生的固体废物排到固体废物污染防治设施、场所以外的数量，不包括矿山开采的剥离废石和掘进废石（煤矸石和呈酸性或碱性的废石除外）。

21

要素市场、信息产业 高新技术开发区

ESSENTIAL MARKET, INFORMATION INDUSTRY AND EXPLOITATION AREAS OF ADVANCED TECHNOLOGY

21-1　国有土地使用权出让情况

指　标	单 位	2015	2016
国有土地使用权出让情况			
出让土地	宗	98	139
#协议出让	宗	26	38
出让土地面积	公顷	221.58	634.90
成交价款	亿元	13.92	32.05

21-2　信息产业及城市信息化情况

指　标	单 位	2015	2016
信息产业总收入	亿元	97.51	102.23
#电子制造业总收入	亿元	34.59	38.57
软件业技工贸总收入	亿元	32.85	31.21
电信邮政及传输总收入	亿元	30.07	32.45
出口带宽	G	426.10	832.69
家庭宽带接入数	万户	46.18	53.03
互联网用户数	万户	269.89	282.57
#移动互联网用户数	万户	93.62	107.92
城市中小学在校生每百人拥有计算机数	台/百人	13.52	16.95

21-3 要素市场情况

指　标	单 位	2015	2016
房产市场情况			
商品房网签销售面积	万平方米	342.4	424.9
#住宅	万平方米	275.2	351.1
商品房网签销售金额	亿元	189.6	217.7
#住宅	亿元	134.1	169.8
劳动力市场情况			
期末召开招聘会期次	次	271	307
招聘单位数	个	6432	7133
进场应聘人数	人次	81485	88411
提供就业岗位数	个	83822	85750
达成意向人数	人	24523	28815
应聘成功人数	人次	10591	12021
各类技术合同交流情况			
各类技术合同数	项	35	67
各类技术合同金额	万元	20000	18000
#技术交易额	万元	19000	16000

21-4 稀土高新技术产业开发区企业主要经济指标（2016年）

企业分类	企业数（个）	年末从业人员（人）	总收入（万元）	工业总产值（万元）	工业增加值（万元）	净利润（万元）	实际上缴税总额（万元）	出口总额（万美元）
高新区企业	**545**	**95820**	**11122936**	**10985869**	**2858326**	**675144**	**379513**	**38470**
#稀土企业	48	11022	1144525	1316362	170469	89164	105985	6732
#高新技术企业	70	42960	3227340	3696703	1028793	123906	72729	27963
#上市企业	16	7908	835528	661778	161606	123497	61282	5657
按地域分类								
#政策区	37	37240	3132641	3733625	911751	126858	104208	21611
新建区	508	58580	7990295	7252244	1946575	548286	275305	16859
#创业中心企业	273	6054	502700	443518	80615	19915	9240	
按经济类型分类								
#国有企业	21	20729	827574	888077	203491	-45816	22836	9780
股份合作企业	2	233	23987	24024	5865	2707	104	
有限责任公司	209	35973	5132511	5271536	1298456	292043	205590	10929
股份有限公司	34	14232	1761207	1822311	502845	185248	103846	5710
私营企业	263	13265	2647695	2307779	563559	205007	27372	770
外商及港澳台商投资企业	14	4818	641335	671841	151997	23006	15772	11280
按企业收入分类								
#营业收入100亿元以上企业								
营业收入50-100亿元企业	5	12979	3118022	2670382	640892	29276	160345	
营业收入30-50亿元企业	5	12941	1872567	1928903	462937	57576	19613	2659
营业收入10-30亿元企业	11	12689	1866947	1729372	415049	77240	68309	13398
营业收入1-10亿元企业	128	34108	3558161	3597709	863450	214267	110501	20842
营业收入亿元以下企业	396	23103	707239	1059503	475998	296785	20745	1571
#在地规模以上企业	216	40128	5792738	5729308	2084273	60101	182021	17322
工业	142	25682	5329319	5633415	2084273	29050	156538	17322
服务业	74	14446	463419	95893		31051	25483	

22

STATISTICE OF BANNERS, COUNTIES AND DISTRICTS

旗县区资料

22-1　稀土高新区主要经济指标

指　　标	单 位	2015	2016	2016年比2015年增长(±%)
行政区域土地面积	**平方公里**	**116**	**116**	
人口和就业				
年末户籍人口	人	73840	79331	7.4
#男性	人	36690	39280	7.1
#乡村人口	人	35889	3930	-89.0
年末常住人口	人	146800	149700	2.0
#男性	人	76600	77900	1.7
#乡村人口	人	9200	8200	-10.9
年末总户数	户	54780	55880	2.0
#乡村户数	户	3865	3445	-10.9
出生人口	人	1135	1537	35.4
死亡人口	人	173	131	-24.3
全社会就业人员	人	137477	135414	-1.5
第一产业	人	9396	9302	-1.0
第二产业	人	50657	46097	-9.0
第三产业	人	77424	80015	3.3
在岗职工人数	人	49402	47978	-2.9
乡村劳动力	人	6984	6705	-4.0
#农林牧渔业	人	3894	3741	-3.9
国民经济综合指标				
生产总值	万元	3873800	4001743	8.0
第一产业	万元	37500	34746	3.6
第二产业	万元	2577300	2635288	9.0
#工业	万元	2145272	2180288	9.6
第三产业	万元	1259000	1331709	6.0
人均生产总值	元	266515	269932	5.8
全社会固定资产投资	万元	4168822	4754723	14.3
按登记注册类型分				
#国有	万元	755800	690507	-8.6
集体	万元	48250	86162	78.6
有限责任公司	万元	2255208	2798254	5.7
股份有限公司	万元	139380	128126	-18.2
私营企业	万元	415819	807449	86.2
外商及港澳台投资企业	万元	34240	174331	282.4
一般公共预算收入	万元	467618	480308	2.7
一般公共预算支出	万元	463314	467309	0.9
住户存款余额	万元			
在岗职工工资总额	万元	285367	288257	1.0

22-1 续 表 1

指 标	单 位	2015	2016	2016年比2015年增长(±%)
在岗职工平均工资	元	57559	59787	3.9
全体居民人均可支配收入	元	40391	43541	7.8
城镇常住居民人均可支配收入	元	40391	43541	7.8
农村牧区常住居民人均可支配收入	元			
农村牧区经济				
农作物总播种面积	公顷	1411	1586	12.4
#粮食作物播种面积	公顷	753	717	-4.8
农牧业机械总动力	万千瓦	2.20	2.20	
化肥施用折纯量	吨	605	478	-21.0
农村用电量	万千瓦小时	2220	1430	-35.6
农林牧渔业总产值	万元	58228	58078	3.7
粮食产量	吨	3807	3783	-0.6
油料产量	吨	30	138	360.0
甜菜产量	吨			
猪牛羊肉产量	吨	589	325	-44.8
#猪肉产量	吨	132	92	-30.3
牛肉产量	吨	375	51	-86.4
羊肉产量	吨	82	182	122.0
羊毛产量	吨	31	20	-35.5
年末牲畜存栏头数	万头只	1.91	1.85	-3.1
#大牲畜	万头只	0.41	0.26	-36.6
羊	万只	1.41	1.37	-2.8
猪	万头	0.09	0.22	144.4
规模以上工业				
工业企业单位数	个	141	142	0.7
#内资企业	个	129	130	0.8
工业总产值	万元	5295212	5484745	3.6
内资企业	万元	4977634	5032584	1.1
国有企业	万元	28419	33034	16.2
集体企业	万元			
股份合作企业	万元			
联营企业	万元			
有限责任公司	万元	2628472	2845484	8.3
股份有限公司	万元	994662	816238	-17.9
私营企业	万元	1326081	1337828	0.9
其他企业	万元			
港澳台商投资企业	万元	198481	309593	56.0
外商投资企业	万元	119097	142568	19.7

22-1 续 表 2

指 标	单 位	2015	2016	2016年比2015年增长(±%)
工业企业增加值	万元			9.8
工业企业资产总计	万元	6167928	6409641	3.9
工业企业负债合计	万元	3522018	3515495	-0.2
工业企业产品销售收入	万元	5127290	5783908	12.8
工业企业利润总额	万元	20119	295988	1371.2
建筑业				
建筑企业单位数	个	11	15	36.4
建筑企业从业人员	个	7508	8984	19.7
建筑业总产值	万元	448675	481565	7.3
交通运输邮电通信业				
公路里程	公里	16	16	
邮电业务总量	万元	19548	26480	35.5
本地电话用户	户	119721	98171	-18.0
国内贸易				
社会消费品零售总额	万元	834850	916254	9.8
城镇	万元	834850	916254	9.8
乡村	万元			
科技教育卫生				
各类专业技术人员	人	11420	11534	1.0
幼儿园数	所	29	29	
学龄儿童入学率	%	100.0	100.0	
小学学校数	所	7	7	
小学专任教师数	人	529	555	4.9
小学在校学生数	人	6900	7299	5.8
普通中学学校数	所	6	6	
普通中学专任教师数	人	716	753	5.2
初中在校学生数	人	3985	3820	-4.1
高中在校学生数	人	2461	2593	5.4
卫生机构数	所	12	12	
#医院	所	1	1	
卫生院	所	1	1	
床位数	张	40	40	
#医院	张	20	20	
卫生院	张	20	20	
卫生技术人员	人	100	111	11.0
#医院	人	33	38	15.2
卫生院	人	38	42	10.5

22-2 昆都仑区主要经济指标

指　标	单 位	2015	2016	2016年比2015年增长(±%)
行政区域土地面积	**平方公里**	**301**	**301**	
人口和就业				
年末户籍人口	人	510318	515107	0.9
#男性	人	253404	255372	0.8
#乡村人口	人	18969	16248	-14.3
年末常住人口	人	776600	786100	1.2
#男性	人	401000	405700	1.2
#乡村人口	人	21400	21600	0.9
年末总户数	户	294170	297770	1.2
#乡村户数	户	8106	8182	0.9
出生人口	人	4254	5098	19.8
死亡人口	人	1597	1710	7.1
全社会就业人员	人	466209	468074	0.4
第一产业	人	13017	12917	-0.8
第二产业	人	101486	96472	-4.9
第三产业	人	351706	358685	2.0
在岗职工人数	人	112992	109065	-3.5
乡村劳动力	人	24618	24588	-0.1
#农林牧渔业	人	3747	3737	-0.3
国民经济综合指标				
生产总值	万元	10894200	11357950	7.8
第一产业	万元	32000	29990	3.3
第二产业	万元	4381600	4416610	7.9
#工业	万元	4133000	4153610	8.3
第三产业	万元	6480600	6911350	7.7
人均生产总值	元	141071	145363	6.5
全社会固定资产投资	万元	4582945	5236714	14.5
按登记注册类型分				
#国有	万元	177761	574407	223.1
集体	万元	125230	5953	-95.2
有限责任公司	万元	3783824	2837482	-24.8
股份有限公司	万元	87134	1029072	1081.0
私营企业	万元	408996	619849	51.6
外商及港澳台投资企业	万元			
一般公共预算收入	万元	444566	466429	4.9
一般公共预算支出	万元	438410	489087	11.6
住户存款余额	万元			
在岗职工工资总额	万元	666283	680438	2.1

22-2 续 表 1

指　标	单 位	2015	2016	2016年比2015年增长(±%)
在岗职工平均工资	元	58947	62246	5.1
全体居民人均可支配收入	元	40934	43922	7.3
城镇常住居民人均可支配收入	元	40934	43922	7.3
农村牧区常住居民人均可支配收入	元			
农村牧区经济				
农作物总播种面积	公顷	1603	1813	13.1
#粮食作物播种面积	公顷	1440	1691	17.4
农牧业机械总动力	万千瓦	1.45	1.46	0.7
化肥施用折纯量	吨	1102	1070	-2.9
农村用电量	万千瓦小时	2316	2311	-0.2
农林牧渔业总产值	万元	50991	49910	3.3
粮食产量	吨	11200	11365	1.5
油料产量	吨	18	21	16.7
甜菜产量	吨			
猪牛羊肉产量	吨	1338	1070	-20.0
#猪肉产量	吨	529	545	3.0
牛肉产量	吨	243	120	-50.6
羊肉产量	吨	566	405	-28.4
羊毛产量	吨	5	5	
年末牲畜存栏头数	万头只	4.13	3.66	-11.4
#大牲畜	万头只	0.24	0.16	-33.3
羊	万只	2.91	2.81	-3.4
猪	万头	0.98	0.69	-29.6
规模以上工业				
工业企业单位数	个	83	79	-4.8
#内资企业	个	78	75	-3.8
工业总产值	万元	5907180	6141274	4.0
内资企业	万元	5512584	5688085	3.2
国有企业	万元	29523	105915	258.8
集体企业	万元	17244	16762	-2.8
股份合作企业	万元			
联营企业	万元			
有限责任公司	万元	1763046	1775051	0.7
股份有限公司	万元	3344962	3304491	-1.2
私营企业	万元	357810	485866	35.8
其他企业	万元			
港澳台商投资企业	万元			
外商投资企业	万元	394595	453189	14.8

22-2 续 表 2

指 标	单 位	2015	2016	2016年比2015年增长(±%)
工业企业增加值	万元			8.8
工业企业资产总计	万元	24594619	24358729	-1.0
工业企业负债合计	万元	15809680	16462533	4.1
工业企业产品销售收入	万元	5377662	6198548	15.3
工业企业利润总额	万元	-692899	-239843	
建筑业				
建筑企业单位数	个	30	33	10.0
建筑企业从业人员	个	10263	10500	2.3
建筑业总产值	万元	290477	235950	-18.8
交通运输邮电通信业				
公路里程	公里	462	496	7.4
邮电业务总量	万元	244230	332500	36.1
本地电话用户	户	88800	70469	-20.6
国内贸易				
社会消费品零售总额	万元	4233508	4647139	9.8
城镇	万元	4233508	4647139	9.8
乡村	万元			
科技教育卫生				
各类专业技术人员	人	30879	30972	0.3
幼儿园数	所	61	61	
学龄儿童入学率	%	100.0	100.0	
小学学校数	所	35	34	-2.9
小学专任教师数	人	2182	2210	1.3
小学在校学生数	人	45005	46531	3.4
普通中学学校数	所	26	26	
普通中学专任教师数	人	2958	3095	4.6
初中在校学生数	人	22254	20216	-9.2
高中在校学生数	人	14585	13558	-7.0
卫生机构数	所	418	415	-0.7
#医院	所	13	18	38.5
卫生院	所	3	3	
床位数	张	4968	5353	7.7
#医院	张	4548	4898	7.7
卫生院	张	78	78	
卫生技术人员	人	6819	7308	7.2
#医院	人	5022	5192	3.4
卫生院	人	43	46	7.0

22-3 东河区主要经济指标

指　标	单 位	2015	2016	2016年比2015年增长(±%)
行政区域土地面积	**平方公里**	**470**	**470**	
人口和就业				
年末户籍人口	人	424117	417407	-1.6
#男性	人	210843	207336	-1.7
#乡村人口	人	49624	68145	37.3
年末常住人口	人	545100	548300	0.6
#男性	人	276500	278000	0.5
#乡村人口	人	53800	50200	-6.7
年末总户数	户	206480	207690	0.6
#乡村户数	户	19852	18524	-6.7
出生人口	人	2441	3747	53.5
死亡人口	人	1166	1724	47.9
全社会就业人员	人	278001	277551	-0.2
第一产业	人	9325	9367	0.5
第二产业	人	52200	51899	-0.6
第三产业	人	216476	216285	-0.1
在岗职工人数	人	45983	39802	-13.4
乡村劳动力	人	38738	38010	-1.9
#农林牧渔业	人	10954	10243	-6.5
国民经济综合指标				
生产总值	万元	5105300	5349975	7.6
第一产业	万元	71500	67282	3.7
第二产业	万元	1677200	1703453	7.6
#工业	万元	1257200	1258953	8.0
第三产业	万元	3356600	3579240	7.7
人均生产总值	元	93986	97859	6.9
全社会固定资产投资	万元	3468105	3976846	14.4
按登记注册类型分				
#国有	万元	1636164	1580268	-3.4
集体	万元	103490	92600	-10.5
有限责任公司	万元	1248229	1207940	-3.2
股份有限公司	万元	22727	31462	38.4
私营企业	万元	417792	999216	139.2
外商及港澳台投资企业	万元	903		
一般公共预算收入	万元	152697	164213	7.5
一般公共预算支出	万元	195018	222682	14.2
住户存款余额	万元			
在岗职工工资总额	万元	235772	254235	7.8

22-3 续 表 1

指　标	单 位	2015	2016	2016年比2015年增长(±%)
在岗职工平均工资	元	48924	61630	26.0
全体居民人均可支配收入	元	33146	35599	7.4
城镇常住居民人均可支配收入	元	34829	37302	7.1
农村牧区常住居民人均可支配收入	元	17731	18990	7.1
农村牧区经济				
农作物总播种面积	公顷	9926	9043	-8.9
#粮食作物播种面积	公顷	6085	5167	-15.1
农牧业机械总动力	万千瓦	21.00	20.76	-1.1
化肥施用折纯量	吨	3854	3772	-2.1
农村用电量	万千瓦小时	3658	3556	-2.8
农林牧渔业总产值	万元	122762	119770	3.7
粮食产量	吨	43026	38766	-9.9
油料产量	吨	179	201	12.3
甜菜产量	吨			
猪牛羊肉产量	吨	2479	2252	-9.2
#猪肉产量	吨	1216	1180	-3.0
牛肉产量	吨	858	636	-25.9
羊肉产量	吨	405	436	7.7
羊毛产量	吨	38	39	2.6
年末牲畜存栏头数	万头只	6.28	6.01	-4.3
#大牲畜	万头只	0.69	0.52	-24.6
羊	万只	4.78	4.63	-3.1
猪	万头	0.81	0.86	6.2
规模以上工业				
工业企业单位数	个	82	80	-2.4
#内资企业	个	78	77	-1.3
工业总产值	万元	3321917	3554711	7.0
内资企业	万元	3191087	3427066	7.4
国有企业	万元	6098	5904	-3.2
集体企业	万元	48915	48799	-0.2
股份合作企业	万元			
联营企业	万元			
有限责任公司	万元	667591	654332	-2.0
股份有限公司	万元	653163	694764	6.4
私营企业	万元	1815321	2023267	11.5
其他企业	万元			
港澳台商投资企业	万元	39688	30841	-22.3
外商投资企业	万元	91142	96804	6.2

22-3　续　表 2

指　标	单 位	2015	2016	2016年比2015年增长(±%)
工业企业增加值	万元			8.9
工业企业资产总计	万元	2908115	3119108	7.3
工业企业负债合计	万元	1420603	1487226	4.7
工业企业产品销售收入	万元	3277726	3479575	6.2
工业企业利润总额	万元	384066	342823	-10.7
建筑业				
建筑企业单位数	个	16	17	6.3
建筑企业从业人员	个	9257	7874	-14.9
建筑业总产值	万元	353681	384472	8.7
交通运输邮电通信业				
公路里程	公里	176	176	
邮电业务总量	万元	41560	55650	33.9
本地电话用户	户	40500	31200	-23.0
国内贸易				
社会消费品零售总额	万元	2594764	2843861	9.6
城镇	万元	2594764	2843861	9.6
乡村	万元			
科技教育卫生				
各类专业技术人员	人	12149	12178	0.2
幼儿园数	所	41	43	4.9
学龄儿童入学率	%	100.0	100.0	
小学学校数	所	24	23	-4.2
小学专任教师数	人	1513	1278	-15.5
小学在校学生数	人	21764	22625	4.0
普通中学学校数	所	20	20	
普通中学专任教师数	人	2092	2109	0.8
初中在校学生数	人	12572	11201	-10.9
高中在校学生数	人	10864	10331	-4.9
卫生机构数	所	321	323	0.6
#医院	所	11	10	-9.1
卫生院	所	3	3	
床位数	张	4192	4562	8.8
#医院	张	3713	4023	8.3
卫生院	张	78	110	41.0
卫生技术人员	人	5027	5578	11.0
#医院	人	3917	4453	13.7
卫生院	人	99	96	-3.0

22-4　青山区主要经济指标

指　标	单 位	2015	2016	2016年比2015年增长(±%)
行政区域土地面积	**平方公里**	**280**	**280**	
人口和就业				
年末户籍人口	人	360663	389568	1.4
#男性	人	179157	193359	1.3
#乡村人口	人	8915	8982	0.8
年末常住人口	人	513500	517100	0.7
#男性	人	262100	263800	0.6
#乡村人口	人	8900	8900	
年末总户数	户	200590	201990	0.7
#乡村户数	户	3423	3412	-0.3
出生人口	人	2516	3338	32.7
死亡人口	人	1550	2407	55.3
全社会就业人员	人	276667	278880	0.8
第一产业	人	6980	6995	0.2
第二产业	人	111678	112236	0.5
第三产业	人	158009	159649	1.0
在岗职工人数	人	106806	101283	-5.2
乡村劳动力	人	11402	13041	14.4
#农林牧渔业	人	4935	2096	-57.5
国民经济综合指标				
生产总值	万元	8737500	9186929	8.2
第一产业	万元	33300	31174	3.3
第二产业	万元	3645600	3716998	8.9
#工业	万元	3194400	3216998	8.6
第三产业	万元	5058600	5438757	7.8
人均生产总值	元	170771	178283	7.5
全社会固定资产投资	万元	4343814	4906280	14.5
按登记注册类型分				
#国有	万元	1009428	1149441	13.9
集体	万元	121397	1500	-98.8
有限责任公司	万元	494362	1765612	257.1
股份有限公司	万元	200071	262354	31.1
私营企业	万元	2297061	1456831	-36.6
外商及港澳台投资企业	万元	29778	13582	-54.4
一般公共预算收入	万元	419466	439074	4.7
一般公共预算支出	万元	413468	408097	-1.3
住户存款余额	万元			
在岗职工工资总额	万元	690520	697561	1.0

22-4 续 表1

指 标	单 位	2015	2016	2016年比2015年增长(±%)
在岗职工平均工资	元	63574	67365	6.0
全体居民人均可支配收入	元	40934	43922	7.3
城镇常住居民人均可支配收入	元	40934	43922	7.3
农村牧区常住居民人均可支配收入	元			
农村牧区经济				
农作物总播种面积	公顷	368	199	-45.9
#粮食作物播种面积	公顷	325	163	-49.8
农牧业机械总动力	万千瓦	0.37	0.36	-2.7
化肥施用折纯量	吨	246	49	-80.1
农村用电量	万千瓦小时	1622	1472	-9.2
农林牧渔业总产值	万元	51742	51044	3.4
粮食产量	吨	2619	1475	-43.7
油料产量	吨		1	
甜菜产量	吨			
猪牛羊肉产量	吨	486	679	39.7
#猪肉产量	吨	114	130	14.0
牛肉产量	吨	52	78	50.0
羊肉产量	吨	320	471	47.2
羊毛产量	吨	54	80	48.1
年末牲畜存栏头数	万头只	3.36	3.35	-0.3
#大牲畜	万头只	0.11	0.09	-18.2
羊	万只	3.11	3.01	-3.2
猪	万头	0.14	0.25	78.6
规模以上工业				
工业企业单位数	个	97	103	2.0
#内资企业	个	96	102	2.0
工业总产值	万元	4483677	7563303	1.5
内资企业	万元	4396184	7474353	1.5
国有企业	万元	60509	153936	-8.3
集体企业	万元	4703	6513	38.5
股份合作企业	万元			
联营企业	万元			
有限责任公司	万元	2979737	5693593	-1.7
股份有限公司	万元	130553	145800	11.7
私营企业	万元	1220681	1424927	16.7
其他企业	万元		49585	-0.7
港澳台商投资企业	万元			
外商投资企业	万元	87493	88950	1.7

22-4　续　表 2

指　标	单 位	2015	2016	2016年比2015年增长(±%)
工业企业增加值	万元			9.9
工业企业资产总计	万元	3730490	7438975	6.3
工业企业负债合计	万元	3359197	6012692	1.9
工业企业产品销售收入	万元	4498712	6414290	-4.2
工业企业利润总额	万元	-87365	-63230	
建筑业				
建筑企业单位数	个	29	31	6.9
建筑企业从业人员	人	19389	22247	14.7
建筑业总产值	万元	598593	671919	12.2
交通运输邮电通信业				
公路里程	公里	294	310	5.4
邮电业务总量	万元	40351	56320	39.6
本地电话用户	户	37737	29840	-20.9
国内贸易				
社会消费品零售总额	万元	3501411	3840198	9.7
城镇	万元	3501411	3840198	9.7
乡村	万元			
科技教育卫生				
各类专业技术人员	人	42952	43596	1.5
幼儿园数	所	64	61	-4.7
学龄儿童入学率	%	100.0	100.0	
小学学校数	所	20	20	
小学专任教师数	人	1400	1352	-3.4
小学在校学生数	人	25439	26662	4.8
普通中学学校数	所	18	18	
普通中学专任教师数	人	2028	2026	-0.1
初中在校学生数	人	13597	12581	-7.5
高中在校学生数	人	13307	11878	-10.7
卫生机构数	所	362	363	0.3
#医院	所	15	19	26.7
卫生院	所	2	2	
床位数	张	3967	3986	0.5
#医院	张	3783	3806	0.6
卫生院	张	5	5	
卫生技术人员	人	5459	5876	7.6
#医院	人	4171	4392	5.3
卫生院	人	6	8	33.3

22-5　石拐区主要经济指标

指　标	单位	2015	2016	2016年比2015年增长(±%)
行政区域土地面积	**平方公里**	**761**	**761**	
人口和就业				
年末户籍人口	人	55671	52114	-6.4
#男性	人	28329	26552	-6.3
#乡村人口	人	20449	25361	24.0
年末常住人口	人	38600	37900	-1.8
#男性	人	20200	19800	-2.0
#乡村人口	人	7400	7200	-2.7
年末总户数	户	16780	16480	-1.8
#乡村户数	户	3085	3013	-2.3
出生人口	人	126	95	-24.6
死亡人口	人	102	105	2.9
全社会就业人员	人	25689	26630	3.7
第一产业	人	5739	6587	14.8
第二产业	人	13015	12900	-0.9
第三产业	人	6935	7143	3.0
在岗职工人数	人	7425	7109	-4.3
乡村劳动力	人	11081	10780	-2.7
#农林牧渔业	人	5739	7005	22.1
国民经济综合指标				
生产总值	万元	1026100	1036292	7.5
第一产业	万元	8700	8096	3.5
第二产业	万元	863200	865761	7.9
#工业	万元	837200	837761	7.9
第三产业	万元	154200	162435	5.6
人均生产总值	元	267562	270926	7.8
全社会固定资产投资	万元	649803	743505	14.4
按登记注册类型分				
#国有	万元	286300	285691	-0.2
集体	万元			
有限责任公司	万元	191298	242890	27.0
股份有限公司	万元	2729	2757	1.0
私营企业	万元	130546	198808	52.3
外商及港澳台投资企业	万元			
一般公共预算收入	万元	36617	39634	8.2
一般公共预算支出	万元	94963	76228	-19.7
住户存款余额	万元			
在岗职工工资总额	万元	52536	56744	8.0

22-5 续 表 1

指 标	单 位	2015	2016	2016年比2015年增长(±%)
在岗职工平均工资	元	70651	79230	12.1
全体居民人均可支配收入	元	28183	30438	8.0
城镇常住居民人均可支配收入	元	33199	35722	7.6
农村牧区常住居民人均可支配收入	元	12469	13429	7.7
农村牧区经济				
农作物总播种面积	公顷	2822	2937	4.1
#粮食作物播种面积	公顷	2504	2605	4.0
农牧业机械总动力	万千瓦	1.90	1.86	-2.0
化肥施用折纯量	吨	1245	1200	-3.6
农村用电量	万千瓦小时	541	542	0.2
农林牧渔业总产值	万元	14252	14147	3.2
粮食产量	吨	6070	6090	0.3
油料产量	吨	81	95	17.3
甜菜产量	吨			
猪牛羊肉产量	吨	495	499	0.8
#猪肉产量	吨	178	180	1.1
牛肉产量	吨	58	59	1.7
羊肉产量	吨	259	260	0.4
羊毛产量	吨	27	26	-3.0
年末牲畜存栏头数	万头只	3.56	3.28	-7.9
#大牲畜	万头只	0.14	0.10	-28.6
羊	万只	3.19	3.08	-3.4
猪	万头	0.24	0.10	-58.2
规模以上工业				
工业企业单位数	个	66	67	1.5
#内资企业	个	65	66	1.5
工业总产值	万元	1606829	1877151	16.8
内资企业	万元	1604429	1875151	16.9
国有企业	万元	113317	201494	77.8
集体企业	万元			
股份合作企业	万元			
联营企业	万元			
有限责任公司	万元	92677	100255	8.2
股份有限公司	万元			
私营企业	万元	1398436	1573402	12.5
其他企业	万元			
港澳台商投资企业	万元			
外商投资企业	万元	2400	2000	-16.7

22-5 续 表 2

指 标	单 位	2015	2016	2016年比2015年增长(±%)
工业企业增加值	万元			8.5
工业企业资产总计	万元	1062354	1152871	8.5
工业企业负债合计	万元	618727	623187	0.7
工业企业产品销售收入	万元	1674219	1837614	9.8
工业企业利润总额	万元	-83206	20079	
建筑业				
建筑企业单位数	个	1	1	
建筑企业从业人员	人	375	378	0.8
建筑业总产值	万元	720	1925	167.4
交通运输邮电通信业				
公路里程	公里	339	339	
邮电业务总量	万元	850	1050	23.5
本地电话用户	户	2100	1760	-16.2
国内贸易				
社会消费品零售总额	万元	58013	63443	9.4
城镇	万元	58013	63443	9.4
乡村	万元			
科技教育卫生				
各类专业技术人员	人	1380	1380	
幼儿园数	所	2	2	
学龄儿童入学率	%	100.0	100.0	
小学学校数	所	2	2	
小学专任教师数	人	66	66	
小学在校学生数	人	436	447	2.5
普通中学学校数	所	2	2	
普通中学专任教师数	人	93	93	
初中在校学生数	人	255	248	-2.7
高中在校学生数	人	523	519	-0.8
卫生机构数	所	21	19	-9.5
#医院	所			
卫生院	所	2	2	
床位数	张	46	51	10.9
#医院	张			
卫生院	张	13	18	38.5
卫生技术人员	人	68	63	-7.4
#医院	人			
卫生院	人	16	15	-6.3

22-6　白云矿区主要经济指标

指　标	单 位	2015	2016	2016年比2015年增长(±%)
行政区域土地面积	**平方公里**	**303**	**329**	**8.5**
人口和就业				
年末户籍人口	人	17638	17095	-3.1
#男性	人	9227	8975	-2.7
#乡村人口	人			
年末常住人口	人	27600	27700	0.4
#男性	人	14600	14600	
#乡村人口	人			
年末总户数	户	11040	11080	0.4
#乡村户数	户			
出生人口	人	127	208	63.8
死亡人口	人	63	21	-66.7
全社会就业人员	人	13518	11975	-11.4
第一产业	人	95	89	-6.3
第二产业	人	7796	7168	-8.1
第三产业	人	5627	4718	-16.2
在岗职工人数	人	7788	8419	8.1
乡村劳动力	人			
#农林牧渔业	人			
国民经济综合指标				
生产总值	万元	401700	411300	7.7
第一产业	万元	600	500	2.5
第二产业	万元	306700	309800	7.9
#工业	万元	294900	297800	8.1
第三产业	万元	94400	101000	7.0
人均生产总值	元	146339	148752	6.9
全社会固定资产投资	万元	360000	411120	14.4
按登记注册类型分				
#国有	万元	261938	265935	1.5
集体	万元			
有限责任公司	万元	51347	95648	86.3
股份有限公司	万元	18279	28999	58.6
私营企业	万元	28436	20538	-27.8
外商及港澳台投资企业	万元			
一般公共预算收入	万元	32477	35077	8.0
一般公共预算支出	万元	53797	61792	14.9
住户存款余额	万元			
在岗职工工资总额	万元	54574	58448	7.1

22-6 续 表 1

指　标	单 位	2015	2016	2016年比2015年增长(±%)
在岗职工平均工资	元	70038	71847	2.6
全体居民人均可支配收入	元	40915	43902	7.3
城镇常住居民人均可支配收入	元	40915	43902	7.3
农村牧区常住居民人均可支配收入	元			
农村牧区经济				
农作物总播种面积	公顷			
#粮食作物播种面积	公顷			
农牧业机械总动力	万千瓦			
化肥施用折纯量	吨			
农村用电量	万千瓦小时			
农林牧渔业总产值	万元	978	882	3.7
粮食产量	吨			
油料产量	吨			
甜菜产量	吨			
猪牛羊肉产量	吨	127	132	3.9
#猪肉产量	吨	118	121	2.5
牛肉产量	吨	7	8	14.3
羊肉产量	吨	2	3	50.0
羊毛产量	吨	1	1	
年末牲畜存栏头数	万头只	0.16	0.17	6.3
#大牲畜	万头只	0.01	0.01	
羊	万只	0.04	0.04	
猪	万头	0.11	0.12	9.1
规模以上工业				
工业企业单位数	个	11	12	9.1
#内资企业	个	11	12	9.1
工业总产值	万元	211163	240249	13.8
内资企业	万元	211163	240249	13.8
国有企业	万元			
集体企业	万元			
股份合作企业	万元			
联营企业	万元			
有限责任公司	万元	189529	235805	24.4
股份有限公司	万元	10091	2443	-75.8
私营企业	万元	11544	2001	-82.7
其他企业	万元			
港澳台商投资企业	万元			
外商投资企业	万元			

22-6 续 表2

指　标	单 位	2015	2016	2016年比2015年增长(±%)
工业企业增加值	万元			10.8
工业企业资产总计	万元	266112	711936	167.5
工业企业负债合计	万元	177731	449762	153.1
工业企业产品销售收入	万元	211476	236940	12.0
工业企业利润总额	万元	2545	10877	327.3
建筑业				
建筑企业单位数	个			
建筑企业从业人员	人			
建筑业总产值	万元			
交通运输邮电通信业				
公路里程	公里	79	79	
邮电业务总量	万元	1511	1860	23.1
本地电话用户	户	35051	30100	-14.1
国内贸易				
社会消费品零售总额	万元	72217	79078	9.5
城镇	万元	72217	79078	9.5
乡村	万元			
科技教育卫生				
各类专业技术人员	人	1418	1395	-1.6
幼儿园数	所	2	2	
学龄儿童入学率	%	100.0	100.0	
小学学校数	所	3	3	
小学专任教师数	人	140	134	-4.3
小学在校学生数	人	1149	1003	-12.7
普通中学学校数	所	2	2	
普通中学专任教师数	人	132	136	3.0
初中在校学生数	人	540	460	-14.8
高中在校学生数	人	375	344	-8.3
卫生机构数	所	13	14	7.7
#医院	所	2	2	
卫生院	所			
床位数	张	110	110	
#医院	张	110	110	
卫生院	张			
卫生技术人员	人	165	167	1.2
#医院	人	137	137	
卫生院	人			

22-7　九原区主要经济指标

指　　标	单 位	2015	2016	2016年比2015年增长(±%)
行政区域土地面积	**平方公里**	**734**	**734**	
人口和就业				
年末户籍人口	人	164248	167840	2.2
#男性	人	81859	83497	2.0
#乡村人口	人	97239	76962	-20.9
年末常住人口	人	220800	225300	2.0
#男性	人	113700	116000	2.0
#乡村人口	人	65500	65200	-0.5
年末总户数	户	83320	85020	2.0
#乡村户数	户	24349	24238	-0.5
出生人口	人	1595	1989	24.7
死亡人口	人	409	451	10.3
全社会就业人员	人	136700	139600	2.1
第一产业	人	43300	43200	-0.2
第二产业	人	35300	36100	2.3
第三产业	人	58100	60300	3.8
在岗职工人数	人	14941	16884	13.0
乡村劳动力	人	43745	43343	-0.9
#农林牧渔业	人	26569	26365	-0.8
国民经济综合指标				
生产总值	万元	3379900	3506383	8.1
第一产业	万元	130800	122788	3.5
第二产业	万元	1856900	1892298	9.1
#工业	万元	1676898	1682298	8.2
第三产业	万元	1392200	1491297	7.4
人均生产总值	元	154722	157202	5.9
全社会固定资产投资	万元	1963500	2249121	14.7
按登记注册类型分				
#国有	万元	1026206	520625	-49.3
集体	万元	2000	1000	-50.0
有限责任公司	万元	180149	859109	383.9
股份有限公司	万元	22000	34850	58.4
私营企业	万元	714145	784240	9.8
外商及港澳台投资企业	万元	19000		
一般公共预算收入	万元	187533	203127	8.3
一般公共预算支出	万元	225564	237532	5.3
住户存款余额	万元			
在岗职工工资总额	万元	102115	119464	17.0

22-7 续 表1

指 标	单 位	2015	2016	2016年比2015年增长(±%)
在岗职工平均工资	元	67199	69919	4.0
全体居民人均可支配收入	元	32899	35498	7.9
城镇常住居民人均可支配收入	元	39391	42385	7.6
农村牧区常住居民人均可支配收入	元	16629	17876	7.5
农村牧区经济				
农作物总播种面积	公顷	19409	20094	3.5
#粮食作物播种面积	公顷	12336	12986	5.3
农牧业机械总动力	万千瓦	18.68	12.82	-31.4
化肥施用折纯量	吨	5015	5022	0.1
农村用电量	万千瓦小时	6595	6615	0.3
农林牧渔业总产值	万元	239092	220943	3.5
粮食产量	吨	69718	63704	-8.6
油料产量	吨	1694	1698	0.2
甜菜产量	吨	364	363	-0.3
猪牛羊肉产量	吨	26344	27593	4.7
#猪肉产量	吨	7421	7508	1.2
牛肉产量	吨	13592	14684	8.0
羊肉产量	吨	5331	5401	1.3
羊毛产量	吨	374	371	-0.8
年末牲畜存栏头数	万头只	23.26	22.26	-4.3
#大牲畜	万头只	6.80	6.11	-10.1
羊	万只	11.20	10.84	-3.2
猪	万头	5.26	5.31	1.0
规模以上工业				
工业企业单位数	个	42	45	7.1
#内资企业	个	40	43	7.5
工业总产值	万元	1796026	2049727	14.1
内资企业	万元	1700383	1948913	14.6
国有企业	万元	509442		
集体企业	万元			
股份合作企业	万元			
联营企业	万元			
有限责任公司	万元	815289	1330679	63.2
股份有限公司	万元	18146	6002	-66.9
私营企业	万元	357506	612232	71.3
其他企业	万元			
港澳台商投资企业	万元	93054	93271	0.2
外商投资企业	万元	2589	7543	191.3

22-7 续 表2

指　标	单 位	2015	2016	2016年比2015年增长(±%)
工业企业增加值	万元			9.9
工业企业资产总计	万元	3185522	4470086	40.3
工业企业负债合计	万元	1937042	2472722	27.7
工业企业产品销售收入	万元	1833726	2051628	11.9
工业企业利润总额	万元	97767	70232	-28.2
建筑业				
建筑企业单位数	个	5	9	80.0
建筑企业从业人员	人	1270	2562	101.7
建筑业总产值	万元	29519	101154	242.7
交通运输邮电通信业				
公路里程	公里	465	465	
邮电业务总量	万元	21475	29488	37.3
本地电话用户	户	24700	18820	-23.8
国内贸易				
社会消费品零售总额	万元	632113	693112	9.7
城镇	万元	620514	680098	9.6
乡村	万元	11599	13014	12.2
科技教育卫生				
各类专业技术人员	人	2111	2595	22.9
幼儿园数	所	53	55	3.8
学龄儿童入学率	%	100.0	100.0	
小学学校数	所	16	16	
小学专任教师数	人	843	784	-7.0
小学在校学生数	人	11965	12567	5.0
普通中学学校数	所	6	7	16.7
普通中学专任教师数	人	771	879	14.0
初中在校学生数	人	4772	4376	-8.3
高中在校学生数	人	2381	2229	-6.4
卫生机构数	所	110	109	-0.9
#医院	所	8	8	
卫生院	所	5	5	
床位数	张	1035	1098	6.1
#医院	张	796	819	2.9
卫生院	张	135	155	14.8
卫生技术人员	人	1249	1273	1.9
#医院	人	802	816	1.7
卫生院	人	100	97	-3.0

22-8　土默特右旗主要经济指标

指　标	单 位	2015	2016	2016年比2015年增长(±%)
行政区域土地面积	**平方公里**	**2368**	**2368**	
人口和就业				
年末户籍人口	人	364536	365616	0.3
#男性	人	187890	188247	0.2
#乡村人口	人	265856	298173	12.2
年末常住人口	人	293000	298500	1.9
#男性	人	153900	156800	1.9
#乡村人口	人	164000	166900	1.8
年末总户数	户	112260	114370	1.9
#乡村户数	户	62121	62880	1.2
出生人口	人	2626	3051	16.2
死亡人口	人	1370	1358	-0.9
全社会就业人员	人	242475	243528	0.4
第一产业	人	104168	104608	0.4
第二产业	人	56624	56875	0.4
第三产业	人	81683	82045	0.4
在岗职工人数	人	16420	17284	5.3
乡村劳动力	人	123920	131755	6.3
#农林牧渔业	人	85923	86388	0.5
国民经济综合指标				
生产总值	万元	3463400	3539314	7.7
第一产业	万元	405300	380088	3.5
第二产业	万元	1997400	2030317	9.0
#工业	万元	1814400	1832317	9.1
第三产业	万元	1060700	1128909	6.7
人均生产总值	元	119531	119672	5.5
全社会固定资产投资	万元	2526849	2881895	14.6
按登记注册类型分				
#国有	万元	1219645	1472445	20.7
集体	万元		2570	
有限责任公司	万元	256894	805588	213.6
股份有限公司	万元			
私营企业	万元	981770	565042	-42.4
外商及港澳台投资企业	万元			
一般公共预算收入	万元	206689	222588	7.7
一般公共预算支出	万元	311711	325309	4.4
住户存款余额	万元	720374	812500	12.8
在岗职工工资总额	万元	99391	112461	13.2

22-8 续 表 1

指 标	单 位	2015	2016	2016年比2015年增长(±%)
在岗职工平均工资	元	57735	61873	7.2
全体居民人均可支配收入	元	20530	22152	7.9
城镇常住居民人均可支配收入	元	29608	31888	7.7
农村牧区常住居民人均可支配收入	元	13794	14829	7.5
农村牧区经济				
农作物总播种面积	公顷	106700	110394	3.5
#粮食作物播种面积	公顷	85715	87670	2.3
农牧业机械总动力	万千瓦	59.89	63.00	5.2
化肥施用折纯量	吨	39285	39798	1.3
农村用电量	万千瓦小时	9645	9758	1.17
农林牧渔业总产值	万元	733428	678532	3.5
粮食产量	吨	750502	755500	0.7
油料产量	吨	22811	27666	21.3
甜菜产量	吨			
猪牛羊肉产量	吨	68192	68890	1.0
#猪肉产量	吨	21557	21735	0.8
牛肉产量	吨	13685	13893	1.5
羊肉产量	吨	32950	33262	0.9
羊毛产量	吨	1094	1258	15.0
年末牲畜存栏头数	万头只	110.83	104.82	-5.4
#大牲畜	万头只	11.08	8.62	-22.2
羊	万只	88.63	85.79	-3.2
猪	万头	11.12	10.41	-6.4
规模以上工业				
工业企业单位数	个	51	62	21.6
#内资企业	个	49	61	24.5
工业总产值	万元	3296868	3870473	17.4
内资企业	万元	3258987	3839674	17.8
国有企业	万元		31885	
集体企业	万元			
股份合作企业	万元			
联营企业	万元			
有限责任公司	万元	528964	764989	44.6
股份有限公司	万元		841	
私营企业	万元	2730023	3041959	11.4
其他企业	万元			
港澳台商投资企业	万元	30123	30799	2.2
外商投资企业	万元	7758		

22-8 续 表2

指　标	单 位	2015	2016	2016年比2015年增长(±%)
工业企业增加值	万元			9.8
工业企业资产总计	万元	2637983	3316490	25.7
工业企业负债合计	万元	1601088	2222299	38.8
工业企业产品销售收入	万元	3333832	3840866	15.2
工业企业利润总额	万元	427571	445001	4.1
建筑业				
建筑企业单位数	个	6	6	
建筑企业从业人员	人	7546	7581	0.5
建筑业总产值	万元	78491	89491	14.0
交通运输邮电通信业				
公路里程	公里	2142	2142	
邮电业务总量	万元	9973	12260	22.9
本地电话用户	户	8931	7063	-20.9
国内贸易				
社会消费品零售总额	万元	433020	474590	9.6
城镇	万元	310708	337477	8.6
乡村	万元	122313	137113	12.1
科技教育卫生				
各类专业技术人员	人	4552	4596	1.0
幼儿园数	所	36	35	-2.8
学龄儿童入学率	%	100.0	100.0	0.0
小学学校数	所	21	21	0.0
小学专任教师数	人	1094	1024	-6.4
小学在校学生数	人	12250	12833	4.8
普通中学学校数	所	7	7	
普通中学专任教师数	人	829	810	-2.3
初中在校学生数	人	6290	5744	-8.7
高中在校学生数	人	2634	2665	1.2
卫生机构数	所	273	285	4.4
#医院	所	3	5	66.7
卫生院	所	20	20	
床位数	张	713	844	18.4
#医院	张	266	371	39.5
卫生院	张	389	415	6.7
卫生技术人员	人	813	953	17.2
#医院	人	387	504	30.2
卫生院	人	236	229	-3.0

22-9 固阳县主要经济指标

指　　标	单 位	2015	2016	2016年比2015年增长(±%)
行政区域土地面积	**平方公里**	**5025**	**5025**	
人口和就业				
年末户籍人口	人	205102	200435	-2.3
#男性	人	107287	105021	-2.1
#乡村人口	人	157799	170936	8.3
年末常住人口	人	170100	169900	-0.1
#男性	人	88900	88800	-0.1
#乡村人口	人	110200	108700	-1.4
年末总户数	户	58660	58590	-0.1
#乡村户数	户	37356	36847	-1.4
出生人口	人	651	714	9.7
死亡人口	人	218	386	77.1
全社会就业人员	人	114757	115880	1.0
第一产业	人	63347	64187	1.3
第二产业	人	31079	31283	0.7
第三产业	人	20331	20410	0.4
在岗职工人数	人	8341	9239	10.8
乡村劳动力	人	68564	63305	-7.7
#农林牧渔业	人	48863	45130	-7.6
国民经济综合指标				
生产总值	万元	1185900	1199384	7.2
第　产业	万元	141500	133267	3.8
第二产业	万元	816800	823113	7.8
#工业	万元	7267700	732113	8.6
第三产业	万元	227600	243004	7.0
人均生产总值	元	69636	70552	7.4
全社会固定资产投资	万元	1184687	1351728	14.3
按登记注册类型分				
#国有	万元	36315	251515	592.6
集体	万元	51905		
有限责任公司	万元	33619	42147	25.4
股份有限公司	万元	46900		
私营企业	万元	999356	1036097	3.7
外商及港澳台投资企业	万元	2992	21200	608.6
一般公共预算收入	万元	30083	32939	9.5
一般公共预算支出	万元	162469	153497	-5.5
住户存款余额	万元	281827	319876	13.5
在岗职工工资总额	万元	45527	46950	3.1

22-9 续 表 1

指 标	单 位	2015	2016	2016年比2015年增长(±%)
在岗职工平均工资	元	51741	49915	-3.5
全体居民人均可支配收入	元	15880	17119	7.8
城镇常住居民人均可支配收入	元	25332	27232	7.5
农村牧区常住居民人均可支配收入	元	10724	11560	7.8
农村牧区经济				
农作物总播种面积	公顷	117623	129144	9.8
#粮食作物播种面积	公顷	71082	66823	-6.0
农牧业机械总动力	万千瓦	32.07	33.39	4.1
化肥施用折纯量	吨	17284	17461	1.0
农村用电量	万千瓦小时	7710	7866	2.0
农林牧渔业总产值	万元	255816	239794	3.8
粮食产量	吨	79029	94491	19.6
油料产量	吨	17525	55583	217.2
甜菜产量	吨			
猪牛羊肉产量	吨	32611	35276	8.2
#猪肉产量	吨	13027	13160	1.0
牛肉产量	吨	2520	3800	50.8
羊肉产量	吨	17064	18316	7.3
羊毛产量	吨	1187	1194	0.6
年末牲畜存栏头数	万头只	55.97	53.83	-3.8
#大牲畜	万头只	1.47	0.78	-46.9
羊	万只	50.40	48.74	-3.3
猪	万头	4.10	4.31	5.1
规模以上工业				
工业企业单位数	个	41	38	-7.3
#内资企业	个	41	38	-7.3
工业总产值	万元	1217240	1381922	13.5
内资企业	万元	1217240	1381922	13.5
国有企业	万元			
集体企业	万元			
股份合作企业	万元			
联营企业	万元			
有限责任公司	万元	1072430	1209915	12.8
股份有限公司	万元	10031	16432	63.8
私营企业	万元	134779	155575	15.4
其他企业	万元			
港澳台商投资企业	万元			
外商投资企业	万元			

22-9 续 表 2

指 标	单 位	2015	2016	2016年比2015年增长(±%)
工业企业增加值	万元			8.7
工业企业资产总计	万元	638120	631909	-1.0
工业企业负债合计	万元	477181	481679	0.9
工业企业产品销售收入	万元	1215828	1350575	11.1
工业企业利润总额	万元	2694	-9703	
建筑业				
建筑企业单位数	个	1	1	
建筑企业从业人员	人	2135	1496	-29.9
建筑业总产值	万元	34303	34646	1.0
交通运输邮电通信业				
公路里程	公里	1260	1260	
邮电业务总量	万元	3490	4210	20.6
本地电话用户	户	5100	3955	-22.5
国内贸易				
社会消费品零售总额	万元	194232	212684	9.5
城镇	万元	152853	166421	8.9
乡村	万元	41380	46263	11.8
科技教育卫生				
各类专业技术人员	人	3231	3243	0.4
幼儿园数	所	13	13	
学龄儿童入学率	%	100.0	100.0	
小学学校数	所	5	5	
小学专任教师数	人	640	625	-2.3
小学在校学生数	人	5274	5430	3.0
普通中学学校数	所	3	3	
普通中学专任教师数	人	531	502	-5.5
初中在校学生数	人	2651	2294	-13.5
高中在校学生数	人	1800	1639	-8.9
卫生机构数	所	116	116	
#医院	所	3	3	
卫生院	所	11	11	
床位数	张	422	422	
#医院	张	235	235	
卫生院	张	187	177	-5.3
卫生技术人员	人	478	512	7.1
#医院	人	180	204	13.3
卫生院	人	148	153	3.4

22-10　达尔罕茂明安联合旗主要经济指标

指　标	单 位	2015	2016	2016年比2015年增长(±%)
行政区域土地面积	**平方公里**	**17410**	**17410**	
人口和就业				
年末户籍人口	人	112788	111846	-0.8
#男性	人	57800	57221	-1.0
#乡村人口	人	51990	78401	50.8
年末常住人口	人	97200	97000	-0.2
#男性	人	50700	50600	-0.2
#乡村人口	人	50400	49700	-1.4
年末总户数	户	36000	35930	-0.2
#乡村户数	户	16258	16032	-1.4
出生人口	人	503	526	4.6
死亡人口	人	180	254	41.1
全社会就业人员	人	60103	60080	
第一产业	人	31325	31313	-0.04
第二产业	人	8533	8530	-0.04
第三产业	人	20245	20237	-0.04
在岗职工人数	人	8066	8636	7.1
乡村劳动力	人	40429	38256	-5.4
#农林牧渔业	人	21916	20483	-6.5
国民经济综合指标				
生产总值	万元	2087800	2128304	7.3
第一产业	万元	153800	144788	3.8
第二产业	万元	1279100	1286064	8.0
#工业	万元	1124100	1128065	8.8
第三产业	万元	654900	697452	6.7
人均生产总值	元	214133	219187	7.7
全社会固定资产投资	万元	1945778	2228869	14.6
按登记注册类型分				
#国有	万元	721417	906501	25.7
集体	万元	11200	6950	-37.9
有限责任公司	万元	239750	586788	144.7
股份有限公司	万元	272316	3938	-98.6
私营企业	万元	628060	724692	15.4
外商及港澳台投资企业	万元			
一般公共预算收入	万元	154249	165859	7.5
一般公共预算支出	万元	270753	271321	0.2
住户存款余额	万元	247859	280787	13.3
在岗职工工资总额	万元	50715	58156	14.7

22-10 续 表1

指　标	单 位	2015	2016	2016年比2015年增长(±%)
在岗职工平均工资	元	65061	67631	4.0
全体居民人均可支配收入	元	22749	24569	8.0
城镇常住居民人均可支配收入	元	31913	34370	7.7
农村牧区常住居民人均可支配收入	元	11784	12691	7.7
农村牧区经济				
农作物总播种面积	公顷	60845	55380	-9.0
#粮食作物播种面积	公顷	43013	34490	-19.8
农牧业机械总动力	万千瓦	26.76	28.63	7.0
化肥施用折纯量	吨	8626	8339	-3.3
农村用电量	万千瓦小时	2288	2311	1.0
农林牧渔业总产值	万元	274264	260505	3.8
粮食产量	吨	90529	88564	-2.2
油料产量	吨	17454	21283	21.9
甜菜产量	吨			
猪牛羊肉产量	吨	22823	23712	3.9
#猪肉产量	吨	2101	2104	0.1
牛肉产量	吨	8369	8469	1.2
羊肉产量	吨	12353	13139	6.4
羊毛产量	吨	1256	1262	0.5
年末牲畜存栏头数	万头只	56.21	52.27	-7.0
#大牲畜	万头只	7.38	5.68	-23.0
羊	万只	46.56	45.08	-3.2
猪	万头	2.27	1.51	-33.5
规模以上工业				
工业企业单位数	个	44	49	11.4
#内资企业	个	42	47	11.9
工业总产值	万元	2660866	3275875	23.1
内资企业	万元	2634084	3256547	23.6
国有企业	万元	10246	14432	40.9
集体企业	万元			
股份合作企业	万元			
联营企业	万元			
有限责任公司	万元	909527	1065218	17.1
股份有限公司	万元	6645	178434	2585.2
私营企业	万元	1707667	1998463	17.0
其他企业	万元			
港澳台商投资企业	万元	10782	8514	-21.0
外商投资企业	万元	15999		-32.4

22-10 续 表2

指　标	单位	2015	2016	2016年比2015年增长(±%)
工业企业增加值	万元			8.9
工业企业资产总计	万元	3052900	3303922	8.2
工业企业负债合计	万元	1718469	1891417	10.1
工业企业产品销售收入	万元	2712504	3305537	21.9
工业企业利润总额	万元	256576	252595	-1.6
建筑业				
建筑企业单位数	个	1	1	
建筑企业从业人员	人	274	248	-9.5
建筑业总产值	万元	13563	13988	3.1
交通运输邮电通信业				
公路里程	公里	2308	2793	21.0
邮电业务总量	万元	1012	1390	37.4
本地电话用户	户	3360	2600	-22.6
国内贸易				
社会消费品零售总额	万元	211608	231817	9.6
城镇	万元	155729	169295	8.7
乡村	万元	55879	62522	11.9
科技教育卫生				
各类专业技术人员	人	2077	1986	-4.4
幼儿园数	所	11	11	
学龄儿童入学率	%	100.0	100.0	
小学学校数	所	5	5	
小学专任教师数	人	329	257	-21.9
小学在校学生数	人	3195	3204	0.3
普通中学学校数	所	3	3	
普通中学专任教师数	人	316	310	-1.9
初中在校学生数	人	1604	1305	-18.6
高中在校学生数	人	464	468	0.9
卫生机构数	所	96	98	2.1
#医院	所	2	2	
卫生院	所	21	21	
床位数	张	416	459	10.3
#医院	张	200	250	25.0
卫生院	张	176	164	-6.8
卫生技术人员	人	465	540	16.1
#医院	人	202	272	34.7
卫生院	人	106	108	1.9

22-11 全区各旗县（区）按年末总人口排序（2016年）

单位：人

位次	旗县（区）名称	年末户籍人口	位次	旗县（区）名称	年末户籍人口
1	通辽市科尔沁区	843274	27	兴安盟科尔沁右翼前旗	332815
2	赤峰市宁城县	614562	28	鄂尔多斯市准格尔旗	326516
3	赤峰市敖汉旗	609451	29	赤峰市元宝山区	323063
4	赤峰市松山区	586568	30	兴安盟乌兰浩特市	321581
5	通辽市科尔沁左翼中旗	529064	31	呼伦贝尔市阿荣旗	320766
6	巴彦淖尔市临河区	521376	32	乌兰察布市兴和县	320005
7	包头市昆都仑区	515107	33	呼伦贝尔市莫力达瓦达斡尔族自治旗	319345
8	呼和浩特市赛罕区	484800	34	乌兰察布市集宁区	316975
9	赤峰市翁牛特旗	481297	35	乌兰察布市丰镇市	316723
10	通辽市奈曼旗	447502	36	通辽市扎鲁特旗	306149
11	包头市东河区	417407	37	兴安盟突泉县	303694
12	呼伦贝尔市扎兰屯市	412011	38	赤峰市阿鲁科尔沁旗	297765
13	通辽市科尔沁左翼后旗	405455	39	巴彦淖尔市杭锦后旗	295918
14	呼和浩特市新城区	398028	40	呼伦贝尔市海拉尔区	282726
15	通辽市开鲁县	396388	41	巴彦淖尔市五原县	281315
16	兴安盟扎赉特旗	390877	42	鄂尔多斯市东胜区	262941
17	包头市青山区	389568	43	兴安盟科尔沁右翼中旗	255494
18	鄂尔多斯市达拉特旗	369306	44	呼伦贝尔市鄂伦春自治旗	254566
19	呼和浩特市土默特左旗	365925	45	赤峰市克什克腾旗	249757
20	包头市土默特右旗	365616	46	乌海市海勃湾区	237034
21	赤峰市红山区	354204	47	乌兰察布市凉城县	236592
22	赤峰市喀喇沁旗	347452	48	呼和浩特市回民区	236162
23	赤峰市巴林左旗	347079	49	赤峰市林西县	234284
24	呼伦贝尔市牙克石市	335827	50	乌兰察布市察哈尔右翼前旗	216558
25	巴彦淖尔市乌拉特前旗	333653	51	乌兰察布市四子王旗	213129
26	乌兰察布市商都县	332999	52	锡林郭勒盟太仆寺旗	210041

22-11 续 表

单位：人

位次	旗县（区）名称	年末户籍人口	位次	旗县（区）名称	年末户籍人口
53	乌兰察布市察哈尔右翼后旗	209411	79	鄂尔多斯市鄂托克旗	97910
54	乌兰察布市察哈尔右翼中旗	204556	80	乌海市海南区	87975
55	呼和浩特市托克托县	203936	81	呼伦贝尔市满洲里扎赉诺尔区	87649
56	乌兰察布市卓资县	203646	82	锡林郭勒盟正蓝旗	83951
57	呼和浩特市玉泉区	202564	83	通辽市霍林郭勒市	82102
58	呼和浩特市和林格尔县	202240	84	锡林郭勒盟东乌珠穆沁旗	81438
59	包头市固阳县	200435	85	呼伦贝尔市额尔古纳市	80991
60	锡林郭勒盟锡林浩特市	186930	86	锡林郭勒盟西乌珠穆沁旗	80220
61	赤峰市巴林右旗	184603	87	鄂尔多斯市鄂托克前旗	79556
62	通辽市库伦旗	179094	88	锡林郭勒盟正镶白旗	72319
63	鄂尔多斯市伊金霍洛旗	174850	89	锡林郭勒盟苏尼特右旗	68102
64	呼和浩特市武川县	173552	90	巴彦淖尔市乌拉特后旗	58717
65	呼伦贝尔市满洲里市	172137	91	呼伦贝尔市陈巴尔虎旗	56400
66	包头市九原区	167840	92	包头市石拐区	52114
67	乌兰察布市化德县	164542	93	兴安盟阿尔山市	45951
68	阿拉善盟阿拉善左旗	143690	94	锡林郭勒盟阿巴嘎旗	44440
69	鄂尔多斯市杭锦旗	143540	95	呼伦贝尔市新巴尔虎左旗	42093
70	巴彦淖尔市乌拉特中旗	142617	96	呼伦贝尔市新巴尔虎右旗	35138
71	呼和浩特市清水河县	142482	97	锡林郭勒盟苏尼特左旗	34620
72	呼伦贝尔市根河市	140056	98	锡林郭勒盟二连浩特市	32189
73	呼伦贝尔市鄂温克族自治旗	139403	99	锡林郭勒盟镶黄旗	31516
74	乌海市乌达区	119556	100	鄂尔多斯市康巴什区	26400
75	巴彦淖尔市磴口县	115872	101	阿拉善盟阿拉善右旗	25050
76	鄂尔多斯市乌审旗	113377	102	阿拉善盟额济纳旗	18332
77	包头市达尔罕茂明安联合旗	111846	103	包头市白云矿区	17095
78	锡林郭勒盟多伦县	110516			

22-12 全区各旗县（区）按生产总值排序（2016年）

单位：万元

位次	旗县（区）名称	生产总值(GDP)	位次	旗县（区）名称	生产总值(GDP)
1	鄂尔多斯市准格尔旗	11432000	27	呼伦贝尔市满洲里市	2415531
2	包头市昆都仑区	11357950	28	呼伦贝尔市牙克石市	2300927
3	鄂尔多斯市东胜区	9427200	29	锡林郭勒盟锡林浩特市	2281409
4	包头市青山区	9186929	30	通辽市开鲁县	2226878
5	呼和浩特市新城区	7777650	31	包头市达尔罕茂明安联合旗	2128304
6	通辽市科尔沁区	7296811	32	通辽市扎鲁特旗	2063555
7	鄂尔多斯市伊金霍洛旗	6814200	33	呼伦贝尔市扎兰屯市	1879193
8	呼和浩特市赛罕区	6572066	34	乌兰察布市集宁区	1878503
9	包头市东河区	5349975	35	赤峰市宁城县	1826569
10	鄂尔多斯市达拉特旗	4908000	36	赤峰市敖汉旗	1768574
11	鄂尔多斯市鄂托克旗	4534600	37	乌海市乌达区	1707132
12	呼和浩特市回民区	4245525	38	通辽市科尔沁左翼后旗	1704874
13	鄂尔多斯市乌审旗	4124600	39	兴安盟乌兰浩特市	1683433
14	包头市土默特右旗	3539314	40	通辽市科尔沁左翼中旗	1682138
15	包头市九原区	3506383	41	呼伦贝尔市阿荣旗	1641498
16	呼和浩特市玉泉区	3279562	42	乌海市海南区	1608505
17	赤峰市红山区	3269626	43	赤峰市克什克腾旗	1579122
18	呼伦贝尔市海拉尔区	3036194	44	通辽市奈曼旗	1578494
19	巴彦淖尔市临河区	2972700	45	呼和浩特市和林格尔县	1575379
20	通辽市霍林郭勒市	2961674	46	赤峰市翁牛特旗	1539689
21	赤峰市松山区	2701375	47	巴彦淖尔市乌拉特前旗	1462297
22	阿拉善盟阿拉善左旗	2695200	48	乌兰察布市丰镇市	1462225
23	赤峰市元宝山区	2507440	49	巴彦淖尔市杭锦后旗	1390100
24	呼和浩特市托克托县	2495512	50	锡林郭勒盟东乌珠穆沁旗	1376278
25	呼和浩特市土默特左旗	2433205	51	鄂尔多斯市鄂托克前旗	1364200
26	乌海市海勃湾区	2417437	52	赤峰市巴林左旗	1304941

22-12 续 表

单位：万元

位次	旗县（区）名称	生产总值(GDP)	位次	旗县（区）名称	生产总值(GDP)
53	包头市固阳县	1199384	79	呼伦贝尔市鄂伦春自治旗	696130
54	锡林郭勒盟西乌珠穆沁旗	1185420	80	锡林郭勒盟正蓝旗	675194
55	赤峰市阿鲁科尔沁旗	1174009	81	兴安盟科尔沁右翼中旗	659619
56	呼伦贝尔市鄂温克族自治旗	1156879	82	乌兰察布市兴和县	659396
57	巴彦淖尔市五原县	1139500	83	乌兰察布市卓资县	658172
58	锡林郭勒盟二连浩特市	1096575	84	呼伦贝尔市满洲里扎赉诺尔区	653426
59	呼伦贝尔市莫力达瓦达斡尔族自治旗	1064971	85	锡林郭勒盟苏尼特右旗	650036
60	包头市石拐区	1036292	86	巴彦淖尔市乌拉特后旗	645800
61	巴彦淖尔市乌拉特中旗	1017600	87	锡林郭勒盟阿巴嘎旗	643017
62	兴安盟科尔沁右翼前旗	1004706	88	乌兰察布市商都县	612002
63	鄂尔多斯市杭锦旗	1002300	89	乌兰察布市察哈尔右翼中旗	577174
64	呼伦贝尔市陈巴尔虎旗	942445	90	乌兰察布市四子王旗	573952
65	兴安盟扎赉特旗	934825	91	锡林郭勒盟镶黄旗	540809
66	乌兰察布市察哈尔右翼前旗	921747	92	锡林郭勒盟太仆寺旗	540263
67	呼和浩特市武川县	855531	93	乌兰察布市化德县	531471
68	鄂尔多斯市康巴什区	839900	94	巴彦淖尔市磴口县	527800
69	锡林郭勒盟多伦县	837141	95	锡林郭勒盟苏尼特左旗	497809
70	赤峰市林西县	832112	96	呼伦贝尔市额尔古纳市	477728
71	赤峰市巴林右旗	830837	97	阿拉善盟额济纳旗	439078
72	呼伦贝尔市新巴尔虎右旗	807686	98	呼伦贝尔市根河市	429977
73	乌兰察布市凉城县	781030	99	包头市白云矿区	411300
74	兴安盟突泉县	763543	100	锡林郭勒盟正镶白旗	341012
75	赤峰市喀喇沁旗	756724	101	阿拉善盟阿拉善右旗	292140
76	乌兰察布市察哈尔右翼后旗	733021	102	呼伦贝尔市新巴尔虎左旗	286764
77	通辽市库伦旗	720695	103	兴安盟阿尔山市	174836
78	呼和浩特市清水河县	718800			

22-13 全区各旗县（区）按一般公共预算收入排序（2016年）

单位：万元

位次	旗县（区）名称	一般公共预算收入	位次	旗县（区）名称	一般公共预算收入
1	鄂尔多斯市东胜区	934563	27	通辽市扎鲁特旗	164632
2	鄂尔多斯市准格尔旗	818330	28	包头市东河区	164213
3	鄂尔多斯市伊金霍洛旗	795078	29	呼和浩特市回民区	162229
4	呼和浩特市赛罕区	477685	30	乌海市海南区	140911
5	包头市昆都仑区	466429	31	呼和浩特市托克托县	137568
6	呼和浩特市新城区	454432	32	赤峰市松山区	130267
7	包头市青山区	439074	33	呼伦贝尔市满洲里市	129306
8	鄂尔多斯市鄂托克旗	379846	34	赤峰市元宝山区	128000
9	鄂尔多斯市乌审旗	336900	35	鄂尔多斯市杭锦旗	123000
10	通辽市霍林郭勒市	317170	36	呼和浩特市和林格尔县	120816
11	锡林郭勒盟锡林浩特市	294162	37	乌海市乌达区	110826
12	乌海市海勃湾区	291901	38	鄂尔多斯市康巴什区	101228
13	通辽市科尔沁区	258993	39	巴彦淖尔市乌拉特前旗	94468
14	赤峰市红山区	231335	40	巴彦淖尔市乌拉特中旗	88061
15	鄂尔多斯市达拉特旗	222750	41	锡林郭勒盟东乌珠穆沁旗	82153
16	包头市土默特右旗	222588	42	巴彦淖尔市乌拉特后旗	81040
17	锡林郭勒盟西乌珠穆沁旗	207158	43	赤峰市克什克腾旗	80500
18	包头市九原区	203127	44	兴安盟乌兰浩特市	78550
19	巴彦淖尔市临河区	198553	45	呼伦贝尔市鄂温克族自治旗	77822
20	呼和浩特市土默特左旗	190762	46	赤峰市宁城县	71200
21	呼和浩特市玉泉区	187481	47	呼伦贝尔市牙克石市	67366
22	鄂尔多斯市鄂托克前旗	181013	48	呼伦贝尔市阿荣旗	63486
23	乌兰察布市集宁区	179479	49	巴彦淖尔市杭锦后旗	63427
24	呼伦贝尔市海拉尔区	170277	50	赤峰市敖汉旗	59600
25	阿拉善盟阿拉善左旗	167607	51	锡林郭勒盟二连浩特市	58101
26	包头市达尔罕茂明安联合旗	165859	52	锡林郭勒盟正蓝旗	55906

22-13 续 表

单位：万元

位次	旗县（区）名称	一般公共预算收入	位次	旗县（区）名称	一般公共预算收入
53	赤峰市巴林左旗	55630	79	兴安盟科尔沁右翼前旗	32008
54	乌兰察布市丰镇市	55352	80	乌兰察布市卓资县	31153
55	呼伦贝尔市新巴尔虎右旗	55215	81	呼伦贝尔市满洲里扎赉诺尔区	30803
56	呼伦贝尔市扎兰屯市	51990	82	巴彦淖尔市磴口县	26994
57	赤峰市喀喇沁旗	47704	83	呼伦贝尔市莫力达瓦达斡尔族自治旗	26629
58	通辽市开鲁县	47469	84	乌兰察布市察哈尔右翼后旗	26250
59	赤峰市翁牛特旗	46981	85	锡林郭勒盟苏尼特左旗	26155
60	阿拉善盟额济纳旗	45563	86	呼伦贝尔市额尔古纳市	26030
61	呼伦贝尔市陈巴尔虎旗	45536	87	锡林郭勒盟镶黄旗	25674
62	赤峰市巴林右旗	44162	88	兴安盟科尔沁右翼中旗	23218
63	乌兰察布市凉城县	42651	89	锡林郭勒盟阿巴嘎旗	21980
64	通辽市科尔沁左翼后旗	42452	90	乌兰察布市四子王旗	21736
65	通辽市奈曼旗	41869	91	呼和浩特市武川县	21466
66	巴彦淖尔市五原县	41299	92	呼和浩特市清水河县	21160
67	乌兰察布市察哈尔右翼前旗	41267	93	乌兰察布市商都县	20165
68	包头市石拐区	39634	94	呼伦贝尔市鄂伦春自治旗	19028
69	赤峰市林西县	38307	95	乌兰察布市化德县	18610
70	赤峰市阿鲁科尔沁旗	37150	96	兴安盟突泉县	16496
71	通辽市科尔沁左翼中旗	36244	97	乌兰察布市察哈尔右翼中旗	15814
72	兴安盟扎赉特旗	36037	98	锡林郭勒盟太仆寺旗	14148
73	锡林郭勒盟多伦县	36032	99	锡林郭勒盟正镶白旗	13643
74	乌兰察布市兴和县	35445	100	阿拉善盟阿拉善右旗	12325
75	包头市白云矿区	35077	101	呼伦贝尔市根河市	12240
76	通辽市库伦旗	34932	102	兴安盟阿尔山市	11201
77	锡林郭勒盟苏尼特右旗	33418	103	呼伦贝尔市新巴尔虎左旗	9564
78	包头市固阳县	32939			

22-14　全区各旗县（区）按粮食产量排序（2016年）

单位：吨

位次	旗县（区）名称	粮食产量	位次	旗县（区）名称	粮食产量
1	通辽市科尔沁左翼中旗	1802500	27	赤峰市阿鲁科尔沁旗	503500
2	呼伦贝尔市莫力达瓦达斡尔族自治旗	1641300	28	赤峰市巴林左旗	444240
3	呼伦贝尔市阿荣旗	1514060	29	呼伦贝尔市额尔古纳市	431878
4	兴安盟扎赉特旗	1260000	30	巴彦淖尔市五原县	417425
5	通辽市科尔沁区	1177920	31	巴彦淖尔市乌拉特中旗	391221
6	兴安盟科尔沁右翼前旗	1104500	32	鄂尔多斯市杭锦旗	386036
7	通辽市开鲁县	1086160	33	赤峰市喀喇沁旗	311000
8	兴安盟突泉县	1056500	34	巴彦淖尔市磴口县	282900
9	呼伦贝尔市扎兰屯市	1052220	35	兴安盟乌兰浩特市	264862
10	通辽市科尔沁左翼后旗	1034500	36	呼和浩特市托克托县	253869
11	通辽市奈曼旗	775500	37	乌兰察布市凉城县	251123
12	赤峰市松山区	773000	38	赤峰市林西县	242700
13	巴彦淖尔市临河区	772788	39	锡林郭勒盟太仆寺旗	194857
14	赤峰市敖汉旗	760500	40	呼和浩特市和林格尔县	189200
15	包头市土默特右旗	755500	41	呼和浩特市武川县	187120
16	兴安盟科尔沁右翼中旗	755000	42	赤峰市克什克腾旗	167500
17	赤峰市宁城县	750500	43	赤峰市巴林右旗	165941
18	赤峰市翁牛特旗	700000	44	赤峰市元宝山区	161000
19	巴彦淖尔市乌拉特前旗	675427	45	阿拉善盟阿拉善左旗	144454
20	鄂尔多斯市达拉特旗	583180	46	鄂尔多斯市乌审旗	124747
21	呼伦贝尔市鄂伦春自治旗	572000	47	呼伦贝尔市陈巴尔虎旗	120566
22	呼伦贝尔市牙克石市	561820	48	乌兰察布市四子王旗	117034
23	通辽市库伦旗	548100	49	乌兰察布市察哈尔右翼中旗	114236
24	通辽市扎鲁特旗	522440	50	鄂尔多斯市鄂托克旗	99515
25	呼和浩特市土默特左旗	516231	51	乌兰察布市察哈尔右翼后旗	98102
26	巴彦淖尔市杭锦后旗	514165	52	鄂尔多斯市准格尔旗	96086

22-14 续 表

单位：吨

位次	旗县（区）名称	粮食产量	位次	旗县（区）名称	粮食产量
53	包头市固阳县	94491	79	乌海市海勃湾区	13026
54	鄂尔多斯市鄂托克前旗	93852	80	鄂尔多斯市东胜区	11900
55	包头市达尔罕茂明安联合旗	88564	81	包头市昆都仑区	11365
56	乌兰察布市察哈尔右翼前旗	88316	82	阿拉善盟阿拉善右旗	11310
57	乌兰察布市丰镇市	85238	83	乌兰察布市集宁区	11000
58	鄂尔多斯市伊金霍洛旗	84194	84	通辽市霍林郭勒市	10949
59	乌兰察布市商都县	82314	85	呼伦贝尔市新巴尔虎右旗	7600
60	乌兰察布市兴和县	82045	86	包头市石拐区	6090
61	巴彦淖尔市乌拉特后旗	80673	87	锡林郭勒盟正镶白旗	4987
62	乌兰察布市卓资县	73176	88	呼伦贝尔市根河市	4600
63	呼和浩特市清水河县	68564	89	乌海市乌达区	3608
64	兴安盟阿尔山市	63999	90	呼和浩特市回民区	2130
65	包头市九原区	63704	91	呼伦贝尔市满洲里市	2052
66	呼和浩特市赛罕区	61589	92	呼和浩特市新城区	1892
67	呼伦贝尔市新巴尔虎左旗	57612	93	包头市青山区	1475
68	锡林郭勒盟多伦县	57114	94	阿拉善盟额济纳旗	783
69	乌兰察布市化德县	53271	95	锡林郭勒盟苏尼特右旗	300
70	赤峰市红山区	52570	96	呼伦贝尔市满洲里扎赉诺尔区	112
71	呼伦贝尔市海拉尔区	45909	97	锡林郭勒盟镶黄旗	97
72	锡林郭勒盟东乌珠穆沁旗	45828	98	锡林郭勒盟西乌珠穆沁旗	75
73	包头市东河区	38766	99	包头市白云矿区	
74	锡林郭勒盟锡林浩特市	35700	100	锡林郭勒盟二连浩特市	
75	呼伦贝尔市鄂温克族自治旗	31699	101	锡林郭勒盟阿巴嘎旗	
76	锡林郭勒盟正蓝旗	29472	102	锡林郭勒盟苏尼特左旗	
77	呼和浩特市玉泉区	27565	103	鄂尔多斯市康巴什区	
78	乌海市海南区	24975			

22-15　全区各旗县（区）按年末牲畜存栏头数排序（2016年）

单位：万头（只）

位次	旗县（区）名称	年末牲畜存栏头数	位次	旗县（区）名称	年末牲畜存栏头数
1	通辽市扎鲁特旗	240.69	27	巴彦淖尔市杭锦后旗	110.06
2	兴安盟科尔沁右翼前旗	236.26	28	赤峰市巴林左旗	108.80
3	锡林郭勒盟东乌珠穆沁旗	206.71	29	赤峰市巴林右旗	107.74
4	鄂尔多斯市达拉特旗	197.86	30	包头市土默特右旗	104.82
5	通辽市开鲁县	196.31	31	赤峰市克什克腾旗	101.28
6	巴彦淖尔市临河区	184.17	32	阿拉善盟阿拉善左旗	95.58
7	呼伦贝尔市阿荣旗	178.74	33	锡林郭勒盟西乌珠穆沁旗	95.50
8	通辽市科尔沁左翼中旗	177.08	34	鄂尔多斯市鄂托克前旗	91.69
9	兴安盟科尔沁右翼中旗	164.92	35	乌兰察布市四子王旗	90.36
10	通辽市科尔沁区	163.01	36	赤峰市松山区	87.20
11	兴安盟扎赉特旗	161.44	37	呼伦贝尔市新巴尔虎左旗	85.16
12	赤峰市阿鲁科尔沁旗	143.70	38	锡林郭勒盟锡林浩特市	83.78
13	赤峰市敖汉旗	143.04	39	通辽市库伦旗	81.83
14	鄂尔多斯市杭锦旗	139.61	40	乌兰察布市察哈尔右翼后旗	76.28
15	巴彦淖尔市五原县	138.22	41	锡林郭勒盟苏尼特右旗	75.02
16	巴彦淖尔市乌拉特中旗	136.78	42	呼伦贝尔市陈巴尔虎旗	70.20
17	巴彦淖尔市乌拉特前旗	136.00	43	呼和浩特市土默特左旗	68.60
18	赤峰市翁牛特旗	130.54	44	呼伦贝尔市鄂温克族自治旗	65.85
19	呼伦贝尔市莫力达瓦达斡尔族自治旗	127.86	45	锡林郭勒盟苏尼特左旗	65.85
20	呼伦贝尔市扎兰屯市	124.71	46	赤峰市林西县	59.88
21	呼伦贝尔市新巴尔虎右旗	124.30	47	兴安盟突泉县	58.32
22	通辽市奈曼旗	123.86	48	乌兰察布市兴和县	57.21
23	锡林郭勒盟阿巴嘎旗	122.94	49	乌兰察布市察哈尔右翼中旗	56.24
24	通辽市科尔沁左翼后旗	118.91	50	包头市固阳县	53.83
25	鄂尔多斯市鄂托克旗	111.80	51	包头市达尔罕茂明安联合旗	52.27
26	鄂尔多斯市乌审旗	110.83	52	乌兰察布市丰镇市	51.08

22-15 续 表

单位：万头（只）

位次	旗县（区）名称	年末牲畜存栏头数	位次	旗县（区）名称	年末牲畜存栏头数
53	呼和浩特市和林格尔县	48.42	79	兴安盟阿尔山市	16.50
54	赤峰市宁城县	48.29	80	通辽市霍林郭勒市	15.54
55	乌兰察布市察哈尔右翼前旗	48.06	81	赤峰市元宝山区	14.01
56	鄂尔多斯市准格尔旗	47.63	82	呼和浩特市赛罕区	13.20
57	乌兰察布市商都县	46.25	83	阿拉善盟额济纳旗	10.54
58	乌兰察布市凉城县	44.36	84	呼伦贝尔市海拉尔区	10.39
59	巴彦淖尔市乌拉特后旗	42.83	85	鄂尔多斯市东胜区	9.61
60	锡林郭勒盟正蓝旗	41.68	86	乌海市海南区	6.29
61	鄂尔多斯市伊金霍洛旗	41.05	87	包头市东河区	6.01
62	巴彦淖尔市磴口县	39.89	88	呼伦贝尔市满洲里市	5.73
63	赤峰市喀喇沁旗	38.84	89	赤峰市红山区	5.66
64	乌兰察布市卓资县	38.06	90	锡林郭勒盟二连浩特市	5.41
65	呼伦贝尔市鄂伦春自治旗	35.93	91	呼和浩特市玉泉区	5.18
66	呼和浩特市托克托县	34.33	92	乌兰察布市集宁区	4.61
67	呼伦贝尔市额尔古纳市	32.46	93	乌海市海勃湾区	4.32
68	呼伦贝尔市牙克石市	29.95	94	呼伦贝尔市满洲里扎赉诺尔区	3.71
69	呼和浩特市武川县	28.37	95	包头市昆都仑区	3.66
70	锡林郭勒盟镶黄旗	27.82	96	包头市青山区	3.35
71	锡林郭勒盟正镶白旗	25.68	97	包头市石拐区	3.28
72	乌兰察布市化德县	24.31	98	呼和浩特市新城区	2.06
73	呼和浩特市清水河县	23.87	99	呼伦贝尔市根河市	1.91
74	兴安盟乌兰浩特市	23.34	100	乌海市乌达区	1.23
75	锡林郭勒盟太仆寺旗	22.59	101	呼和浩特市回民区	0.53
76	包头市九原区	22.26	102	包头市白云矿区	0.17
77	锡林郭勒盟多伦县	21.52	103	鄂尔多斯市康巴什区	0.15
78	阿拉善盟阿拉善右旗	21.18			

22-16　全区各旗县（区）按城镇常住居民人均可支配收入排序（2016年）

单位：元

位次	旗县（区）名称	城镇常住居民人均可支配收入	位次	旗县（区）名称	城镇常住居民人均可支配收入
1	呼和浩特市新城区	45445	27	乌海市乌达区	35168
2	呼和浩特市赛罕区	44056	28	阿拉善盟阿拉善左旗	34504
3	包头市昆都仑区	43922	29	包头市达尔罕茂明安联合旗	34370
3	包头市青山区	43922	30	锡林郭勒盟西乌珠穆沁旗	33537
5	包头市白云矿区	43902	31	锡林郭勒盟东乌珠穆沁旗	33399
6	包头市九原区	42385	32	锡林郭勒盟镶黄旗	33127
7	鄂尔多斯市东胜区	41679	33	锡林郭勒盟多伦县	33011
8	鄂尔多斯市康巴什区	41523	34	呼伦贝尔市海拉尔区	32943
9	鄂尔多斯市准格尔旗	41523	35	呼和浩特市托克托县	32855
10	鄂尔多斯市伊金霍洛旗	41514	36	锡林郭勒盟苏尼特左旗	32711
11	锡林郭勒盟二连浩特市	41210	37	锡林郭勒盟阿巴嘎旗	32372
12	呼和浩特市回民区	40119	38	锡林郭勒盟正蓝旗	32358
13	鄂尔多斯市鄂托克旗	39668	39	呼伦贝尔市满洲里市	31975
14	锡林郭勒盟锡林浩特市	39390	40	锡林郭勒盟苏尼特右旗	31943
15	呼和浩特市玉泉区	38892	41	包头市土默特右旗	31888
16	鄂尔多斯市乌审旗	38431	42	呼和浩特市和林格尔县	31490
17	鄂尔多斯市鄂托克前旗	38318	43	呼和浩特市土默特左旗	31138
18	通辽市霍林郭勒市	38213	44	赤峰市红山区	30520
19	乌海市海勃湾区	37456	45	锡林郭勒盟太仆寺旗	30418
20	包头市东河区	37302	46	通辽市科尔沁区	30312
21	鄂尔多斯市达拉特旗	36403	47	赤峰市元宝山区	29822
22	鄂尔多斯市杭锦旗	36144	48	锡林郭勒盟正镶白旗	29772
23	包头市石拐区	35722	49	呼伦贝尔市满洲里扎赉诺尔区	29391
24	阿拉善盟额济纳旗	35515	50	呼伦贝尔市扎兰屯市	29255
25	阿拉善盟阿拉善右旗	35476	51	赤峰市松山区	28873
26	乌海市海南区	35287	52	乌兰察布市集宁区	28488

22-16　续　　表

单位：元

位次	旗县（区）名称	城镇常住居民人均可支配收入	位次	旗县（区）名称	城镇常住居民人均可支配收入
53	呼伦贝尔市牙克石市	28153	79	通辽市扎鲁特旗	24585
54	呼伦贝尔市陈巴尔虎旗	27542	80	赤峰市喀喇沁旗	24196
55	包头市固阳县	27232	81	赤峰市敖汉旗	24195
56	巴彦淖尔市临河区	27040	82	赤峰市巴林左旗	24192
57	呼伦贝尔市阿荣旗	26984	83	兴安盟阿尔山市	23989
58	呼伦贝尔市鄂温克族自治旗	26964	84	赤峰市翁牛特旗	23987
59	巴彦淖尔市乌拉特中旗	26938	85	赤峰市林西县	23953
60	巴彦淖尔市乌拉特后旗	26762	86	乌兰察布市商都县	23769
61	兴安盟乌兰浩特市	26659	87	呼和浩特市清水河县	23675
62	乌兰察布市化德县	26556	88	乌兰察布市兴和县	23514
63	呼伦贝尔市新巴尔虎右旗	26511	89	呼和浩特市武川县	23166
64	赤峰市宁城县	26459	90	呼伦贝尔市根河市	23100
65	巴彦淖尔市杭锦后旗	26328	91	通辽市科尔沁左翼后旗	23059
66	巴彦淖尔市五原县	26089	92	通辽市奈曼旗	22929
67	乌兰察布市卓资县	25998	93	呼伦贝尔市新巴尔虎左旗	22876
68	巴彦淖尔市乌拉特前旗	25705	94	通辽市科尔沁左翼中旗	22756
69	乌兰察布市凉城县	25660	95	兴安盟扎赉特旗	22741
70	巴彦淖尔市磴口县	25625	96	兴安盟科尔沁右翼前旗	22696
71	乌兰察布市丰镇市	25360	97	赤峰市阿鲁科尔沁旗	22604
72	乌兰察布市察哈尔右翼后旗	25353	98	赤峰市巴林右旗	22603
73	乌兰察布市察哈尔右翼前旗	25244	99	兴安盟突泉县	22135
74	乌兰察布市察哈尔右翼中旗	25080	100	呼伦贝尔市鄂伦春自治旗	22075
75	通辽市开鲁县	24970	101	通辽市库伦旗	22011
76	呼伦贝尔市额尔古纳市	24825	102	兴安盟科尔沁右翼中旗	21700
77	乌兰察布市四子王旗	24763	103	呼伦贝尔市莫力达瓦达斡尔族自治旗	20287
78	赤峰市克什克腾旗	24649			

22-17　全区各旗县（区）按农村牧区常住居民人均可支配收入排序（2016年）

单位：元

位次	旗县（区）名称	农村牧区常住居民人均可支配收入	位次	旗县（区）名称	农村牧区常住居民人均可支配收入
1	锡林郭勒盟东乌珠穆沁旗	25655	27	鄂尔多斯市鄂托克旗	15485
2	呼伦贝尔市海拉尔区	23830	28	鄂尔多斯市乌审旗	15471
3	锡林郭勒盟锡林浩特市	22245	29	鄂尔多斯市达拉特旗	15359
4	呼伦贝尔市额尔古纳市	21926	30	鄂尔多斯市杭锦旗	15354
5	锡林郭勒盟西乌珠穆沁旗	21889	31	巴彦淖尔市五原县	15345
6	锡林郭勒盟阿巴嘎旗	21681	32	巴彦淖尔市临河区	15340
7	阿拉善盟额济纳旗	19379	33	巴彦淖尔市杭锦后旗	15285
8	包头市东河区	18990	34	呼伦贝尔市阿荣旗	15165
9	呼伦贝尔市鄂温克族自治旗	18969	35	巴彦淖尔市磴口县	14837
10	呼伦贝尔市陈巴尔虎旗	18440	36	包头市土默特右旗	14829
11	阿拉善盟阿拉善右旗	18430	37	锡林郭勒盟正蓝旗	14730
12	呼和浩特市回民区	18266	38	乌海市海南区	14642
13	呼伦贝尔市新巴尔虎右旗	18194	39	巴彦淖尔市乌拉特前旗	14385
14	呼伦贝尔市新巴尔虎左旗	18110	40	呼伦贝尔市扎兰屯市	14210
15	包头市九原区	17876	41	呼和浩特市土默特左旗	14154
16	呼和浩特市新城区	17526	42	巴彦淖尔市乌拉特中旗	14059
17	呼和浩特市玉泉区	17453	43	呼和浩特市托克托县	13751
18	乌海市海勃湾区	16921	44	乌兰察布市集宁区	13668
19	呼和浩特市赛罕区	16531	45	包头市石拐区	13429
20	赤峰市红山区	16147	46	通辽市开鲁县	12979
21	赤峰市元宝山区	15961	47	锡林郭勒盟苏尼特左旗	12736
22	阿拉善盟阿拉善左旗	15953	48	包头市达尔罕茂明安联合旗	12691
23	通辽市科尔沁区	15826	49	巴彦淖尔市乌拉特后旗	12662
24	鄂尔多斯市鄂托克前旗	15603	50	通辽市扎鲁特旗	12642
25	鄂尔多斯市准格尔旗	15500	51	兴安盟乌兰浩特市	12469
26	鄂尔多斯市伊金霍洛旗	15488	52	赤峰市松山区	12428

22-17　续　表

单位：元

位次	旗县（区）名称	农村牧区常住居民人均可支配收入	位次	旗县（区）名称	农村牧区常住居民人均可支配收入
53	锡林郭勒盟镶黄旗	12166	79	兴安盟阿尔山市	8538
54	锡林郭勒盟多伦县	11891	80	兴安盟科尔沁右翼前旗	8523
55	呼伦贝尔市根河市	11691	81	赤峰市巴林左旗	8484
56	包头市固阳县	11560	82	兴安盟扎赉特旗	8447
57	呼和浩特市和林格尔县	11045	83	乌兰察布市兴和县	8203
58	乌兰察布市丰镇市	10726	84	兴安盟突泉县	8193
59	通辽市科尔沁左翼后旗	10242	85	呼伦贝尔市鄂伦春自治旗	8069
60	乌兰察布市凉城县	10205	86	赤峰市林西县	7969
61	锡林郭勒盟太仆寺旗	9771	87	赤峰市阿鲁科尔沁旗	7968
62	通辽市科尔沁左翼中旗	9704	88	兴安盟科尔沁右翼中旗	7904
63	乌兰察布市察哈尔右翼后旗	9490	89	乌兰察布市化德县	7661
64	乌兰察布市察哈尔右翼前旗	9440	90	乌兰察布市察哈尔右翼中旗	7508
65	通辽市奈曼旗	9429	91	呼和浩特市清水河县	7178
66	赤峰市克什克腾旗	9400	92	呼和浩特市武川县	6931
67	赤峰市敖汉旗	9394	93	包头市昆都仑区	
68	赤峰市喀喇沁旗	9380	94	包头市青山区	
69	赤峰市宁城县	9216	95	包头市白云矿区	
70	乌兰察布市卓资县	9191	96	呼伦贝尔市满洲里扎赉诺尔区	
71	通辽市库伦旗	9170	97	呼伦贝尔市满洲里市	
72	乌兰察布市四子王旗	9159	98	呼伦贝尔市牙克石市	
73	锡林郭勒盟苏尼特右旗	9069	99	通辽市霍林郭勒市	
74	锡林郭勒盟正镶白旗	8912	100	锡林郭勒盟二连浩特市	
75	赤峰市巴林右旗	8714	101	鄂尔多斯市东胜区	
76	赤峰市翁牛特旗	8680	102	鄂尔多斯市康巴什区	
77	呼伦贝尔市莫力达瓦达斡尔族自治旗	8678	103	乌海市乌达区	
78	乌兰察布市商都县	8549			

22-18 全区各旗县（区）按在岗职工平均工资排序（2016年）

单位：元

位次	旗县（区）名称	在岗职工平均工资	位次	旗县（区）名称	在岗职工平均工资
1	鄂尔多斯市康巴什区	95683	27	包头市青山区	67365
2	鄂尔多斯市准格尔旗	85838	28	通辽市霍林郭勒市	67167
3	锡林郭勒盟多伦县	83137	29	鄂尔多斯市乌审旗	67010
4	乌兰察布市察哈尔右翼中旗	81872	30	呼伦贝尔市海拉尔区	66448
5	鄂尔多斯市伊金霍洛旗	80266	31	乌兰察布市察哈尔右翼前旗	66282
6	包头市石拐区	79230	32	呼伦贝尔市根河市	66259
7	乌兰察布市凉城县	78189	33	乌兰察布市丰镇市	66195
8	呼伦贝尔市陈巴尔虎旗	74995	34	兴安盟乌兰浩特市	66064
9	锡林郭勒盟阿巴嘎旗	74726	35	阿拉善盟阿拉善左旗	65978
10	锡林郭勒盟苏尼特左旗	73937	36	阿拉善盟额济纳旗	65621
11	鄂尔多斯市杭锦旗	73849	37	锡林郭勒盟正蓝旗	65451
12	呼伦贝尔市鄂温克族自治旗	73033	38	呼伦贝尔市新巴尔虎左旗	64735
13	锡林郭勒盟苏尼特右旗	72619	39	锡林郭勒盟东乌珠穆沁旗	64677
14	鄂尔多斯市东胜区	72046	40	鄂尔多斯市达拉特旗	64431
15	鄂尔多斯市鄂托克前旗	72040	41	赤峰市元宝山区	64039
16	包头市白云矿区	71847	42	呼伦贝尔市新巴尔虎右旗	64006
17	锡林郭勒盟镶黄旗	71566	43	赤峰市克什克腾旗	64002
18	乌兰察布市商都县	71463	44	兴安盟阿尔山市	63786
19	锡林郭勒盟西乌珠穆沁旗	71023	45	锡林郭勒盟锡林浩特市	63594
20	锡林郭勒盟二连浩特市	70866	46	乌兰察布市集宁区	63215
21	锡林郭勒盟正镶白旗	70295	47	包头市昆都仑区	62246
22	包头市九原区	69919	48	呼和浩特市赛罕区	62200
23	乌兰察布市四子王旗	68260	49	呼伦贝尔市满洲里市	61874
24	乌兰察布市卓资县	68106	50	包头市土默特右旗	61873
25	乌海市海南区	67637	51	包头市东河区	61630
26	包头市达尔罕茂明安联合旗	67631	52	通辽市扎鲁特旗	61434

22-18 续 表

单位：元

位次	旗县（区）名称	在岗职工平均工资	位次	旗县（区）名称	在岗职工平均工资
53	赤峰市巴林左旗	61175	79	呼伦贝尔市牙克石市	56440
54	乌海市乌达区	60940	80	赤峰市翁牛特旗	56389
55	赤峰市松山区	60297	81	呼伦贝尔市鄂伦春自治旗	56007
56	赤峰市敖汉旗	59952	82	赤峰市喀喇沁旗	55767
57	乌兰察布市察哈尔右翼后旗	59765	83	通辽市开鲁县	54163
58	赤峰市林西县	59344	84	通辽市库伦旗	54107
59	阿拉善盟阿拉善右旗	59262	85	呼和浩特市和林格尔县	53995
60	通辽市奈曼旗	59056	86	呼和浩特市土默特左旗	53910
61	呼伦贝尔市满洲里扎赉诺尔区	59009	87	通辽市科尔沁左翼中旗	53861
62	赤峰市巴林右旗	58948	88	通辽市科尔沁左翼后旗	53777
63	通辽市科尔沁区	58883	89	乌兰察布市兴和县	53731
64	呼和浩特市托克托县	58853	90	兴安盟科尔沁右翼前旗	53048
65	呼伦贝尔市额尔古纳市	58723	91	呼和浩特市清水河县	52976
66	兴安盟突泉县	58504	92	呼和浩特市新城区	52600
67	巴彦淖尔市乌拉特中旗	58286	93	巴彦淖尔市乌拉特前旗	52545
68	赤峰市宁城县	58197	94	巴彦淖尔市磴口县	52458
69	呼和浩特市玉泉区	57926	95	巴彦淖尔市杭锦后旗	51104
70	乌兰察布市化德县	57911	96	呼和浩特市回民区	50867
71	锡林郭勒盟太仆寺旗	57718	97	呼伦贝尔市阿荣旗	50322
72	赤峰市红山区	57669	98	包头市固阳县	49915
73	赤峰市阿鲁科尔沁旗	57536	99	呼伦贝尔市扎兰屯市	49267
74	鄂尔多斯市鄂托克旗	57430	100	兴安盟科尔沁右翼中旗	48757
75	巴彦淖尔市乌拉特后旗	57148	101	呼和浩特市武川县	47358
76	乌海市海勃湾区	57099	102	呼伦贝尔市莫力达瓦达斡尔族自治旗	45274
77	兴安盟扎赉特旗	57078	103	巴彦淖尔市五原县	44889
78	巴彦淖尔市临河区	56701			

23

附　录

APPENDIX

23-1　西部城市国民经济和社会发展主要指标（一）

城市名称	生产总值（现价、亿元）		第一产业		第二产业		第三产业	
	2016	位次	2016	位次	2016	位次	2016	位次
成　都	12170.20	1	474.90	1	5232.00	1	6463.30	1
自　贡	1234.56	32	136.13	31	710.37	26	388.06	33
攀枝花	1014.68	36	34.25	50	715.35	25	265.08	44
泸　州	1481.91	27	178.07	22	875.77	20	428.08	30
德　阳	1752.45	20	219.52	17	976.41	14	556.53	25
遂　宁	1008.45	37	153.62	27	561.68	36	293.15	42
绵　阳	1830.42	18	280.29	9	896.04	18	654.09	20
宜　宾	1653.05	21	231.99	14	952.47	15	468.59	29
内　江	1297.67	30	204.52	18	765.52	23	327.63	38
贵　阳	3157.70	8	137.14	30	1218.79	11	1801.77	8
遵　义	2403.94	11	370.48	3	1063.00	12	970.46	10
六盘水	1313.70	28	125.49	35	660.00	32	528.21	27
安　顺	701.35	42	124.07	36	227.12	47	350.16	37
毕　节	1625.79	22	344.43	6	617.29	33	664.07	18
昆　明	4300.43	4	200.51	19	1660.46	6	2439.56	3
曲　靖	1775.11	19	335.57	7	681.91	29	757.63	14
玉　溪	1311.88	29	135.00	32	685.30	28	491.50	28
拉　萨								
西　安	6257.18	2	232.01	13	2197.81	3	3827.36	2
宝　鸡	1932.14	17	171.46	24	1227.06	10	533.62	26
延　安	1082.91	35	117.62	37	574.20	35	391.09	32
咸　阳	2396.07	12	345.32	5	1396.24	8	654.52	19
榆　林	2773.05	9	162.44	26	1680.70	5	929.91	12
渭　南	1488.62	26	224.81	15	690.18	27	573.63	24
兰　州	2264.23	13	60.36	45	790.09	22	1413.78	9
天　水	590.51	45	100.39	41	189.98	52	300.14	41

注：本表中数据均为年快报局据（后同），表中昆明GDP数据中包含滇中新区。

23-1 续 表

城市名称	生产总值（现价、亿元）		第一产业		第二产业		第三产业	
	2016	位次	2016	位次	2016	位次	2016	位次
金 昌	207.82	55	20.72	52	104.14	55	82.96	55
白 银	442.21	52	61.98	44	178.11	53	202.12	48
银 川	1617.28	24	58.61	46	825.46	21	733.21	15
石嘴山	513.37	50	26.07	51	323.38	44	163.91	51
中 卫	339.01	53	52.47	48	149.15	54	137.39	52
吴 忠	442.40	51	55.40	47	250.50	46	136.50	53
西 宁	1248.46	31	39.15	49	595.64	34	613.37	22
格尔木	298.50	54	4.48	55	203.30	50	90.70	54
乌鲁木齐								
克拉玛依	576.80	47	5.30	53	387.50	41	184.00	50
呼和浩特	3173.59	7	113.49	38	884.43	19	2175.67	4
包 头	3867.63	5	95.04	42	1822.15	4	1950.44	5
乌 海	572.23	48	4.88	54	323.76	43	243.58	45
赤 峰	1933.28	16	292.41	8	908.57	17	732.30	16
通 辽	1949.38	15	262.64	11	977.68	13	709.06	17
鄂尔多斯	4417.90	3	107.60	40	2461.40	2	1848.90	7
乌兰察布	938.90	40	127.92	34	460.28	39	350.67	36
呼伦贝尔	1620.86	23	248.43	12	724.02	24	648.40	21
南 宁	3703.39	6	400.67	2	1427.16	7	1875.57	6
柳 州	2476.94	10	180.15	21	1361.80	9	934.99	11
桂 林	2075.89	14	356.18	4	939.48	16	780.23	13
梧 州	1175.65	33	131.30	33	681.52	30	362.82	35
玉 林	1553.91	25	278.07	10	665.11	31	610.73	23
钦 州	1102.05	34	221.12	16	481.89	38	399.04	31
北 海	1007.28	38	175.09	23	516.14	37	316.05	39
贵 港	958.76	39	190.21	20	393.20	40	375.34	34
来 宾	589.11	46	147.51	29	219.95	48	221.66	46
防城港	676.12	43	80.88	43	386.26	42	208.98	47
贺 州	518.22	49	111.77	39	211.55	49	194.89	49
崇 左	766.20	41	167.69	25	310.69	45	287.82	43
河 池	657.18	44	150.83	28	199.82	51	306.53	40

23-2 西部城市国民经济和社会发展主要指标（二）

城市名称	公共财政预算收入（亿元）		公共财政预算支出（亿元）		进出口总额（万美元）		#出口总额	
	2016	位次	2016	位次	2016	位次	2016	位次
成　都	1175.40	1			4085030	1	2183730	1
自　贡	48.76	46	179.81	42	39335	35	22478	31
攀枝花	56.76	39	121.72	51	21010	41	13806	37
泸　州	138.67	17	336.86	23	31329	36	27874	27
德　阳	100.07	29	227.01	36	176148	16	134414	13
遂　宁	54.56	42	199.57	41	41038	33	25266	29
绵　阳	107.62	26	332.26	24	176800	15		
宜　宾	125.68	23	338.50	22	93100	24	55200	22
内　江	53.68	43	200.23	40	13233	45	10153	38
贵　阳	366.32	6	525.61	6	390408	9	326053	6
遵　义	187.49	13	522.71	7	120196	21	96762	15
六盘水	133.69	18	286.50	31	26919	40	8696	41
安　顺	70.32	37	222.84	37	17262	43	16283	33
毕　节	112.63	24	451.18	9	9329	47	9132	39
昆　明	530.00	3	689.14	2	668100	5	413300	5
曲　靖	126.31	22	400.15	16	63016	27	62710	21
玉　溪	131.10	19	233.40	34	201900	14	199158	8
拉　萨								
西　安	641.07	2	942.52	1	2752750	2	1425330	2
宝　鸡	75.16	36	283.06	32	95640	23	68620	19
延　安	130.55	20	327.34	26				
咸　阳	81.54	32	338.92	21	45290	30	24253	30
榆　林	232.69	10	471.13	8	14550	44	6170	44
渭　南	65.69	38	352.52	19	18270	42	16050	34
兰　州	215.50	11	422.63	11				
天　水			277.91	33	48100	29	26590	28

23-2 续 表

城市名称	一般公共预算收入（亿元）		一般公共预算支出（亿元）		进出口总额（万美元）		#出口总额	
	2016	位次	2016	位次	2016	位次	2016	位次
金　昌	20.75	54	57.46	54	115724	22	5256	48
白　银	28.72	51	161.04	45	45160	31	6480	42
银　川	173.13	14	329.49	25	248991	12	198707	9
石嘴山	24.71	52	87.77	53				
中　卫	23.15	53	143.07	48	28870	37	15000	36
吴　忠	32.60	49	177.30	43	1432	52	5646	47
西　宁	75.22	35	287.81	30	128090	19		
格尔木	18.06	55	36.30	55				
乌鲁木齐	369.70	5	417.60	13	487380	7	418130	4
克拉玛依	79.10	33	99.50	52	13179	46	6330	43
呼和浩特	269.70	9	420.86	12	130900	18	68200	20
包　头	271.21	8	415.19	14	172100	17	123100	14
乌　海	81.56	31	133.32	49	8900	48	8900	40
赤　峰	111.78	25	439.49	10	85600	26	21100	32
通　辽	128.34	21	358.08	18	41300	32	29500	26
鄂尔多斯	451.00	4	563.40	5	127700	20	44200	23
乌兰察布	56.70	40	303.10	28	7700	51	3200	50
呼伦贝尔	106.03	27	414.69	15	265200	11	74300	17
南　宁	312.76	7	587.07	3	626640	6	317860	7
柳　州	159.16	15	339.62	20	203800	13	69120	18
桂　林	145.33	16	399.70	17	88850	25	78170	16
梧　州	95.61	30	228.26	35	61080	28	39140	24
玉　林	104.81	28	318.09	27	40221	34	33390	25
钦　州	200.08	12	586.01	4	442813	8	161508	12
北　海	50.07	44	150.06	47	310176	10	167007	11
贵　港	78.96	34	212.12	38	28527	38	15816	35
来　宾	49.60	45	159.61	46	8860	49	6110	45
防城港	55.65	41	127.07	50	875753	4	169314	10
贺　州	32.42	50	163.88	44	7820	50	5790	46
崇　左	40.76	47	204.88	39	1852870	3	1082780	3
河　池	33.36	48	290.68	29	27270	39	3670	49

23-3 西部城市国民经济和社会发展主要指标（三）

城市名称	规模以上工业							
	增加值增速（%）		产销率（%）		主营业务收入（亿元）		利税总额（亿元）	
	2016	位次	2016	位次	2016	位次	2016	位次
成　都	7.4	34	96.3	27	10976.00	1		
自　贡	8.5	30	98.4	8	1764.57	18		
攀枝花	9.0	24	96.8	21	1559.67	22		
泸　州	11.7	3	90.7	46	1109.72	32		
德　阳	9.7	15	95.2	36	3254.62	4	348.51	7
遂　宁	11.2	7	97.7	12	1292.97	26		
绵　阳	9.9	11	98.6	6	2540.73	10		
宜　宾	9.7	15	97.1	18	2255.59	12	200.76	11
内　江	9.4	18	98.5	7	1773.63	17	130.93	16
贵　阳	9.9	11	95.1	37	2733.52	8	410.19	6
遵　义	11.9	2	96.0	32	2085.78	15	526.90	4
六盘水	10.0	10	99.0	5				
安　顺	11.5	6	99.0	4	569.00	41	38.98	26
毕　节	11.6	4	99.5	3	873.90	36	82.00	21
昆　明	4.5	46						
曲　靖	7.9	33	96.0	32	1486.09	23	76.79	22
玉　溪	2.6	51	92.1	43	1210.60	28	421.20	5
拉　萨								
西　安	9.9	11	95.9	34	221.90	47	322.60	9
宝　鸡	9.4	18			1715.10	19	174.90	14
延　安	-3.2	55	99.5	2				
咸　阳	8.0	32	97.1	17	2966.10	6	539.00	3
榆　林	3.8	49	96.3	27	2322.70	11	567.30	2
渭　南	6.4	39	96.2	30	1363.86	25	43.95	25
兰　州	2.6	51	92.9	42	1583.30	21		
天　水	9.8	14			178.00	49	15.47	33

23-3 续 表

城市名称	规模以上工业							
	增加值增速（%）		产销率（%）		主营业务收入（亿元）		利税总额（亿元）	
	2016	位次	2016	位次	2016	位次	2016	位次
金　昌	5.2	45	96.7	25	2094.13	14	11.04	34
白　银	5.3	44	97.1	18	786.27	37	19.58	31
银　川	8.5	30	93.8	40	1693.16	20		
石嘴山	9.0	24	82.5	50	741.60	38	102.32	19
中　卫	4.5	46	91.6	44	395.28	44	26.92	30
吴　忠	9.4	18	96.2	29	569.70	40	48.10	24
西　宁	9.3	21			1079.39	33	19.41	32
格尔木	7.2	35	85.6	47	205.68	48	35.97	28
乌鲁木齐								
克拉玛依	2.4	53	100.1	1	1117.40	31	182.10	13
呼和浩特	9.1	23	95.0	38				
包　头	8.9	26	96.1	31	3248.91	5	197.11	12
乌　海	4.5	46	1.0	51	332.12	45	29.79	29
赤　峰	7.0	37	98.0	10				
通　辽	9.3	21	97.9	11	2634.81	9	254.16	10
鄂尔多斯	8.9	26	97.5	14	4653.90	2	938.80	1
乌兰察布	6.5	38	94.5	39	887.70	34		
呼伦贝尔	5.5	43	97.2	16	1197.77	29		
南　宁	5.7	42	96.6	26	2859.49	7		
柳　州	6.0	41	96.7	23	4405.59	3	341.56	8
桂　林	6.3	40	95.8	35	1914.01	16	174.60	15
梧　州	9.5	17	97.0	20	2095.30	13		
玉　林	8.8	29	97.4	15	1464.40	24		
钦　州	10.4	8	97.5	13	1243.00	27	130.35	17
北　海	10.3	9	98.2	9				
贵　港	8.8	28	96.7	24	887.60	35	87.40	20
来　宾	3.6	50	93.5	41	465.50	42		
防城港	12.4	1	90.7	45	1135.48	30		
贺　州	11.6	4	96.8	22	429.60	43	36.02	27
崇　左	7.1	36	83.9	48	617.12	39	126.68	18
河　池	1.1	54	82.7	49	301.00	46	56.10	23

23-4 西部城市国民经济和社会发展主要指标（四）

城市名称	固定资产投资（亿元）		社会消费品零售总额（亿元）		城镇常住居民人均可支配收入（元）		农村常住居民人均可支配收入（元）	
	2016	位次	2016	位次	2016	位次	2016	位次
成　都	8370.50	1	5647.40	1	35902	6	18605	2
自　贡	709.84	39	555.81	24	28454	33	13192	13
攀枝花	663.31	41	316.90	37	32860	10	14057	10
泸　州	1705.38	18	637.15	20	28959	31	12450	20
德　阳	973.30	33	698.80	17	29159	29	13951	11
遂　宁	1125.82	30	470.39	28	26962	43	12423	21
绵　阳	1229.97	27	988.48	10	29407	27	13504	12
宜　宾	1464.52	23	763.40	12	28390	34	12843	15
内　江	905.52	34	460.54	29	27986	35	12491	19
贵　阳	3380.73	6	1195.34	8	29502	24	12967	14
遵　义	2068.88	13	723.43	14	27097	42	10109	41
六盘水	1357.77	25	331.79	34	25473	49	8230	51
安　顺	652.95	43	176.31	43	24885	52	8120	52
毕　节	1601.80	19	340.14	33	25041	51	7668	53
昆　明	3920.07	3	2310.09	3	36739	4	12555	17
曲　靖	1794.00	16	564.97	23	29485	25	10380	38
玉　溪	893.70	35	326.80	35	32177	11	11968	26
拉　萨								
西　安	5191.36	2	3730.70	2	35630	8	15191	7
宝　鸡	3116.18	7	702.16	15	31730	13	10287	39
延　安	1203.94	28	256.45	40	30693	16	10568	35
咸　阳	3643.74	5	688.55	18	31662	14	10481	36
榆　林	1257.98	26	420.05	31	29781	21	10582	34
渭　南	2233.56	11	574.01	22	27485	38	9415	48
兰　州	1990.95	14	1263.33	7	29661	23	10391	37
天　水	671.18	40	288.66	38	22684	56	6499	56

23-4 续 表

城市名称	固定资产投资（亿元）		社会消费品零售总额（亿元）		城镇常住居民人均可支配收入（元）		农村常住居民人均可支配收入（元）	
	2016	位次	2016	位次	2016	位次	2016	位次
金 昌	229.11	52	82.92	51	32074	12	12284	22
白 银	528.38	46	193.64	42	25313	50	7623	54
银 川	1723.31	17	514.19	26	30478	17	12037	25
石嘴山	510.10	47	102.32	50	25970	48	11829	27
中 卫	362.24	51	65.85	52	23277	55	8626	50
吴 忠	783.50	38	102.80	49	23352	54	9938	42
西 宁	1399.30	24	513.07	27	27539	37	9678	45
格尔木	210.98	53	60.20	54	27921	36	15455	6
乌鲁木齐					34200	9	16400	3
克拉玛依	196.10	54	62.70	53	35770	7	20800	1
呼和浩特	1849.17	15	1481.46	5	40220	3	14517	9
包 头	2955.82	9	1400.22	6	40955	1	14692	8
乌 海	165.12	55	151.93	46	36515	5	15475	5
赤 峰	1469.28	21	700.25	16	27336	40	9517	47
通 辽	1475.51	20	515.30	25	27444	39	11585	29
鄂尔多斯	3050.10	8	726.80	13	40221	2	15480	4
乌兰察布	661.40	42	317.10	36	26565	47	9085	49
呼伦贝尔	982.33	32	600.27	21	28885	32	12540	18
南 宁	3824.73	4	1980.36	4	30728	15	11398	31
柳 州	2338.61	10	1045.13	9	30270	18	11107	32
桂 林	2131.62	12	836.45	11	30124	19	12176	23
梧 州	1168.51	29	395.95	32	27260	41	10142	40
玉 林	1467.10	22	660.43	19	30083	20	12590	16
钦 州	373.63	49	49.50	55	29360	28	10947	33
北 海	1011.10	31	225.34	41	29412	26	11622	28
贵 港	841.69	36	431.89	30	26771	45	11572	30
来 宾	370.91	50	159.11	45	28962	30	9820	43
防城港	600.14	45	111.89	48	29758	22	12113	24
贺 州	650.83	44	160.98	44	26883	44	9552	46
崇 左	831.41	37	131.34	47	26605	46	9801	44
河 池	404.02	48	267.96	39	23660	53	7509	55

23-5 西部城市国民经济和社会发展主要指标（五）

城市名称	年末总人口（万人）		居民消费价格指数（%）		金融机构存款余额（亿元）		金融机构贷款余额（亿元）	
	2016	位次	2016	位次	2016	位次	2016	位次
成　都	1591.80	1	102.2	5	31434.00	1	25009.00	1
自　贡	327.28	27	102.1	6	1524.05	28	708.35	38
攀枝花	123.56	49	101.7	15	941.20	43	741.34	35
泸　州	508.27	10	102.1	6	2182.71	22	1281.90	20
德　阳	352.00	23	101.8	12	2327.67	21	1198.68	22
遂　宁	377.93	20	101.4	29	1382.62	33	820.27	33
绵　阳	481.09	13	101.6	20	3196.00	14	1670.76	17
宜　宾	451.00	15			2331.05	20	1224.59	21
内　江	420.06	18	101.6	20	1370.29	34	732.17	36
贵　阳	469.68	14	101.1	41	9978.84	4	9256.41	5
遵　义	619.21	6	101.2	38	4305.82	9	2264.92	14
六盘水	290.69	32	101.8	12	1207.75	35	935.56	30
安　顺	232.86	38	101.6	20	1092.18	37	687.99	39
毕　节	664.18	5	102.0	9	1667.31	26	1148.31	24
昆　明	672.80	4	101.7	15	12655.68	3	13520.32	3
曲　靖	608.40	7	101.6	20	2008.21	24	1299.48	19
玉　溪	237.50	36	101.3	34	1515.67	29	903.50	32
拉　萨								
西　安	883.21	2	100.9	48	19488.38	2	15542.39	2
宝　鸡	377.50	21	102.6	2	2373.80	19	1185.08	23
延　安	225.28	39	101.3	34	1452.46	32	927.50	31
咸　阳	498.66	12	101.5	26	2516.38	18	1141.78	25
榆　林	338.20	25	101.3	34	3026.38	16	1979.33	15
渭　南	537.16	9	101.1	41	2061.59	23	1035.35	27
兰　州	370.55	22	100.8	50	8707.76	6	8663.00	6
天　水	332.30	26	102.0	9	1155.79	36	748.62	34

23-5 续 表

城市名称	年末总人口（万人）		居民消费价格指数（%）		金融机构存款余额（亿元）		金融机构贷款余额（亿元）	
	2016	位次	2016	位次	2016	位次	2016	位次
金　昌	46.98	53	101.3	34	329.59	55	356.29	55
白　银	171.64	46	101.7	15	683.24	48	582.40	44
银　川	219.10	41	101.7	15	3358.96	11	4103.35	10
石嘴山			101.4	29	544.43	53	422.83	50
中　卫	121.42	50	101.7	15	473.72	54	403.34	52
吴　忠	138.86	48	101.0	46	624.70	49	500.40	49
西　宁	233.37	37	102.1	7	3771.42	10	4769.66	9
格尔木	13.66	55	100.9	48	260.65	56	295.08	56
乌鲁木齐	267.90	34	101.5	26	7477.88	7	5314.38	8
克拉玛依	41.76	54	101.5	26	1490.59	30	602.81	42
呼和浩特	308.87	30			6178.80	8	7051.80	7
包　头	285.75	33	100.7	51	3253.75	13	2412.92	12
乌　海	55.83	52	101.4	29	704.58	46	533.89	47
赤　峰	430.52	17	101.1	41	1842.60	25	1381.50	18
通　辽	312.48	29			985.87	42	991.71	29
鄂尔多斯	205.53	44	102.8	1	3118.20	15	2909.80	11
乌兰察布	210.67	42			1061.40	39	614.00	41
呼伦贝尔	252.76	35			1473.64	31	1074.99	26
南　宁	706.22	3	101.4	29	8901.72	5	9423.79	4
柳　州	395.87	19	101.8	13	3321.35	12	2279.66	13
桂　林	500.94	11	102.3	4	2979.80	17	1862.14	16
梧　州	301.84	31	101.2	39	1048.23	40	722.84	37
玉　林	575.60	8	102.4	3	1637.99	27	1014.95	28
钦　州	324.30	28	101.6	20	912.54	44	600.57	43
北　海	164.37	47	101.1	41	825.11	45	548.00	46
贵　港	433.20	16	101.2	38	1091.00	38	683.92	40
来　宾	220.05	40	102.0	9	606.68	51	405.46	51
防城港	92.90	51	101.1	41	567.87	52	517.65	48
贺　州	203.87	45	101.4	29	615.07	50	370.36	54
崇　左	206.92	43	101.6	20	699.48	47	390.23	53
河　池	349.90	24	101.0	46	1002.42	41	575.75	45